国家社科基金
后期资助项目

# 金代汉族家庭形态研究

A Study on the Han Family Form in Jin Dynasty

刘晓飞 著

中国社会科学出版社

图书在版编目（CIP）数据

金代汉族家庭形态研究/刘晓飞著.—北京：中国社会科学出版社，2021.12
ISBN 978-7-5203-9202-0

Ⅰ.①金… Ⅱ.①刘… Ⅲ.①汉族—血缘家庭—研究—中国—金代
Ⅳ.①D691.91

中国版本图书馆 CIP 数据核字（2021）第 191983 号

| | |
|---|---|
| 出 版 人 | 赵剑英 |
| 责任编辑 | 林　玲 |
| 责任校对 | 李　剑 |
| 责任印制 | 李寡寡 |

| | |
|---|---|
| 出　　版 | 中国社会科学出版社 |
| 社　　址 | 北京鼓楼西大街甲 158 号 |
| 邮　　编 | 100720 |
| 网　　址 | http://www.csspw.cn |
| 发 行 部 | 010-84083685 |
| 门 市 部 | 010-84029450 |
| 经　　销 | 新华书店及其他书店 |
| 印　　刷 | 北京君升印刷有限公司 |
| 装　　订 | 廊坊市广阳区广增装订厂 |
| 版　　次 | 2021 年 12 月第 1 版 |
| 印　　次 | 2021 年 12 月第 1 次印刷 |
| 开　　本 | 710×1000　1/16 |
| 印　　张 | 21.75 |
| 字　　数 | 380 千字 |
| 定　　价 | 126.00 元 |

凡购买中国社会科学出版社图书，如有质量问题请与本社营销中心联系调换
电话：010-84083683
版权所有　侵权必究

# 国家社科基金后期资助项目

## 出 版 说 明

后期资助项目是国家社科基金设立的一类重要项目，旨在鼓励广大社科研究者潜心治学，支持基础研究多出优秀成果。它是经过严格评审，从接近完成的科研成果中遴选立项的。为扩大后期资助项目的影响，更好地推动学术发展，促进成果转化，全国哲学社会科学工作办公室按照"统一设计、统一标识、统一版式、形成系列"的总体要求，组织出版国家社科基金后期资助项目成果。

全国哲学社会科学工作办公室

# 中文摘要

家庭以婚姻为纽带，由血亲或拟制血亲组成，受到"礼"与"法"的保障和制约。本书分七章，阐述金代汉族家庭的基本形态，人际礼、法关系，收支与经济管理，宗教，教育，与乡村社会关系以及民间信仰。此选题研究不仅可以丰富金代社会史、古代社会史的研究，也对我们厘清中国多元一体大家庭的形成脉络大有裨益。以下按照行文顺序依次将文章内容以及得出的结论叙述如下：

绪论部分，首先提出本选题的选题价值及其意义；其次，家庭属于交叉学科研究概念，其相关概念探讨较多，本部分参照社会学概念，在历史学的研究范畴之内，对"家庭""汉族"等相关概念加以界定；最后，评述跟本选题有关的学术史，介绍本书的写作思路和研究方法、论述难点及创新点，指出金代汉族家庭方面尚存较大研究空间。

第一章，金代汉族家庭的基本形态。金代汉族家庭基本形态为一对普通平民夫妇与三个子女共同生活，且三代之内家庭户均人口发展到30左右；同时，受到人为因素以及自然规律影响，亦有鳏寡孤独一人之家与隔代家庭；儒家所大力提倡的同居共财家庭在金代并不普及，过渡性同居合活大家庭形式更能满足百姓所需，所以金代汉族家庭同居的功能为实惠救助并非博取义居名誉，且以兄弟横向世系同居现象居多；最后论述影响家庭规模结构诸因素，主要包括战乱与灾荒，生产力生产工具发展水平，传统伦理道德和婚姻。

第二章，金代汉族家庭人际礼、法关系。生活实践层面和法律层面关于德与刑存在不同表征，本章节从家庭关系服从国家政治、道德传统、社会秩序方面厘清人际关系立法的宗旨和表现，以此为基础，重点探讨金代汉族家庭成员地位与关系。"礼"始终是"法"的价值取向和最终追求，亲亲、尊尊在金代汉族家庭中仍然表现突出，父家长权利本位卑幼义务本位、以孝为基点以及妻高于妾的基本原则没有更改。具体而言，父家长权威地位明显，掌控经济、法律、婚姻、教育甚至宗教信仰大权；诸子彼此之间概以次第相称，门荫使得利益均沾，但仍然存在长幼、嫡庶之分；女子的家庭地位仍然存在于父系家庭结构之内，社会地位亦以其在父族及夫族家庭中的角色扮演为主轴，具体分为在室女子、出嫁女子、出养、入道女子；最后论及继、养、义父母与子（女）拟制亲属之间的关系。

第三章，金代汉族家庭的经济状况，包括收支和管理。家庭收支因社会阶层各异以及同一阶层不同地位、有无其他营生副业、观念而并不相同，主要分为官僚和平民两个阶层。官僚家庭收入方式主要包括食封、俸禄、赙赠、赏赐和赃污受贿。总体而言，官家饭碗不失为一份好差事；平民家庭收入渠道较少，以农业收入为主；收入决定支出，在保证完成国家租赋徭役任务之后，按照日常衣食、婚丧、宗教等需要，支出呈现的特点不同，发展、享受性消费是官僚富户的特权；家庭经济管理方面，父家长针对家庭财产管理，妇女而言如何管理比如何创收更为重要，更多地从躬亲于家庭细事，勤俭持家和对于可支配私财的使用上来体现女性对家庭经济的贡献。

第四章，金代汉族家庭信教不分阶层、贫富，都甚为流行，表现方式主要包括修、建寺观，添置法器，立幢，施与钱物，购买名额；信教特点主要包括以家庭为单位、具有政治导向性并且世俗功利色彩极为凸出以及儒、释、道三者兼尊并信；关于信教的影响，佛教大昌大行、信徒激增的后果，理所当然地导致汉族崇佛之家家庭规模的缩小，并销蚀其家庭经济财富乃至整个社会经济财富的累积，但同时也成为他们心灵精神的寄托，对金朝政府促进社会安定、巩固多民族政权统治亦有一定裨益。因而金朝政府对治下的崇佛行为往往因时因势加以引导、控制，政策灵活多变。

第五章，金代汉族家庭的教育。对象多为血亲或拟制血亲，且存在显性与隐性之分，教育方式包括长辈对待晚辈、同辈之间以及延师友至家，通过耳濡目染、家训垂范和设馆施教进行。以教育内容来看，包括儒学、诗章字画、医学在内的家学传承和伦理规范教育。总结其教育特点，儒、释、道三种思想共同学习并行出现，并且受到女真民族影响，家庭教育内容呈现多样化。

第六章，金代家庭、家族与乡村社会。重点探讨家庭（族）、婚姻、身份地位与地理因素的关系，梳理"同乡""同族""同志"三者身份。首先，确定金代时人的地域观念与"同乡"的范围界定。金代汉族人"同乡"地域观念不强。相较"村"而言，"里"更能体现乡民对于地域的认同性和给予他们强烈的归属感，且"同里"是虚指、泛指，"同乡里"的指代并无实际面积大小这一层次的含义。其次,金代乡里同姓聚居、异姓杂居,施行"大杂居、小聚居"。再次,金代娶妇虽有两个标准,娶本"乡里"之女和娶某官爵之女,但郡望和谱系与官爵相比,已经不具有现实政治利益;"同族"中"同志"关系的梳理,可知乡里社会只有世家大族才可能存在盘根错节的人际、社会关系,纠正研究家族宗族必谈勾结、比附的偏弊;"同乡""同族""同志"三者之间身份的重叠致使互相之间的帮衬是生活甚至是生存的必需。

第七章,金代汉族家庭的民间信仰。鉴于民间信仰自身庞杂性特点,首先要从多且杂的资料中清理出条例。"民间"并非仅仅指代群体,而是"共享的一个空间",民间信仰已然全民化,这也是金代民间信仰一个重要特征,更是它的整体发展趋势。也会发现,佛道儒与民间信仰互相之间的借鉴和交融。接下来探讨信仰的主载体——祠庙相关的现象,包括祠庙作为实体建筑的建立,设施、布局甚至破坏,以及所承载的功能。民间神祠在金代并无专一机构、官职进行管理,这导致其祠庙的经济来源、日常营生、祀后经营与佛道有很大差异。

最后一部分为结语,进行总结说明。

# 目　　录

绪　论 ································································ (1)
　　一　选题价值 ···················································· (1)
　　二　概念与范围的界定 ············································ (3)
　　三　研究现状 ···················································· (7)
　　四　基本思路与研究方法 ·········································· (22)
　　五　难点与创新点 ················································ (23)

**第一章　金代汉族家庭的基本形态** ···································· (25)
　第一节　金代汉族家庭的规模结构 ···································· (25)
　　一　规模结构统计 ················································ (25)
　　二　其他类型家庭 ················································ (64)
　第二节　金代汉族同居共财大家庭 ···································· (67)
　　一　同居共财大家庭及其同居情况分析 ······························ (67)
　　二　同居共财大家庭难以普及的原因分析 ···························· (73)
　第三节　影响金代汉族家庭规模结构诸因素 ···························· (77)
　　一　战乱与灾荒对家庭规模结构的影响 ······························ (77)
　　二　生产力生产工具发展水平对家庭规模结构的影响 ·················· (81)
　　三　传统伦理道德对家庭规模结构的影响 ···························· (82)
　　四　婚姻制度对家庭规模结构的影响 ································ (85)

**第二章　金代汉族家庭人际礼、法关系** ································ (87)
　第一节　金代女真家庭关系理念及其实践 ······························ (87)
　　一　皇室家庭 ···················································· (87)
　　二　宗室贵戚 ···················································· (89)
　第二节　金代家庭人际关系的法制史研究 ······························ (90)
　　一　宋辽以来家庭人际关系立法精神回顾 ···························· (90)

二　金代家庭人际关系立法的宗旨和表现 ……………………（92）
　第三节　金代汉族家庭成员地位与关系 ………………………（95）
　　一　父家长的权威 ………………………………………………（95）
　　二　诸子的家庭地位、权利与义务 ……………………………（101）
　　三　女子的家庭地位 ……………………………………………（108）
　　四　拟制亲属之间的关系 ………………………………………（115）

第三章　金代汉族家庭的收支与经济管理 ………………………（120）
　第一节　金代汉族家庭的收入概况 ……………………………（120）
　　一　官僚家庭 ……………………………………………………（120）
　　二　平民家庭 ……………………………………………………（138）
　第二节　金代汉族家庭的支出概况 ……………………………（144）
　　一　日常生活支出 ………………………………………………（144）
　　二　婚丧支出 ……………………………………………………（147）
　　三　宗教信仰支出 ………………………………………………（152）
　　四　赈赡支出 ……………………………………………………（156）
　　五　租税赋役支出 ………………………………………………（158）
　第三节　金代汉族家庭的经济管理 ……………………………（161）
　　一　父家长在家庭经济管理中的作用 …………………………（161）
　　二　妇女对家庭经济的日常管理 ………………………………（167）

第四章　金代汉族家庭的宗教信仰——以佛道二教为中心 …（174）
　第一节　金代汉族家庭崇教的诸种行为表现 …………………（174）
　　一　修、建寺观 …………………………………………………（175）
　　二　添置法器 ……………………………………………………（176）
　　三　立幢 …………………………………………………………（177）
　　四　购买寺观名额 ………………………………………………（182）
　　五　施与钱物 ……………………………………………………（186）
　第二节　金代汉族家庭崇教的行为特点 ………………………（186）
　　一　宗教信仰的崇信主要以家庭为单位 ………………………（187）
　　二　宗教信仰的崇信世俗功利倾向明显 ………………………（187）
　　三　宗教信仰的崇信政治导向性明显 …………………………（189）
　　四　佛，道，儒三者兼尊并信 …………………………………（190）
　第三节　崇教对金代汉族家庭生活的影响 ……………………（192）

一　崇教对家庭规模、结构的影响 ………………………… (193)
　　二　崇教使家庭经济受累 ………………………………… (194)
　　三　崇教对日常生活习惯的改变 ………………………… (195)

## 第五章　金代汉族家庭的教育 …………………………………… (199)
### 第一节　金代汉族家庭教育的方式 ……………………………… (200)
　　一　长者亲授 ……………………………………………… (200)
　　二　延师友至家 …………………………………………… (206)
### 第二节　金代汉族家庭教育的内容 ……………………………… (208)
　　一　家学传承 ……………………………………………… (208)
　　二　伦理规范教育 ………………………………………… (210)
### 第三节　金代汉族家庭教育的特点 ……………………………… (214)

## 第六章　金代家庭、家族与乡村社会 …………………………… (216)
### 第一节　金代的地域观念与"同乡"的范围界定 ………………… (217)
### 第二节　"同乡"内"同姓"聚居与"异姓"杂居 …………………… (226)
### 第三节　"同乡"中的"同族"与"同志" …………………………… (244)
　　一　"同乡"中的"同族" …………………………………… (244)
　　二　"同乡"中的"同志" …………………………………… (261)

## 第七章　金代汉族家庭的民间信仰 ……………………………… (266)
### 第一节　金代汉族家庭民间信仰中的神灵信奉 ………………… (267)
### 第二节　民间信仰的主载体：祠庙及其相关现象 ……………… (275)
　　一　祠庙的组织与管理 …………………………………… (275)
　　二　地方社会中祠庙的经济问题 ………………………… (292)

## 结　语 ……………………………………………………………… (318)

## 参考文献 …………………………………………………………… (322)

# 绪　　论

## 一　选题价值

家庭组织源远流长，在人类社会发展的历史长河中，它一直"是社会的细胞，是社会的基层自治单位，是社会关系的一面镜子。任何社会现象都和家庭联系在一起。要深入了解中国古代社会，就必须研究中国古代的家庭。"① 可以说，传统的家庭、家族研究，是中国古代史研究的一项重要课题，它需要从历史学、法学和社会学等角度进行多方面的探研。

以女真族为主体民族建立的金代，与南宋对峙百余年，"继辽、北宋之后，在改变中国历史的面貌、丰富中国历史的内容上，是一个不可忽视的朝代"②。况且金代，"不仅上承唐宋，而且下启元明，其地位尤为重要。因此，从这个意义上讲，金史研究的如何在很大程度上直接制约人们对中国封建社会的全貌，及其嬗变规律的整体把握与深刻体认"③。所以，金史研究意义深远，而对于金史研究，开先河者首推金末元好问。④ 此后，元朝三史并修，所修《金史》被称为"良史"。⑤ 当然《金史》也存在疏漏、讹谬之处，清人又对《金史》进行了考订。⑥ 建国后，对于金代史的研究比以前略为深广。特别是到 20 世纪 80 年代以来，史学界思想解放，金代史研究取得了突破性的进展。在政治、经济、文化、宋金关系、

---

① 张仁玺：《秦汉家庭研究》，中国社会出版社 2002 年版，第 1 页。
② 张博泉等：《金史论稿》第 1 卷，吉林文史出版社 1986 年版，第 15 页。
③ 徐松巍：《80 年代以来金史研究若干思考》，《求是学刊》1994 年第 2 期。
④ 元好问在金亡后，广泛搜集史料，编成《壬辰杂编》《中州集》《遗山集》，为元修金史在资料积累上做了大量工作。
⑤ 施国祁谓："金源一代，年祀不及契丹，舆地不及蒙古，文采风流不及南宋，然考其史载大体，文笔甚简，非《宋史》之繁芜；载述稍备，非《辽史》之阙略；叙次得失，非《元史》之讹谬。"见其《金史详校·自序》。
⑥ 如清时学者顾炎武、钱大昕、赵翼等对《金史》进行诸多考订。

辽金关系、民族源流等诸方面都有丰硕的成果问世。但是，我们发现对于金代历史的研究，多限于政治、经济、文化和民族关系这几个方面，而对于金代家庭史尤其汉族家庭的研究鲜有涉及。

金代的统治民族——女真族以少数民族的身份入主中原，在胡汉文化不断的碰撞和交融下，社会经济基础以及上层建筑也在进行冲撞和整合。生产方式上，作为建国主体民族女真族早期从事农业和渔猎等，汉族和渤海族从事农业，契丹、奚族从事畜牧业兼营农业，而且各民族生产力水平差别甚大；生活方式上，各民族交错杂居，广大的少数民族汉化、中原地区的汉族胡化显著，以至通过当时人们的衣食住行婚丧嫁娶，把民族融合的特点体现的淋漓尽致；文化层面上，女真族武力征服中原时，也被汉族的文化所驯服，儒家的礼乐文化所产生的影响充斥着社会的各个层面。此外，金代萨满教、佛教以及道教等宗教信仰的盛行，都对当时民众的文化心理产生了深刻影响。因此，在政治、经济、文化互相糅合下，对于人口占绝大多数的汉民族而言，其家庭的研究具有非同寻常的意义。

首先，家庭是社会的组成部分，是社会中最基本的元素。家庭是人类历史发展到一定阶段的产物，作为社会中最基本的组成部分，婚姻关系是它的存在基础，血缘关系是它的联系纽带，物质资料的生产方式制约着它的发展，家庭中经济是所有一切的基础。家庭成员的组成、成员在家庭中的地位和作用、家庭内部的伦常、家庭关系的维系、家庭成员对国家所负担的义务、家庭的收支和管理、家庭的宗教信仰、家庭教育等等，都与当时社会方方面面有着联系。家庭"以缩影的形式包含了一切后来在社会及国家中广泛发展起来的对立"①。所以，对于家庭研究的深入，更能反映出当时政治制度、经济、文化风俗等实际情况。

从国家和家庭的关系上讲，家庭是国家的基本细胞，从某种意义上来说，社会中的各种类型的家庭与国家不可割裂。《孟子·离娄上》曰："天下之本在国，国之本在家。"古代中国家国一体。岳庆平先生也谈道："一方面是因为家庭是中国传统社会的基本细胞，是最小的一极，而国家与天下、民族、社会等概念的结合使中国传统国家几乎成为中国传统社会的同义词，是最大的一极。另一方面是因为尽管家庭与国家范围狭广差别很大，但在中国传统社会中却有着一种不同寻常的特殊关系。"② 家庭史的研究必然涉及国家相关制度政策，家庭的形态、家庭中的尊卑秩序、宗

---

① 《马克思恩格斯选集》第4卷，人民出版社1972年版，第52页。
② 岳庆平：《中国的家与国》，吉林文史出版社1990年版，第3页。

教及其道德，无不深刻影响着国家的秩序和法度。所以，对金代家庭的研究，是研究当时社会不可或缺的一个课题。

其次，金代汉族家庭形态的研究对于推进古代中国家庭史和金代社会史的断代研究有着重要的作用和意义。从家庭史研究的整体来看，学界对于中原汉族政权的研究成果颇丰，如对宗法社会父家长制家庭、秦汉时期的个体小农家庭、隋唐以来的累世同居共财的封建家庭的研究非常深入。但是对于女真族建立的金代汉族家庭研究，关注甚少。也有部分学者在一些论著中有所涉及，内容简单篇幅短小，通论性的著作尚没有面世。所以，金代汉族家庭的研究，可以弥补金代社会史研究的疏漏和缺失，对于加深中国古代社会史的研究大有裨益。

最后，金代是以女真族为核心建立的政权，是兼治少数民族与汉族的王朝，女真族长期生活在我国的东北地区，兴起后控制北中国的大片地区，囊括了原辽和北宋的部分统治地区，其统治下的民族成分众多，不仅生活着汉、女真、契丹、奚、渤海等民族，还生活着许多部族集团，如乌古里部、石垒部、迪烈部、唐古部、乌昆部等，但汉族人占绝大多数。对于此种统治形势下汉族制度研究相对较少，尤其关于金代汉族家庭的研究。金代女真家庭形态、宗室皇族都有所涉及，金代汉族家庭研究属于空白之处。所以金代汉族家庭研究对于金代多民族家庭研究具有补充意义。

## 二 概念与范围的界定

本书题目拟定为《金代汉族家庭形态研究》，故须对"汉族"与"家庭"进行界定。

（一）"汉族"与"汉儿""汉人""南人"

本书所研究的"汉族"家庭仅指民族成分而言，使用的是现代意义上的"汉族"概念，亦即包括属于金统治地域内的全部汉族人，不包括汉化严重的女真、契丹、渤海及其他民族。之所以如此区分，目的只在于显示这种不同民族间的差异，而并不是"汉人""南人"家庭之间的地域、水平差异。

有金一代，"汉族""汉人""汉儿""南人"甚有区别，文献中出现的"汉人"并非与现代意义上的"汉人"外延与内涵完全契合，具备其历史时代性。关于"汉儿""汉人"与"南人"定位，学界史家多有讨论。为使对本书所研究的汉族与金代所存在的汉儿、汉人、南人形成正确认识，以防混淆，特总结如下：

就两者具体民族属性而言，刘浦江与张中政先生都认为其民族属性为汉族，有的学者则认为"汉人"包括非汉族，如张其凡先生与张新艳先生。但这两位学者不同之处在于，前者认为金后期"汉人"作为整个汉族指称出现，"汉人"与"南人"融为一体①；后者则以地域为划分标准，认为"汉人"并不等同于"南人"。②赵翼《廿二史劄记校正》记载"金以先取辽地人为汉人，继取宋河南、山东人为南人"③。刘浦江先生认为，金代所谓"汉人"，专指原辽境内的汉族人民，"汉人（汉儿）"严格区别于"南人"。④陈述先生谈到，汉人虽是表明民族的，却并不全以民族作区别。依此来看，两者虽有区别，但并非完全以民族而论，而是兼之地域，并且还存在等级的区别。陈述先生称，辽金时期，汉人曰汉儿，口语文言一致。并且汉、汉儿、汉人一语在社会上使用无恶意，不含任何轻蔑、诟詈等贬义。⑤但也有学者有意对"汉人""汉儿""南人"分等级对待。张中政谈到"汉儿"是辽朝旧称的沿用，对汉人的一种轻蔑的称呼，一部分宋朝统治区（河北、河东）的汉人，不称"汉儿"。

书中对于"汉人"与"南人"的民族成分与地域性指代不做探讨亦不妄下定论，但确定的是，所探讨的金代"汉族"人仅以民族区分。

（二）"家庭"与"户""家族""宗族"

家庭是同居共财共爨的以婚姻为基础的血亲或拟制血亲的社会组织⑥。

婚姻与血缘是家庭存在的纽带，拟制血缘亦包括在内，这种间接血亲互动更需要法权关系的维护。如此，家庭涉及历史、社会、法律范畴，致使长期以来，学界对于家庭概念的界定讨论甚多。但就其最主要的外在表现形式——同居、共财、共爨三点成为构成家庭的要素，毋庸置疑。

1. 关于"家""户"。

家、户同作为日常生活组织单位，联系紧密，普遍来看一家即一户，

---

① 张其凡等：《金代"南人"胡化考略》，《史学集刊》2009 年第 4 期，第 47—52 页。
② 张新艳：《金统治下汉人的历史来源——金统治下汉人研究之一》，《黑龙江民族丛刊》（季刊）1998 年第 1 期（总第 52 期），第 61—64 页。
③ （清）赵翼：《廿二史劄记校正》（订补本）卷 28，王树民校正，中华书局 1984 年版，第 630 页。
④ 刘浦江：《说"汉人"——辽金时代民族融合的一个侧面》，《民族研究》1998 年第 6 期，第 57—63 页。
⑤ 陈述：《汉儿汉子说》，《社会科学战线》（辽金契丹女真史）1986 年第 1 期，第 294—295 页。
⑥ 张国刚：《中国家庭史》，广东人民出版社 2007 年版，第 1—2 页。

但两者又不完全相同，其区别就在于划分标准的不同。通常情况下，婚姻与血缘是成家的必备条件，由于现实的情况，户往往被行政单位化，使之与家具有不同的社会意义，从而使得各自所要凸显的社会目的大大不同。"家"更强调其"宗"的法权关系和历史归属感；"户"则具有极强的行政意义，作为社会征发各种徭役兵役杂税的个体单位而存在。① 依此看来，在金代，只要占有户籍，一个人同样可以称其为一户，这可以作为家庭的特殊现实实例，但是婚姻、血缘作为确立家庭的纽带作用并不因此而失效。

2. 关于家庭与家族、宗族。

本书中家庭与家族、宗族联系密切，家庭统属于家族，家族又统属于宗族，以血缘亲近划分五服以内属于同一家族，其余疏亲则属于宗族，而家庭仍作为其基本单元存在。

自 80 年代以来，伴随社会学领域关于家庭社会史研究热情的高涨，对于家族、宗族以及家庭的研究成果也逐渐增多。家庭史研究以家族史研究为前导，以"族"为直接研究对象相对较多，后来"家庭"才逐渐成为研究的重点范畴被凸显出来。随着历史的发展，中国传统家庭与近现代家庭外延与内涵都发生了变化。中国传统家庭强调其宗族家族性，强调宗族不仅是一种血缘性的组织，更主要的是代表着在这一组织中实行的一套尊卑有序的原则；现代家庭则更注重将每一小家庭单独看作是一个存在个体，承担其自身以及社会责任，家庭独立性强。家庭存在于家族与宗族之中，"所谓族是由许多家所组成"②，在始终保持其历史归属感与阶级本质的内涵之外，从外在形式、结构角度来看，家族与宗族某种程度上就是一个大家庭。费孝通对家庭进行这样的界定，"家庭指的是这样一个基本三角，由'夫''妻''子女'构成。各种变化逃不出这个基本三角。"阎爱民同样从这个基本三角关系出发，对其做出这样理解，"家庭可以是一个核心家庭，也可以是个复杂的大家庭，乃至扩延到一个宗族。"③ 冯尔康更进一步指出"族是有男性血缘关系的家庭聚合体"④。王玉波认为

---

① 张仁玺编：《秦汉家庭研究》，中国社会出版社 2002 年版，第 1 页。"家是社会名词，表示具有共同血缘，一起生产，一起居住和一起消费的群体。户则是行政术语，为政府征收赋税、征发徭役和兵役的单位。"
② 费孝通：《乡土中国》，生活·读书·新知三联书店 1986 年版，第 39 页。
③ 阎爱民：《汉晋家族研究》，上海人民出版社 2005 年版，第 5 页。
④ 冯尔康：《中国宗族社会》，浙江人民出版社 1994 年版，第 9 页。

"宗族、家族只是其（家庭）不同发展阶段的外在表现形式罢了"①。岳庆平认为："家庭与家族在理论上的主要区别在于：家庭范围较小，是一同居共炊共财单位；而家族范围较大，不是同居共炊共财单位。家庭与家户在理论上的主要区别在于：家庭是个社会范畴，着重于亲缘关系；而家户是个行政范畴，着重于地缘关系。简言之，家庭是以亲缘或收养关系为基础的同居共炊共财单位。"②

由以上可知，家庭囊括于家族、宗族之中，从其与之内在的历史归属本位关系来看，家庭永远无法游离出家族、宗族，但二者又存在明显的区别。是否同居共财共爨成为其区别的主要外在表现形式，这不仅意味着家庭规模的扩大，更代表着此家庭结构发生了变化。更甚者是政治、经济、生活等各方面的互助以及依赖联系亲疏变化。"家"与"族"二者之间真正存在的区别和联系都可以归结为，其人与"宗"的内在原则，这一行为规范永远不变。以往尤其早期学界对于家庭、家族宗族的研究，全篇往往重在着墨于以何种标准来界定"家"与"族"，如何将家庭与之区分，这作为家庭或者家族史研究的基础，理应给以清晰的定义。但是如果将旨在过分强调二者之间的差别，作为文章的理论基础而对其进行探讨，对于二者持泾渭分明抑或避重就轻，只谈某一方面的治学态度，都是十分不可取和不科学的。所以，一味试图将家庭与家族宗族分开，不是本书所坚持宗旨。仅从人口规模基础上用是否同居共爨来区分二者，家族宗族便只成为单纯的数量累计和自然亲属关系的叠加，以致失去了其本质的意义，亦不是本书研究重点所在。分析家庭、家族、宗族三者联系、区别和发展变化中反映的当时社会结构、价值观念、百姓生活，有利于对整个金代社会的把握，以古鉴今，才是家庭家族史研究的真正价值所在。

总而言之，在中国古代，家庭都是作为社会最基本的细胞存在，当家庭各方面发展到一定程度便可称为一个大家族抑或宗族。界定何为家庭、家族、宗族，执着于将家庭与家族、宗族进行区分，难免偏激。"为了研究某个具体的问题的方便，也可将家庭的定义限制在适当的范围内。人类学家出于本学科的需要，可用家族定义取代家庭定义；而心理学家出于本学科的需要，也可将家庭界定为性格相互影响的单位。"③ 本书鉴于此，所论及的家庭史中亦有对于家族宗族这一特殊大家庭的史料运用，这属于

---

① 王玉波：《中国古代的家》，商务印书馆1995年版。
② 岳庆平：《中国的家与国》，吉林文史出版社1990年版，第5—6页。
③ 岳庆平：《中国的家与国》，吉林文史出版社1990年版，第6页。

本书讨论的研究范畴和概念界定之内。

## 三 研究现状

家庭——家族是古代中国社会结构的核心,社会受其制约,文化为其形塑。家庭史的研究,显得十分重要。

19世纪初直到20世纪,以家庭为审视对象,中国家庭史的研究可分为三个阶段。① 20世纪初开始,学术界就很重视中国家族史的研究,并且已经涉及了家庭问题②;20世纪20年代到80年代,将家庭作为首要研究对象的学术著作甚是少见,对于家庭史的研究交叉夹杂于宗族(家族)制度,尤其是婚姻妇女研究当中。例如,费孝通《江村经济》③、《生育制度》④、吕思勉《中国婚姻制度小史》⑤、高达观《中国家族社会之演变》⑥、陶希圣《婚姻与家族》⑦;80年代至今,社会史研究高涨,一系列与家庭有关的著作和文章涌现。

按照本书的研究思路,做以下总结回顾。分为三个方面:首先,关于家庭、家族、宗族的通论性专著。家庭属于社会学研究领域的一个专有名词,对这一名词理论概念性的把握,有助于对本书家庭内容的驾驭,奠定写作的正确理论框架。许多通论性著作都对其进行了百家争鸣式的探讨;从历史学角度对家庭史的理论性研究,多处于与宗族(家族)制度夹杂当中,尤其与婚姻制度研究相关联而出现的较多。其次,关于金代家庭史研究具体的文章和专著。家庭史的研究对于金代来讲,尚属相对空白之处。没有专著出现,直接论述家庭的文章亦非常少见,

---

① 邢铁:《二十世纪国内中国家庭史研究述评》,《中国史研究动态》2003年第4期,第16—21页。文中的三阶段依次为:第一阶段,五四前后到40年代末;第二阶段,50年代初到70年代末;第三阶段,70年代末到20世纪末。
② 常建华:《二十世纪的中国宗族史研究》,《历史研究》1999年第5期,第140—162页。
③ 费孝通:《江村经济》,上海人民出版社2006年版。
④ 费孝通:《生育制度》,商务印书馆1999年版。
⑤ 吕思勉:《中国婚姻制度小史》,上海教育出版社1985年版。
⑥ 高达观编著:《中国家族社会之演变》,正中书局1946年版,第55页,"合直系、旁系两方面亲属以同居,往往号称百口,此为我国大家庭之一种特征。"第37页,"宗族即为一巨大家族。中国家族社会之特性,以孝、弟、贞、顺之说,铸成宗法理论;以同居共财,构成其形式;其所以维持此种理论与形式绵延见远者,又必须尊嫡立嗣,且欲讲求家族社会内部之安宁秩序故严尊卑男女之名分;奉家长如严君焉,俾家人慑服于家长之权威;虽家族构成之人员庞杂,亦须相忍为安;而冠婚、丧、祭之礼,不厌其烦,以遂行家族之仪式焉。"
⑦ 陶希圣:《婚姻与家族》,商务印书馆1934年版。

但是一些与家庭相关的人口户籍、宗教、教育等研究成果，为家庭研究中不可或缺的相关组成部分研究提供了间接的指导和辅助作用，但并未回扣到家庭这个主题议题当中。最后，历朝历代对于家庭史的研究，为金代家庭史的研究提供了方法上和思路上的借鉴。以下将重要著作、文章分述如下：

（一）通论性研究成果

通论性著作中，家庭史不是研究主题，多附着在家族宗族史研究当中。徐扬杰《中国家族制度史》，以家族为其研究的主要对象；《中国宗族制度新探》《中国古代的宗族与祠堂》以宗族为单位。《中国家族制度史》虽不以家庭为其研究主体，但对家庭含义进行界定，并对家庭与家族之间的联系和区别加以说明，提出将累世同居共财的大家庭，归属于世家大族式家族组织的特殊组织形式，徐扬杰家族制度的研究为学术界家庭史的研究，提供了很好的起点与平台。① 钱杭的这本《中国宗族制度新探》是对宗族制度研究新的探讨，并不一味沿以前学界传统思路进行深入，而是变化角度，将"党""族""宗"等分开论述，强调其"宗"的内部规范原则与汉人之间的关系，从而理解这一概念。对这一点本成果深表赞同，亦觉深有意义。另外，这本书中所说的"汉人"包括受汉化极深的一些其他民族。② 《中国古代的宗族与祠堂》以与宗族相关的宗族的内部结构、外在祠堂祭祖形式以及其社会教化功能下族人生活状况为内容，对宗族进行较全面的探讨。③ 这些对于家族、宗族的探讨，对于家庭史的研究起到了很好的借鉴作用。王玉波《中国古代的家》一书才真正将家庭作为研究对象，但把氏族、宗族以及家族作为古代家庭存在的外在社会组织形式，亦尤其强调将家庭的研究与氏族、宗族、家族紧密相连。另外书中大、小家族家庭之所以不直接称为大、小家庭，而称为大家族家庭、小家族家庭，本成果理解为作者是在有意地强调其无论家庭规模的大小，更重要的是其一直不变的家族本体意识，只是表现形式不同罢了。④

为便于认识和研究，学者们根据不同时期不同特征，对家庭进行归纳分类。杜正胜《传统家族试论》，将中国家庭结构大体分为"汉型家庭""唐型家庭""汉型与唐型的折衷"三种形态。将秦汉以下"家族"的发

---

① 徐扬杰：《中国家族制度史》，人民出版社1992年版，第4—5页。
② 钱杭：《中国宗族制度新探》，香港：中华书局有限公司1994年版，第21、75—85页。
③ 冯尔康：《中国古代的宗族与祠堂》，商务印书馆1996年版。
④ 王玉波：《中国古代的家》，商务印书馆1995年版。

展分为两个阶段，金代属于其中的第二阶段——宋元以下以族谱、义田、祠堂、族长来收宗合族的新家族形态。① 书中资料翔实，就某一内容从不同角度以图表的形式将统计的数字一一呈现，一目了然，并进行了深入到位的分析，使得出结论准确可靠。这给予金代汉族家庭、家族形态一个总体上的对比参考标准，使得对其研究更加有的放矢，避免偏离主流；徐扬杰的《中国家族制度史》在论述中将中国家族史分为四个历史时期，金代属于宋以后的近代封建家族；周积明、宋德金《中国社会史论》一书，第三编论述中国社会史的阶段性问题，将具有代表性朝代的家庭血缘关系与家庭形态一一列出，包括唐宋、辽代婚姻与家庭形态，等等。理论与实际结合，用存在实例来说明和验证了中国传统社会的运行规则。以上作者对历史上家庭类型的定位以及家族史的历史分期，给予本研究所属类型以很好的特征上的参考和时间段限上的界定，使得它的研究可以放在相应历史时段进行整体上的原因和背景分析。

　　社会学与人类学家也从不同角度，对家庭结构类型进行了分类。潘允康《家庭社会学》指出理解此概念的六个方面。② 此书中的家庭，属于泛化的概念，没有将很多现实情况考虑进去，但是将领养关系纳入家庭，值得肯定。巫昌祯《家庭社会学纲要》③ 对于家庭的类型划分趋于现代化，比如出现同性恋家庭和未婚同居家庭，值得借鉴的同时与中国古代传统家

---

① 黄宽重等主编：《家族与社会》，中国大百科全书出版社2005年版，第3—4页。
② 潘允康：《家庭社会学》，中国审计出版社2002年版，第51、200页。要理解此概念，作者给出了入手的六个方面：第一，家庭是群体，不是个体。一个人不能称其为家。第二，夫妻关系是维系家庭的第一纽带，是判断家庭的第一标准。第三，血缘关系是维系家庭的第二纽带，是判断家庭的第二标准。第四，家庭可以是婚姻血缘关系的合理延伸。第五，领养关系也是家庭关系。第六，家庭一般还应以共同生活为条件，有血亲和姻亲关系但不共同生活或经济上没有关系的不为一家。其中作者对家庭划分的小、大模糊。主干家庭是指夫妻和一对已婚子女所组成的家庭，是我们通常所说的三代同堂家庭。家庭中有两个中心，一般有三代人。联合家庭是指父母和多对已婚子女共同居住生活的模式，或兄弟姐妹婚后不分家的模式。
③ 巫昌祯：《家庭社会学纲要》，中国政法大学出版社1986年版，第8、33页。家庭的分类：第一，按家庭成员的结构划分：核心家庭是指由父母子女组成的家庭，也有人把一夫一妻没有子女的家庭称为核心家庭；主干家庭是指由祖父母或外祖父母、父母、子女组成的家庭。主干家庭是以直系亲属为主的三代同堂的家庭。扩大家庭是指除主干家庭的成员之外，还有其他成员，如兄弟及其配偶。第二，按家庭成员的完整情况划分。完全型和残缺家庭。第三，按家庭的规模划分。一般的说，核心家庭是小家庭，主干家庭、扩大家庭是大家庭，但也不尽然。第四，按婚姻状况划分。一夫一妻、一夫多妻、一妻多夫家庭等等。反常家庭包括一人家庭或称独身家庭单身家庭、同性恋家庭、未婚同居家庭、群居家庭。

庭亦有出入。但社会学领域对于家庭类型的划分，对历史学科中家庭概念的界定和类型的划分具有理论上和实际上的指导参考作用。

　　法律与社会紧密相连，家庭的研究不仅跨进社会学范畴，也与法学产生相互交叉研究之处。《中国法律与中国社会》强调中国古代法律的主要特征表现之一，便是家族主义。这是中国古代法律所要维护的社会制度和社会秩序的支柱。书中讨论了家族与婚姻，涉及家族的范围，婚姻的意义等。对家庭、家族中的父权以及刑法与行政法上的家族主义也一一进行了论述①，对于金代个案甚少提及；《亲属法论》由史尚宽执笔，以为现实司法判定提供理论依据为目的，从法律角度对亲属制度加以研究。书中对于亲属范围，家的意义，从婚姻婚约到离婚、别居，以及父母子女的抚养、监护权力义务，运用最新立法及学说，进行一一分析。②虽不以家庭为直接探讨对象，但从旁及的家庭内容来看，具有指导辅助作用。无论古今，正当的家庭关系受到法律的维护，而破坏家庭的行为亦将受到法律的制裁。从法律角度切入，对家庭进行侧面的探讨，十分重要。

　　对于古代"家""族"的社会学、历史学以及法学领域的研究，最后往往都与"国家"不可分割。岳庆平《中国的家与国》指出家庭是中国传统社会的两极模式之一，分别从伦理、经济、法律、心理以及地理五个方面探讨对中国传统家庭和国家模式的作用和影响③；《中国古代的"家"与国家》④从家和国家各个独立、特殊的职能和作用出发，努力区别和划定两者的范畴，成为本书的着眼点；《家与中国社会结构》⑤ 与一般的相关历史著作相比，理论性较强，集重点于家与国家社会之关系，强调家作为一种具体结构，表现在姓、宗族、家族、家户上。全书以家为论述的起点，将家扩展到国家、社会，注重社会人类学研究方法对这一家国问题的研究，很多结论是在实地调查取证下所得，推论有其可取之处，但某些结论是在对近现代家庭进行分析后得出，与中国古代传统家庭难免会存在出入。另外，家在本书是一个泛化的概念，此书属于对家、国的宏观性研究著作，属于一般意义之上的理解，并无具体事情具体分析，从而使整本书的严谨性暂缺。

---

① 瞿同祖：《中国法律与中国社会》，中华书局2003年版。
② 史尚宽：《亲属法论》，中国政法大学出版社2000年版。
③ 岳庆平：《中国的家与国》，吉林文史出版社1990年版。
④ ［日］尾形勇：《中国古代的"家"与国家》，张鹤泉译，吉林文史出版社1993年版。
⑤ 麻国庆：《家与中国社会结构》，文物出版社1999年版。

另外，《中国制度史》①《中国古代婚姻与家庭》②《家庭史婚姻史姓氏史》③《中国历代婚姻与家庭》④，角度宏观，对于围绕家庭所存在的婚姻、姓氏、宗族、亲属、教育等不分朝代，总体上把握其历史脉络、发展趋向，使整个中国古代家庭史完整地呈现于读者面前。如《中国古代婚姻与家庭》，在从经济基础与上层建筑不同方面对婚姻家庭制度进行总体观察之后，对于中国古代婚姻的意义形式、婚配范围与人数、成婚与婚姻的消亡，与之相关的亲属、宗族都有论述。家庭制度与宗族制度分述，与之相关的家庭的本质、家庭组织以及家产的继承分配都给予说明。这对于本书当中有关家庭的婚姻、财产等讨论大有裨益；从《家庭史婚姻史姓氏史》书名可以明显地看出作者对于家庭中血缘与姻亲紧密关系的重视，书中对家庭相关理论的论述，对于家庭史的研究具有导航标的作用，但书中甚少提及金代家庭个案史料论证，略显遗憾。

综上，家庭史的研究，是婚姻与家族宗族研究的衍生品，湮没于另外两者的研究当中。再者，家庭史既属于社会学、人类学范畴，又跨进历史学、法学范围之内，所以学界对于"家庭""家族""宗族"这一问题的探讨呈现出百家争鸣的现象。这样所造成的另外一个家庭史研究缺憾就在于，家庭史研究目的变成给予这一名词一更完美定义，较少注重其家庭内容的探讨，界定概念之后多数探讨的是与国家社会的家国关系，家庭史相关其他具体细节被忽视。

（二）关于金代家庭的相关专题研究

20世纪80年代家庭史研究高涨，金代家庭研究也随之发展，但并没有出现专著专文，略显不足。金代以女真少数民族立国，研究成果强调其民族特点。金代家庭研究亦不例外，多见于对女真家庭形态的探讨，汉族家庭往往掺杂于女真家庭形态的研究当中，做以辅助而提及，这亦对汉族家庭研究具有参考价值，现将女真家庭形态的代表性研究成果一一罗列，以期对本书汉族家庭研究起到补充作用。

赵东辉《女真族的家长制家庭公社》⑤，旨在指出在金初以前女真族的社会发展过程中存在过家长制家庭公社这一中间阶段；较早的一部通论

---

① 吕思勉：《中国制度史》，上海教育出版社1985年版。
② 史凤仪：《中国古代婚姻与家庭》，湖北人民出版社1987年版。
③ 韩作勇：《家庭史婚姻史姓氏史》，《中国全史》（32），经济日报出版社1999年版。
④ 顾鸣塘编著：《中国历代婚姻与家庭》，中共中央党校出版社1991年版。
⑤ 赵东辉：《女真族的家长制家庭公社》，《黑龙江文物丛刊》1983年第1期，第11—14页。

性质的《女真国俗》涉及金代家庭形态；80年代末90年代初期，国内对于女真史的研究尚属起步，王可宾《女真国俗》①结合个人对于民族志研究所长，书中对于女真人的婚姻、家庭形态给出了详细的分析，另外对命名以及家产继承等家庭内部问题，给出了细致的分析，推进金代女真婚姻家庭史的研究。家庭、家族、宗族永远都是紧密相连的，杨茂盛接连几篇文章，对女真宗族部族研究意义非凡。如《试论中国古代的宗族部族及其国家的形成》②《试论生女真人的宗族文化》（上）③《试论生女真人的宗族文化》（下）④。另外《中国北疆古代民族政权形成研究》⑤一书围绕民族政权或国家形成问题展开研究，提出氏族、部落解体之后形成的众多宗族部族社会组织基础之上，民族和国家产生。这当然包括女真族所创建的大金朝在内。书中对辽代生女真人宗族部族有专章研究，并以完颜阿骨打民族思想政策为代表对完颜宗族在女真社会中的形成、作用给予了分析。

　　将女真家庭形态作为直接研究对象进行探究的实属韩世明。学界女真家庭形态研究成果甚少，韩世明关于女真家庭的一系列研究对后人研究这一课题，起到了很好的借鉴作用，尤为珍贵。《辽金时期女真家庭形态研究》⑥，对女真家庭形态的探讨包括女真先世的家庭形态、始祖时期的家庭形态以及父权型家庭公社。家庭形态是一个动态变化的过程，作者强调不同时期经济特征的相异便是这一动态变化的根据所在。女真在建国前经历了民主型——整体经济为特征的父系家庭公社的发展阶段。与此相伴的家庭形态则表现为，家即为家庭公社，而并不能称其为核心家庭。家庭公社由三代及三代以上人口组成。核心家庭还不存在自己的独立经济；晚期父权型家庭公社时期多元经济的发展和私有制确立导致家庭公社最终瓦解。金世宗时，出现了真正意义的父子兄弟既不同居亦不共耕的核心家庭。家庭公社解体后的家庭形态表现为联立家庭的普遍性，以及直系家庭的非主导性。另外，关于累世同居共财的伸展家庭，金亦可见，但金定世

---

① 王可宾：《女真国俗》，吉林大学出版社1988年版。
② 杨茂盛：《试论中国古代的宗族部族及其国家的形成》，《北方文物》1997年第3期，第51—66页。
③ 杨茂盛：《试论生女真人的宗族文化》（上），《北方文物》2001年第1期，第56—65页。
④ 杨茂盛等：《试论生女真人的宗族文化》（下），《北方文物》2001年第2期，第55—65页。
⑤ 杨茂盛：《中国北疆古代民族政权形成研究》，黑龙江教育出版社2004年版。
⑥ 韩世明：《辽金时期女真家庭形态研究》，《史学集刊》1993年第2期，第67—72页。

系为三代,即不同于汉、唐,同居范围也小于宋代。文中对家庭形态发展过程的划分、对不同家庭形态时期家庭规模的划定,对今后金代女真家庭形态的进一步研究具有开创性的意义,而对于同时代汉族家庭的研究则具有很好的对比和借鉴作用。王善军、郝振宇也指出金代宗族研究侧重于女真社会,其中对上层宗族的研究也主要集中于皇族。① 孙文政以金上京路为例探讨姓氏、婚姻和家庭人口,并指出新中国成立前上京路女真族婚姻家庭习俗保留了许多原始氏族时期的婚俗。新中国成立后,一方面以血缘为纽带的家庭解体,另一方面由于婚姻对象扩展,促进了民族融合与发展。②《辽金时期鲁谷吕氏家族研究》一文则通过对辽金时期鲁谷吕氏家族的世系、仕宦、联姻、家学四方面进行总结归纳,指出这一家族稳居燕地百余年存在与发展的特点,并探讨了其家族长盛不衰的原因。③ 这对于金代汉族家庭形态研究给予了理论上和实践上的指导和借鉴。

除此之外,宋辽金西夏通论性质的著作对金代家庭略有描述。如《中国风俗通史·辽金西夏卷》④《中国社会通史·宋元卷》⑤《中国人口通史·辽金卷》⑥《辽宋西夏金社会生活史》⑦《剑桥中国辽西夏金元史》⑧等。相较之下,《中国风俗通史·辽金西夏卷》中编金代卷更为详细。对女真衣食住行、婚丧嫁娶、宗教信仰、娱乐游艺等概括全面。其中第十二章金代社会组织风俗中对金代家庭结构与观念,进行了简单明确的论述。金代女真同汉人,家庭结构以小家庭为主,女真族大家族相对较少。女真小家庭在金代的出现有其自身历史发展的过程。早期至金初,小家庭出现,但仍处在聚族而居的大家庭内;中期,兄弟同居者虽然存在,但各自独立的小家庭越来越成为主要的形式;世宗大定二十二年,"析居""分种"小家庭已占主导地位;家庭成员地位关系也有描述。在女真早期家庭中,家长权威很大。妻妾从属于夫,但夫对妻妾在法律上无生杀予夺

---

① 王善军等:《辽西夏金宗族研究综述》,《宋史研究论丛》2018年第1期,第437—457页。
② 孙文政:《金上京路姓氏、婚姻家庭及人口》,《理论观察》2019年第4期,第5—9页。
③ 于桐:《辽金时期鲁谷吕氏家族研究》,硕士学位论文,吉林大学,2019年。
④ 陈高华等主编,宋德金等著:《中国风俗通史·辽金西夏卷》,上海文艺出版社2001年版。
⑤ 任崇岳主编:《中国社会通史·宋元卷》,山西教育出版社1993年版。
⑥ 王孝俊著,袁祖亮编:《中国人口通史·辽金卷》,人民出版社2012年版。
⑦ 朱瑞熙等:《辽宋西夏金社会生活史》,中国社会科学出版社1998年版。
⑧ [德]傅海波等编:《剑桥中国辽西夏金元史》,史卫民等译,中国社会科学出版社1998年版。

之权。妻妾名分不同，嫡庶观念不重。海陵时已颇重嫡庶。妻高于妾，其名分地位不可倒置。兄弟具有平等的地位。主人对奴婢有绝对权威，法律对奴隶犯主行为的处罚极严。孝悌、妇道、节烈，亦通用于女真和汉族。《中国社会通史·宋元卷》第二十五章谈到了民间的家族组织，但内容多以宋代为主，金代相关论述甚少。

以上金代家庭形态研究更侧重女真族家庭研究，但以女真家庭形态为题名进行直接探讨也实属少数，多包括在辽金元时期通论性的著作当中，并不以家庭为研究对象，而是将家庭相关内部生活纳入生活史抑或风俗史当中的一部分进行探讨，涉及家庭当中相关的婚丧礼俗、生活娱乐、宗教信仰等，从而间接地联系到家庭，这与从家庭角度直接切入完全不同。由于有关金代家庭形态研究成果罕见，与之同时亦相近的辽代、西夏也十分鲜见，研究尚属薄弱，现将有关辽夏家庭研究也列出，仅供参考。

《辽代契丹人家庭考论》[①] 认为，辽代契丹人同金代女真人家庭完全不同。在辽代只要家庭中的长者健在，不管他（她）的子孙繁衍至几世，都必须同籍共居，这是形成辽代契丹人家庭形态的基本原则，"以此导致辽代三世及以上同居大家庭十分普遍"。[②] 依此，作者得出辽代契丹人家庭除包括作为核心成员的家长及其子孙、配偶之外，无论是收养或者是寄养的子嗣以及寄住亲属和奴婢，都是家庭成员构成之一。金代并非如此。契丹传统文化与中原儒家文化共存，致使其家庭观念与家庭结构出现了多元的复合色彩，同时二者之间又不可避免地产生一定的冲突；《辽代契丹家庭浅论——以汉文石刻资料为中心》[③] 一文认为，辽代家庭世次、婚姻制度和人口寿命是影响家庭规模的主要因素，多世次的特点和姊亡妹续的婚姻形式使辽代家庭能够形成一个较大的规模，但较为严重的男子丧偶和子女早夭现象又使家庭难以保持更大规模。在家庭成员关系及伦理的讨论上，强调儒、佛两种文化对辽代家庭观念的形成产生重要影响。

---

① 张国庆：《辽代契丹人家庭考论》，《社会科学辑刊》1991年第2期，第73—80页。
② 张国庆：《辽代社会史研究》，中国社会科学出版社2006年版。书中第六章亦对辽代的家庭进行了分析概括，将家庭列入辽代社会生活当中，由于都出自张国庆先生之笔，这两篇文章并无相异之处，亦并无新的观点补充加入。
③ 陈鹏等：《辽代契丹家庭浅论——以汉文石刻资料为中心》，《黑龙江民族丛刊》2016年第4期，第87—91页。

《西夏家庭研究》① 一文主要是以西夏天盛时期所颁布的一部法典《天盛律令》为研究母本，对比唐宋家庭形态，对西夏家庭进行研究，角度侧重于法律层面，得出在法律上西夏家庭的形态、成员关系以及特点。

　　金代家庭形态研究成果的涌现数量与研究界对其热衷的程度并不相称，数量鲜少。2014年王新英、贾淑荣《金代家庭人口数量考略——以金代石刻文献为中心》② 与2015年孙昊《辽金女真的"家"与家庭形态——以〈金史〉用语为中心》③ 两篇文章的出现，实属令人欣喜之事。金代与家庭相关的人口户籍、宗教、教育成果颇丰，这对于金代汉族家庭研究具有十分重要的作用，亦一一列出：

　　人口与户籍方面。《中国历代人口统计资料研究》④ 中涉及金代人口数量、分布、迁移、死亡、构成等，只是相关史料的汇编，这虽可对有关人口史料的收集提供帮助，但并没有做任何分析说明；《金代猛安谋克人口状况研究》⑤、《金统治下汉人的人口数量与身份地位——金统治下汉人研究之二》⑥，都对金代人口，包括猛安谋克户正口奴婢口数、各路民户总数、各路府州军民户数、汉人口总数等做了细致的考据。在此基础之上，按照不同的参照系数得出其相对每户人口数目；《中国历代户口、田

---

① 邵方：《西夏家庭研究》，《西北民族研究》2001年第4期，第40—50页。西夏社会家庭形态的主要类型是：以同居共财的扩大家庭为主，以其他类型的家庭形态为辅。西夏社会的家庭体制是：以父权、家长负责制组成的，以同居共财的扩大家庭类型为主和多种家庭类型相结合的封建家庭结构体制。通过对比我们可以发现，西夏与宋都处于封建社会，都是以儒家学说作为治国根本。在立法上，西夏以唐律作为立法原则，与宋律基本相似；在家庭构成上，西夏和宋朝都是以同居共财的扩大家庭为主。但是西夏家庭和唐宋家庭又有许多不同点：同居共财的程度不同，家庭管理体制不同。西夏是父母共同作为家庭的实际管理者———家长，家庭主妇的地位比唐宋高；家庭中同辈尊卑长幼的观念、地位不同。西夏社会不但对非婚生子女及私生子无多少歧视，而且妻与妾的地位几乎无多大差别。与唐宋相比，西夏家庭内部同辈之间的关系地位要平等得多；家庭成员所承担的责任和义务不同。西夏以是否同居，是否有实际的抚养、收养关系，作为对家庭承担责任和义务及应享有权利的依据。相形之下，唐宋侧重于血缘，而西夏则侧重于行为；家庭生产方式不同。
② 王新英等：《金代家庭人口数量考略——以金代石刻文献为中心》，《黑龙江民族丛刊》2014年第6期，第98—103页。
③ 孙昊：《辽金女真的"家"与家庭形态——以〈金史〉用语为中心》，《贵州社会科学》2015年第11期，第43—46页。
④ 杨子慧主编：《中国历代人口统计资料研究》，改革出版社1995年版。
⑤ 刘浦江：《金代猛安谋克人口状况研究》，《民族研究》1994年第2期，第81—89页。
⑥ 张新艳：《金统治下汉人的人口数量与身份地位——金统治下汉人研究之二》，《黑龙江民族丛刊（季刊）》1998年第21期（总第53期），第69—73页。

地、田赋统计》一文得出金代每户平均人口数大于6口小于7口，亦即金代家庭平均规模，但这其中既包括汉户也包括女真家庭①；张博泉、武玉环《金代的人口与户籍》认为，在父子兄弟聚居的情况下，女真户中平均为8口。汉户中平均为5口②；《西汉至明清家庭人口数量规模研究》研究得知金代家庭人口数量规模较大，每户平均达六点五人以上。③ 这都对研究金代汉族家庭规模具有借鉴作用，同时我们应该注意到以上结论的得出，都是由总人口数与总户数做除法的运算而得到其平均数，而并非从实际家庭计算得知；另外，个别比如女真、汉族具体口数或者猛安谋克口数的计算，囿于史料，是由自身所占百分比或者按照口户比来进行推算得知。这样所得到的结果虽不会有太大出入，但稍显粗陋。所以本书就选取有较明确记载的实际家庭，通过对其具体人口数量的统计，对其家庭平均规模进行计算。

另外，《金史论稿》④ 第五编对金代经济进行了细致详细的研究，二税户、女真牛头地、计口授地、奴婢问题都分章进行了探讨，这都与家庭有关；《金史地理志户数系年正误》⑤ 进一步确认史书当中金代户口记载数目的准确与否，这对判断某一时段的家庭规模具有很大的影响；《金代户籍制度刍论》⑥ 拟对金代的户口类别、户等制、户口统计与户籍管理措施等问题做一初步的探讨；《金代户口研究》⑦《金代户口问题初探》⑧《金代户口问题析疑》⑨ 都将金代户口分期并分析其阶段特点以及此特点形成的历史原因。这些关于金代户口问题的探讨是研究家庭的首要和重要组成部分。

宗教信仰与民间神灵信奉。金代宗教包括萨满教以及佛教和道教，汉族多信奉佛、道。长期以来，金代宗教研究多集中在宗教信仰本身，时间段大多以整个金代近120年为主，论述侧重于从总体上宏观把握，历数其

---

① 梁方仲编著：《中国历代户口、田地、田赋统计》，上海人民出版社1980年版。
② 张博泉、武玉环：《金代的人口与户籍》，《学习与探索》1989年第2期，第135—140页。
③ 袁祖亮：《西汉至明清家庭人口数量规模研究》，《中州学刊》1991年第2期，第114—119页。
④ 张博泉等：《金史论稿》（第2卷），吉林文史出版社1986年版。
⑤ 韩光辉：《金史地理志户数系年正误》，《中国史研究》1988年第2期，第45—47页。
⑥ 刘浦江：《金代户籍制度刍论》，《民族研究》1995年第3期，第69—78页。
⑦ 刘浦江：《金代户口研究》，《中国史研究》1994年第2期，第86—96页。
⑧ 高树林：《金代户口问题初探》，《中国史研究》1986年第2期，第31—39页。
⑨ 王育民：《金代户口问题析疑》，《中国史研究》1990年第4期，第34—43页。

起源、分阶段发展过程、派别以及朝廷采取实施的政策等。① 由此，文章综合叙述性强，角度宏观，使整个金代宗教信仰面貌一览无余，但难免出现视角单一，论述部分重叠、分析不够细致之缺。近年随着学界对金代宗教的研究不断深入，以某一皇帝宗教信仰政策为单一研究对象，进行具体分析的更细节性研究逐渐增多，但以家庭为单位对宗教进行研究，目前并没有专著和文章出现。另外，关于金代宗教三家合一的特点，多篇文章有所讨论，如《论金代女真的宗教信仰与宗教政策》《金元之际的儒士与汉文化》②《论金代文化发展的特点》③《剑桥中国辽西夏金元史》④《中国社会通史·宋元卷》⑤《中国儒学史·宋元卷》⑥。值得一提的是刘达科《佛禅与辽金文人》⑦，从文化背景与文人角度论述佛禅，得出金代佛教重义理研究、学术色彩浓厚的特点。此文角度偏重世俗宗教，群体以文人为主，所得出的结论与本书所探讨的以家庭成员为核心的金代宗教信仰有本质的区别，所以呈现的特点亦不相同。

首先，目前学界尚无金代民间信仰的专著出版，相关介绍多在风俗史、民俗史、社会史通论性论著中出现且多以总体性介绍为主。例如宋德金、史金波《中国风俗通史·辽金西夏卷》⑧、韩世明《辽金生活掠

---

① 崔广彬：《金代佛教发展述略》，《黑河学刊》1996年第5期，第113—116页；张荣铮：《金代道教试论》，《天津师范大学学报》（社会科学版）1983年第1期，64—71页；王德朋：《金代道教述论》，《中华文化论坛》2004年第3期，第111—115页；武玉环：《论金代女真的宗教信仰与宗教政策》，《史学集刊》1992年第2期，第12—18页；吴光正：《金代全真教》，《文史知识》2007年第2期，第44—48页；刘浦江：《辽金的佛教政策及其社会影响》，《佛学研究》1996年第3期，第231—238页；宋德金：《金代宗教简述》，《社会科学战线》1986年第1期，第313—320页；武玉环：《论金代女真的宗教信仰与宗教政策》，《史学集刊》1992年第2期，第40—44页；陈述：《围绕寺庙的邑、会、社——我国历史上一种民间组织》，《北方文物》1985年第1期，第75—79页；宋立恒：《论金代对僧侣阶层的压制政策》，《满族研究》2009年第4期，第40—44页；都兴智：《金代女真人与佛教》，《北方文物》1997年第3期，第67—71页；冯大北：《金代官卖寺观名额考》，《史学月刊》2009年第10期，第27—35页。
② 赵琦：《金元之际的儒士与汉文化》，人民出版社2004年版。
③ 张博泉：《论金代文化发展的特点》，《社会科学战线》1986年第1期，第307页。
④ 费正清等主编：《剑桥中国辽西夏金元史》，剑桥大学出版社1994年版。
⑤ 任崇岳主编：《中国社会通史·宋元卷》，山西教育出版社1993年版。
⑥ 姜林祥主编，韩钟文著：《中国儒学史·宋元卷》，广东教育出版社1998年版。
⑦ 刘达科：《佛禅与辽金文人》，《江苏大学学报》（社会科学版）2009年第6期，第32—40页。
⑧ 宋德金等：《中国风俗通史·辽金西夏卷》，上海文艺出版社2001年版。

影》①、漆侠《辽宋西夏金代通史·宗教风俗卷》。② 钟敬文等《中国民俗史·宋辽金元卷》、朱瑞熙等《宋辽西夏金社会生活史》对金代汉族人的民间信仰情况描述较少；其次，文章鲜少，主要围绕山神崇拜和与佛道的关系展开。金代山神崇拜以长白山为主，女真人将长白山看作龙兴之地，对五岳进行祭祀则是体现其政权的合法性。王曾瑜《宋辽金代的天地山川鬼神等崇拜》指出金代汉人居住区仍然沿袭原有的多神崇拜③；郝庆云《肃慎族系长白山观念透析》④、王玉光《论东北地区的山神信仰》从不同的面相讨论了长白山崇拜⑤；庞倩、王龙《试论金代塑造正统地位的举措——以祭祀名山大川为例》旨在说明金代塑造自己正统地位的举措。⑥ 另外还有，宋抵《祭山与满族的长白山祭礼》、汪玢玲《长白山崇拜与民族文化融合》、陈慧《长白山崇拜考》、刘扬《论长白山山神信仰的多元性与俗世性》等。其他山岳崇拜，林巧薇《试论嵩山中岳庙与宋以后国家祭祀礼制的关系》论及金代对中岳的祭祀⑦；孔维京《金代岳镇海渎祭祀研究》专门论述了岳镇海渎的祭祀情况⑧；徐洁《金代祭礼研究》属于较全面的金代祭祀礼仪研究⑨。日本学者村田治郎《长白山崇拜考》一文指出长白山崇拜至少始于六朝时代，但以仪式祭祀长白山，始于金代。⑩ 因此目前的研究主要从官方角度切入，并不涉及民间信仰对象、神谱、经济等具体的问题。

关于佛道的管理，学界多有研究也涉及较早，近期的《金朝礼部宗教管理方式刍议》⑪《金代宗教管理研究》⑫ 主要探讨金朝礼部的僧道度牒管理和寺院管理，以及金代在寺观、僧道、俗家信众、寺观经济等方面所实施的具体管理手段和途径。这其中都没有包含与民间信仰相关的

---

① 韩世明：《辽金生活掠影》，沈阳出版社2002年版。
② 漆侠主编：《辽宋西夏金代通史·宗教风俗卷》，人民出版社2010年版。
③ 王曾瑜：《宋辽金代的天地山川鬼神等崇拜》，《云南社会科学》1997年第1期。
④ 郝庆云：《肃慎族系长白山观念透析》，《中国边疆史地研究》2003年第4期。
⑤ 王玉光：《论东北地区的山神信仰》，硕士学位论文，中央民族大学，2005年。
⑥ 庞倩等：《试论金代塑造正统地位的举措——以祭祀名山大川为例》，《辽金历史与考古》2017年第1期。
⑦ 林巧薇：《试论嵩山中岳庙与宋以后国家祭祀礼制的关系》，《世界宗教文化》2017年第3期。
⑧ 孔维京：《金代岳镇海渎祭祀研究》，硕士学位论文，辽宁师范大学，2018年。
⑨ 徐洁：《金代祭礼研究》，博士学位论文，吉林大学，2012年。
⑩ [日]村田治郎：《长白山崇拜考》，原载《人文月刊》第6卷1935年第7期。
⑪ 孙久龙等：《金朝礼部宗教管理方式刍议》，《史学集刊》2019年第2期，第56—62页。
⑫ 祝贺：《金代宗教管理研究》，博士学位论文，吉林大学，2019年。

内容。

　　金代民间信仰和宗教的关系方面，学界研究旨意大多在于分清其二者的关系。主流观点是二者相互影响，但并不等同。①《辽金时期东北地区的佛教信仰和舍利崇拜》中提到，东北地区辽金时期的佛舍利崇拜、建造经幢、邑社组织等活动已经深入民间。② 具体影响过程、原因、表现并未深入说明。还有一些从不同角度对金代民间信仰有所论述③，如陈德洋《金朝中原乡村社会控制研究》、吴红琳《金代中原地区民间信仰初探》、李青《金代山西宗教建筑研究》等。王耘《金代的宗教政策与政治文化认同》指出，与宋代相比，金人普遍有一种人神共存的观念，对神的礼敬也带有了人神共享的意味。④ 王新英在《金代石刻研究》一文中对石刻所见金代民间信仰的研究情况进行了简要总结⑤。周永川《巫术与金代皇权关系研究》中则指出巫术贯穿于女真族社会发展的始终，并且起到重大作用。⑥

　　家庭教育方面。通论性的主要著作包括《中国家庭教育史》⑦《中国古代家庭教育》⑧《中国全史·宋辽金夏教育史》⑨《中国家训史》⑩ 等，但其中都没有涉及金代家庭教育问题；《辽金元教育论著选》⑪、《历代教育笔记资料》⑫（第二册宋辽金元部分）虽然都不同程度地选录了关于金

---

① 路遥等：《民间信仰与中国社会研究的若干学术视角》，《山东社会科学》2006 年第 5 期；曹国庆：《在"道教信仰与民间信仰"学术交流会上的讲话》，《宜春学院学报》第 40 卷 2018 年第 1 期；宋德金：《金代宗教简述》，《社会科学战线》1986 年第 1 期；荣国庆：《金元时期泽州宗教、民间信仰的演变》，《晋城职业技术学院学报》2009 年第 5 期。
② 王佳：《辽金时期东北地区的佛教信仰和舍利崇拜》，《地域文化研究》2019 年第 5 期，第 65—76、154 页。
③ 陈德洋：《金朝中原乡村社会控制研究》，博士学位论文，吉林大学，2010 年；吴红琳：《金代中原地区民间信仰初探——以〈续夷坚志〉及〈全金文〉为中心的考察》，硕士学位论文，陕西师范大学，2010 年；李青：《金代山西宗教建筑研究》，硕士学位论文，山西大学，2015 年。
④ 王耘：《金代的宗教政策与政治文化认同》，《辽金历史与考古》2017 年第 2 期。
⑤ 王新英：《金代石刻研究》，博士学位论文，吉林大学，2015 年。
⑥ 周永川：《巫术与金代皇权关系研究》，硕士学位论文，河北大学，2018 年。
⑦ 马镛：《中国家庭教育史》，湖南教育出版社 1997 年版。
⑧ 毕诚：《中国古代家庭教育》，商务印书馆 1997 年版。
⑨ 乔卫平：《中国全史·宋辽金夏教育史》，人民出版社 1994 年版。
⑩ 徐少锦、陈延斌：《中国家训史》，陕西人民出版社 2003 年版。
⑪ 张鸣岐主编：《辽金元教育论著选》，人民教育出版社 1991 年版。
⑫ 尹德新主编、蔡春编著：《历代教育笔记资料》第 2 册，中国劳动出版社 1991 年版。

代家庭教育的内容，但较少，亦没有做细致深入的分析；《辽金元教育史》①《中国教育制度通史》（第三卷宋辽金元）②、《中国历代教育制度》③ 等提及金代教育，但对于家庭教育也甚少探讨。

关于具体而微的金代教育问题，以往的研究大致可以分为两个方面，一是对于金代教育制度整体性质的综述归纳，二是偏重于金代女真民族教育的研究。《金代教育研究》④ 对这一问题有较为细致的探讨。这篇博士论文中对金代女真与汉族教育分别讨论，内容全面细致，但其中关于家学的探讨，鉴于史料的限制，较难深入。金代家学别于官学，隶属于私学，金代教育，甚少对家学进行直接的研究，《完颜希尹的家学》⑤ 则是重要成果之一。此文章将延请时代名士入家设立私学讲学，作为家学的一种；针对金代私学教育进行的专门讨论较少，所以《金代私学教育》⑥ 对于金代教育的研究具有重要意义。文中指出作为家庭教育的家学以及女真贵族官僚家塾、学者自设私塾、官宦私塾和自学一起隶属于私学，这种教育仅在家庭内部进行，教育内容包括启蒙教育、传统的儒学教育以及医学、律学、天文历法等专科知识教育。另外还有《金代教育述论》⑦ 以金代教育为一整体典章制度进行探讨，对金代教育的类别、特点和在教育史上的影响进行了逐一的说明，难免不够深入。其中作为民间私学，涉及家学传承，亦分析的十分简单；《金代家训研究》是少有的对金代教育中的细节问题进行研究的文章，文中认为语言形式的家训是金代家训的主要表现方式，文字形式和其他形式则占比较小。家训内容中小到注重自身建设，大到关心国家命运都有涉及，其中个人的思想教育、读书为本以及勤俭持家的观念最为突出。⑧

关于女真教育。《金代女真民族教育研究》⑨《论金代女真人的民族传

---

① 程方平：《辽金元教育史》，重庆出版社 1993 年版。
② 李国钧、王炳照总主编，乔卫平著：《中国教育制度通史》（第 3 卷宋辽金元），山东教育出版社 2000 年版。
③ 顾树森：《中国历代教育制度》，江苏教育出版社 1981 年版。
④ 兰婷：《金代教育研究》，吉林大学出版社 2010 年版。
⑤ 冬阳：《完颜希尹的家学》，《东北地方史研究》1990 年第 2 期，第 64 页。
⑥ 兰婷：《金代私学教育》，《史学集刊》2010 年第 3 期。
⑦ 都兴智：《金代教育述论》，《辽宁师范大学学报》（社会科学版）1988 年第 2 期，第 71—76 页。
⑧ 张颜艳：《金代家训研究》，硕士学位论文，西北大学，2017 年。
⑨ 赵俊杰等：《金朝女真民族教育研究》，《河北师范大学学报》（教育科学版）2010 年第 12 卷第 1 期，第 14—19 页。

统教育》①《论金代女真族文化教育的发展》② 都对女真教育进行了相应的探讨。《论金代女真族文化教育的发展》则较为详细，文中谈到女真除官办学校之外，亦重视家庭教育，分为猛安谋克内与宫廷内的家教。家学严格意义上来说，应是由家族内的长辈对晚辈的知识传授，作者把富裕家庭聘请当时的汉名儒士成为自己家庭或者宗族家族的家庭教师，算作是家学的一部分，这被本成果归属于家学的一种特殊形式。另外，宫廷教育不仅包括对宗室子（实属于皇帝家庭教育）进行各方面的正规教育，还包括对宿卫、近侍、宫女的教育，所教育对象超出家庭范畴，后者并不属于传统意义上的家庭教育，亦不在本成果讨论范畴之内；《仕金汉人与金代的教育和科举》③ 论述仕金汉人与金朝的民间教育分为家门传教、置馆门下、名儒传教，这对于家庭教育的方式划分提供了借鉴作用。下篇第三章第一节专门对刘挚、易州敬氏、丰润卢氏以及大兴吕氏等汉族进士之家进行分析。但是限于文章是对仕途汉人研究，所以范围稍显狭窄。比如家学研究以文学居多，对于医学、儒学、农业等家学传承方面则没有涉及；囿于史料，家庭教育中所涉及的也多为名门世家；《金代教育史论》④ 在关于教育结构中私学的设置中谈到家学，也仅涉及文学名门世家。《论金代教育的儒学化倾向及其文化功能》⑤ 中体现出儒家思想已成为金代教育的核心，这对于教育内容的研究具有指导意义。

关于女子教育的讨论则因为社会地位以及史料的原因，记载相对更少。《金朝女性社会地位探析》⑥ 中所谈到的女性教育地位涉及两方面内容，一是文士之家女性受父兄影响传家学，二是担任教育子女职责。但对金朝女性没有明确界定，指代模糊，所以相关女性宗教、法律等地位研究一概而论，无女真、汉族区分。

（三）历代断代性研究成果

《八十年代以来中国大陆婚姻、家庭史研究概述》⑦，对 20 世纪 80 年

---

① 王德朋：《论金代女真人的民族传统教育》，《辽宁大学学报》（哲学社会科学版）2010年第 38 卷第 2 期，第 77—86 页。
② 王崇时：《论金代女真族文化教育的发展》，《延边大学学报》（社会科学版）1995 年第 2 期，第 100—104 页。
③ 史韵：《仕金汉人与金代的教育和科举》，硕士学位论文，上海师范大学，2006 年。
④ 张博泉：《金代教育史论》，《史学集刊》1989 年第 1 期。
⑤ 张晶：《论金代教育的儒学化倾向及其文化功能》，《教育研究》1994 年第 3 期。
⑥ 王文卓：《金朝女性社会地位探析》，硕士学位论文，黑龙江大学，2010 年。
⑦ 郭松义《八十年代以来中国大陆婚姻、家庭史研究概述》研究得知，80 年代以来到 90 年代中，宋辽金元时期关于婚姻的研究成果主要集中于宋代。

代以来中国大陆婚姻与家庭史的研究进行了整体性质的概述，对这一阶段所研究的相关成果全面搜集，其中谈到宋辽金元时期。但无论婚姻还是家庭，所出成果鲜少，这一时期的研究集中在宋朝，而并非辽金元。历代断代家庭史研究，多集中在先秦秦汉、隋唐以及宋元明清，少数民族为统治民族的朝代甚少，这其中只有魏晋南北朝时期的家庭史研究稍多；另外值得学习的是，在对家庭史断代研究时，对其概念界定是首要的理论基础框架，很多著作中并没有一味将其框在固定框架中，将家庭仅作为研究国家社会的纯粹性途径，并不去更深刻地探讨其本身内容，而是根据所研究朝代进行具体的个案分析，而给出具有时代意义的界定，通过对其家庭内部组织制度，以及外部表现形式的到位分析，而得出其所反映的家国关系，这值得本成果学习；最后，随着对家庭史研究的逐渐深入，历代断代家庭史关于家庭具体而微的某一现象，逐渐成为争相研究的主体。如研究群体有农民家庭、士族家庭等，研究内容有家庭关系、家庭结构、家庭经济、家庭教育等，视角切入越来越小，更能以小见大。家庭史研究的角度变换，利于从各个不同视角更好的理解家庭，进而理解国家。这为本成果金代汉族家庭研究的写作提供了更多的切入点，使文章更细腻，更具有说服力。由于著作论文甚多，在此不一一列举，仅作为参考文献罗列于文后。

## 四 基本思路与研究方法

第一，家庭史的研究是处于交叉领域的研究课题，既有历史学的研究范围，又需要借鉴社会学的相关概念。使用历史学的方法，是在历史唯物主义的指导下，以唯物辩证方法论为基础，通过关于对金代家庭史料的整理、分类和归纳，力图展现一个全景式的家庭研究；其次我们对家庭概念本身的界定就是建立在社会学的基础之上。自20世纪80年代以来，社会史研究逐渐兴起，学者在对秦汉魏晋等时期家庭进行分析和探讨时，就已经大量借鉴社会学上的相关概念，研究方法也被引进历史学的家庭史研究当中。从长远来看，这种借鉴非常可行。例如对于家庭形态的确立，就无法撇开社会学中对于家庭结构、规模更深层次的剖析。本成果对金代汉族家庭从规模和结构两方面进行划分时，所使用的小家庭、大家庭、同居共财家庭、同居合活家庭等概念，都是对家庭社会学的借鉴。除此之外，在篇章结构上，也深受社会学中有关家庭研究的启发，文中接着论述的家庭成员的地位及相互关系、家庭经济、家庭的宗教信仰、家庭教育都属于社会学中对于家庭结构内容的界定。

第二，传统史学定性分析和计量史学定量分析相结合。定性分析是在史料充沛，证据确实可靠的情况下使用，定量分析则可以在史无明确记载的情况下，通过对史料的归纳和分类汇总，进行数量和概率的估计，以便找出契合史实的规律性的结论，避免主观感性造成的误差。对金代家庭人口数量及其变化情况的分析，即采用计量分析的方法，力求准确。对于金代各种类型家庭所占的大致比重，男女人均寿命，每一对夫妻子嗣数量和金代家庭收支等，则采取定性和定量相结合的分析思路。通过文献和石刻以及发掘报告所承载的原始史料的收集、梳理、过滤与量化分析，尽可能得出较为科学合理的结论，从而纠正一些认识上存在的偏差。

第三，本成果研究方法最基本还是历史学的方法，历史学强调历史性，家庭的历史作为历史学的研究范畴，就不能脱离这一基本的轨道。因此对于金代汉族家庭的研究，应该看为一个有始有终的整体，探索其发源和变化的前后，所以，我们对于金代的家庭进行考察时不可避免地要上溯到唐宋后延至元明。

第四，文献、石刻与考古资料相结合。在资料的收集和使用上，由于金代家庭史料相对不足，本成果采用传世文献，同时多利用碑刻墓志，幢记、造像题记、墓室壁画等资料，使论证更加具有说服力和可信度。

## 五 难点与创新点

**论文难点**

研究资料匮乏，且多为燕云、中原地区官僚士人或地方富裕豪族阶层家庭，其他地区以及平民家庭相形之下十分单薄。所以，研究某一阶层、指定地域可以，但比如与金源内地两相比较，进行宏观上的整体研究，难免有出入之处。好在研究对象为家庭这一社会组织，其很多特性并非一朝一夕所致，也并非短时间可以更改，故依此类推颇为合理。另外，材料的去粗取精、辨伪存真，有一定难度。史料的有限性，难免造成研究上的常例与特例问题，所以就某一简单结论的得出理应多面向论证，从而加大研究难度。

**本书创新点**

第一，针对传统历史编纂学所带来的有关金代汉族内容传世文献记载的疏漏，充分发挥金代碑刻文献的作用，将碑刻与宋辽金元传世文献结合起来共同考察，试着解决传世文献不能解决的异族统治下汉族家庭形态问题，并与女真、唐宋作对比，以此推进金史研究的深度。其次，通过对家庭相关内容深层次发掘，找到金史研究中尚未引起足够关注的重要课题，比如民间信仰，以拓宽金史研究的范围，以此推进金史研究的宽度。

第二，辽金人口虽一直都有研究，但方法上，得出的结论多依据人口总数、户数来直接进行概率和数值的代入计算，研究目的直接指向辽金人口数目而并非旨在家庭形态。具体世系如何叠加、如何同居学界并无交代，本书进行补充，同时将金代汉族家庭看作整体进行探讨，从每一个实际家庭出发，并对影响家庭形态的相关变量进行分析，推估家庭规模的同时，更考察其家庭结构。

第三，"同乡""同志"与"同族"这三种基本社会关系于同一地域中是互相重叠的，而目前论述限于血缘，所以基于婚姻和血缘的家庭骨肉世系备受重视，研究内容也强调家庭成员这一群体。此专题理应重视家庭这一基本单位，但"生于斯、长于斯"是他们的生活特点，而传统家庭研究却常常脱离家庭成员所在的家庭之外的具体生活场所——乡里，因此因共同生活在这一场域，而产生的乡邻里党、师友同僚往往被忽视。更甚至对地缘和血缘共生作用下的金代汉族家庭与乡村社会所述不详，家庭的延展性没有得到充分的展现和发挥，本书从地缘角度对此予以补充。

第四，关于金代乡、里面积的推估，主要利用考古资料，从已出土的辽金宛平县墓葬葬地、出土地和现在所在地入手，依据古今所在地地域上的联系，推估乡里的大概面积。具体方法是，先梳理宛平县之下的乡和里，然后找出同一个乡或者里中下辖的最远或者最近的两个葬地，对应现在地图上的地理位置，最后按照地图上的地理位置确定这个乡或者里的最大或者最小面积。

第五，关于金代民间信仰所包含的神仙谱系，本书并不以信奉者群体来简单划分，民间信仰在金代被理解为同一个空间内的思想活动更为恰当。具体以岳镇海渎为例，从祠庙经费来源、撰者群体以及岳镇海渎信仰自身世俗化的倾向进行分析，得出结论：金代的民间信仰全民化是它的主要特点之一。所以岳镇海渎、宣圣，都包括在本研究的民间信仰当中；除此之外，对与民间信仰相关的祠庙管理、祭祀活动内容进行补充，前人并无涉及。

# 第一章　金代汉族家庭的基本形态

家庭的存在与延续是人的心理和生理发展到一定的成熟阶段而产生的自然过程，是动态的、变化的。而家庭基本形态的形成是社会政治、经济、文化、地域等共生作用的结果，又是静态的、稳定的。一个时代家庭基本形态的研究是家庭研究的起点，对于对它的了解十分重要。

## 第一节　金代汉族家庭的规模结构

家庭规模，即家中人口的数量。社会学领域按照成员个数，有大、小家庭之分，但也并没有统一固定数量的严格界定。划分的意义仅仅在于对各种家庭进行更好的分门别类，有利于各学科的学术研究。对于金代汉族家庭人口数量的统计，本研究最终目的不仅仅在于归纳出每一普通家庭到底由多少人组成，而旨在分析总结出金代汉人社会中到底何种家庭形态是普遍存在的？为什么？其他形态的家庭生产生活方式，又都有哪些？具体表现如何？异族统治下的汉族、女真族家庭到底有没有差别？

### 一　规模结构统计

金代与唐、宋、元、明诸朝同处于古代社会的发展阶段，生产力和生产关系的状况并无根本上的区别，每户平均人口的数量应大体相近。[1] 具体量化而言，西汉以后"绝大多数一统政权比较稳定阶段的全国性统计数字每户平均人口都在 4.5 至 6 之间"。[2] 金代，女真户中平均为 8 口[3]，《金史》中根据大定二十七年（1187 年）户数记载得出汉户中平均为 5

---

[1] 吴松弟：《中国人口史》（第 3 卷辽宋金元时期），复旦大学出版社 2000 年版，第 155 页。
[2] 葛剑雄：《中国人口发展史》，福建人民出版社 1991 年版，第 308 页。
[3] 张博泉、武玉环：《金代的人口与户籍》，《学习与探索》1989 年第 2 期，第 135—140 页。

口。梁方仲在将民族差异暂忽略的前提下，得出金代平均每户口数在5.96—6.71①，袁祖亮研究得出每户平均达到6.5人以上②，王新英等统计出金代家庭子女生育平均数应不超过4.1人，据此估算出金代家庭人口数量应不超过6.1人，并强调从家庭结构角度估算出的金代家庭人口数量结果，与唐、宋两代家庭人口平均数无明显差异，符合历史发展规律。③依此总结，金代户均口数大致介于4.5—6.71。

另，我们所见金人关于每户人口数量的具体描述不尽相同，一家有10口④，11口，13口，也有4口，7口，亦有三房25口。⑤图1—1到图1—3，展示了三个金代汉族家庭人口规模代际情况，三家庭户均人口在4—12口。⑥生活地区以及社会阶层的差异容易造成家庭形态的差异，但时人的描述加之史载家庭实例，也约略可以反映整个金代汉族家庭人口情况。

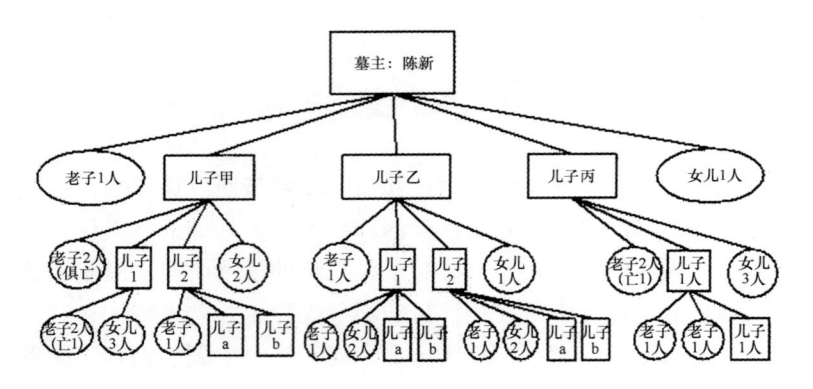

图1—1

---

① 梁方仲编著：《中国历代户口、田地、田赋统计》，上海人民出版社1980年版，第230页。
② 袁祖亮：《西汉至明清家庭人口数量规模研究》，《中州学刊》1991年第2期，第114—119页。
③ 王新英等：《金代家庭人口数量考略——以金代石刻文献为中心》，《黑龙江民族丛刊》2014年第6期，第98—103页。
④ 元好问著，姚奠中主编：《元好问全集》（上），山西人民出版社1990年版，卷9，第244页，《再到新卫》中说："蝗旱相仍岁已荒，伶俜十口值还乡。"
⑤ 阎凤梧主编，牛贵琥等副主编：《全辽金文》（下），山西古籍出版社2002年版，无名氏：《沁源县交口乡正中村金代砖室壁画墓葬题字》大定八年，第4096页。"大金国河东南路沁州沁源县□乡作坪村土产居住葬主阎福等，优为三代先祖尊□预前并不□葬。……迁葬三代先祖尊灵宗族已讫。见存平安家眷三房共二十五口，葬主阎福家眷共十一口，胞弟阎满立□家眷共一十三口，同葬二十人弟阎威家眷四口，招到女夫唐子建同葬主姓，男阎信共七口，见存母亲何王。"
⑥ 鉴于图1—3第四代家庭理应属于年轻刚结合家庭，人口规模未形成，故排除。

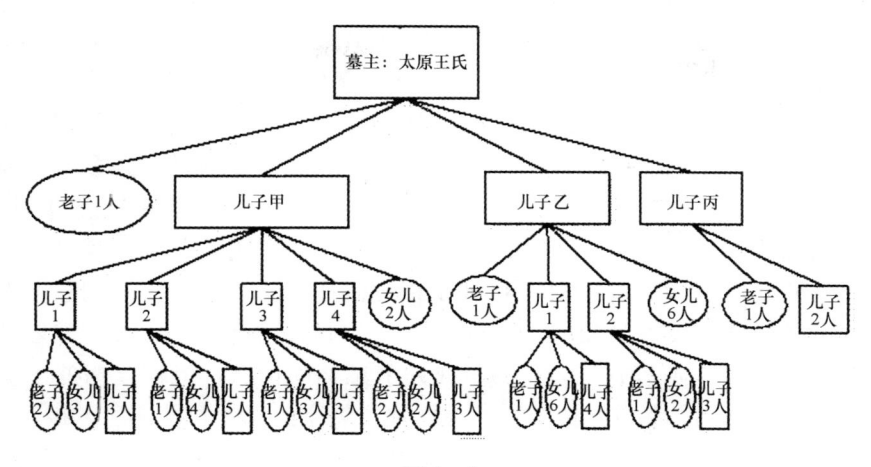

图 1—2

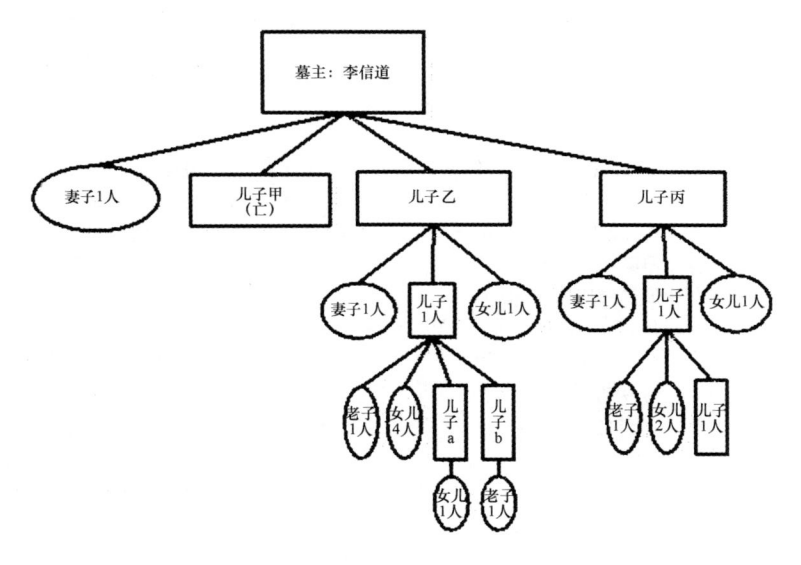

图 1—3

家庭基本形态，由规模和结构两要素决定，意即与家庭成员多少、所处代际层次关系密切相关。子女作为家庭基本成员，其数量奠定家庭规模的基量。子女生育情况，从目前出土金代石刻中，选取有明确子女记载的

167 个较为完整的汉族墓主家庭进行统计①，经计算共有子女 705 个②，从家口数量上来说，每个家庭平均拥有子女个数在 3.5—4 个之间。③ 又，载入史书记载多为官宦富贵家庭，生养子女条件较普通平民家庭宽裕。再者，表中有多妾现象。因此一般金代汉族平民家庭妇女人均成功孕育子女个数至多为 3。另需考虑，孕育子女个数与人寿命息息相关。选取人物列传以及碑刻墓志中有较为确切卒年记载的 181 名金代男子年龄计算来看，平均寿命为 62.58 岁。金代海陵、世宗、章宗年间均存在敬老赐官，其耆老受官年龄以 70 为限。比如，房仲亨祖"□一郡耆旧□□□寿□□得遇天德元年恩泽。授保义校尉"④；承安二年（1197 年），赵彦"以耆老受官保义副尉"⑤。所授官虽为九品，亦并未见他朝记载，但在金朝处于盛世的世、章时期，参以年龄补官，与战时入粟补官截然不同。而且出于其他目的的可能性较小，理解为繁盛时期社会保障制度较为完善更为妥当，也反映出时下寿命能够达到 70 甚为不易。所以，社会中上层人均寿命约为 62，其他更低，尚属合理。另，王元德二孙起名五十八、六十一，李汝为长子名八十三，赵励孙女一名八十一、一名九十二。因此"五十八"可以算作百姓希望追求的"高寿"。⑥ 社会中上层男性群体尚且如此，普

---

① 由于此类碑刻并非确切户籍抑或类似户籍的制式性官方记录，而只是民间百姓的祭祀墓碑等，因此并不受法定格式的规制和束缚。换言之，这不是以明记各家庭子孙情状的形式，来主张相应家庭户籍情状的碑文。所以，因其所记载子女数量来确定其家庭形态，尚属合理，但以其所有子孙数量来计算其是否同居共爨，难免偏颇。
② 据《金代汉族家庭成员规模结构统计分析表》
③ 表格中一共有 177 个家庭，其中有 10 个家庭没有子女或者无法得知。所以有明确记载的确定为 167 个家庭，将出生后至墓主去世前去世的 86 个子女包括在内，共 705 个子女，得出户均最高子女个数为 4；将去世 86 子女排除后，则户均子女个数为 3.5。
④ （清）张金吾编纂：《金文最》（下）卷 86《保义校尉房公墓碑》，中华书局 1990 年版，第 1261 页。
⑤ （金）王若虚著，胡传志等校注：《滹南遗老集校注》卷 43《保义副尉赵公墓志》，辽海出版社 2005 年版，第 520 页。
⑥ 此处以五十八、六十一、八十三、八十一、九十二命名，理应理解为寓意长寿之意，理解为主人在此年纪得此子女（孙子女）不妥。因为王元德 61 岁去世，李汝为 32 岁去世，赵励 61 岁去世，所以后二人根本不可能死后还得子，而王元德虽然六十一才去世，但两个女儿嫁人早卒，二孙命名寓意长寿符合常理。此外，清朝人俞樾的《春在堂随笔》中曰："元制，庶人无职者不许取名，而以行第及父母年龄合计为名。"金代汉族家庭取名与此"以行第及父母年龄合计为名"的情况并不相符。以赵励为例，赵励 54 岁去世，妻子吴氏 61 岁去世。长孙女名八十一，如果是按照父母年龄合计为名，赵励的儿子儿媳应该在 40 岁左右有此女。赵励妻子吴氏 61 岁去世时，长孙女 13 岁，那么此时赵励儿子年龄应该在 53 岁左右，这显然与其母亲吴氏 61 岁的年纪不相符合，因为即便在古代女性未满 10 岁生育也是不符合常理的。

通平民低于此。按照女子平均寿命与男子大致均等，并初婚年龄17、18岁①，最多可以繁衍三代。② 假设一对夫妇生育3子女且均为男性，到第三代家庭人口数量在30左右，第四代40左右。这当然不包括兄弟同居共财、妻妾众多的家庭在内。因此，人均寿命和人口平均出生率使得金代汉族家庭人口数量和代际都不可能达到较大规模和较复杂结构。

表1—1　　　　　金代汉族家庭成员规模结构统计分析

| 序号 | 墓主姓名 | 去世年龄 | 妻妾/去世年龄 | 子女 | 孙子女 | 备注 |
|---|---|---|---|---|---|---|
| 1 | 封志安 |  | 1/61 | 子2（1）③ 女1 | 孙3（1）女1（1） | 封志安早亡，妻与子同居 |
| 2 | 杨振 | 63 | 3 | 子8 | 孙6 |  |
| 3 | 杨夬 | 70 | 3 | 子4（4）女4 |  | 女2在室 |
| 4 | 李琮 | 65 | 1 | 女2 |  |  |
| 5 | 韦仪 | 64 | 5 | 子1 女1 |  | 3妻无生育子嗣 |
| 6 | 周论 | 77 | 1 | 子4 女3 | 孙8 |  |
| 7 | 张子行 | 51 | 2 | 子2 女1 |  |  |
| 8 | 李潮夫人贺氏 | 53 |  | 子2（1）女1 |  |  |

---

① 根据广宁梁氏、隩州李氏、聂舜英、孝女阿秀、冯妙真、张秀玉婚龄分别为17、20、22、13、18、14，推估平均婚龄十七八岁。另据龙伯坚编著，龙式昭整理《黄帝内经集解》，天津科学技术出版社2004年版，第21页："女子七岁，肾气盛，齿更发长。二七而天癸至，任脉通，太冲脉盛，月事以时下，故有子。"所以，此推断属合理。

② 《遗山先生文集》卷30《冠氏赵侯先茔碑》，上海商务印书馆缩印乌程蒋氏密韵楼藏明弘治刊本，第256页。赵林"年未五十，孙息满前"。金代人年至50能够抱孙已实属令人羡慕，也可以理解为金人多50岁之后方能繁衍至第三代。即便金代女子适婚年龄均为15岁左右，也至多繁衍三代人口。

③ "（）"代表去世。

续表

| 序号 | 墓主姓名 | 去世年龄 | 妻妾/去世年龄 | 子女 | 孙子女 | 备注 |
| --- | --- | --- | --- | --- | --- | --- |
| 9 | 张信夫 | 69 | 1 | 子6（5）女3（1） | 孙3 | |
| 10 | 刘汝翼 | 66 | 1 | 子5 女2 | 孙4 女7 | 孙4皆幼，孙女2及笄 |
| 11 | 严武叔 | 59 | | 子7（1）女7 | 孙1 | 侄1 |
| 12 | 郑信 | 49 | 1 | 子2（1）女3 | | |
| 13 | 傅肇 | 60 | 2 | 子8（4）女10（5） | | |
| 14 | 孙庆 | 57 | 1 | 子3 女1 | 孙5 | |
| 15 | 毕叔贤 | 55 | 1 | 子1 女2 | | 女1幼在室 妻纳合氏 |
| 16 | 李楫 | 55 | 3 | 子2 女2 | | 孙男女皆尚幼 |
| 17 | 徐方 | 中寿 | 1 | 子3 女2 | | |
| 18 | 张商老 | 69 | 1 | 子2 女2 | 孙5 女3 | |
| 19 | 王去非 | 84 | 2 | 子2 | 孙4 | |
| 20 | 毛矩 | 58 | 2 | 子3 女1 | | |
| 21 | 毛端卿 | 60 | 3 | 子3 女3 | | |
| 22 | 李仲和 | | | 无 | | 取其兄子为后 |
| 23 | 商平叔 | 47 | 2 | 子2 女1 | | |

续表

| 序号 | 墓主姓名 | 去世年龄 | 妻妾/去世年龄 | 子女 | 孙子女 | 备注 |
|---|---|---|---|---|---|---|
| 24 | 党怀英 | 78 | 1 | | | |
| 25 | 常用晦 | 74 | 2 | 子1 | 孙1 | 孙1幼<br>娶两族，妻1前公卒27年 |
| 26 | 赵雄飞 | 47 | 1 | 子4（2）<br>女3（1） | 孙4（3） | |
| 27 | 刘千 | | 1 | 子8 | | |
| 28 | 张温 | 73 | 2（1） | 子1<br>女2 | 孙1<br>女2 | |
| 29 | 王元德 | 61 | 3 | 子2<br>女2 | 孙2 | 女2适人后早卒，孙曰"五十八"、"六十一" |
| 30 | 赵忠立 | 71 | 1 | 子4<br>女1 | | |
| 31 | 刘德柔 | | | 子8 | | |
| 32 | 清河郡君牛氏 | 28 | | 子2 | | 早孤，托于其兄家居，兄故后，嫁与其早逝两亲姐之夫 |
| 33 | 张中伟 | 67 | 2 | 子3<br>女4 | 孙3 | 死后才娶 |
| 34 | 刘中德 | 74 | 1/65 | 子4<br>女2 | 孙12<br>女7 | |
| 35 | 孟邦雄 | 46 | 1 | 子1<br>女2 | | 女2未嫁 |
| 36 | 雷希颜 | 46或48 | 1 | 子1/8<br>1/4<br>女2 | | 女1幼在室 |

续表

| 序号 | 墓主姓名 | 去世年龄 | 妻妾/去世年龄 | 子女 | 孙子女 | 备注 |
|---|---|---|---|---|---|---|
| 37 | 程震 | 44 | 1 | 子1 | | |
| 38 | 时立爱 | 82 | 1/31<br>1/36<br>1/61 | 子3（1）<br>女3 | 孙3<br>女6 | "自公先人已享高寿，而公兄纪又五年以长，一妹少于公二岁，弟立忠亦将八十。" |
| 39 | 郭济忠 | 寿几七十 | 1 | 子2<br>女2 | 孙6<br>女4<br>重孙女2 | |
| 40 | 清河张氏夫人 | 35 | 1 | 子2<br>女1 | | |
| 41 | 时丰 | 29 | 1/45 | 子1/4<br>女1/2 | 孙3 | |
| 42 | 吕徵 | 58 | 1 | 子2 | 孙5<br>女3 | |
| 43 | 张守仁 | 38 | 1 | 子1 | | |
| 44 | 刘孝忠 | 55 | | 子2<br>女1 | 孙1<br>女3 | |
| 45 | 李训 | | 1 | 子3<br>女2 | | |
| 46 | 刘公佐 | 69 | 1 | 女3 | | 女婿1 |
| 47 | 张岐 | 68 | 2（1）/73 | 子5（2）<br>女9（3） | 孙7（5）<br>女3 | 子2出于先夫人<br>子3出于后 |
| 48 | 张维垣 | 59 | 1 | 子1 | | |
| 49 | 班演 | | 2 | 子6 | 孙2 | |
| 50 | 安琚 | | 2 | 子4 | 孙4 | |

第一章　金代汉族家庭的基本形态　33

续表

| 序号 | 墓主姓名 | 去世年龄 | 妻妾/去世年龄 | 子女 | 孙子女 | 备注 |
|---|---|---|---|---|---|---|
| 51 | 纪宗 |  | 1 | 子 2 |  |  |
| 52 | 杨彦均 |  | 1 | 子 1 |  | 累孙 1 |
| 53 | 李抟 | 57 | 1 | 子 2<br>女 3 |  |  |
| 54 | 韩诉 | 61 | 1 | 子 4<br>女 2 | 孙 4 |  |
| 55 | 郑赡 | 60 | 3（2） | 子 1<br>女 3 | 孙 2（1）<br>女 2 |  |
| 56 | 何仲殊 | 50 | 3 |  |  |  |
| 57 | 吕嗣延 | 65 | 1 | 子 2（2）<br>女 1 | 孙 7（3）<br>女 4（2）<br>曾孙 8<br>曾孙女 6<br>玄孙 2 | 子 2、孙 3 卒于官；曾孙 4 幼，曾孙女 1 适人。 |
| 58 | 李平父 | 67 | 4 | 子 3<br>女 2 |  | 后二妻所出 |
| 59 | 孙伯英 | 51 | 1 | 子 1<br>女 1 |  |  |
| 60 | 乔惟忠 | 55 | 2 | 子 5<br>女 5（1） | 孙 3<br>女 1 | 孙 3 孙女 1 皆幼 |
| 61 | 庞鉴 |  | 2 | 子 3<br>女 1 |  | 女尚抱乳 |
| 62 | 邵世矩 | 67 | 3 | 子 6<br>女 4 | 孙 21 |  |
| 63 | 王礎 | 82 | 1 | 子 3（1） | 孙 7<br>女 5<br>曾孙 1 | 《拙轩集》武英殿聚珍版，卷六《先君行状》王寂则并不另行计算。 |

续表

| 序号 | 墓主姓名 | 去世年龄 | 妻妾/去世年龄 | 子女 | 孙子女 | 备注 |
|---|---|---|---|---|---|---|
| 64 | 史秉直 | 71 | 1 | 子4<br>女≥1 | 孙≥1<br>女≥1 | |
| 65 | 石宗璧 | 61 | 1 | 子2 | 孙女2 | 妻为克石烈氏 |
| 66 | 毛伯朋 | 50 | 1 | 子4（1）<br>女2 | 孙3 | 孙2幼 |
| 67 | 赵天锡 | 50 | 1 | 子6<br>女2 | | 子1幼未名<br>女1幼在室 |
| 68 | 聂训 | 64 | 3 | 子2<br>女6 | | |
| 69 | 聂宗 | 76 | 2 | 子4<br>女5 | 孙6<br>曾孙3 | |
| 70 | 崔尚书 | 35 | 小娘子1 | 女2 | | 1为比丘尼，1五岁 |
| 71 | 高显 | 40 | 1 | 子3<br>女3 | 孙4 | 妻后公19年卒 |
| 72 | 彭子升 | 34 | 1 | 子1 | | |
| 73 | 赵彦 | 88 | 2 | 子3（2）<br>女4 | 孙8<br>女9 | 2孙幼，"承安二年，以耆老受官保义副尉。幼及寡者三，余悉得所归。" |
| 74 | 王逸宾 | ≥70 | | 子≥1 | | |
| 75 | 赵秉文 | 74 | 2 | 子1<br>女3 | | |
| 76 | 胡景崧 | 59 | 1 | 子3（1）<br>女2 | 孙3 | 四世同居，百余口 |
| 77 | 赵思文 | 68 | 4 | 子3<br>女1 | 孙4<br>女3 | 孙女2幼在室 |
| 78 | 王若虚 | 70 | 1 | 子1<br>女1 | | |

第一章 金代汉族家庭的基本形态 35

续表

| 序号 | 墓主姓名 | 去世年龄 | 妻妾/去世年龄 | 子女 | 孙子女 | 备注 |
|---|---|---|---|---|---|---|
| 79 | 张公理 | 68 | 1 | 子2（1） | 孙1 | 孙1幼在室 |
| 80 | 康伯禄 | 48 | 2 | 1 | | 子殁于兵，以从弟第三子为其后 |
| 81 | 张汝明 | 76 | 1 | 子3（2） | 孙2 女1 | |
| 82 | 冯璧 | 79 | 1 | 子1 女3 | | |
| 83 | 张景贤 | 67 | 1 | 子1 女2 | 孙4 女2 | |
| 84 | 曹珏 | 74 | 6 | 子2（1） | 孙1 女1 曾孙2 | 5妻妾前公卒，最后任至今无恙 曾孙2幼未名 |
| 85 | 张荣祖 | 47 | 1 | 子2 | | |
| 86 | 马琼 | | 1 | 子1 女3 | 孙1 | |
| 87 | 焦旭 | 58 | 1 | 子1 女1 | | |
| 88 | 王扩 | 63 | 3（2） | 子3（1） 女5 | | 孙女1幼在室 |
| 89 | 曹溥 | 70 | 2（1）/67 | 子1 女1 | 孙女1 | |
| 90 | 董钦 | 52 | | 子3 女2 | 孙2 女2 | |
| 91 | 张子厚 | 35 | 1 | 子3（2） 女2 | | |
| 92 | 苏彦远 | 64 | 2 | 子1（1） | | 弟卒，犹子4 |
| 93 | 王庭筠 | 52 | 1 | 子3（3） 女3 | | 孙某曾孙某 以弟庭淡次子万庆为之后 |

续表

| 序号 | 墓主姓名 | 去世年龄 | 妻妾/去世年龄 | 子女 | 孙子女 | 备注 |
|---|---|---|---|---|---|---|
| 94 | 冯延登 | 58 | 1 | 子3 女2 | 孙3 女2 | 孙女1幼在室 |
| 95 | 张汝翼 | 60 | 1 | 子2 女1 | 孙2 女1 | 孙女1幼在室 |
| 96 | 刘景玄 | 38 | 1 | 子1 女1 | | 女1幼 |
| 97 | 焦珪 | 84 | 2 | 子3(1) 女3 | 孙2 孙女1 | |
| 98 | 吕豫 | 84 | 2 | 子1 | 孙2 | |
| 99 | 郝天挺 | 57或50 | 2 | 子1 女1 | 孙3 女1 | |
| 100 | 阎珍 | 57 | 1 | 子2 女1 | | |
| 101 | 陈规 | 59 | 2(2) | 子1(1) 女2 | 孙2 | |
| 102 | 陈仲谦 | 61 | 1 | 子5(1) 女2(2) | 孙5 女5 | |
| 103 | 曹元 | 44 | 1 | 子3(2) 女1 | | 诸孙皆幼 |
| 104 | 段矩 | | | 子3 女1(1) | 孙9 | |
| 105 | 史邦直 | 57 | 2 | | | 无子以侄为之后 |
| 106 | 张仲宾 | 69 | 1/74 | 子5(1) 女3 | 孙5 孙女5 | |
| 107 | 冯荣 | 71 | 1/71 | 子2 | 孙4 | |
| 108 | 郭周 | 81 | 1 | 子3 女1 | 孙6 孙女3 曾孙3 曾孙女1 | |

第一章 金代汉族家庭的基本形态 37

续表

| 序号 | 墓主姓名 | 去世年龄 | 妻妾/去世年龄 | 子女 | 孙子女 | 备注 |
|---|---|---|---|---|---|---|
| 109 | 王琳 | 55 | 2 | 子1<br>女1 | 孙女3 | |
| 110 | 陈渐 | 86 | 1 | 子3<br>女1 | 孙5<br>女6 | |
| 111 | 赵励 | 61 | 1 | 子1<br>女4（4） | 孙1/10<br>女1/13<br>1/2 | 幼孤，寄养于叔父<br>孙女一名八十一，一名九十二 |
| 112 | 白全道 | 69 | 2 | 子5（1）<br>女4 | 孙5<br>女2<br>曾孙3 | |
| 113 | 聂元吉 | | 1 | 子2<br>女3 | | 长女夫殁，旧在室，父死而死，其二女幼在室 |
| 114 | 郭珺 | 58 | 1 | 子5（1）<br>女1 | 孙5<br>曾孙3 | 曾孙3皆幼 |
| 115 | 杨云翼 | 59 | 2 | 子2（1）<br>女1 | | |
| 116 | 李择 | 81 | 1/35 | 子6<br>女3（1） | 孙男女<br>40人 | |
| 117 | 任德懋 | 67 | 2 | 子3（2）<br>女1 | | 皆第一任妻子所出 |
| 118 | 郭郛 | | 2（1） | 子1 | 孙1<br>女5 | 孙女3未聘 |
| 119 | 张公著 | 51 | 2 | 子1<br>女4 | 孙3 | |
| 120 | 董君 | | 4 | 子2 | | |
| 121 | 南阳郡太君李氏 | 56 | | 子4（3）<br>女2（1） | 孙2<br>女1 | |
| 122 | 周鼎 | 37 | 1 | 子1<br>女1 | | 子名铁和尚<br>女方幼 |

续表

| 序号 | 墓主姓名 | 去世年龄 | 妻妾/去世年龄 | 子女 | 孙子女 | 备注 |
|---|---|---|---|---|---|---|
| 123 | 李信道 | 72 | 1 | 子3（1）女2 | 孙2 女2 曾孙3 曾孙女5 玄孙女1 | |
| 124 | 孙德秀 | 50 | 1 | 子3 女2 | 孙5 女5 | 孙女5皆幼稚 |
| 125 | 韩毂 | 87 | 1 | 子5 女2 | | |
| 126 | 姬平叔 | 59 | 1 | 子2 | | 40丧妻不复娶 |
| 127 | 赵端卿 | 54 | 1 | 子2 女1 | 孙1 | 孙1幼在室 |
| 128 | 史良臣 | 69 | 2（1） | 子3（1）女4 | | |
| 129 | 弋润 | | 1 | 子3（1）女1 | 孙2 | |
| 130 | 吴舜辟 | 57 | 1 | 子2 | | |
| 131 | 郭峤 | 76 | 1 | 子4 | 孙9 女5 | 女3幼在室 夫人前公三十年卒 |
| 132 | 信亨祚 | 49 | 1 | 子1 女2 | 孙3 女1 | 孙女1幼在室 |
| 133 | 刘元德 | 51 | 2 | 子3 女6（2） | | 妻为少数民族 |
| 134 | 郭建 | 82 | 2 | 子7 | 孙9 女6 | |
| 135 | 张雄 | 59 | 2 | 子3 | 孙9 女5 | 子1出于先夫人子2出于后 |
| 136 | 齐尧举夫妇 | 77 | 1/59 | 缺字，不详 | 孙5 | |

续表

| 序号 | 墓主姓名 | 去世年龄 | 妻妾/去世年龄 | 子女 | 孙子女 | 备注 |
|---|---|---|---|---|---|---|
| 137 | 赞皇郡太君梁氏 | 51 | | 子3 女2 | | |
| 138 | 杨瀛 | 61 | 2 | 子3 女1 | | |
| 139 | 康德璋 | | 2 | 子1 | 孙2 女3 曾孙女1 | |
| 140 | 张行愿 | 36 | 1/78 | 子2 女1 | 孙4（1） | |
| 141 | 吴前鉴 | 59 | 2（1） | 子1 女1 | 孙1 | |
| 142 | 冯开父 | 72 | 1 | 子1 | | 母亲在冯开父生45日亡 |
| 143 | 吴璋 | 65 | 1 | 子2 | 孙7（6） | |
| 144 | 张汝猷 | 54 | 2 | 子5 女5 | | |
| 145 | 崔聂 | 63 | 1/84 | 子4（2）女2 | 孙10 女6 曾孙6 曾孙女4 | |
| 146 | 张秀玉 | 35 | | 子2 女1 | | 年14适人 |
| 147 | 崔子真 | 52 | | | | |
| 148 | | | | 子1 女2 | 孙4 | 母1 阿姊1 |
| 149 | 李彦柔 | | 1 | 子3 女4 | 孙女1 | |
| 150 | 仲良 | | 1 | 子1 | 孙1 | |

续表

| 序号 | 墓主姓名 | 去世年龄 | 妻妾/去世年龄 | 子女 | 孙子女 | 备注 |
|---|---|---|---|---|---|---|
| 151 | 赵滋新 | 57 | 1 | 子2 女1 | | |
| 152 | 元升 | 55 | 1 | | | 无子,以从孙好谦之子搏奉其后 |
| 153 | 李汝为 | 32 | 1 | 子3 女1 | | 长子名八十三,女为尼 |
| 154 | 方实 | | 2 | 子1 | | |
| 155 | 赵珪 | 43 | 1 | 子1 女2 | | |
| 156 | 赵庆□ | | 1 | ≥2 | 孙1 女1 重孙男2 女2 | □女刘两儿 |
| 157 | 艾宏 | | 2 | 子1 女1 | 孙2 女2 | |
| 158 | 王顺 | | | 子1 | | |
| 159 | | | | 子3 女3 | | |
| 160 | 孔瑶 | 38 | 1 | 子2 | | |
| 161 | 孔摠 | 53 | 2 | 子2 女1 | | |
| 162 | 张万公 | 74 | 1 | | | |
| 163 | 何遵晏 | 43 | 1 | 子2 | | |
| 164 | 折可存 | 31 | 1 | 子1(1) 女1 | | |

第一章　金代汉族家庭的基本形态　41

续表

| 序号 | 墓主姓名 | 去世年龄 | 妻妾/去世年龄 | 子女 | 孙子女 | 备注 |
|---|---|---|---|---|---|---|
| 165 | 杨聚 |  | 1 | 子3（1）<br>女5 |  | 次曰□郎妇，与大□郎妇□□□居，侍奉父母兼为杨聚生前所嘱。 |
| 166 | 贾言 |  | 1 | 子3<br>女2 |  |  |
| 167 | 王翼 |  | 3 | 子4（2） |  |  |
| 168 | 刘鼎臣 |  | 2 | 子4 | 孙3 | 子均为先夫人所出 |
| 169 | 田裕 | 55 | 1 | 子1 | 孙1<br>女3 |  |
| 170 | 贾臣平 | 59 | 4 | 子1<br>女1 | 孙3<br>女2 | 子为最后任李氏所出 |
| 171 | 吕忠敏 |  | 1/74 | 子3（1）<br>女1 | 孙2<br>曾孙3 幼 | 年16适人 |
| 172 | 徐里 | 68 |  | 子1 |  |  |
| 173 | 王去执 | 59 |  | 子1 |  |  |
| 174 | 折彦文妻 | 21 |  |  |  |  |
| 175 | 茹师教 | 73 | 2 | 子3 |  |  |
| 176 | 张世本 |  | 1/93 | 子2<br>女1 | 孙4<br>女2 |  |
| 177 | 张汝 |  |  |  |  | 母、女嫁少数民族 |

注：表中史料的出处包括《金史》《八琼室金石补正》《常山贞石志》《金石萃编》《山右石刻丛编》《山左金石志》《全辽金文》《中州集》《归潜志》《元好问全集》《金代石刻辑校》《拙轩集》《全金石刻文辑校》等，两书中出现同一人有关记载有出入者，综合得出表中数字，史料出处填写较为复杂，为方便整洁，并没有统一标记。

要而言之，金代汉族家庭属于传统的五口之家，具体而言也就是一对金代汉族普通平民夫妇与三子女组成基本家庭共同生活，这一类型亦是金代汉族家庭的基本存在形式。鉴于人均寿命、出生死亡率以及类似五月为恶月生子弃不敢举等古今俗忌①对家庭规模结构的影响，三代之内家庭户均人口发展到30左右实为合理。

与唐宋诸朝相比，每户平均人口的数量应大体相近。西汉以后"绝大多数一统政权比较稳定阶段的全国性统计数字每户平均人口都在4.5至6之间"。② 这与以上统计出的金代汉族家庭基本规模也相符合。金代汉族家庭基本形态，应该是延续以往的汉族家庭形态，不会有太大的变化。很大程度上，这是由于汉族在金代所从事的经济活动仍然以农耕类为主。通过对《金史》中有关发展农业的记载来看，整体上金代是重视农业生产的，劝农措施显著。灾荒以及救灾的频繁，也从侧面反映了人口与农业的积极发展。另外，宋代民众的赋税负担是极为沉重的。③ 而辽朝赋税征收数额的多少及轻重程度，史书虽无明文记载。但相对来说，是较轻的。④ 金代的输纳均比五代、辽、北宋为轻。⑤ 所以从表面上反映出来的情况看，似乎难以看出金代经济政策对汉族存在强有力的压迫措施。类似宏观类记载，反而更反映出以汉族参与为主的农耕经济的相对繁荣。即便石刻当中，能找到的有关经济重压政策的反映，也是零散其中。所以，金代农业呈现良性发展，且汉族百姓赋税徭役负担不算过重，如此经济上的"宽裕"环境，对于延续汉族一直以来的稳定的家庭形态，问题不大。还要注意，汉族在金王朝辖境内虽是异族域内生活，但仍然是主体民族，而不是作为某种"少数民族中的少数民族"的地位而存在的，始终是先进生产力的代表。这是经济上对金代异族统治下的汉族家庭形态研究，整体宏观上要考虑的。

至于女真倾向性政策对其影响，也就是所谓的时代特色，当然会有。农耕经济在金代发展的延续性，是其家庭形态保持稳定的关键，与之相伴随的金代官田地租收入增加、人头税加重，也呈现出传统汉民族所生活的

---

① 《元好问全集》卷第39《靖德昭儿子高户字说》，山西人民出版社1990年版，下册，第87页。
② 葛剑雄：《中国人口发展史》，福建人民出版社1991年版，第308页。
③ 高树林：《关于宋、辽、金的封建赋役问题》，《中州学刊》1988年第3期，第121页。
④ 武玉环：《辽代的赋役制度》，《北方文物》2003年第1期，第64页。
⑤ 张博泉：《金史论稿》（第2卷），吉林文史出版社1986年版，第254—256页；漆侠、乔幼梅：《辽夏金经济史》，河北大学出版社1998年版，第434—435页。

中原地区，又有了很多落后的因素。① 这显然与异族统治下的政策紧密相关，对汉族家庭带来本不该存在的影响。金朝统治者出于稳定本民族统治的政治需要，必须使全部猛安谋克户成为社会上有别于其他民族的特殊的社会群体，为此采取一系列经济的、法律的手段保护他们的利益，给金朝的统治带来了民族统治的色彩。② 首先，女真、汉族之间要面临的就是争地的问题。金代为了统治新征服地区，女真人多次南迁到中原地区③。据统计，"大定二十三年在中原的猛安谋克约有户39.4万，口396.9万"④。移居中原的女真猛安谋克户，与汉人交叉错居，势必与汉族百姓发生种种矛盾。起初，女真人并没有在中原屯田的打算，而只是掠夺人口和财富。他们原来生活在地广人稀的金源内地，不缺少土地，粗放式经营。屯驻中原以后，仍然是不讲求精耕细作。一旦土地肥力下降，即弃置不耕，他们认为，这是分给他们的土地有问题。⑤ 大定十七年（1177年），世宗谓省臣曰："官地非民谁种，然女直人户自乡土三四千里移来，尽得薄地，若不拘刷良田给之，久必贫乏，其遣官察之。"又，谓参知政事张汝弼曰："先尝遣问女直土地，皆云良田。及朕出猎，因问之，则谓自起移至此，不能种莳，斫芦为席，或斩刍以自给。卿等其议之。"⑥ 女真贵族强占土地的例子在金史中还有许多。前参政纳合椿年占地800顷。椿年子猛安参谋合、故太师耨盌温敦思忠孙长寿等，亲属计70余家，所占地3000余顷。山西田亦多为权要所占，有一家一口至30顷者，以致小民无田可耕，

---

① 高树林：《关于宋、辽、金的封建赋役问题》，《中州学刊》1988年第3期，第121页。
② 王德忠：《论金朝女真族的社会阶层流动及其评价》，《东北师大学报》（哲学社会科学版）2007年第1期，第32页。
③ 从太宗到海陵王，猛安谋克共经历了三次大规模的南迁。第一次是在太宗天会十一年（1133年），此次南迁的迁入地仅限于黄河以北的中原地区，此时黄河以南地区以划归伪齐。第二次猛安谋克户的大规模南迁是在熙宗皇统初，天眷三年（1140年）金朝重新从南宋手中夺取河南后，为加强对黄河南北的统治，将大量的猛安谋克户迁入中原屯田。第三次大规模的南迁是在海陵王正隆初年，海陵王因为篡权当国，对金朝宗室贵族颇为忌惮，等到迁都燕京之后，为了削弱上京女真旧贵族的力量，加强对他们的控制，把他们从金源内地迁出。所以说，从金初到海陵正隆这40余年间，猛安谋克户的分布区域从原来的上京、东京、咸平三路扩展到了全国大部分地区，特别是河南河北山东这些地区。（刘浦江：《金代猛安谋克人口状况研究》，《辽金史论》，中华书局2019年版，第149页。）
④ 乔幼梅：《宋辽夏金经济史研究》，齐鲁书社1995年版；漆侠、乔幼梅：《辽夏金经济史》，河北大学出版社1998年版。
⑤ 李锡厚：《宋金之际北方土地制度的变化》，《河北学刊》2003年第2期，第148页。
⑥ 《金史》卷47《食货二》，中华书局1975年版，第1045页。

徙居阴山之恶地，何以自存。① 大定十九年至大定二十三年（1179—1183年），中原各地的猛安谋克进行了频繁的迁徙，目的也主要是用肥沃的土地代替他们原有的相对贫瘠的土地。于是，这种强夺百姓田地的过程持续不断地进行下去，金朝的括地运动就此一发不可收拾，对汉族百姓这是极大的打击。其次，北方汉族人民的耕地被猛安谋克屯田户占夺，社会经济遭受严重破坏，但其最终结果却是封建化范围的扩大。这种封建化的主要表现之一是女真权贵的封建化。② 具体到汉族家庭中，女真权贵的封建化无疑使得百姓生活更加困苦。大定二十一年（1181年）世宗谓宰臣曰："山东、大名等路猛安谋克户之民，往往骄纵，不亲稼穑，不令家人农作，尽令汉人佃莳，取租而已。富家尽服纨绮，酒食游宴，贫者争慕效之，欲望家给人足，难矣。"③ 二十二年（1182年），"以附都猛安户不自种，悉租与民，有一家百口垄无一苗者"④。中原各地女真人把田地租出去收取课利，有的甚至不耕作任其生长。再者，猛安谋克屯田户，与百姓佃种官田完全不是一回事，他们对金朝政府不存在租佃关系。金代汉族百姓缴纳夏秋两税的土地税，猛安谋克女真户缴纳牛头税，比汉人负担的两税要轻很多。牛头税的施行使得他们有权无偿使用土地，但既不属于地租也不属于人头税。女真人负担的这种特色税制牛头税，毫无疑问是不利于汉族民户的。女真这种公有制陷入中原汉族封建私有制经济的汪洋大海之中，就很难继续维持下去了。猛安谋克户更普遍地接受了以土地租佃和买卖为特征的封建经济关系。⑤ 于是，汉族民户无地成为佃户受到盘剥。

所以，金朝汉族百姓土地所有权、使用权并不能得到很好的保障。加之女真人本身的游牧经济结构原因，他们在华北及其周围肆意放牧围猎。"白石门至野狐岭，其间淀泺多为民耕植者，而官民杂畜往来无牧放之所，可差官括元荒地及冒佃之数"⑥。金世宗时唯有河南、陕西两地"人稀地广，薲莱满野"，"薲莱满野"并非全是荒地，只是利用方式、产品结构改变了；金朝末期，新蔡（今河南新蔡）征收赋税都以牛数多少为

---

① 《金史》卷47《食货二》，中华书局1975年版，第1046页。
② 李锡厚：《宋金之际北方土地制度的变化》，《河北学刊》2003年第2期，第148页。
③ 《金史》卷47《食货二》，中华书局1975年版，第1046页。
④ 《金史》卷47《食货二》，中华书局1975年版，第1047页。
⑤ 李锡厚：《宋金之际北方土地制度的变化》，《河北学刊》2003年第2期，第151页。
⑥ 《金史》卷47《食货二》，中华书局1975年版，第1045—1046页。

差。① 同时，汉族百姓赖以生存的土地被女真人强行交换、侵占。在此基础上，赋税徭役缴纳的不平衡又加剧了这一生活上的经济负担，可以想象出当时汉族百姓"寄人篱下"生活的不易。这是女真、汉族共处一朝所不可避免带来的。

就家庭形态而言，女真和汉族是有差异的。家庭形态包括规模结构，当然也包括家庭日常生活等各方面，这里仅就规模结构而言。② 金代"父系大家庭并不是女真社会的基层社会单位的主流"，而且像父系大家庭那样几代人同居共财的情况并不存在。③ 金人眼中的"家"与汉族眼中的"家"，本身内涵就并不等同。所以呈现的家庭形态是以两代同居的多偶家庭为主，兼具兄弟联合式家庭或者三代同居的主干家庭形态。显贵之家则是带有依附人口的复合式家庭。通常意义上的"家"，规模完全可以达到 7 口之家，5—7 口都属于女真血亲家庭的正常波动范围。但实际上，金代女真社会贫富分化严重，每户人口数量从最基本的 4 口至 100 口以上都很常见，所以据户均人口数字得出的结论恐怕与实际情况偏离较大。上层统治者的家内结构更为复杂，无法简单等同于血亲家庭。④ 女真家庭公社式的家庭形态早已经不是汉族基层社会的基本构成单位，而且汉族群体内部并不会出现如同女真如此大的差距。这一点，从根上，与汉族社会大大不同。那么，造成差异的原因何在？这是否是金代女真异族政策所导致的？汉族、女真族家庭形态在金代所体现出的不同，并非可以简单地理解为异族统治下政策所致，其自身经济成分结构、生产力生产关系起到最为关键的作用。韩世明强调，不同时期经济特征的相异是家庭形态动态变化

---

① 程民生：《试论金元时期的北方经济》，《史学月刊》2003 年第 3 期，第 41—52 页。
② 比如家庭当中很重要的婚姻相关的礼仪文化。《大金集礼》《金史·礼志》没有记载金朝婚礼文化，并不等于金朝没有婚礼文化政策的制定。金朝也同历代王朝一样，依据尊老孝亲文化精神制定了比较完善的婚礼文化政策和制度。将女真早期订婚、拜门、纳币、留妇家、归婿家等婚礼婚俗文化程序，纳入汉文化纳采、问名、纳吉、纳征、请期、亲迎"六礼"婚礼文化之中，均蕴含有尊老孝亲的思想观念。汉族和女真家庭虽然在婚姻政策上不同，但女真统治下的女真家庭受到汉族尊老孝亲思想影响深远，即便婚姻具体制度有所差异，但婚礼文化已然接近，显然家庭生活已然发生了变化。（赵永春等：《金朝婚礼文化与尊老孝亲观念》，《地域文化研究》2018 年第 5 期。）类似相关的影响，并非涉及结构规模，且已在行文中涉及的章节有所论述，就不再总结了。
③ 韩世明：《辽金时期女真家庭形态研究》，《史学集刊》1993 年第 2 期，第 67—72 页。金世宗时期才出现了真正意义的父子兄弟既不同居，也不共耕的核心家庭。但是家庭公社即便解体之后，家庭形态依然表现为联立家庭的普遍性以及直系家庭的非主导性。
④ 孙昊：《辽金女真的"家"与家庭形态——以〈金史〉用语为中心》，《贵州社会科学》2015 年第 11 期，第 43—46 页。

的根据所在①。"游牧"相较于"农耕",如果简单以从落后的游牧转向进步的农耕来看女真人的经济生活,是不可取的。金统治者大力提倡农业,引导部分女真人转向农耕活动,汉人南迁定居、垦荒,制造先进农具,传播农业技术,对于女真人向农耕经济转化必然具有重要影响。当然,这更与游牧经济的难以自足性有关,农耕的发展可以改善这一情况。所以金代女真人经济模式就会出现半农半耕、粗放式农耕等类型。因此,女真人"家"的组合形式,是一种为应对其自身游牧经济结构而做出的行动。它具有临时性,但与临时性矛盾共存的是,有些"家"较具稳定性,其成员家庭间的紧密关系也较持久。原因在于,这种经济模式需要更多的劳动力。农业具备一定规模,自然需要家里长期有人管理经营耕地,所以即使析居,犹相耕种,家庭公社自然能够形成且长久。所以,即便金律明确规定女真"不得令子孙别籍,其支析财产者听"②。"已典卖物业,止随物推收,析户异居者许令别籍"③,而汉族则明令禁止异居,也无法改变"族"在基层社会的重要性。由"家"构成的"族",才是女真社会与政治互助单位。这也是金代女真"兄弟虽析,犹相聚种"的根本原因。

政治上,具化到家庭相关的面相,主要表现在官职的选任上。整体而言,金代出仕者共648名,按照统治阶层种族分配,汉人占40.1%。女真族与非女真所占比例等同。并且三品以上官员530人当中,汉人占37%,女真占52.8%;四品以下118人,汉人65名,占55%。大体可以计算出,女真324名出仕,260名汉人出仕,相差并非深远。④再看一组数据,金代汉族宰相47名,占29.56%;女真族出身宰相92名,占57.86%;契丹、渤海两者加起来,共20名宰相,占12.58%。⑤第一组数据,看似女真和汉族旗鼓相当。第二组数据,因为是高官,差距已然拉开,但是也并未到悬殊的程度。很重要的原因在于计算的过程中,所有比例得出的分母,女真、汉族是同一数字。也就是说,这只是针对于所有出仕做官的人来讲的,针对所有宰相讲的,而并不是针对所有女真人汉人来计算的,并不能体现女真人在女真人中出仕甚至担任高官的情况,以及汉

---

① 韩世明:《辽金时期女真家庭形态研究》,《史学集刊》1993年第2期,67—72页。
② 黄时鉴点校:《通制条格》卷3《亲在分居》,浙江古籍出版社1986年版,第28页。
③ 《金史》卷46《食货一》,中华书局1975年版,第1040页。
④ 陶晋生:《金代的政治结构》,《历史语言所集刊》第41本第4分,1969年,第583—584页。
⑤ 孙孝伟:《金朝宰相制度研究》,博士学位论文,吉林大学,2012年,第53页。

人在汉人中能够步入仕途甚至飞黄腾达的不易。当然，女真族占有绝对的优势。所以即便金代官俸颇丰是共识，但其他民族并不能享受，这显然影响家庭形态。

辽金相承，但与金代相比，仍有细微差别。辽代汉族家庭人口无专著专文探讨，但辽代人口研究一直深受学界关注。辽代人口考释重在精确户均人数以及人口总数，辽代人口总体数量，忽略契丹、汉民族之分，每户人口数基本取值为 $4 \leqslant X \leqslant 6.5$。研究直接指向辽代的人口而并非旨在家庭形态。辽代男性平均寿命58.5岁，女性略高为58.9岁[1]，但略低于金。每户子女个数在5.3左右，排除内外因素，辽代汉族子女个数在5个左右，且每个家庭子女个数在8及以上家庭，所占比重明显高于金代，多属于多妻妾家庭。这已然超出了传统的中原汉族社会五口之家的规模。就家庭结构而言，辽代汉族家庭，家庭发展延续性差。主要表现为父与子所形成的主干家庭占有重要地位，孙子女辈明显较少。主要原因在于，辽代家庭的世俗功能性更强，劳动力的需求较大，满足当下的基本生活是根本，所以同辈父兄的结合更为常见。

同一时期的西夏以同居共财的扩大家庭为主，以其他类型的家庭形态为辅，与同时代的宋朝的家庭形态相似。一般以二代、三代同堂为多，世代同堂虽然被极力宣扬，但这种现象仅为少数。唐宋同居共财的家庭存在方式由国家法律予以强制地规定，不允许家庭任何成员特别是家长私自另立户籍，目的是为了防止分割家庭财产。而西夏法律规定，只要父母同意，子女可以分家另过。这一点与辽金对待契丹和女真是完全相同的。鉴于少数民族特性，家庭内部同辈之间的关系地位要较为平等，家庭义务的履行责任的承担，以是否同居，是否有实际的抚养、收养关系，作为依据。[2] 唐宋等传统的家庭则完全以血缘为根本，体现儒家伦理原则，所以还是存在差别。

金内部女真、汉族，以及金与宋、辽和西夏之间存在差异，那么，就地域而言，与金源内地相比，家庭形态有无不同？现蒐集墓志共174[3]方，能够明确区分行政区划的一共143方，而归属于现代东北行政区划的金代行政建置，仅见于北京、上京以及东京三路。只要祖籍、墓志出土地和埋葬地有一地属于东北就算在内，仅15方，占10%；燕云和豫鲁所包

---

[1] 据表1—3、表1—4推估。
[2] 邵方:《西夏家庭研究》,《西北民族研究》2001年第4期，第40—50页。
[3] 墓主姓名不详，但有相关家庭成员内容记载，可以看出家庭形态包括在内。

括的山东路、中都路、河北路、河东路，是最多的，共 100 方，占 70%。如果简单以关内、关外作对比，关内占 90%。（京兆府路：5 例；凤翔路：2 例；鄜延路：1 例；山东东路：11 例；山东西路：9 例；西京路：9 例；中都路：27 例；大名府路：4 例；河北西路：21 例；河东南路：18 例；河东北路：14 例；河北东路：1 例；南京路：6 例；北京路：9 例；东京路：2 例；上京路：4 例；区划不明：31 例①。）

具体而言，15 方墓志当中，只有吴舜辟一个人是真正的"东北人"。吴氏属于北京路"龙苑北中水县久居之乡民"，是民而非官，所以并无迁徙各处的经历。其墓志于辽宁省北票县扣卜营子乡出土。所以可以推测，吴氏很可能世居东北且葬于东北；郭峤、信亨祚、郭建②、杨瀛③、吴前鉴④、吴璋⑤、张汝猷属于祖籍东北，但均做官于外地⑥且葬于外地。康德璋世为辽阳人，父亲并未做官而是讲学于乡里，曾祖任澄州刺史，祖父任咸平路转运副使，康氏也以咸平君荫邯郸、沂州酒官。可见，其祖籍的确为东北，而且上几代也曾居住在东北。但后历任官职逐渐离开东北进入中原，最后也并未归葬东北；张雄祖籍东北，做官于外地⑦但葬回东北；张行愿祖籍东京辽阳，墓志出土于今辽宁省辽阳市，葬于天井山。据墓志，张行愿做官枢密院令史。天辅七年（1123 年），枢密院始置于广宁府。天会三年（1125 年）下燕山。张行愿 78 岁去世，天会三年他仅仅 13 岁。可见，张行愿也属于做官于关内；刘元德懿州顺安人，葬于咸平紫霞先茔园旧麓，墓志出土于辽宁开原。懿州与咸平虽隶属于不同路，但都属于祖籍东北而葬于东北实例。刘元德曾先后在西京路弘州、河北西路通州、南京路汝州、中都路涿州任职，但是他是否在东北生活、生活多久，无从知晓；赞皇郡太君梁氏北京路广宁人，但终于坊鄜延路州；齐尧举夫妇，居北京路宁昌，墓志出土于辽宁阜新；冯开父亲金代咸平府新兴县人，且葬于村南之祖茔。

---

① 为避免过多地占用文章篇幅，此 31 例并不呈现在表格当中。
② 山东东路莱州掖县、临洮路会州、费县推测应在山东地区、南京路嵩州、山东东路潍州，做过官。
③ 担任过河南府录事判官、西京路词赋贡举、中都路都转运户籍判官、山东东路经义贡举、南京路转运使事等官。□□□正月丁酉，夫人苏氏奉公之柩葬于涿州奉先县石楼聚之古原先茔之次。
④ 河东南路绛州、河北东路威州、河东北路管州、山东东路济州做官。
⑤ 保州、邓州、济南、太原做过官。
⑥ 山东东路延安、河北东路做过官。
⑦ 西京路做飞狐县令，后改任河东南路转运户籍判官。

依此，虽祖籍东北，但其实绝大多数并未在东北繁衍生息，而是都在传统意义上的燕云、中原地区生活。所以，其家庭结构规模体现的并不是东北地区汉族家庭形态。加之，此类实例数量太少，就谈不上集群分析，详细确切情况无从知晓。金代汉人发展到松花江以北，张广才岭以东地区。① 从人口分布看，在金朝统治的南部以汉人为主的地区，占金朝总户数的 83.45%，其中绝大多数仍是汉族。② 宏观上来看，咸平府（今辽宁开原北）及相邻的临潢府路（今内蒙古巴林左旗）是又一重要经济区。农业生产颇具规模。辽宁南部地区人口稠密，垦殖率高，农业生产比较发达。③ 但游牧民族仍然是统治阶级，畜牧业的专业地域依旧很大。所以，在东北地区汉族人口还是鲜少的情况之下，具体的家庭形态因为材料的限制，无法得知。

表 1—2　金代出土墓志中汉族丧主祖籍、埋葬地以及墓志出土地统计④

| 行政规划 | 序号 | 墓主姓名 | 祖籍⑤ | 墓志出土地 | 埋葬地 |
| --- | --- | --- | --- | --- | --- |
| 京兆府路 | 1 | 封志安 | 华州蒲城 | 陕西省蒲城县 | 吕宁乡（蒲城县）安北原先茔之侧 |
| | 2 | 杨振 | 鄅国□于□□以□□之□□□□之□□□□县人，正隆间避王统制之乱寓乾州南 | 陕西咸阳乾县 | 乾州南小刘村新茔城南翁墓次 |
| | 3 | 杨奂 | 乾州奉天人 | | 郡东南十里小刘里先茔之次 |
| | 4 | 李琮 | 新田人 | 山西绛县 | |
| | 5 | 韦仪 | 京兆鄠屋县 | | 永宁太平乡金门山之阴 |

① 苏金源：《辽代东北女真和汉人的分布》，《社会科学战线》1980 年第 2 期，第 182—188 页。
② 张博泉等：《金代的人口与户籍》，《学习与探索》1989 年第 2 期，第 135—140 页。
③ 程民生：《试论金元时期的北方经济》，《史学月刊》2003 年第 3 期，第 41—52 页。
④ 总墓志数共有 174 方；祖籍与埋葬地不一致有 14 方，约占总墓志数 8%；一致有 118 方，约占总墓志的 68%；埋葬地缺失有 15 方，约占总墓志数 9%；祖籍缺失有 12 方，约占总墓志数的 7%；皆缺有 15 方，约占总墓志数 7%。
⑤ 杨振"鄅国□于□□以□□之□□□□之□□□□县人，正隆间避王统制之乱寓乾州南"，划归到京兆府。划分标准是长时间生活的地域乾州，而不是其祖籍山东一带。

续表

| 行政规划 | 序号 | 墓主姓名 | 祖籍 | 墓志出土地 | 埋葬地 |
|---|---|---|---|---|---|
| 凤翔路 | 1 | 周论 | 平凉人 | 20世纪70年代征集于陕西西安 | 以疾殁于京兆私第之正寝，长安县苑西乡龙首原 |
| | 2 | 张子行 | 雄武人 | 河北省张家口市 | 归葬先茔侧 |
| 鄜延路 | 1 | 李潮夫人贺氏 | 绥德白草人 | 陕西省绥德县 | 定仙岭东南山 |
| 山东东路 | 1 | 张信夫 | 莒州日照人 | | 开封县仁寿乡西原 |
| | 2 | 刘汝翼 | 淄川邹平人 | | 归葬于邹平梁邹乡孙镇东原之先茔 |
| | 3 | 严武叔 | 其先博之博平人，后迁长清，遂占籍焉 | | 鹊里之西茔 |
| | 4 | 郑信 | 东莱界山人① | | |
| | 5 | 傅肇 | 济南历城人 | 山东济南 | 公考妣先葬于历城奉高乡黄台里之原 |
| | 6 | 孙庆 | 世为济南人 | | 葬于长清县黄山之新阡 |
| | 7 | 毕叔贤 | 本易人，迁永清，十一岁逃难至济南章丘，被济南总管成侯江收养为子 | | 祔于新茔之次（鲁城之东原） |
| | 8 | 李楫 | 淄川人 | | 祔于某原之先茔 |
| | 9 | 徐方 | 胶水县张舍村 | 山东平度张舍镇 | 迁葬济州本贯里群山之阳 |
| | 10 | 张商老 | 城阳人 | 山东日照 | 日照县太平乡之原先茔之次 |
| | 11 | 郭建 | 义州宏政人 | 山东益都 | 益都县青丘乡之潘村 |

① 只有祖籍，墓志出土以及归葬地不明确的，按照金代归葬祖茔的习俗，且归到祖籍地所属行政区划。

续表

| 行政规划 | 序号 | 墓主姓名 | 祖籍 | 墓志出土地 | 埋葬地 |
|---|---|---|---|---|---|
| 山东西路 | 1 | 王去非 | 其居平阴之石碛者 | 山东平阳 | 三山先茔之侧 |
| | 2 | 毛矩 | 彭城人 | | |
| | 3 | 毛端卿 | 彭城人 | | |
| | 4 | 李仲和 | 博州高唐人 | | |
| | 5 | 商平叔 | 系出陈,继迁郓 | | 奉公衣冠,葬于某原 |
| | 6 | 党怀英 | 泰安奉符人 | 神道碑在泰安,今已佚 | 《大明一统志》卷二十二载:"党怀英墓,泰安州南四十里。" |
| | 7 | 常用晦 | 镇阳人 | | 漳河西岸班家里之先茔 |
| | 8 | 赵雄飞 | 世为博之高唐人 | | 藁葬于县北大李庄之某原,四十年后祔于先茔之次 |
| | 9 | 刘千 | 彭城人 | | |
| 西京路 | 1 | 张温 | 朔州鄯阳县安仁乡城南庄 | 山西省朔州市 | 朔州鄯阳县安仁乡城南庄之平原 |
| | 2 | 王元德 | □□弘州襄阴县人 | 河北省西宁县 | 弘州襄阴县桑溪北原之祖茔 |
| | 3 | 赵忠立 | 大同府弘州顺圣县□□乡石泙里 | 河北阳原 | 大同府弘州顺圣县□□乡石泙里村北 |
| | 4 | 程震 | 东胜人 | 河南偃师缑氏乡程村 | 终于京师嘉善里之私第,举君之柩祔于金昌府芝田县官庄里 |
| | 5 | 清河郡君牛氏 | 蔚州定安县 | | 先茔之侧 |
| | 6 | 张中伟 | 其先安定人,徙居五原 | 原在眉县北大历寺东南,已佚 | 眉坞之斜谓乡原公墓之东 |
| | 7 | 刘中德 | 宣德州文德县 | 河北省宣化市 | 玄化乡石峰原 |
| | 8 | 孟邦雄 | 西京永安人 | 河南偃师 | 永安军芝田乡苏村之原 |
| | 9 | 雷希颜 | 浑源人 | | 戴楼门外三王寺之西若干步 |

续表

| 行政规划 | 序号 | 墓主姓名 | 祖籍 | 墓志出土地 | 埋葬地 |
|---|---|---|---|---|---|
| 中都路 | 1 | 时立爱 | 涿州新城人 | 河北省新城县 | 薨于南京南蓟宁坊私第之正寝，新城县孝悌乡版筑里祖茔之侧 |
| | 2 | 郭济忠 | 涿州定兴人 | 河北定兴 | 先茔之原 |
| | 3 | 张季玉 | 易人 | | 大定二十二年葬于遵化县灵应山之东原 |
| | 4 | 时丰 | 涿州新城人，卒于真定 | 河北省新城县 | 以病卒于真定，葬新城县孝悌乡版筑里先茔之次 |
| | 5 | 吕徵 | 燕 | 北京丰台石榴庄凉水河 | 葬于祖茔 |
| | 6 | 张守仁 | 大兴府易州涞水县 | 河北涞水 | 迁葬于涞水县遒亭乡瓦□原 |
| | 7 | 刘孝忠 | 析津县西阡里人 | 河北易县永福寺 | 皇统三年卒于镇戎公署，灵輀归易水，侨骨于郡西广济院。大定四年迁庭于北玉乡别墅 |
| | 8 | 李训 | 涿州范阳人 | | |
| | 9 | 刘公佐 | 涿郡西安礼让人也 | 原在涿州 | |
| | 10 | 张岐 | 其先汴人，始徙于燕 | 北京 | 权葬于燕京北之天宫院，皇统六年同葬于祖茔之东南 |
| | 11 | 张维垣 | 京师人也 | 北京海淀 | 昌平县之蜀社原 |
| | 12 | 班演 | 涿州奉先县 | 北京市房山区 | |
| | 13 | 安琚 | 大金中都涿州固安县归仁乡南相务里 | 旧在河北省固安县 | |
| | 14 | 纪宗 | 大金中都涿州固安县太平乡礼让里 | 原在河北固安 | |
| | 15 | 杨彦均 | □国中都路大兴府涿州司侯司丰财坊住人 | 河北涿州 | |

续表

| 行政规划 | 序号 | 墓主姓名 | 祖籍 | 墓志出土地 | 埋葬地 |
|---|---|---|---|---|---|
| 中都路 | 16 | 李抟 | 潞县□□州潞人 | 北京市通州区宋庄镇 | 通州潞县潞水乡之祖茔 |
| | 17 | 韩诉 | 中都□平人 | 北京市海淀区八宝山 | 终于应州私第，葬于乡之先茔 |
| | 18 | 郑赡 | 涿州定兴人 | 河北保定 | |
| | 19 | 何仲殊 | 通州三河县 | 河北三河 | 葬于祖茔之右 |
| | 20 | 吕嗣延 | 潮阴 | 北京市石景山 | 葬于先茔之次 |
| | 21 | 李平父 | 镇人 | | 归葬栾城某原之先茔 |
| | 22 | 乔惟忠 | 涿州定兴人 | | 权厝顺天城东之某原，后祔于东王里之先茔 |
| | 23 | 庞鉴 | 大金中都涿州范阳永福乡北抱玉里 | | |
| | 24 | 邵世矩 | 其先幽州人，至石晋之乱，遂之于沛，因家焉幽州人 | | 先葬夏村西北狼石沟东岸，大定二十八年别葬于泗河之湾 |
| | 25 | 王磋 | 大名莘人，原籍山东东昌府莘县，后辈为官者因被辽兵所虏定居于遵化① | | 其墓建于县南灵应山东侧 |
| | 26 | 史秉直 | 大兴之永清 | 在焦堡村 | 永清兴隆里先茔之次 |
| | 27 | 石宗壁 | 古燕周市人 | 北京通州 | 葬于通州潞县苔头村之新茔 |
| 大名府路 | 1 | 毛伯朋 | 世家临清，靖康之乱，迁大名 | | 大名府城北三里所吴庄原之先茔 |
| | 2 | 赵天锡 | 世为冠氏人 | | 保义里之先茔 |
| | 3 | 聂训 | 世居莘野 | 山东德州莘县 | 卫之莘邑拿山乡修文里先公之兆次 |
| | 4 | 聂宗 | 大名莘人 | 魏庄乡聂家村 | 县之西北拿山乡修文里祖茔之域 |

① 祖籍明确，但因其他原因定居他处。由于家庭形态的表现，还是以定居生活的地方所体现的更为真实。所以以定居处为其所属行政区划。

续表

| 行政规划 | 序号 | 墓主姓名 | 祖籍 | 墓志出土地 | 埋葬地 |
| --- | --- | --- | --- | --- | --- |
| 河北西路 | 1 | 苏彦远 | 真定人 | | 元氏县赵同里之先茔 |
| | 2 | 高显 | 高邑人 | | 既葬其乡之先茔 |
| | 3 | 彭子升 | 真定人 | | 西城之先茔 |
| | 4 | 赵彦 | 真定藁城人 | | 葬诸先茔 |
| | 5 | 张子厚 | 洺水人 | | 卒于洺州 |
| | 6 | 赵秉文 | 磁州滏阳人 | | 权殡开阳门外二百步 |
| | 7 | 胡景崧 | 武安人 | | 葬于某所之先茔 |
| | 8 | 赵思文 | 定州永平人 | | 殁后十二年,子归葬于永平县某乡里先茔之次 |
| | 9 | 王若虚 | 真定藁城人 | | 新兴里之某原 |
| | 10 | 张公理 | 荡阴阳里人 | | 辅岩县将相乡新安里东南之新茔 |
| | 11 | 康伯禄 | 宁晋人 | | 招魂葬于唐城乡东南五里之先茔 |
| | 12 | 张汝明 | 世为庐陵人,徙居真定 | | 汶上由村里某原之先茔 |
| | 13 | 冯璧 | 真定人 | | 祔于父之墓之侧若干步 |
| | 14 | 张景贤 | 宁晋 | | 县西北唐城乡内王里之先茔 |
| | 15 | 曹珏 | 磁州滏阳 | | |
| | 16 | 张荣祖 | 世为获鹿人 | | 葬于某乡某原 |
| | 17 | 马琼 | 定州唐县小东间乡东赤村 | 河北唐县 | |
| | 18 | 焦旭 | 沃州柏乡人 | | |
| | 19 | 王扩 | 定州永平人 | | 越三日权殡于长安南慈恩寺,以某年某月奉公之柩祔于某原之先茔 |
| | 20 | 曹溥 | 定武人 | 在河北定县 | 定州安喜县陵北村 |
| | 21 | 董钦 | 居于卫州新乡县贵德乡临清管临清坊村 | 墓志现存于河南新乡 | 葬于祖坟 |

第一章　金代汉族家庭的基本形态　55

续表

| 行政规划 | 序号 | 墓主姓名 | 祖籍 | 墓志出土地 | 埋葬地 |
|---|---|---|---|---|---|
| 河东南路 | 1 | 王庭筠 | 河东人 | | |
| | 2 | 冯延登 | 吉州人 | | |
| | 3 | 张汝翼 | 世为河内人 | | 卒于沛之旅社，藁殡于歌风台之下，后十三年归祔于山阳南徐涧之先茔 |
| | 4 | 刘景玄 | 陵川人 | 陵川县城东南二里楸树洼村① | 某年月日归葬陵川之先茔 |
| | 5 | 焦珪 | 自父已上泽州晋城人，后徙家济源 | 河南省孟州市城伯镇东武章村东 | 大定十七年终于京师，藁殡城南佛舍。葬大定二十六年河阳县安乐乡仵界保村北龟山之侧 |
| | 6 | 吕豫 | 怀州修武人 | | 馆陶大张里之东原 |
| | 7 | 郝天挺 | 陵川鲁山村人 | | |
| | 8 | 阎珍 | 上党 | | 权葬府五里之原 |
| | 9 | 陈规 | 绛州稷山人 | 山西稷山 | 卒于开封杞县圉城镇之寓舍，权厝圉城之浮屠寺，归葬于稷山之阴宛康乡小宁村 |
| | 10 | 陈仲谦 | 临晋人 | | 葬于县北北原巐山之先茔 |
| | 11 | 曹元 | 隰州人 | | 某里某原之先茔 |
| | 12 | 段矩 | 稷山之巨室 | 今在稷山县 | |
| | 13 | 史邦直 | 河内 | | 河内王封里之东南原 |
| | 14 | 张仲宾 | 上党属邑潞城西王村人 | 存于山西长治 | 祖坟之侧新茔 |
| | 15 | 冯荣 | 绛州曲沃县小李村 | 山西省永和县 | |
| | 16 | 郭周 | 潞州上党县北董里人 | | 庆云山先茔之侧 |
| | 17 | 王琳 | 先居襄垣褫亭，后避战乱，父迁潞州纯留 | | 邑西五里明秀原之旧茔 |
| | 18 | 陈渐 | 孟之河阳县北冶村 | 河南孟县 | |

①

续表

| 行政规划 | 序号 | 墓主姓名 | 祖籍 | 墓志出土地 | 埋葬地 |
|---|---|---|---|---|---|
| 河东北路 | 1 | 赵励 | 燕人 | 北京市石景山区五环路京源路口 | 权葬于汴西长庆禅院，合葬于燕城宛平县崇让里黑山之西南隅 |
| | 2 | 白全道 | 河曲人 | | 河曲王家里西原之先茔 |
| | 3 | 聂元吉 | 代之五台人 | | |
| | 4 | 郭瑨 | 世为岢岚人 | | 郡北天涧南原之先茔 |
| | 5 | 杨云翼 | 乐平川口村 | | |
| | 6 | 李择 | 繁峙县万全乡崇福里 | 山西代县 | 雁门县平城里北原祖茔 |
| | 7 | 任德懋 | 汾阳人 | | 郡西南洪哲里之东原 |
| | 8 | 郭郛 | 定襄之芳兰里则其乡也 | 今在定襄县芳兰村 | 葬于息轩之坤隅百步 |
| | 9 | 张公著 | 太原河曲人 | | 葬于某原之先茔 |
| | 10 | 董君 | 世居洪洞之杜成东堡 | 芮城县 | |
| | 11 | 南阳郡太君李氏 | 陕州人 | | 河曲王家里之西原 |
| | 12 | 周鼎 | 定襄人 | 山西定襄 | 奉公衣冠葬于五村里西原之先茔 |
| | 13 | 李信道 | 忻州人 | | 诸子奉父与母之丧合葬于龙冈之原 |
| | 14 | 孙德秀 | 太原之文水 | 山西 | 权葬某所 |
| 河北东路 | 1 | 韩毂 | 世家沧州，其居马明隶南皮 | 河北沧州南皮县 | 清池县忠孝乡郭周之原 |
| 南京路 | 1 | 姬平叔 | 汝阳人 | | |
| | 2 | 赵端卿 | 通许人 | | 县东原之先茔 |
| | 3 | 史良臣 | 洛阳人 | | 归葬于大名县先茔之侧 |
| | 4 | 弋润 | 汝州之梁县 | | 殁于某所，奉公衣冠葬于同德里西南原之先茔 |

续表

| 行政规划 | 序号 | 墓主姓名 | 祖籍 | 墓志出土地 | 埋葬地 |
|---|---|---|---|---|---|
| 南京路 | 5 | 孙伯英 | 雄州①客城人 | 亳州 | 殁于亳之太清宫，因即某地葬之 |
| | 6 | 王逸宾 | 其先临洺人，实生于汴梁② | | 祥符县魏陵乡萧氏之园 |
| 北京路 | 1 | 吴舜辟 | 龙苑北中水县久居之乡民也 | 辽宁省北票县扣卜营子乡 | |
| | 2 | 郭峤 | 世家临潢之长泰 | | 夫人葬宛平鲁郭里东原之先茔，奉公衣冠合葬 |
| | 3 | 信亨祚 | 葬县之榆河 | | 葬于须城县卢泉乡金谷山东原之新阡 |
| | 4 | 刘元德 | 懿州顺安人也 | 辽宁开原 | 咸平紫霞先茔园旧麓 |
| | 5 | 崔尚书 | 白霫 | 北京通州 | 沽水之先阳 |
| | 6 | 张雄 | 川州宜民县中台里人 | 辽宁北票 | 葬于祖茔，川州城西福德山宝昌寺之南 |
| | 7 | 齐尧举夫妇 | 宁昌 | 辽宁阜新 | |
| | 8 | 赞皇郡太君梁氏 | 广宁人 | | 终于坊州之官舍，祔葬于某原之先茔 |
| | 9 | 杨瀛 | 临潢 | 北京市房山区石楼村 | |
| 东京路 | 1 | 康德璋 | 辽阳人 | | 林虑县三阳里东南原 |
| | 2 | 张行愿 | 辽阳人 | 辽宁省辽阳 | 天井山 |
| 上京路 | 1 | 吴前鉴 | 春州长春人 | 北京 | 皇统六年卒于济州官署，大定七年与二夫人合葬于大兴府宛平县房仙乡黄村之原 |
| | 2 | 冯开父 | 父□平府新兴县人 | | 咸平府新兴县村南之祖茔 |

① "因即某地葬之"，理应归属于南京路，而不是雄州所属的中都路。
② 祖先属于河北西路人，生于南京路，葬于南京路，据此归属于南京路。

续表

| 行政规划 | 序号 | 墓主姓名 | 祖籍 | 墓志出土地 | 埋葬地 |
|---|---|---|---|---|---|
| 上京路 | 3 | 吴璋 | 长春人 | | 大兴府宛平县玉河乡黄村里之先茔 |
| | 4 | 张汝猷 | 辽东人 | 北京 | 以疾卒于中都西开阳坊之私第，东京鹤野县天井山宝林院，登贤奉公遗言，将葬于宛平县西陈村 |

表1—3　　　　　　　辽代汉族男性墓主去世年龄

| 序号 | 男性墓主 | 去世年龄 | 妻妾 | 子/女 | 孙/女 | 备注 |
|---|---|---|---|---|---|---|
| 1 | 马直温 | 72 | 1 | 子5<br>女5 | | 3子早卒<br>2女许不及婚，卒 |
| 2 | 李祜 | 65 | | 子3<br>女3 | | 1女嫁 |
| 3 | 丁文道 | 50 | 1 | 子2<br>女1 | | |
| 4 | 王师儒 | 62 | 1 | 子2<br>女2 | | |
| 5 | 史洵直 | 83 | 1 | 子3<br>女1 | | |
| 6 | 张世卿 | 74 | 1 | 子1<br>女3 | 孙2<br>女4 | 曾孙女2 |
| 7 | 姚（王寿） | 44 | 1 | 女3 | | |
| 8 | 郑士安 | 71 | 1 | 子4<br>女3 | 孙4<br>女1 | 重孙1/1<br>豪户 |
| 9 | 刘承遂 | 74 | 1 | 子3 | 孙9<br>女5 | 子1出于先夫人子2出于后 |
| 10 | 王安裔 | 47 | 1 | 子2<br>女6 | | |

第一章　金代汉族家庭的基本形态　59

续表

| 序号 | 男性墓主 | 去世年龄 | 妻妾 | 子/女 | 孙/女 | 备注 |
|---|---|---|---|---|---|---|
| 11 | 张衍 |  | 2 | 子2 | 孙3<br>女4 |  |
| 12 | 李肃 |  | 1 | 子3 |  |  |
| 13 | 刘洙 |  | 1 | 女2 |  |  |
| 14 | 张企徽 |  | 1 | 子1 |  |  |
| 15 | 吴经 |  | 1 | 子1 |  |  |
| 16 | 姜承义 | 52 | 1 | 子6<br>女3 | ≥1 |  |
| 17 | 龚祥 |  | 1 | 子2<br>女5 | 女1 |  |
| 18 | 王守璘 | 65 | 1 |  |  |  |
| 19 | 萧惟平 |  | 2 | 子1<br>女1 | 女1 |  |
| 20 | 赵匡禹 | 69 | 2 | 子10<br>女3 |  |  |
| 21 | 张绩 | 57 | 1 | 子4<br>女3 | 女2 |  |
| 22 | 韩资道 | 31 | 1 | 子5 |  | 次3子早亡 |
| 23 | 董匡信 | 68 | 1 | 子3<br>女1 | 孙3<br>女1 | 重孙1 孙女2<br>大儿早逝 |
| 24 | 王敦裕 | 39 | 1 | 子3<br>女3 |  |  |
| 25 | 郑恪 | 57 | 1 | 子3<br>女3 |  |  |
| 26 | 韩瑞 | 58 | 1 | 子2<br>女4 |  |  |

续表

| 序号 | 男性墓主 | 去世年龄 | 妻妾 | 子/女 | 孙/女 | 备注 |
|---|---|---|---|---|---|---|
| 27 | 孟有学 | 50 | 1 | 子3<br>女5 | | 女长始笄 |
| 28 | 贾师训 | 65 | ≧3 | | | |
| 29 | 邓中举 | 61 | 1 | 子2<br>女4 | | 长子早卒 |
| 30 | 尚暐 | 66 | | 子2<br>女3 | 孙5<br>女1 | 重孙1 |
| 31 | 梁援 | 68 | 1 | 子2<br>女1 | 孙1<br>女3 | |
| 32 | 白怀友 | 83 | 1 | 子3<br>女3 | 孙4<br>女2 | |
| 33 | 张让 | | 1 | | | |
| 34 | 董承德 | | 1 | 子2<br>女4 | 孙4<br>女3 | |
| 35 | 甯鑑 | 47 | 1 | 子3<br>女2 | | |
| 36 | 高为裘 | 63 | 1 | 子3<br>女2 | | |
| 37 | 高泽 | 59 | 1① | 子2<br>女1 | | |
| 38 | 丁洪 | 15 | | | | |
| 39 | 萧义 | 73 | 1 | 子1<br>女3 | 孙3<br>女2 | |
| 40 | 宋晖 | | | 子2 | 孙1 | |
| 41 | 刘存规 | | | 子5 | | |

① 文中既出现"先娶",势必妻妾不止一个,但文中并没有其他相关记载,故暂且计作1。

第一章　金代汉族家庭的基本形态　61

续表

| 序号 | 男性墓主 | 去世年龄 | 妻妾 | 子/女 | 孙/女 | 备注 |
|---|---|---|---|---|---|---|
| 42 | 王温 | | 1 | 子3 | | |
| 43 | 都加进 | | 1 | 子3<br>女2 | | |
| 44 | 许行福 | | 1 | 子1 | | |
| 45 | 郑彦周 | | 1 | 子3 | | |
| 46 | 赵友德 | | | 子1 | | |
| 47 | 丁仁德 | | | 子3 | | |
| 48 | 赵德钧 | 74 | 1 | 子3<br>女1 | | 妻簪笋出嫁 |
| 49 | 陈万 | 77 | 1 | 子7<br>女5 | | |
| 50 | 张建立 | 47 | 娘子2<br>夫人2 | 子7<br>女3 | | |
| 51 | 冯从顺 | 57 | 1 | 子1 | | |
| 52 | 刘承嗣 | | 2 | 子9<br>女10 | | |
| 53 | 李内贞 | 80 | 2 | 子5 | | |
| 54 | 王裕 | ≥50<br>≤60 | 1 | 子7<br>女3 | | |
| 55 | 张正嵩 | 48 | 1 | 子5<br>女2 | | |
| 56 | 陈公 | | 娘子2 | 嫡子6<br>女□人 | | |
| 57 | 王瓒 | | 1 | | | |

续表

| 序号 | 男性墓主 | 去世年龄 | 妻妾 | 子/女 | 孙/女 | 备注 |
|---|---|---|---|---|---|---|
| 58 | 韩瑜 | 42 | 2 | 子9<br>女3 | | |
| 59 | 韩佚 | 59 | 1 | 女1 | | |
| 60 | 刘宇桀 | 52 | 2 | 子3<br>女6 | | |
| 61 | 王悦 | 53 | 1 | 子3<br>女2 | | |
| 62 | 王泽 | 65 | 1 | 子3<br>女3 | | |
| 63 | 张俭 | 91 | 1 | 子3<br>女2 | | |
| 64 | 王邻 | 62 | | | | |
| 65 | 常遵化 | 65 | 2 | 子3<br>女5 | 孙1 | |
| 66 | 王说 | 57 | 1 | 子8 | | |
| 67 | 韩相 | 41 | 2 | 子2<br>女2 | | |
| 68 | 耿延毅① | 52 | | 子1<br>女1 | | 初笄未嫁 |
| 69 | 张从信 | | | 子5<br>女2 | | |

---

① 《辽代石刻文编·耿延毅墓志》明确记载耿52岁去世于开泰八年（1019年），生卒年为967—1019。《耿延毅妻墓志》记载耿妻生卒年为963—1011，48岁去世。二人年纪相仿，并无异样之处。耿延毅为耿知新唯一的儿子，《耿知新墓志》记载耿知新去世于太平六年（1026年），"一十五岁"去世，并再无解释。张嗣甫去世记载为一十有四，但之后明确阐明其"未冠而卒"。耿延毅17岁时得以荫补入仕，"一十五岁"只能理解为115方能解释。但按照辽人人均寿命60左右而言，似又出现无法解释之处。《辽史·圣宗七》，卷16本纪第16，第212页，耿延毅只有一条记载：太平二年（1022年），以耿延毅为昭德军节度使，耿知新曾官昭德军节度衙内都指挥使，耿延毅并无此官职任职记载，恐实为耿知新。

续表

| 序号 | 男性墓主 | 去世年龄 | 妻妾 | 子/女 | 孙/女 | 备注 |
|---|---|---|---|---|---|---|
| 70 | 程正超 |  | 4 | 子5<br>女5 | 孙5 |  |
| 71 | 冯从顺 | 57 | 1 | 子1 |  |  |
| 72 | 张琪 | 61 | 2 | 子2<br>女1 |  |  |
| 73 | 宋匡世 | 48 | 3 | 子2<br>女2 |  |  |
| 74 | 李知顺 | 54 | 1 | 子1 | 孙2 | 妻乃被俘而来 |
| 75 | 张哥 |  |  | 子2 | 孙5 | 重孙1 |
| 76 | 张嗣甫 | 14 |  |  |  |  |
| 77 | 韩楀 |  | 3 | 子3<br>女5 |  |  |
| 78 | 张思忠 | 64 | 2 | 子7<br>女2 | 孙4<br>女3 |  |
| 79 | 赵为干 |  | 2 | 子3 |  |  |
| 80 | 万辛 | 69 | 3 | 子6 |  |  |
| 81 | 刘日泳 |  | 2 | 子6<br>女3 |  | 女皆为笄年 |

表1—4　　　　辽代女性墓主去世年龄

| 序号 | 女性墓主 | 出嫁年龄 | 去世年龄 | 备注 |
|---|---|---|---|---|
| 1 | 赵德钧妻种氏 | 簪笄 | 74 | 被掳而来 |
| 2 | 王建立娘子2、夫人2 |  | 76、52、59 |  |
| 3 | 韩佚妻王氏 |  |  | 无子，犹子继<br>女儿襁褓而亡<br>孙女2 |

续表

| 序号 | 女性墓主 | 出嫁年龄 | 去世年龄 | 备注 |
| --- | --- | --- | --- | --- |
| 4 | 耿延毅妻耶律氏 | | 48 | 韩匡嗣女 |
| 5 | 陈国公主耶律氏 | | 18 | |
| 6 | 耶律元妻晋国夫人萧氏 | | 40 | |
| 7 | 王泽妻李氏 | | | |
| 8 | 秦晋国大长公主 | | 76 | |
| 9 | 董匡信及妻王氏 | | 74 | 子1出于先夫人子2出于后 |
| 10 | 秦晋国妃耶律氏 | | 69 | |
| 11 | 清河公主坟记 | | ≧70 | |
| 12 | 董庠妻张氏 | | 62 | |
| 13 | 王翦妻高氏 | | 53 | 宿嗽而逝 |
| 14 | 悟空大德发塔铭 | 成人 | | 燕国太夫人第三女 |
| 15 | 梁援妻张氏 | | 67 | |
| 16 | 董承德妻郭氏 | | | |
| 17 | 耶律弘益妻萧氏 | | 54 | 女儿妙及笄初，因全孝思之心，未果从人之礼 |
| 18 | 马直温妻张馆 | | 66 | |

## 二 其他类型家庭

传统社会，家庭的繁衍与家庭的组建一样，也十分困难。一个普通家庭中成员的数量结构、代际层次、地位关系、权利义务都与当下社会制度密切相关，而且容易受生老病死等自然规律的影响，形成残缺家庭，比如一人之家和祖孙隔代家庭。

（一）一人之家

金代一人之家多系鳏寡孤独家庭，家中成员以孤寡年老无侍者为主。沁州武乡县岩良村刘方，"今为年老，别无房亲子嗣"。刘方各房亲人皆去世，膝下又无子女继世与投老送终，形成一人之家。无奈之下将户下房地施与寺庙，以期百年之后得以寺僧的追荐。刘方虽然已经形成实际生活上的一人之家，但他将家庭中去世成员也一并列于施地碑后，碑记中依次列"先祖以下姓名、忌辰于后：祖父刘澄十月二十，祖母杨氏十月十五，母李氏六月十三，父刘渊十一月二十日，母庞氏九月初七，叔父刘□五月二十，婶母□氏十一月十七，兄刘原十一月十六日，阿嫂郭氏正月二十八，妻王氏十一月十七日、贾氏十月二十，侄男刘大麟八月二十一。今将所有地土亩垄、祖先以下姓名开立在前，恐后无凭，故立施状为据。癸巳年二月　日　施地人刘方"。① 不强调独施，意在将此善行当作与他的祖父、叔父、婶母和妻子全家所为，由此可以看出血缘、家族对于金代百姓来说十分重要，而祭祀仍是维持血缘宗亲关系的重要方式。

金代丧偶异居可随子女生活，但子女由于其他原因无法照顾，使这一群体更易形成一人家庭，且现象颇多。沂州吴真、邓州范三犯法当死，亲老无侍，形成一人之家。② 金代尚书省规定，子孙在外远游，祖父母、父母无人侍养，"甚伤风化，虽旧有徒二年之罪，似涉太轻。其考前律，再议以闻"。③ 从朝廷的角度，家中长辈无人侍养有伤风化，所以要量以刑罚，也可以理解为，是家庭所承担的伦理教化功能出现了问题所以要进行整治，而并非担心百姓最基本的日常生活。

金代丧偶可以再娶再嫁，百姓都允许置妾，更何况于娶妻，无妻尚属不合社会评价标准和舆论之事。姬平叔年四十余岁丧其配，不复娶，因此事而被赵秉文称之为"反"④；王中立亦虽家豪于财，但四十丧妻，遂不更娶⑤；张良辅中途丧妇，章宗怜有所赐，而张辞谢并"洁居终身"，"侍婢不得至其前"。⑥ 子女长成析居，如此一来形成孤寡家庭。根本原因无外乎"无后为大"的儒家孝道伦理要求。金汉人因妻死不复娶而形成一人家庭的情况较为少见，但仍不乏记载，载于史册的原因理解为"忠贞""贞烈"观的变相宣扬似更为妥帖。

鳏寡孤独一人之家多无力营生，朝廷针对此特殊群体进行救济和赡养。皇统元年（1141年），"诏赐鳏寡孤独不能自存者，人绢二匹、絮三斤"⑦；

---

① 阎凤梧主编，牛贵琥等副主编：《全辽金文》，《施地碑记》，山西古籍出版社2002年版，下册，第2647页。
② 《金史》卷5《海陵》，中华书局1975年版，第97页；卷7本纪第7，《世宗中》，第159页。
③ 《金史》卷12《章宗四》，中华书局1975年版，第274页。
④ （清）张金吾编纂：《金文最》卷88《盘安军节度副使姬公平叔墓表》，中华书局1990年版，下册，第1283页。
⑤ 《中州集》壬集第9《拟栩先生王中立小传》，中华书局1959年版，第472页。
⑥ 《遗山先生文集》卷16《平章政事寿国张文贞公神道碑》，上海商务印书馆缩印乌程蒋氏密韵楼藏明弘治刊本，第167页。
⑦ 《金史》卷4《熙宗》，中华书局1975年版，第77页。

大定十六年（1176年），"诏诸流移人老病者，官与养济"①；大定二十九年（1189年），"鳏寡孤独人绢一匹、米两石"②。天寿节设施老疾贫民钱数，诸京、府等不等，诸孤老幼疾人，各月给米二斗、钱五百文，春秋衣绢各一匹，身死者给钱一贯埋殡。③但实际上，根本达不到根本解决的目的。

在金代汉族家庭类型当中，一人之家属于特殊类型，是金代汉族家庭形态组成形式不可缺少的一种。

(二)（外）祖父母与孙子女组成的隔代家庭

未成年而失怙恃，又无兄姊或兄姊同样不具备独立生产生活能力，多依（外）祖父母存活，组成断代家庭，由隔代祖辈抚养长大。如阎长言、史肃、周君幼孤，分别养于其从祖、外家和祖母。④ 与祖辈一起居住的同时，已经多离开原来家宅。如田德秀本沧州人，少孤而养于外家定襄赵氏，故多居于忻。⑤ 在同居共活的过程当中，祖辈对隔代子孙的抚育尽其所能，犹如父母。曹珏养于祖母史氏，祖母少长教之读书⑥；康伯禄既孤养于外祖田氏，饮食卧起，躬自调护，备极劳苦。⑦ 这一群体直至能够具备独自承担生产生活重担的能力，便结束此类同居共活家庭结构。节妇乐氏，幼亡父母，依于外族，外王父李荣鞠养之，年十五适本关刘璋，离开依养外祖家庭。⑧

此家庭结构的形成属出于无奈，并无形中给年长祖辈带来生活上的压力。但祖父母在替代其父母履行责任同时，也享受理应得到的权利。如乔孝先生而孤，事太夫人某氏，孝敬纯至，问安视膳，躬侍汤药。⑨ 此种类

---

① 《金史》卷7《世宗中》，中华书局1975年版，第165页。
② 《金史》卷9《章宗一》，中华书局1975年版，第209页。
③ 《金史》卷58《百官四》，中华书局1975年版，第1353页。
④ 元好问编：《中州集》壬集第9《阎治中长言小传》，中华书局1959年版，第470页；元好问：《史御史肃》，第3351页；李鲁：《灵岩寺定光禅师塔铭》皇统二年，阎凤梧主编，牛贵琥等副主编《全辽金文》，山西古籍出版社2002年版，中册，第1298页。
⑤ 《中州集》庚集第7《田紫芝小传》，中华书局1959年版，第369页。
⑥ 《遗山先生文集》卷23《曹征君墓表》，上海商务印书馆缩印乌程蒋氏密韵楼藏明弘治刊本，第241页。
⑦ 《遗山先生文集》卷21《大司农丞康君墓表》，上海商务印书馆缩印乌程蒋氏密韵楼藏明弘治刊本，第225页。
⑧ 《重刊庄靖先生遗集》卷8《岁寒堂记》，新文丰出版社1997年版，丛书集成三编本，第38册，第166页。
⑨ 《遗山先生文集》卷29《千户乔公神道碑铭》，上海商务印书馆缩印乌程蒋氏密韵楼藏明弘治刊本，第294—295页。

型的家庭生活方式，属于时代和现实生活作用的必然产物，历代皆有。

## 第二节 金代汉族同居共财大家庭

金代提倡同居共财，以三世同居为义居基本标准，并对孝义之家有程式完备的申报奖励制度。此家庭组织类型，多见于高官显贵豪族阶层，普通百姓多因生存所需组成临时性质的同居合活家庭。这样的特点，是由许多原因综合作用所导致。

### 一 同居共财大家庭及其同居情况分析

"中国社会以分居为不孝不悌，以五代同堂为美德，这是尽人皆知的事实，所以谁也不能否认中国是个行大家庭制的社会。"① 金黎民百官，生时"三代同居孝义之家，委所属申覆朝廷，旌表门闾，仍免户下三年差发"②，并定仪制；殁时"往往刻墓幢于寺观中，前刻《尊胜陀罗尼经》，后记三代及子孙男女姓名"③，借此以乞冥福扬先德。无论生死，金廷都提倡同居世系家庭，并以三代为旌表标准和儿孙盛的彰显。且赋予法律，金袭唐律，唐律子孙需孝敬长辈故同居共财，金代规定汉人不得别籍。

又至元十一年（1274年）：

中书省御史台呈：切闻为人子者，养亲当致其乐，不敬其亲谓之悖礼。伏见随路居民有父母在堂，兄弟往往异居者，分居之际，置父母另处一室，其兄弟诸人分供日用。父母年高，自行拾薪，取水执爨为食。或一日所供不至，使之诣门求索。或分定日数，令父母巡门就食，日数才满，父母自出，其男与妇亦不恳留。循习既久，遂成风俗，甚非国家所以孝治之意。今后禁约：父母在堂之家，其兄弟诸人

---

① 岳庆平：《中国的家与国》，吉林文史出版社1990年版，第12页。
② （宋）宇文懋昭撰，崔文印校：《大金国志校证》卷35《杂色仪制三代同居仪》，中华书局1986年版，上册，第502页。
③ 国家图书馆善本金石组编：《辽金元石刻文献全编》《金故麟公墓幢记》，北京图书馆出版社2003年版，第2册，第915页。

不许异居,着为定式,如此庶使。①

《大元通制》承袭唐、宋、金诸王朝法典基本精神,禁止异居,在于国家"孝治之意"。金代亦是给健在父母赡养终老,维护传统风俗。但法令往往与实际的民间执行存在落差。从三代同居共财孝义之家"免户下三年差发"的丰厚奖赏以及实际出现史例来看,金代汉族孝义之家较少,虽不乏类似自曾祖以下,族人十余家,多相附而居的记载,但同居共财大家庭较少出现,即便有,也难以长时间维持,反而无论富贵贫贱先世既葬之后,仅仅两三代之间,问其谁是祖谁是高曾,"卷舌而不能言者。十常七八"②。不知身之所出,而经济原因是最为根本也是最为现实的原因。

表1—5　　　　　金代汉族同居共财大家庭统计

| 序号 | 姓名 | 地区 | 同居世数 | 基本情况 | 备注 | 史源 |
|---|---|---|---|---|---|---|
| 1 | 阎福 | 河东南路沁州沁源县作坪村 |  | 家眷共十一口 | 见存平安家眷三房共二十五口 | 《全辽金文》,《沁源县交口乡正中村金代砖室壁画墓葬题字》 |
|  | 阎满 |  |  | 家眷共一十三口 |  |  |
|  | 阎威 |  |  | 家眷四口 |  |  |
|  | 阎信 |  |  | 共七口 |  |  |
| 2 | 张行简 | 山东东路莒州日照县 | 祖孙三世兄弟同居 | 与诸弟居三十余年,家门肃睦,人无间言 | 暐(父)自妻卒后不复娶,亦无姬侍,斋居与子行简讲论古今,诸孙课诵其侧,至夜分乃罢,以为常。行简事情其父自幼至终,未尝少违颜色,天性孝友,太夫人疾,不解衣者数月 | 《中州集》下,壬集第9《张太保行简》 |

---

① 黄时鉴点校:《通制条格》卷3《户令·亲在分居》,浙江古籍出版社1986年版,第28页。
② (清)张金吾编纂:《金文最》卷99《济宁李氏祖茔碑》,中华书局1990年版,第1262页。

第一章 金代汉族家庭的基本形态　69

续表

| 序号 | 姓名 | 地区 | 同居世数 | 基本情况 | 备注 | 史源 |
|---|---|---|---|---|---|---|
| 3 | 张仁槩 | 河东南路解州平陆县 | 四世义居 | 百口共爨，岁垦万亩，日饭两种 | 县申州，州中□□□度□察衙，差官体究诣实。甲本道提刑司，申尚书户部，会法照例呈都省。外户前安置掉楔，免户下三年差发，远近荣观 | 《全辽金文》《解州平陆县张氏义居门闾碑》 |
| 4 | 王逸宾 |  | 兄弟同居 | 与二弟同居，终身无间言 |  | 《闲闲老人滏水文集》卷11《遗安先生言行碣》 |
| 5 | 史舜卿 | 大名 | 兄弟同居 | 与二兄居，聚族三百指，衣食之如一 | 自太夫人之亡，家有二寡姊，事之如母，月入之廪，尽以二姊主之。其用荫也，先其侄公明 | 《闲闲老人滏水文集》卷12《史少中碑》 |
| 6 | 王叟 | 穰县宋庄 | 四世同居 | 自叟至其曾，凡三十六房，夫妇皆结发，推户为县中第一 | 曾孙亦娶妇 | 《元好问全集·续夷坚志二》卷47《王叟阴德》 |
| 7 | 胡彦高 | 河北西路武安县 | 四世同居 | 族属百余口同居，迨公四世 | 小大无间言 | 《遗山先生文集》卷17《朝散大夫同知东平府事胡公神道碑》 |
| 8 | 张毂 | 南京路许州临颍 | 兄弟同财 | 俸人所得亦委其弟掌之 |  | 《金史》卷128《张毂传》 |
| 9 |  |  | 兄弟同居 | 诏戍边军士年五十五以上，许以其子及同居弟侄承替 |  | 《金史》卷44《兵志》 |

续表

| 序号 | 姓名 | 地区 | 同居世数 | 基本情况 | 备注 | 史源 |
|---|---|---|---|---|---|---|
| 10 | 张中孚 | | 兄弟同居 | | 天性孝友刚毅，与弟中彦居，未尝有间言 | 《金史》卷79《张中孚传》 |
| 11 | 曹珏 | | | | 君生数月而孤，养于祖母史氏，少长教之读书。教授为业，仅有中人之产。长子国器，力于干蛊，故君得优游自便，宾客过门，厚相接纳，为具丰洁，不类寒士家 | 《遗山先生文集》卷23《曹征君墓表》 |
| 12 | 毛伯朋 | | | 昆弟未尝别籍 | 兵兴以来，良家子多从军，君昆弟未尝别籍，丁壮六七辈 | 《金文最》卷104《潞州录事毛君墓表》 |
| 13 | 张子玮 | | | 家口千户 | 由是子（刘）玮获居乡井。初为天城酒使，今改充本处管军 | 《金文最》卷54《与夹谷行省书》 |
| 14 | 刘唐① | | | 十八名弟兄合眷一百口四从不分居 | 长兄僧智渊 长男僧智辩 曾父与唐等并侄庆仁已下十八名弟兄合眷一百口四从不分居 | 《辽金元石刻文献全编》第三册《刘氏明堂碑》 |

金代汉族三代孝义之家并不普遍，但有其同居共财的存在方式和特征：兄弟横向世系同居现象较为普遍，亦以共财为主要特点。金代共财与否与是否异籍密切相关。异居、异财未必能够异籍，但别籍往往不共财，

---

① 碑中对于无子嗣的刘家男性，都予以直接记载。

正所谓"同胞而至别籍，往往起讼"。① 元代父母生病过世之后，"不以求医侍疾丧葬为事，止以相争财产为务"。所以以此为戒，合酌古今，究得旧例（金《泰和律》），只要祖父母父母在，"许令支析者听，违者治罪"。

金代汉族同居共财，称为过渡性同居合活，更为妥帖且更为普遍，多因兄弟之间的相互照顾而产生。宋代累世同居共财大家庭较多，相对同居合活家庭现象较少，兄弟家庭同居功能由实惠的救助转变成一种博取义居名誉的方式。② 金不同于宋，单纯追逐孝义、博取名誉，显然并不能够组成以及维持此家庭结构。生存的需要更成为相互之间维系的纽带。曹长卿12岁，父母相继过世，兄弟析产异居。待其兄长既老，曹长卿事之惟谨。生病躬侍汤药，并存抚诸孤。③ 很显然，第一次曹长卿和兄长属于壮则析居后，各为小家庭单独过活。兄长年老，重新同居合活，照顾兄长以及抚育孤侄。同居合活与同居共财大家庭差异显著，比较典型的是刘秀家：

> 君（刘秀）少孤，敬事叔父，自幼膺门户。……君后暨叔父异籍，母老弟幼，益惇孝友，慨然复有起家之志。……一日，弟欲异居，分均之际，举无难色。……君先娶王氏，天资惠淑，爱敬舅姑（与少孤矛盾，应属于溢美之词），勤于妇职，中外贤之。……君继娶连氏，淑慎慈严，能循母道，内助有功。……一女，二子，次早亡。孙男五人，孙女三人，曾孙十二人，女二人。君之子顺，克承父志，强敏干蛊，凡所经画，应求而得。以故物产隆厚，数倍于前，遂为大姓，仅冠乡邑。君自知命之后，家事一委其子，安坐享丰腆者三十年，亦可伟矣。④

刘秀幼年失怙与叔父合籍同居，得到叔父的照料。此次合活，是小叔子帮助寡嫂抚养孤侄，所以在自己家中将嫂侄一并收容，而并非两个家庭

---

① 《遗山先生文集》卷24《善人白公墓表》，上海商务印书馆缩印乌程蒋氏密韵楼藏明弘治刊本，第244页。
② 邢铁：《宋代家庭研究》，上海人民出版社2005年版，第58页。
③ 《遗山先生文集》卷29《信武曹君阡表》，上海商务印书馆缩印乌程蒋氏密韵楼藏明弘治刊本，第293页。
④ 阎凤梧主编，牛贵琥等副主编：《全辽金文》，《故刘君墓志铭》天会六年，山西古籍出版社2002年版，中册，第1153页。

的真正同居并累世下去。等待孤侄能够自立，叔父任务完成，刘秀则与叔父异籍，回归原家庭，承担起照顾老母幼弟的责任，暂时性的同居合活家庭也就随即宣告结束。后来，刘秀与其弟别籍与上不同。第一次属于壮则析居异籍，而第二次则是别籍分家产。之后刘秀一子强敏干蛊，物产隆厚为大姓冠于乡邑。刘秀命家事一委其子、坐享丰腴30年。依此来看，刘秀与其子同居共财可能性甚大。类似的事例还有王傑①、陈孝初②、孟兴③、赵真卿④等。

金代汉族家庭中，兄弟相互关照实属礼法之中，但外亲以及疏属性质与同姓宗服截然不同。金律虽明确规定"疏属及外亲留任所，满百日则徙他郡避嫌"，但实际日常生活中同居合活现象甚为普遍。杨云翼一姊适李氏，既寡，挈孤幼来归，公处之官下，公言之朝，独得不徙，抚导二甥，卒为名士。⑤李善长对母夫人之兄的孤嫠皆收养之⑥。白全道孤，舅氏僧法澄，拊育训导，恩义备至。⑦吴器玉七岁而孤，养于其姑乐亭齐氏。⑧

金代汉族家庭因各种原因析居，但彼此之间仍相互帮助，尤其战争年代。天会年间，成氏家族已经达到数十余户，时值兵荒马乱，居民纷纷逃难解散。诸成氏与昆弟商议："当率其众据山险为之堡寨，安老幼于中以俟休息"。三年之后天下休兵，不仅成氏众族得以保全。⑨

---

① （清）张金吾编纂：《金文最》卷91《王氏先茔碑》，中华书局1990年版，下册，第1322页。"兄咏早世，二孤玠、瑀，藐然可怜，公亲抚视，以至成人。"
② （民国）《霸县新志》卷7《金石·涿州固安县颍川陈公塔记》，成文出版社有限公司1968年版，华北地方第134号，第739页。"兄弟三人，抚养诸弟而为过友。"
③ 《金史》卷127《孟兴传》，中华书局1975年版，第2746页。"蚤丧父，母没，事兄如事其父。"
④ 《遗山先生文集》卷20《顺安县令赵公墓碑》，上海商务印书馆缩印乌程蒋氏密韵楼藏明弘治刊本，第206页。赵真卿二女侄合活于其家中，妻解氏"恩过所生，拊孤者以为难能"。
⑤ 《遗山先生文集》卷18《内相文献杨公神道碑铭》，上海商务印书馆缩印乌程蒋氏密韵楼藏明弘治刊本，第182—187页。
⑥ 阎凤梧主编，牛贵琥等副主编：《全辽金文》《窥豹集后序》，山西古籍出版社2002年版，下册，第2851页。
⑦ 《遗山先生文集》卷24《善人白公墓表》，上海商务印书馆缩印乌程蒋氏密韵楼藏明弘治刊本，第244页。
⑧ 《遗山先生文集》卷29《显武将军吴君阡表》，上海商务印书馆缩印乌程蒋氏密韵楼藏明弘治刊本，第290页。
⑨ （清）张金吾编纂：《金文最》卷86《成氏葬祖先坟茔碑》承安四年，中华书局1990年版，下册，第1265页。

同宗之间依然存在相互联系维护的纽带，比如太原王氏昆仲扣雷文儒门以请撰其墓记①；东海徐氏虽居异止，享祀则一。承安四年东海徐氏拜谒唐子固，为其宗族，只求一墓铭②；保义副尉赵彦将终，谓其子渊曰："骨肉相视，一旦如道路人，恶孰甚焉"。又特告诫孙子元英，所有获得的一切，"亦惟我祖宗实有庆，尔无遂独庇尔胤，必及其余，以答我祖宗意"。③ 金代同居共财家庭较少，真正维系其关系的并非家庭组成方式，而是血缘宗族之义。

## 二 同居共财大家庭难以普及的原因分析

首先，战争。金战乱频繁使得同居共财大家庭难以普及，主要体现在总体人口减少。量化到个体家庭，人口也随之减少。这就使构成同居共财大家庭要素之一的人口数量，较平时难以形成。正所谓适兵荒之难，父母昆季，殂谢殆尽。④ 金朝初年，为避汉阳质子之役，常君族属散居。有从建炎南渡而贵官者，有留居东门卢利者，有析居柏仁坊鹿者，曾祖文水迁居河朔，则寓居平山⑤；兴定四年（1220年），亳州户旧有六万，"时河壖为疆，烽鞞屡警"，"所存者曾无十一，砀山下邑，野无居民矣"⑥；冯延登因京城受兵仓皇逃难，与家人相失⑦；冯璧兵乱，三女俱失。⑧ 即便家族繁盛，战后亦多散居，并且生活困难。保义校尉房公族人十余家，"值宋末兵火，父子离散"，"家宅□□灰烬惟存□□□至本朝天会八年，百姓既复其业，父子亦还家，居无一舍，□皆受其饥，食□霍且救其

---

① （民国）《孟新志》卷9《金石太原王氏墓记（承安四年）》，《中国方志丛书》，成文出版社有限公司1976年版，华北地方第445号，第1118页。
② （清）张金吾编纂：《金文最》卷87《东海徐氏墓碑》承安四年，中华书局1990年版，下册，第1271页。
③ （金）王若虚著，胡传志等校注：《滹南遗老集校注》卷43《保义副尉赵公墓志》，辽海出版社2005年版，第520页。
④ （清）张金吾编纂：《金文最》卷111《长清县灵岩寺才公禅师塔铭》大定二十七年，中华书局1990年版，下册，第1594页。
⑤ 《遗山先生文集》卷24《真定府学教授常君墓铭》，上海商务印书馆缩印乌程蒋氏密韵楼藏明弘治刊本，第243页。
⑥ 《金史》卷46《食货一》，中华书局1975年版，第1037页。
⑦ 《遗山先生文集》卷19《国子祭酒权刑部尚书内翰冯君神道碑铭》，上海商务印书馆缩印乌程蒋氏密韵楼藏明弘治刊本，第204页。
⑧ 《遗山先生文集》卷19《内翰冯公神道碑铭》，上海商务印书馆缩印乌程蒋氏密韵楼藏明弘治刊本，第202页。

死”。[①]

多数大家庭（族）裂为小家庭而更容易逃生供养。郭子崇遭贞祐之乱，家四十口，逃难解散。[②] 侥幸生存下来的百姓之家，“又多转徙南北，寒饥路隅，甚至髡钳黥灼于臧获之间者皆是也”[③]。

战争带来的不仅仅是普通百姓的死亡，亦有为官执政者。兵兴守本职而自愿殉职者，又无形中主动增加了战乱带来的人口数量的减少。大安中，北兵入境，往往以节死，如王晦、高子约、梁询谊诸人皆有名[④]；兴定末，北兵攻城陷，李鞏自杀。叔侄相继执政，俱死事。[⑤]

另外，战争使维持家庭最基本的物质生产生活资料极度缺乏，影响人口数量。王郁飞伯，家素富，赀累千金，遭乱，荡散无几[⑥]；李献能家故饶财，尽于贞祐之乱。[⑦] 因此以人为食，析骸为炊。加之“多有贫乏老幼自陈本河北农民，因敌惊扰故南迁以避，今欲复归本土及春耕种，而河禁邀阻”[⑧]。于是，“食且尽，闾巷间，有嫁妻以易一饱者，重以喋血之变，剽夺凌暴，无复人纪”[⑨]。又加上物价腾涌，百姓无以营生，锦衣宝器不能换来数升米，连缙绅士女都行乞于街上，饿死者推出城的尸体一夜之间肉都被剐得干干净净。[⑩] 金末元初著名文学家杨宏道散文《优伶语录》，“蕞尔山城，再罹大兵，鸡犬不闻，四郊草荒。一官不调，未获禄食，亲旧离散，无所假贷”[⑪]。言语中透露自身生活窘迫，不是因为自身，只因遭遇兵乱生计才无着落。千里跋涉前往汴梁求个一官半职，却又深受盘缠问题的困扰。[⑫] 生计本已狼狈，后又无所寄托，再四流窜，颠沛奔走无所占籍。太史院事杨公，正大乙酉生于其居京兆之仁桂坊，时艰，从中大夫

---

① （清）张金吾编纂：《金文最》卷86《保义校尉房公墓碑》大定二十九年，中华书局1990年版，下册，第1261页。

② 《遗山先生文集》卷28《费县令郭明府墓碑》，上海商务印书馆缩印乌程蒋氏密韵楼藏明弘治刊本，第285页。

③ 《静修先生文集》卷之17《武强尉孙君墓铭》，上海涵芬楼据元宗文堂刊本影印，第555页。

④ （金）刘祁撰，崔文印点校：《归潜志》卷7，中华书局1983年版，第73页。

⑤ （金）刘祁撰，崔文印点校：《归潜志》卷6，中华书局1983年版，第59页。

⑥ （金）刘祁撰，崔文印点校：《归潜志》卷6，中华书局1983年版，第59页。

⑦ 《中州集》己集第6《李右司献能》小传，中华书局1959年版，第322页。

⑧ 《金史》卷108《侯挚传》，中华书局1975年版，第2387页。

⑨ 《遗山先生文集》卷25《聂孝女墓铭》，上海商务印书馆缩印乌程蒋氏密韵楼藏明弘治刊本，第256页。

⑩ （金）刘祁，崔文印点校：《归潜志》卷11，中华书局1983年版，第121页。

⑪ （清）张金吾编纂：《金文最》卷119《优伶语录》，中华书局1990年版，下册，第1694页。

⑫ 魏崇武：《金末元初杨弘道散文片论》，《励耘学刊》2007年第2辑，第91—102页。

（考）逃乱而东，不恒其居，于汴，于归德，于天平。① 兵兴三十年，盛业大德、名卿钜公之后，遭罹元元，遂绝其世者多矣。仅得存者，亦颠沛之不暇也。② 同居共财无从谈起。

其次，析居异财。财产的分割，也是致使同居共财大家庭不普遍的重要原因。同居大家庭以共财为主要特征，异财以析居为前提，析居原本即因家庭（族）供养能力不够从而转以个体小家庭为独立单位，继续家户的延续。但金代汉族家庭现实生活中，却往往本末倒置。通常情况下，异财伴随析居，即欲析居便隐含其真正目的是分家产，史例直接称之为"求异财""兴析产""析家财"，即分财产为主，而同时析居已经成了默认的事实，如表1—6。贾巨平"长兄仪，次兄成，怜公晚生，父母属念，且公等干蛊可嘉，故曲极友爱。仪子弗嗣，屡请析居。仪辄给曰：'二亲既有命书矣。'卒举赀产付公"③。贾巨平二兄遵父母愿，自小友爱其弟。当长兄仪的儿子弗嗣请求析居时，仪以父母早已立下遗书为由，将财产分给弟弟贾巨平，打消儿子借析居来分家产的目的。正因如此，也使得同居共财较难维持。

表1—6　　　　　　金代汉族家庭析居异财统计表

| 序号 | 姓名 | 析居基本情况 | 史源 |
| --- | --- | --- | --- |
| 1 | 杨云翼 | 待二弟仲冀，叔冀，备极友爱，家赀悉推与之，至百负之而不恨，尝与人言，昆弟之间，若以昆弟待之，则容有不可堪忍之事，但当以父母待之耳，或以为疑，公晓之曰，父母吾不得而见之矣，得见兄弟，非父母而何，此念一生，虽百世同居可也 | 《金文最》卷94《内相文献杨公神道碑》 |
| 2 | 刘秀 | 君后暨叔父异籍，母老弟幼，益惇孝友，慨然复有起家之志。一日，弟欲异居，分均之际，举无难色 | 《全辽金文》下，《故刘君墓志铭》 |
| 3 | 康伯禄 | 康伯禄大父尝与昆弟分财，他田宅定无所问，止取南中生口十余人，纵为民而已，以故家独贫 | 《金文最》卷98《大司农丞康君墓表》 |

---

① 王云五主编，姚燧撰：《牧庵集附录》（4）卷18《领太史院事杨公神道碑》，丛书集成初编，上海商务印书馆1936年版，第225页。
② 《遗山先生文集》卷30《冠氏赵侯先茔碑》，上海商务印书馆缩印乌程蒋氏密韵楼藏明弘治刊本，第256页。
③ （金）王若虚著，胡传志等校注：《滹南遗老集校注》卷42《千户贾侯墓铭》，辽海出版社2005年版，第507页。

续表

| 序号 | 姓名 | 析居基本情况 | 史源 |
|---|---|---|---|
| 4 | 薛继先 | 张潜所居寺庄,有兄弟分财致诤者,其弟指仲升所居曰:我家如此,独不畏张先生笑人耶 | 《全辽金文》下,《薛继先》 |
| 5 | 王纮 | 公兄纪、弟绎,以户计高议析居,公曰:"析居无不可,于义有未便者。"兄询之,公曰:"弟绎不事产业,非理横费,间取资兼并之家,以偿博赙,所负已多。一旦析居,必为豪夺。坐见隳败,终非兄弟友爱之义。不如以系众之财,呼其债主还之,不唯省半,抑且无后患。"兄从之。既析居,有旧宅正当阛阓,公得其半,又曰:"兄眷重褊隘,必不能居。"悉推己所得于兄,其余田园亦如之 | 《全辽金文》中,《故潞城隐德君子王公墓志铭》 |
| 6 | 段季良 | 居无何,昆弟中有求异者,公拒而不诺。再三至不得已,泣而告曰:"一斗粟,尚可舂。一尺布,尚可缝。同枝连气,何遽如是?中外资产,任君等所取,一无所争。吾主张门阀、树德积善有年矣,天实有之,其肯贫我?"呜呼!公之言,其仁人之言哉!知其敦好本业,不务外饰,轻财重义,乐善好施。<br>按:昆弟有兴析产议者,公拒之不纳,真古人也 | 《全辽金文》中,《段季良墓表》 |
| 7 | 弋润 | 弋氏自先世不异财,公蚤孤,能自树立如成人,事从兄祐殊恭逊,祐尝以事客内乡者二十年,比还,公殖产倍于旧,祐归求分居,公谓祐言,家所有皆父所积,润但谨守,仅无损耗耳,兄幸归,请悉主之,润得供指使足矣 | 《金文最》卷100《临海弋公阡表》 |
| 8 | 庞迪 | 昆弟析家财,迪尽以与之,一无所取 | 《金史》卷91《庞迪传》 |

概而言之,金代汉族此结构家庭较为少见,出于经济原因而析居异财则更为普遍。这一方面取决于朝廷奖惩政策实质执行贯彻力度,另一方面,经济基础决定普通百姓家庭的一言一行。长时间大家庭的维持由于供养能力有限,根本无法实现,这才是根本。

## 第三节　影响金代汉族家庭规模结构诸因素

同一家庭随着内在、外在诸因素变化，裂变或又组合成一新的家庭，以下便对其诸因素做一探讨。

### 一　战乱与灾荒对家庭规模结构的影响

《鸡肋编》曰："自中原遭胡虏之祸，民人死于兵革水火疾饥坠压寒暑力役者，盖已不可胜计。"① 古之金时，从国祚始立至衰亡，战乱不断。归纳为两个基本原因：一是辽对女真的奴役与统治奠定了战争的基础，随后金灭辽、灭北宋，与南宋对峙百年，同一历史时期存在的政权还有西夏、蒙古，出于社会以及历史发展的优胜劣汰需求，彼此之间相互征战频繁；二是金以少数民族武力立国，国内政治基础尚欠稳妥，这在现实中则体现为民族成分复杂，经济、文化、制度等发展稍显落后，同时不同民族、阶层之间出现显著的高低差别对待现象，随之而来的赋役兵役加重，叛乱时有发生。据粗略统计，1115 年至 1234 年，金与北宋、辽、西夏、蒙古以及金内部战争频发，共约 130 余次，每年至少发生一次。② 虽战争性质各异但都给家庭规模和结构带来严重影响。主要表现为：直接被签军和征战本身所造成的家庭人口数量、规模直接性变化以及因为战乱所导致的百姓负担过重从而间接导致家庭形态变化。本小节就第一个战乱影响进行归纳，将战乱所带来的第二个方面的后果放在第三章家庭经济形态进行描述。

首先，签军。金军多民族成分特征③决定了战乱会给各民族带来严重后果，汉族亦囊括其中。金朝兵制，"凡汉军，有事则签取于民"④。《归潜志》清晰的记载"金朝兵制最弊，每有征伐或边衅，动下令签军，州县骚动。其民家有数丁男好身手，或时尽拣取无遗，号泣怨嗟，阖家以为

---

① （宋）庄绰撰：《鸡肋编》《中原避祸南方者遭遇之惨》，中华书局 1983 年版，中册，第 64 页。
② 《中国军事史》编写组编：《中国军事史》附卷，《历代战争年表》下，解放军出版社 1985 年版，第 67—147 页。
③ 王曾瑜：《金朝军制》，河北大学出版社 1996 年版，第 96—101 页。
④ 《金史》卷 44《兵》，中华书局 1975 年版，第 998 页。

苦"①。"自见居官者外，无文武，小大职事官皆拣之"。许州前户部郎中侍御史刘元规，年近六十，也同样被签军。签军随意性大，有时除朝士外，城中所有人皆兵，并临时命名为防城丁壮，下令，"有一男子家居处死"②。刘祁嗟叹"以任子为兵已失体，况以朝士大夫充厮役乎？"因战争而被"签军"者多属一家之中的青壮男丁，家中人口数量直接减少，同时更使得家庭规模扩展成为不可能的事实，未成家者家庭中将留下双亲，成为没有劳动力的老弱家庭。即使有一子幸存家中，其家庭人口数量规模已不可同日而语；而有成家立业者，则使得孤儿寡母独立支撑，成为残缺家庭。如果前者家庭中被"签军"者战死疆场，则使得此家庭香火尽断；后者属于家庭中的父辈甚至祖辈成员，一旦无法归家，此家庭便无法扩展为联合扩大家庭，更甚者妻子再婚，此家庭从此消失。可谓"一封征人书，秋帆潇湘岸，当君高楼醉，忆妾空闺叹"③。甚至有皇统三年（1143年），云中家户军女户陈氏，因为父子全部阵亡，持产业契书告于元帅府，希望尽纳产业于官，以免充役。而元帅怒其沮坏军法，杀之。④ 金代签军制度，使得其对家庭规模结构的影响在所难免，而从陈氏弃市、国人哀悼，也能看出金代社会对此制度的普遍不满，给百姓的生活造成一定的负担。

其次，战争。战前签军导致人口数量减少、家庭规模缩小，战争一旦爆发，带来的人口损失令人瞠目结舌。金自反辽始，北方战乱频仍，人口损耗严重。据史料记载，"兵兴以来，户减三之一"⑤。"州旧万余户，兵兴以来，不满五七百"⑥。天会五年（1127 年），金人掳获宋徽宗、宋钦宗及宗室北去，刚出汴京，便见道中"屋庐俱烬，尸骸腐朽，白骨累累"⑦。仅讨张觉，"是州之民屠戮殆尽，存者贫民十数家"⑧。窝斡之乱，

---

① （金）刘祁撰，崔文印点校：《归潜志》卷 7，中华书局 1983 年版，第 77—78 页。
② （金）刘祁撰，崔文印点校：《归潜志》卷 11，中华书局 1983 年版，第 123 页。
③ 《中州集》庚集第 7《寄远吟》，中华书局 1959 年版，下册，第 387 页。
④ （宋）宇文懋昭撰，崔文印校：《大金国志校证》（下）卷 11，中华书局 1986 年版，第 159 页。
⑤ 《中州集》己集第 6《刘御史从益》小传，中华书局 1959 年版，第 303 页。
⑥ 《静修先生文集》卷之 17《武强尉孙君墓铭》，上海涵芬楼据元宗文堂刊本影印，第 555 页。
⑦ 赵永春辑注：《奉使辽金行程录》（增订本），《青宫译语》，商务印书馆 2017 年版，第 276 页。
⑧ 赵永春辑注：《奉使辽金行程录》（增订本），《宣和乙巳奉使金国行程录》，商务印书馆 2017 年版，第 214 页。

"户口散亡,百无二三"。① 至金崇庆末,"河朔大乱,凡二十余年,数千里间人民杀戮几尽,其存者以户口计,千百不一"。战乱使金代人户损失可见一斑,如果将此相类于一个家庭而言,人口骤减情形不言而喻。战争造成的伤亡与很多因素相关,如交战双方战争性质、战争规模、战争目的、持续时间、延续范围,金代发展到后来,尤其与蒙元之间的战争,对于金代人口的减少可谓"功不可没"。蒙元作为游牧民族起于朔漠,尤其早期与金之间的战争多属于掠夺性质的异族入侵,其目的并不在于对攻伐地区的长期统治,所以杀戮之惨,动辄屠城。元太祖加兵中原,坑中山,蹂山东河北,诸城皆碎。② 贞祐元年(1213年),保州城陷,元兵将所有居民驱逐出城。当晚即下令,年长者杀。士兵将杀戮城中百姓当作嬉戏。之后,再下令,"无老幼尽杀"③。汾、石、岚、管,无不屠灭。④ 蒙元自太祖六年,"南下攻金,迄世祖十七年,灭宋淹有全夏,其间垂五十八年,大江以北,息陷入天翻地覆之浩劫当中。杀掠之惨,役赋之重,与人民之转死沟壑,夷为奴隶,殊为史所罕见,令人浩叹!"⑤

最后,因战乱而连带产生的无复生计与盗贼充斥,亦是摧折家庭人口的重要原因。

　　南风兵尘远,病客返旧居,入门顾四壁,书籍亦无余,数口共嗷嗷,日事将何如,屋破未暇葺,草满须当锄,昔去季冬末,今来孟夏初,深愧资用绝,时时烦里间。⑥

　　兵戈为客苦思乡,春暮还乡却自伤,典籍散亡山阁冷,松筠憔悴野园荒,莺衔晚色啼深树,燕掠春阴入短墙,邻里也知归自远,竟将言语慰凄凉。

　　乱后还家春事空,树头无处觅残红,棠梨妥雪露新雨,杨柳飘绵飐晚风,谈笑取官惊小子,艰难为客愧衰翁,残年得见休兵了,收拾

---

① 王新英编:《金代石刻辑校》,《王元德墓志铭》,吉林人民出版社2009年版,第329页。
② 王云五主编,姚燧撰:《丛书集成初编牧庵集附录》卷21《怀远大将军招抚使王公神道碑》,上海商务印书馆1936年版,第4册,第263页。
③ 《静修先生文集》卷17《孝子田君墓表》,上海涵芬楼据元宗文堂刊本影印。
④ 《遗山先生文集》卷28《广威将军郭君墓表》,上海商务印书馆缩印乌程蒋氏密韵楼藏明弘治刊本,第287页。
⑤ 潘建荣主编:《辽金元史研究论集》,《大陆杂志史学丛书》(第2辑第3册),中国文史出版社2020年版,第23页;袁国藩:《金元之际江北人民生活》,《大陆杂志》卷30第5期,第23页。
⑥ 《中州集》庚集第7《还鄠城旧居》,中华书局1959年版,下册,第383页。

闲身守桂丛。①

"残年得见休兵了""嗷嗷二十载,何时见升平,我生值世乱,世乱难为生"②。作者将战乱贯其一生的真实描述表达真切,悲凉与无奈之情溢于言表。更有刘祁遭丧乱前后个人生活的真实描述,恰恰反映出战乱前后社会经济、秩序等的巨大差异。

> 从父母仕官,家资颇温,而吾则专心于学,生事不一问。食未尝不肉也,寝未尝不帷也,出游未尝无车马也,役使未尝无僮仆也,然不知温饱安逸之味也。今遭丧乱,归故山,四壁萧然,日惟生事之见迫。食或旬日无醯醢,及一得之,则觉其甘。寝或终夜无衾裯,及一得之,则觉其暖。出或徒行无驴,及一得之,则觉其便。居或汲爨无人,及一得之,则觉其泰。③

较之战争带来的生活无以为托,因盗贼充斥带来的人口丧失亦不遑多让。天会七八年间,干戈未定,盗贼充斥,屯军把截,焚毁殆尽④;正隆南征,寇盗充斥。⑤盗贼丛生,而致使结党营私互相怨杀现象多有发生。如"汝洛被兵,居民保险,多以私怨相劫杀"⑥;"中夏被兵,盗贼充斥,互为友党,众至数十万。渠帅岸然以名号自居,譬拨地之酷,睚眦种人"⑦,甚至官不能制。盗贼产生亦往往与饥荒相仍发生,旱魃为虐,饥民赈死,啸聚绿林⑧的状况,时常出现。金代共发生各种自然灾害284次,平均每年约发生自然灾害2.4次。金代自然灾害前期(金初至金世宗时期1115—1189年)灾少、后期灾多。章宗开始到金末(1190—1234

---

① 《中州集》癸集第10《乱后还》,中华书局1959年版,第487页。
② 《中州集》庚集第7《八月二十三日夜走西山》,中华书局1959年版,第384页。
③ (金)刘祁撰,崔文印点校:《归潜志》卷13,中华书局1983年版,第143页。
④ 国家图书馆善本金石组编:《辽金元石刻文献全编》,《慈云院碑》,北京图书馆出版社2003年版,第1册,第166页。
⑤ 《遗山先生文集》卷16《沁州刺史李君神道碑》,上海商务印书馆缩印乌程蒋氏密韵楼藏明弘治刊本,第170页。
⑥ 《遗山先生文集》卷24《临海弋公阡表》,上海商务印书馆缩印乌程蒋氏密韵楼藏明弘治刊本,第246页。
⑦ 《遗山先生文集》卷28《临淄县令完颜公神道碑》,上海商务印书馆缩印乌程蒋氏密韵楼藏明弘治刊本,第284页。
⑧ 国家图书馆善本金石组编:《辽金元石刻文献全编》,《段铎墓表》,北京图书馆出版社2003年版,第1册,第213页。

年),平均每年发生灾害 3.8 次。① 金灾荒发生往往影响与日常家庭生计紧密相关的农事,蝗旱连岁,殍馑相望,僵尸蔽野。于是田鼠食稼。"鼠大如兔,十百为群,所过禾稼为空"② 也不为稀奇。据山西屯留宋村金代壁画墓题记所描述,金初"即使与北宋后期粮价相比也高出很多,也远远高于金代中期的粮价。可以想象当时民生的艰难"③。大定二年(1162年),飞蝗入境,伤害田稼,秋不获者太半。④ 在蝗灾侵袭下,粮食收获率仅为百分之五十。更甚者,战乱使得物价腾涌。承平时一斗粟不过百钱,兵火荒歉凋残之余,"斗粟千钱,自应十倍"⑤。百姓根本无法满足日常衣食需求,即使牲口,亦多饿死。⑥ 所以家庭人口数量根本无法保障,同居共财便更无从谈起。

## 二 生产力生产工具发展水平对家庭规模结构的影响

"金代户口也是经过从减到增的过程,而且与社会生产经过从残破到恢复、发展的过程大体一致。这就说明户口的增减与社会生产的关系至为密切"⑦。金代社会生产的残破是辽、北宋末年经济颓势的继续,总体上内忧外困的局面使得两朝经济受困已久。至金朝建立,女真族为主体的少数民族以金源内地为主要活动区域,而原辽及北宋地区的燕云、中原地区多为汉族人生活居住,为农业耕作区,尤其河北、山东土地肥沃,生产工具生产技术先进且人口稠密,有狭乡之称。入侵中原以后,很大程度上,战争成为影响社会生产发展的首要因素,生产力受到严重破坏。与此同时,作为多民族国家,经济制度成分复杂,以女真统治民族为代表的落后生产力与汉族区域较之发达的经济制度碰撞,势必发生摩擦。为建国初期维稳立足找寻优势,统治阶级不得不采取一系列措施,这当中不乏女真族在中原的官占民田。官占民田阻碍了这一汉族区域尤其农业的发展,使汉

---

① 武玉环:《金代自然灾害的时空分布特征与基本规律》,《史学月刊》2010 年第 8 期,第 94 页。
② 元好问著,姚奠中主编:《元好问全集》卷第 46《续夷坚志一·田鼠》,山西人民出版社 1990 年版,下册,第 296 页。
③ 李浩楠:《山西屯留宋村金代壁画墓题记考释》,《北方文物》2010 年第 3 期,第 77 页。
④ 国家图书馆善本金石组编:《辽金元石刻文献全编》,《龙岩寺碑》,北京图书馆出版社 2003 年版,下册,第 148 页。
⑤ 黄以周等辑注:《续资治通鉴长编拾补》卷 46,光绪七年浙江书局,第 1414 页。
⑥ 《遗山先生文集》卷 26《东平行台严公神道碑》,上海商务印书馆缩印乌程蒋氏密韵楼藏明弘治刊本,第 260 页。
⑦ 张博泉:《金代经济史略》,辽宁人民出版社 1981 年版,第 40 页。

族百姓赖以生存的生产资料大大丧失。女真贵族甚至沾染中原部分汉族地主腐化堕落的风气，坐享其成，将大部分田地租与汉人耕种，靠收租过活，这虽使得原汉族区域生产力发展实际并未受到严重破坏，但挫伤人们的劳动生产积极性。由此导致的粮食缺乏使家庭人口规模、结构不得不主动或被动地进行调节，呈现总体小型化趋向。这一时期大致相当于金熙宗之前。随后的几位君主，甚有雄才大略，停止战争并实现与宋议和，采取了诸如政治上废除勃极烈、尊孔养士业科举以及经济上的减税、由牛具税地到实行计口授地等许多利于社会生产发展的举措，使得出现了世宗的小康时代与章宗时达到恢复的极盛时期，从当时的具体农业生产发展水平看，农作物单产与辽和北宋不相上下。据考古资料显示，生产工具亦可与北宋媲美，并且耕地面积扩大，基建农田水利设施得到大力恢复，因此世、章时期人口亦明显增加，家庭规模整体上较为稳定。经历了王朝肇始时的战乱以及随后恢复郅治后，金代进入衰亡阶段，统治者极端腐败，人民起义斗争不断，战争、灾疾迎面而来，当中不乏地方官吏和地方武装所做的局部恢复，但仍使得生产的残破成为主流。"王朝的更替决不是统治阶级的意志的表现，它与封建社会的经济兴衰史互相联系"①。而人口伴随经济，汉民族人口群体则尤其伴随农业生产的兴废而起伏转承，从而展现出不同规模结构的家庭形态。

## 三 传统伦理道德对家庭规模结构的影响

传统伦理道德于家庭的影响，多体现为对孝的重视。兴孝之教堪比劝农，不废于历代之政，金代亦同于他朝。"孝"作为诸德之本，分为不同层面，既有"身体发肤，受之父母，不敢毁伤"之孝，也存在"立身行道，扬名于后世，以显父母"之孝。既包括天子"爱敬尽于其事亲，而德教加于百姓，刑于四海"之"孝"，庶人之"用天之道，分地之利，谨身节用，以养父母"亦囊括其中。② 本文多属于庶人之孝，孝友双方注重抚育与赡养两者并重。所谓天生子弟以孝友，子弟之有恒性。养子友弟以望投老，父兄之有恒情。历代以来，"孝然后能养"③，子弟对于父兄养育恩情的回报更为社会所看重。所谓"居则致其敬，养则致其乐，病则致其忧，丧则致其哀，祭则致其严"，此乃孝之要求，贯穿父祖生老病死一

---

① 张博泉等：《金史论稿》（第2卷），吉林文史出版社1986年版，第192页。
② （唐）李隆基注，（宋）刑昺疏，《十三经注疏》整理委员会整理：《十三经注疏·孝经注疏》卷第1《开宗明义章第一》，北京大学出版社1999年版，第3页。
③ 《金史》卷7《世宗中》，中华书局1975年版，第159页。

生。《孝经》作为中国古代儒家伦理学著作，可谓垂范将来。它首次将"忠""孝"相互关联，将"孝"看作"忠"之基，而"忠"成为"孝"的发展。提出的"君子之事亲孝，故忠可移于君。事兄悌，故顺可移于长。居家理，故治可移于官。是以行成于内，而名立于后世"主张，为历朝统治者所欢迎，金廷亦移孝于忠，并采取一系列举措。海陵以"忠臣犹孝子"① 为题取士，做官为吏者势必因势利导；梁肃建言世宗效仿汉之羽林，乞每百户赐《孝经》，使之教读，目的是能够庶知臣子之道。②世宗甚至以女真字《孝经》千部付点检司分赐护卫亲军③，从而以"孝义"为外在表现形式达到"忠君"的目的。同样，许多家庭中子女姓名也从侧面彰显出作为一家之主的父祖，对于朝廷的忠贞。严武叔子男七人，分别冠以"忠"字，长忠贞、次忠济、忠嗣、忠范、忠杰、忠裕、忠祐，侄一人忠辅。④ 足以想见，忠君意识的强调，无形中助于孝义思想的宣扬，无疑更有利于形成以孝义为基点的同居共财大家庭，从而影响其家庭结构。

　　具体而微，"孝于父母，友于兄弟"⑤，同居共财相处之下，更能使"孝"在家庭当中的功能得以尽可能的发挥，从而导致同居共财大家庭规模的扩大。《金史》中孝友仅为6人，但从中仍不难看出，"孝义"思想，尤以实际生活中父母病、丧关键时刻子女表现，为时论所高。金廷将"为祖父母、父母、伯叔父母、姑、兄、姊、舅姑割股者，并委所属申覆朝廷，官支绢五匹，羊两控，酒两瓶，以劝孝悌"⑥ 作为固定规制以示标榜。百姓一方面可以响应附和朝廷政策，另一方面还可以得到实际物质上的好处。因此，以同居侍亲为荣的自上至下的宣扬，对于大家庭形成是一股无形潜在的动力。同时，除却外在诱惑影响，家庭家族本身的维系亦出于人之本性。葛兆光曾言"出自内心的亲情使得家族之内的长幼亲疏自有和睦与秩序……那种尊敬、崇拜、服从、爱护本来应该是来自内心的感情和理智的"⑦。襄阳已为贼破，聂彦伯族各失所在。聂彦历尽千辛，始

---

① 《金史》卷125《郑子聃传》，中华书局1975年版，第2725页。
② 《金史》卷89《梁肃传》，中华书局1975年版，第1984页。
③ 《金史》卷8《世宗下》，中华书局1975年版，第184页。
④ 《遗山先生文集》卷26《东平行台严公神道碑》，上海商务印书馆缩印乌程蒋氏密韵楼藏明弘治刊本，第260页。
⑤ 《金史》卷7《世宗中》，中华书局1975年版，第161页。
⑥ （宋）宇文懋昭撰，崔文印校：《大金国志校证》卷35《割股孝悌仪》，中华书局1986年版，下册，第502页。
⑦ 葛兆光：《中国思想史》，复旦大学出版社2013年版，第51页。

获觐省太夫人暨弟，合并居。遭时多故，父母兄弟绝如千里，音阻十余年，幸复完聚，皆公之力。① 亦有王明道以父母多病，尽心钻研《黄帝内经》《老子》等，寻求医用以救治父母，宗族乡党也因此而有所倚赖②；焦旭䎬赡族系相依者，不问远近。③ 这说明个人与之家庭皆受其益。

赵翼《廿二史劄记校证》载：

> 金初风气淳实，祖父一言，子孙终身奉之弗敢违。女直俗生子，长即异居。景祖九子，元配唐括氏，生劾者，次劾里钵，次劾孙，次颇剌淑，次盈歌。及当异居，景祖曰："劾者柔和，可治家事，劾里钵有智勇，何事不成？劾孙亦柔善人耳。"乃命劾者与劾里钵同居，劾孙与颇剌淑同居。其后景祖卒，世祖劾里钵继之。世祖卒，肃宗颇剌淑继之。肃宗卒，穆宗盈歌继之。兄弟间自相传袭，毫无争端。撒改传所谓景祖既有成命，故世祖越劾者袭节度使，劾者无异言；世祖越劾孙而传肃宗，劾孙亦无异言，皆景祖志也。世祖临殁，呼穆宗谓曰："长子乌雅束柔善，若办契丹事，阿骨打能之。"穆宗后遂以位传乌雅束，以及于太祖。兄弟间行之自如，无所勉强。太祖既有天下，又以位传其弟乌乞买，是为太宗。及太宗，本无立熙宗意，宗翰等以熙宗乃太祖嫡孙，当立，与宗干、希尹等定议入奏，太宗以义不可夺，亦遂授熙宗为谙班勃极烈而继体焉。可见开国之初，家庭间同心协力，皆以大门户启土宇为念，绝无自私自利之心，此其所以奋起一方，遂有天下也。熙宗即位，亦敬礼诸叔。未几，宗磐、宗隽、挞懒等相继以谋反诛，帝亦酗酒，以疑忌杀其弟常胜、查剌，海陵又手弑帝而夺其位，遂杀太宗子孙七十余人、宗翰、宗弼子孙三十余人，斜也子孙百余人，诸内族又五十余人，草薙株连，几无噍类。其去世祖、肃宗之世曾未三四十年，而骨肉变为仇雠，萧墙之内横尸喋血，祖宗淳笃之风一旦澌灭，而国脉亦几斩绝。幸世宗登极，以太祖子孙无几，曲为保全，从弟京谋逆当诛，犹贷其死，临御三十年，绝少诛夷宗族之事。章宗时，又以郑王永蹈、镐王永中之乱，遂疑忌宗室，

---

① （民国）《莘县县志》卷9《艺文·大金故聂公碑》，《中国方志丛书》，成文出版社有限公司1976年版，华北地方第355号，第591页。
② （清）张金吾编纂：《金文最》卷90《王榆山先生墓表》，中华书局1990年版，下册，第1305页。
③ （民国）《柏乡县志》卷9《金石·金监察御史焦旭墓碑》，《中国方志丛书》，成文出版社有限公司1976年版，华北地方第525号，第585—586页。

凡亲王皆置之傅及府尉官，名为其属，实以监之。驯至宣、哀之世，镐厉王子孙禁锢已四十余年，卫绍王子孙亦禁锢二十余年，至大中始释，而国已亡矣。

自古家门之兴，未有不由于父子兄弟同心协力，以大其基业。及其衰也，私心小见，疑妒攘夺，恩谊绝而门祚亦随之。家国一理，应若鼓桴，此可为炯鉴也。①

这虽是对金代皇族皇位继承的大致梳理，其意更在于表达金初女真俗"长即异居"以及家庭之中父权地位之尊，最为重要的是提出父子兄弟恩谊绝而门祚亦随之绝的历史炯鉴，突出强调家庭内部成员尊卑有序、齐心协力"奋起一方，遂有天下"的重要作用，所谓"自古家门之兴，未有不由于父子兄弟同心协力，以大其基业"。更可谓"家国一理，应若鼓桴"。当然，国家的兴衰不可能因为家庭内部的纷争而起到至关重要的作用，家门的兴败也不会以父兄子孙的自私自利之心而论，但是不可否认，这确实可称为"齐家、治国"的良策，移入寻常百姓之家，也不失为殷实家族之方法。

### 四 婚姻制度对家庭规模结构的影响

婚姻制度不同于其他，婚姻关系的缔结与否，直接从源头上决定一个家庭的有无，或者说奠定家庭基本形态。而譬如战乱灾荒、生产发展等则都是在此基础上的延展或减少。其次，婚姻对家庭形态产生影响，主要在于妻妾的多少直接导致家中子女数量多少，从而产生对家庭规模、结构的影响。《金史》载"命庶官许求次室二人、百姓亦许置妾"②，但史亦有百姓惟得一妻的记载。实际生活中所娶妻妾数量往往取决于此人的经济情况、身份地位。无子继后纳妾和妻子去世续娶并非普通平民百姓所能为之。金代但凡官宦之家妻死再娶，家有妾室实乃平常。但此等实属稍富裕和为官之家，妻死不娶实为少数。金代汉族家庭许多实例表明，强迫女性再婚的本质是觊觎女方的私人财产和继承权，而普通百姓家中此项可忽略不计，这一阶层多鉴于再娶以及之后延展出新人口的经济压力而无力为之。因此，单纯的婚姻制度，对一个汉族普通家庭形态的发展实质上并无

---

① （清）赵翼著，王树民校证：《廿二史劄记校证》（订补本）卷28《金初父子兄弟同志》，中华书局1984年版，第621—622页。
② 《金史》卷5《海陵》，中华书局1975年版，第96页。

影响，其中起到关键性作用的是需具备的经济、政治实力。[①] 金代女真婚俗实行一夫一妻制，放偷、烝报等和汉族显然不同，群婚和母权制遗留痕迹依然可见。

---

[①] 张博泉等著：《金史论稿》（第1卷），吉林文史出版社1986年版，第147页。"多妻虽与旧俗有关，但最主要的还是财产关系造成的。"

# 第二章 金代汉族家庭人际礼、法关系

在中国古代,是谨奉儒家道德伦理的,这尤其体现在女性身上。在文化认同大背景下,少数民族也对华夏文化有强烈的认同感,所以"礼""法"之下的金代汉族家庭人际关系,呈现出传统社会一贯的尊卑有差、长幼有序、男女有别。这一章分三部分,主要探讨金代家庭人际关系的思想史、法制史以及礼、法双重保障与制约下的金代汉族家庭成员地位、关系。在思想史的探讨中,特补充女真皇帝宗室贵戚阶层家庭人际关系理念及具体实践;在法制史的探讨中,首先对宋辽以来家庭人际关系立法精神进行回顾,之后具体探讨金代家庭人际关系立法的宗旨和表现;重点在第三节,探讨金代汉族家庭成员之间的地位、关系。

## 第一节 金代女真家庭关系理念及其实践

影响家庭人际关系的思想,并非一朝形成,金代继承前代且继续发展。金代少数民族政权在治国理念上,与儒学关系密切。① 治家亦是如此。女真虽旧风纯直不知书,但祀宗戚天地,尊耆老,接宾客,信朋友,礼意款曲,其善与古书所载无异。② 随着社会各方面的发展,家庭伦理规范也诚然以儒家理想模式为主流,这体现在不同的社会阶层当中。

### 一 皇室家庭

(一) 父爱子孝

《大戴礼记·主言第三十九》中,孔子所谓"上者,民之表也。表正,则何物不正?"上行下效,教化之行,自贵近始。"上敬老则下益孝,

---

① 李玉君:《儒学与北方民族政权的治国理念》,《光明日报》2015年12月26日第11版。
② 《金史》卷7《世宗中》,中华书局1975年版,第164页。

上顺齿则下益悌，上乐施则下益谅，上亲贤则下择友，上好德则下不隐，上恶贪则下耻争，上强果则下廉耻。"天子以兆民为子，是故"君先立于仁，则大夫忠，而士信、民敦、工璞、商悫、女憧、妇空空。是故圣人等之以礼，立之以义，行之以顺，而民弃恶也如溃。"统治阶层以身示范的表率作用，远远超乎预期，这属于"大爱"。金初荒歉之年，"太祖令曰：'今贫者不能自活，卖妻子以偿债。骨肉之爱，人心所同。自今三年勿征，过三年徐图之，'"① 达到"远近归心"的政治目的。世宗时期为最典型。世宗与宰臣言及大定四年北京、懿州、临潢等路经契丹寇掠，平、蓟二州复蝗旱，"百姓艰食，父母兄弟不能相保，多冒鬻为奴"②，即出内库物赎之。下移至家庭当中，则表现为对孝的维护。世宗曾言"凡人养子皆望投老得力"③，因此也时常教育皇太子允恭"以勤修道德为孝，"并引用唐太宗对待高宗之实例，告诫其"受恩于父，安有忘报于子者乎"。④

(二) 妻尊妾卑、兄友弟恭

海陵弑兄杀母，与"礼"格格不入，实际则应具体问题具体分析。海陵嫡母徒单氏无子，虽养次室李氏长子为己子，但尤爱次室大氏长子海陵。徒单氏为人贤善，大氏又事之甚谨，所以徒单氏与大氏彼此之间也相得甚欢。但海陵却常心有不安，他的理由是大氏与徒单氏有"嫡妾之分"，不可同日而语。妻与妾尊卑有序，更何况于皇室当中。皇后更是一种政治身份的象征，即使皇后去世，继室者也应"各以其叙"，仅"治其内政，不敢正其位号"⑤。海陵所担心的实际上是儒家伦理在家庭关系上的，上下有等，不可乱妻妾之位的主张。

兄弟之间，《大戴礼记·曾子事父母第五十三》载，单居离曾问曾子，以何种方式事兄。曾子言："兄之行若中道，则兄事之；兄之行若不中道，则养之；养之内，不养于外，则是越之也；养之外，不养于内，则是疏之也"。也就是说，兄长行为虽可以合乎于法理人情，也可以不，但侍奉兄长与否并不以此为衡量标准。合乎道理则尊敬的侍奉，偏离世俗法律则"养"之。"养"，顾名思义使身心得到滋补和休息，要达到这一目的，就要替兄分担为兄出谋划策，使之"养"，而且要心口合一，内外皆养，这在史书当中有许多实例。但是值得注意的一个问题是，后来海陵弑

---

① 《金史》卷2《太祖》，中华书局1975年版，第22页。
② 《金史》卷6《世宗上》，中华书局1975年版，第135页。
③ 《金史》卷19《世纪补》，中华书局1975年版，第414页。
④ 《金史》卷6《世宗上》，中华书局1975年版，第150页。
⑤ 《金史》卷63《后妃上》，中华书局1975年版，第1498页。

兄，剪灭宗室子弟，这是因为"在皇族家庭中，政治性的上下等级秩序优先于家庭亲情，家庭成员之间首先是君臣关系，然后才是父子兄弟关系"①。这从后来海陵与徒单氏之间，忽近忽远的关系，亦可以明显窥见。海陵迁中都，独留徒单于上京，大氏在中都常思念徒单太后，称"永寿宫待吾母子甚厚，慎毋相忘"。大氏病笃临终嘱托海陵："汝以我之故，不令永寿宫偕来中都。我死，必迎致之，事永寿宫当如事我。"人已至死，想必大氏已经没有其他顾及，只是作为女性，作为一个孩子的母亲，仅望海陵作为儿子，能够尊敬孝顺嫡母徒单氏，这实际上是儒家所提倡的孝是天经地义之事的主张。大氏去世两年之后，海陵将徒单氏接来中都，并请罪，理由是"亮不孝"，之后对徒单氏百般"孝敬"，以至于"见者以为至孝，太后亦以为诚然"。毋庸置疑，此时的孝是真挚的、热烈的。但《金史》当中却又分明记载，当徒单氏置疑海陵弑兄"帝虽失道，人臣岂可至此"时，海陵衔之；当海陵谋伐宋，徒单氏谏止时，海陵每谒必愤怒；甚至有意安插高福娘伺徒单动静。得知其与枢密使仆散师恭对迁都、涉江伐宋之谈话后，终做决定"杀太后于宁德宫，"理由是，"以充为子，充四子皆成立，恐师恭将兵在外，太后或有异图"。② 家事遇上国事，亲情遇上政治，后者才是首选。在处理家庭与中央政权的关系上，儒家与法家是相一致的，但这仅是家庭亲情与国家政治之间的关系取舍，并不影响以孝为核心的家庭伦理思想在这一阶层的实践。直到以上可见，儒家所主张的妻尊妾卑、父爱子孝、兄友弟恭的家庭关系理念，在女真统治上层仍然清晰可见，只是囿于身份，先尊尊后亲亲的政治秩序稳固，是其根本利益所在③，这一点与中央、地方官吏，尤其普通百姓家庭有着根本的不同。

## 二 宗室贵戚

女真宗室贵戚同汉族家庭一样，遵行父慈子孝，家族之间仍谨奉亲亲之道。世宗作为大家长曾曰："朕于亲亲之道未尝不笃，而辄敢如此"④。也就是说，作为一朝天子尚且如此，宗室贵戚理应更是应该懂得远近亲疏。大定十二年（1172年），世宗以德州防御使文有罪，非但没有连坐，还将资产赐其兄之子。不久之后，世宗思想上有了动摇，告知宰臣："宗

---

① 赵浴沛：《两汉家庭内部关系及相关问题研究》，湖北人民出版社2006年版，第67页。
② 《金史》卷63《后妃上》，中华书局1975年版，第1506页。
③ 赵浴沛：《两汉家庭内部关系及相关问题研究》，湖北人民出版社2006年版，第67页。
④ 《金史》卷19《世纪补》，中华书局1975年版，第412页。

室中有不任官事者，若不加恩泽，于亲亲之道，有所未弘。朕欲授以散官，量予廪禄，未知前代何如？"左丞石琚对答，"陶唐之亲九族，周家之内睦九族，见于《诗》、《书》，皆帝王美事也"。① 以此来宽解世宗，解除他想要对有罪宗室施恩的忧虑。朝堂之下，世宗无时无刻不以父亲的身份训斥允恭和亲王，当务节省，但如其有余，可周亲戚。② 即便郑王允蹈因罪伏诛，海陵王仍然将其家产匀给诸王，户部郎中李敬义言恐因之生事，完颜守贞奏请："陛下欲以允蹈等家产分赐懿亲，恩命已出，恐不可改。今已减诸王弓矢，府尉司其出入，臣以为赐之无害。"③ 足见，其亲亲之道在宗室贵戚阶层具有普遍存在的土壤。

## 第二节　金代家庭人际关系的法制史研究

### 一　宋辽以来家庭人际关系立法精神回顾

"礼"不但是中国古代"法"的渊源，更是古代"法"的精神和价值的体现。④ 具体到家庭当中人与人之间关系的立法精神，仍然为礼。具体而言，则是于婚姻、血缘当中所体现人伦道德的亲亲、尊尊罢了，这是自汉以礼为主导、礼法合一时期之后，中国古代法关于家庭人际关系立法的主要精神。⑤ 辽金同作为北方少数民族政权，一脉相承，立法的各个方面无不体现礼的要求。

"礼"源于祭祀，"事神致福"，对祭祀的尊重在辽金时期通过礼仪形式而彰显。《旧唐书》记载："欲无限极，祸乱生焉。圣人惧其邪放，于是作乐以和其性，制礼以检其情，俾俯仰有容，周旋中矩。故肆觐之礼立，则朝廷尊；郊庙之礼立，则人情肃；冠婚之礼立，则长幼序；丧祭之礼立，则孝慈著；蒐狩之礼立，则军旅振；享宴之礼立，则君臣笃。"⑥ 辽国俗，再生仪每十二年一次，契丹立国218年，行再生仪22次，平均每10年一次。阻午可汗制再生仪，目的在于垂训后嗣，"孺子

---

① 《金史》卷7《世宗中》，中华书局1975年版，第157页。
② 《金史》卷7《世宗中》，中华书局1975年版，第164页。
③ 《金史》卷73《完颜希尹传》，中华书局1975年版，第1689页。
④ 曾宪义等：《中国传统法的结构与基本概念辨正——兼论古代礼与法的关系》，《中国社会科学》2003年第5期。
⑤ 马小红：《中华法系中"礼""律"关系之辨证——质疑中国法律史研究中的某些"定论"》，《法学研究》2014年第1期，第173页。
⑥ 《旧唐书》卷21《礼仪一》，中华书局1975年版，第815页。

无不慕其亲者,嗜欲深而爱浅,妻子具而孝衰。人人皆然,而况天子乎。再生之仪,岁一周星,使天子一行是礼,以起其孝心。夫体之也真,则其思之也切,孺子之慕,将有油然发于中者,感发之妙,非言语文字之所能及。"① 以体之真切感受,来时刻提醒对母亲的孝心,对女性的尊重。

成文法自战国至于秦代,皆以法家理念为其价值根据②,主张"不别亲疏,不殊贵贱,一断于法"③。与秦律相比较,两汉家庭法中儒家因素逐渐增强,在家庭关系立法中,逐渐形成儒法学说共同构成立法基础的法律文化特征。这一特征为后世所继承,使中国家庭关系立法总体上表现为儒法结合④,金代亦继承之,并在这一立法要髓之下行事。金代律科举人出身,仍然被要求"通治《论语》《孟子》,涵养器度"⑤。防止其"止知读律,不知教化之原";宣宗告知宰臣:"按辰所为不慎,或至犯法。舍之则理所不容,治之则失亲亲之道,但当设官以防之耳。"⑥ "国家一方面依据法定程序制定成文法典,作为审判的根据。另一方面,国家机关又核准一些根据新情况做出的判决,成为审判的另一依据。"⑦ 诚然,"礼"与"法"并不能完全剥离,"礼"始终是"法"的价值取向,"法"更起到约束的作用。

有时道德的作用甚至超过法制,这大概与儒家思想有密切关系。⑧ 天辅七年(1123 年),太宗与习不失居守,郢王昂违纪律失众,法当死。习不失谓太宗曰:"兄弟骨肉,以恩掩义,宁屈法以全之。今国家迭有大庆,可减昂以无死,若主上有责言,以我为说"。太宗然之,遂杖昂以闻。⑨ 兴定五年(1221 年),太医侯济、张子英治皇孙疾,用药瞑眩,皇孙不能任,遂不疗。罪当死。上曰:"济等所犯诚宜死,然在诸叔及弟兄之子,便应准法行之,以朕孙故杀人,所不忍也"。命杖七十,除名。⑩

---

① 《辽史》卷 53《礼六》,中华书局 2017 年版,第 976 页。
② 赵浴沛:《两汉家庭内部关系及相关问题研究》,湖北人民出版社 2006 年版,第 128 页。
③ (汉)司马迁:《史记》卷 130《太史公自序》,中华书局 2007 年版,第 3291 页。
④ 赵浴沛:《两汉家庭人际关系的法制史研究》,湖北人民出版社 2006 年版,第 130 页。
⑤ 《金史》卷 9《章宗一》,中华书局 1975 年版,第 210 页。
⑥ 《金史》卷 14《宣宗上》,中华书局 1975 年版,第 312 页。
⑦ 武树臣:《中国传统法律文化》,北京大学出版社 1994 年版,第 53 页。
⑧ 游彪:《建构和谐:宋儒理想状态的家庭邻里关系》,《上海大学学报》2008 年第 1 期,第 137 页。
⑨ 《金史》卷 70《习不失传》,中华书局 1975 年版,第 1618 页。
⑩ 《金史》卷 16《宣宗下》,中华书局 1975 年版,第 359 页。

明昌三年（1192年），章宗谕宰臣曰："自今内外官有缺，有才能可任者，虽资历未及，亦具以闻。虽亲故，毋有所避。"① 元光二年（1223年），哀宗诏大赦，略曰："国家已有定制，有司往往以情破法，使人罔遭刑宪，今后有本条而不遵者，以故入人罪罪之。"② 正大元年（1224年），巩州元帅田瑞反，行省军围之，其母弟十哥杀瑞出降，赦其罪，以为泾州节度使，世袭猛安。③ 大定四年（1164年），尚书省奏"徐州民曹珪讨贼江志，而子弼亦在贼中，并杀之。法当补二官，叙杂班"。上以所奏未当，进一官，正班用之。④ 不可否认，法律对于调整家庭关系或与家庭关系有关的规范起到一定的规制作用，一旦面对皇权政治，就很难置法律于不顾，这主要表现在仕途上。大定二十九年（1189年），制强族大姓不得与所属官吏交往，违者有罪。⑤

如果说"仪"重在其外在形式，而"义"则是其内在精神实质。曾宪义、马小红论及礼义时强调，礼的制度、仪式是可以随时代的改变而修正的，但礼的精神即体现人伦道德的"亲亲"、"尊尊"的"礼义"则是不可改变的永恒的原则。正是"礼义"告诉我们为何要做出那样的"礼仪"。"夫礼者，所以定亲疏，决嫌疑，别同异，明是非也。""君臣，上下，父子，兄弟，非礼不定。"今人而无礼，虽能言，不亦禽兽之心。而此礼义教化传达，不分等级贵贱、年龄大小阶层高低。

## 二 金代家庭人际关系立法的宗旨和表现

"礼"与"法"都以维持社会秩序为目的。"礼"之于"法"或"法"之于"礼"，是益趋于折中的。瞿同祖指出，儒家家族中的礼，讲究亲疏、尊卑、长幼分异，孝弟、妇妾之道无不以此为基础，决定每一个人在家族以内的地位和行为。荀子早就提出，礼者，法之大分，类之纲纪也。中国法系一大特色，是儒家思想支配一切古代法典。因礼所衍生出十恶、八议、七出，关于亲属、继承、婚姻这些行为规范，规定于礼书当中，后代编制法律又将这些礼的规范采入法典中。礼加以刑罚的制裁为法律。要之，礼与法相应互为表里。"礼是借教化及社会制裁的力量来维持的，一个人有非礼的行为，他所得的反应不外乎舆论的轻视、嘲笑、谴责

---

① 《金史》卷11《章宗三》，中华书局1975年版，第247页。
② 《金史》卷17《哀宗上》，中华书局1975年版，第373页。
③ 《金史》卷17《哀宗上》，中华书局1975年版，第376页。
④ 《金史》卷6《世宗上》，中华书局1975年版，第133页。
⑤ 《金史》卷9《章宗一》，中华书局1975年版，第211页。

或不齿,可以说是一种消极的制裁。法律则借法律制裁来执行,可以说是一种积极的或有组织的制裁。"同一规范,既存于礼又存于法,礼法分治,同时并存。① 但"礼"与"法"都并非最终目的,而是维护这种伦常下所形成差异的工具,以达到"有别"的手段。家庭角度,这也就呼应了其对于父家长权威的维护。金代家庭人际关系立法有其遵循的几个宗旨:

第一,家庭关系服从于政治利益。这时往往"法"的约束作用体现得更加明显。法家则着重于"同",有功必赏有过必惩,欲以"同"约束整个社会,② 强烈反对因血缘关系的"别"来违背社会秩序。景祖不惜违背国俗、激怒部众谋杀乌古出,原因只在于"悖乱之人终不可留"③;正大元年(1224年),内族王家奴故杀鲜于主簿,权贵多救之者,上曰:"英王朕兄,敢妄挞一人乎?朕为人主,敢以无罪害一人乎?国家衰弱之际,生灵有几何,而族子恃势杀一主簿,吾民无主矣",特命斩之。④ 这尤其体现在对犯罪官吏的连坐处罚上。法家将维护皇权视为己任,严厉惩处谋逆等罪且连及族属,可谓"今连保法严,逃将安往,纵一身偶脱,其如妻子何?"⑤ 章宗元妃李氏事迹败露,李氏被赐自尽,其母王盼儿正典刑,其兄安国军节度使喜儿、弟少府监铁哥如律,"仍追除复系监籍,于远地安置。诸连坐并依律令施行"⑥;仆散安贞坐谋反,并其三子,皆伏诛。⑦ 家事遇上国事,一切以国家利益为主。服从政治利益的代价是十分惨痛的,诚然,法家并不是像儒家所说的刻薄寡恩,以杀为快。只是以严刑为止奸息暴的手段,不得已才用之,若是能用轻刑止奸,自无须重刑。⑧ 世宗天性仁厚,不忍刑杀。亡失物者,责其偿而不加罪。尝奉诏拜陵,先猎,射一鹿获之,即命罢猎,曰:"足奉祀事,焉用多杀?"⑨ 若是依法严惩一人即可,则尽可能

---

① 家族主义以及阶级概念是瞿同祖先生认为的中国法律主要特征表现,这两者从中所表现出的贵贱以及家族中的尊卑在中国社会,受到礼与法的共同维护。为此瞿同祖先生专就礼与法、德与刑、以礼入法为题进行了讨论,并提出中国法律的儒家化。以上便是参考此得出相关结论。瞿同祖:《中国法律与中国社会》,中华书局2003年版。
② 瞿同祖:《中国法律与中国社会》,中华书局2003年版,第292页。
③ 《金史》卷65《始祖以下诸子上》,中华书局1975年版,第1541页。
④ 《金史》卷17《哀宗上》,中华书局1975年版,第377页。
⑤ 《金史》卷97《韩锡传》,中华书局1975年版,第2149页。
⑥ 《金史》卷64《后妃下》,中华书局1975年版,第1531页。
⑦ 《金史》卷16《宣宗下》,中华书局1975年版,第358页。
⑧ 瞿同祖:《中国法律与中国社会》,中华书局2003年版,第328页。
⑨ 《金史》卷19《世纪补》,中华书局1975年版,第416页。

不要连及族属大义灭亲。另一方面，家庭关系对政治利益的服从是基础，但却不能将二者完全剥离。世祖初年，跋黑为变，乌春盛强。胜昆居胡不干村，其兄淬不乃勃堇，乌春止其家，而以兵围胜昆。乌春解去，世祖杀淬不乃，胜昆请无孥戮，世祖从之。①

　　家庭关系服从政治利益，强调法律言之于血缘宗亲的维护与束缚，金代维护法律尊严还有一个重要表现，便是对法律的尊重，也就是说讲求对事实真相的追求，从而使"民无冤滞"，最终达到臣忠于君的目的，做到小家庭服从于大家庭。兴定五年（1221年），尚书省奏驸马都尉安贞反状，上阅奏虑其不实，谓平章政事英王守纯曰："国家诛一大臣，必合天下后世公议。其令复按之"②；速频路军士术里古，告斜哥寄书与谋衍谋反，有司并上其书，世宗察其诬，诏鞫告者，术里古款伏，遂诛之。世宗召谋衍谓之曰："人有告卿子为反谋者，朕知卿必不为此，今告者果自服罪，宜悉此意。"③ 到了泰和元年，正式制定律令，削尊长有罪卑幼追捕律。④

　　第二，维护等级制度。尤其表现在门荫制度上，诸如金代文献中诸职官让荫兄弟子侄者⑤制敕颇多，而据以往学者研究得知，门荫入仕在各种选官途径中也异常重要，并且对其他选官方式起着制约和平衡的作用。隋代五品以上高官大多出于门荫，他们的所作所为左右着隋代的政局。⑥ 但同时也带来诸多问题，有金一代"方今在仕者三万七千余员，而门荫补叙居三之二，诸司待缺，动至累年。盖以补荫猥多，流品混淆，本末相舛，至于进纳之人，既无劳绩，又非科第，而亦荫及子孙，无所分别，欲流之清，必澄其源"⑦。金代社会因民族、身份等不同，划分为众多的阶层，女真尤其宗室阶层家庭成员享有法定特权。比如大定十五年世宗因移剌毛得之子杀妻而逃命，捕之。皇姑梁国公主请赦之，虽然最后世宗不许，但仍约略可以体会到宗室阶层的特权地位。⑧

---

① 《金史》卷65《始祖以下诸子上》，中华书局1975年版，第1539页。
② 《金史》卷16《宣宗下》，中华书局1975年版，第358页。
③ 《金史》卷72《娄室传》，中华书局1975年版，第1655页。
④ 《金史》卷11《章宗三》，中华书局1975年版，第256页。
⑤ 《金史》卷9《章宗一》，中华书局1975年版，第216页。
⑥ 孙俊：《隋唐门荫制度研究》，辽宁师范大学出版社2015年版，第52页。
⑦ 《金史》卷11《章宗三》，中华书局1975年版，第255页。
⑧ 《金史》卷7《世宗中》，中华书局1975年版，第163页。

## 第三节　金代汉族家庭成员地位与关系

在中国古代，鉴于封闭的家庭经济形态、强烈的宗族认同心理以及似围墙般思想加固的家训家规，古代家庭堪称封闭型家庭。① 民间社会关系不甚发达，加之社会交往颇为狭隘，人与人之间关系的建立，大部分局限于亲属成员当中，从而产生各异的家庭地位关系。家庭地位即是个人在家庭所处的位置，位置高低体现其重要与否。地位与关系既是他们权利又是义务的体现，两者之间关系的研究，对于整个家庭结构、制度的探讨显得尤为重要。

### 一　父家长的权威

中国传统社会始终是君主专制国家，就下层社会组织来说，中国传统家庭始终是家长专制家庭。② 宋代家族政策的基本点依然是极力维护封建家长制，确认族长、家长的绝对权威，赋予他们对家族、家庭成员的教令权和对财产的支配权。③ 金承宋，亦属于父权家长制家庭。由此家庭结构所形成的家庭关系则体现为从属与被从属、依附与被依附，父家长权威地位明显④，主要针对家中妻子、儿女，表现为教令训诫、殴杀、主婚、信教以及从军。

（一）教令训诫

教令训诫更是父家长的权利和义务，多表现为长辈对待晚辈。自古以来，如何使君臣有义、父子有亲、夫妇有别，而长幼有序？所谓不学怎会能之？所以教令训诫，具体到家庭多体现在学业教育的督促、鼓励方面。金时家长相对尊重子孙学习喜好，并不刻意施加父家长权威，强迫其从事某一方面的学习。奉直赵君其叔父教他科举之业，并略有所成，但并非他所好。兴定五年春省试登乙科，之后即闭户读书，无复仕进意。⑤ 麻九畴

---

① 王玉波：《中国古代的家》，商务印书馆1995年版，第158—173页。
② 岳庆平：《中国的家与国》，吉林文史出版社1990年版，"前言"第2页。
③ 戴建国：《宋代家族政策初探》，《大陆杂志》1999年第99卷第4期，第5（14）页。
④ 此结论得出参看瞿同祖《中国法律与中国社会》，中华书局2003年版，第5页。
⑤ 《遗山先生文集》卷22《奉直赵君墓碣铭》，上海商务印书馆缩印乌程蒋氏密韵楼藏明弘治刊本，第231页。

初学《易》,后学算数。又喜卜筮射覆之术。晚更喜医方。① 因个人喜好而学习,并未见其家长的制止和干涉。此结论难免牵强,但仔细分析亦存在此种可能。一方面,在金代汉族家庭当中,家学内容限于时代以及民族,主要包括儒学、科举、文学、医学、农业。这在当时属于立身于社会、光耀于家族的理想行业,绝大部分家庭成员对于家学的传承,出于一种十分积极主动的态度;另一方面,金代汉族百姓亦被允许置妾,富裕官宦家庭子女一般较百姓为多,传其家学的男性子孙不止一个,即使其中存在子孙转向其他行业现象,家学亦不会因此而失传,因此大家长也不会强加干涉而制止;最后,属于此类型的家庭多官宦士族家庭,成员多具有自己的理想抱负,走上自己选择的道路之后,往往又有所建树。鉴于此,子女选择自由度较高。但也仍然存在张氏夫殁后,警教二子,以继其夫之志行②的现象。

（二）殴杀

夫妻在法律上的关系,时代愈早,愈有着男女平等的意味。秦代及秦之前的法律视男女同一,有平等精神。汉代"法律儒家化"之后,礼教的法律观当道,"男尊女卑"局面形成。③ 至金,即有父母继殁,送死事毕,丈夫厌尘俗弃妻子④现象。但这与金代对于夫妻正当法律婚姻关系予以保护并不矛盾。在金代,婚姻的结束有明确规定,义绝可以离婚。夫妇关系不安谐和离,也受到法律保护。内相杨公以妻胥氏事姑有后言,选择即日弃去。⑤

就殴妻而言,瞿同祖在谈到妻的地位时这样认为:在夫为妻纲之下,一般人都认为夫惩殴妻不算什么,是治家及振纲所不可避免的,是合理行为,但是若相反,则是骇人听闻不可容忍的罪行。⑥ 金代新制大抵依仿中朝法律,至皇统三年颁行,丈夫殴杀妻子将受到法律制裁。但相对妻杀夫,夫殴杀妻妾刑罚大大减轻。丈夫对妻子殴而无伤,无法律明确规定的

---

① （金）刘祁撰,崔文印点校:《归潜志》卷2,中华书局1983年版,第14页。
② 王新英:《金代石刻辑校》,《崔晸墓志铭》皇统三年,吉林人民出版社2009年版,第150页。
③ 黄嫣梨:《中国传统社会的法律与妇女地位》,《北京大学学报》（哲学社会科学版）1997年第3期,第104页。
④ 国家图书馆善本金石组编:《辽金元石刻文献全编》《龙祥观记》,北京图书馆出版社2003年版,第1册,第186页。
⑤ 《遗山先生文集》卷18《内相文献杨公神道碑铭》,上海商务印书馆缩印乌程蒋氏密韵楼藏明弘治刊本,第185页。
⑥ 瞿同祖:《中国法律与中国社会》,中华书局2003年版,第117页。

刑事责任。丈夫殴妻子有伤，亦由于夫尊妻卑而采取减刑。① 正是身为丈夫，所以殴伤妻子要比普通人更有资格，在刑罚上减凡人二等。② 具体而言，金律有更详细的法律规定。双方因情不投意不合而关系破裂，妻子有罪，丈夫殴其致死，只徒四年；甚至妻子有罪，丈夫依理殴不期死，则无罪；反之，谋杀夫者皆斩；夫殴妻致死非用器刃者，不加刑，以其侧室多，恐正室妒忌。虽理由荒谬，但理直气壮。所以"汉儿妇莫不唾骂，以为古无此法，曾臧获不若也"③。单从法律上来看，丈夫绝对没有掌控妻妾生死的权力，但传统社会历来三纲五常及传统家庭分工所决定的家庭成员政治经济地位，往往某种程度上允许变相"合理"夺走了妻妾的性命。张毅伯玉有一妾，因小过以铁简杀之。④ 杨正夫遇北兵攻胡壁堡，将陷。正夫知逃脱不了，自己跳黄河之前先让妻子跳下去。⑤ 刘祁称杨正夫为人慷慨有气节，士大夫亦多称之，以失此等而甚感可惜。可谁又曾想，其妻子不是死于战争城陷，而是死于其夫的权威。

除此之外，父家长对于妻子的权威性，还表现在对于法律意义上妻子地位给予漠视甚至否定。给妻子心灵与生活上，带来巨大且长时间无休止的痛苦和煎熬，对视家庭为一切的女性而言，这种漫长的折磨要比刑罚，更加难以忍耐。王彧子文，在明知时政将乱的情况下，毅然弃丈夫的责任于不顾，剪发为头陀，躲于宗教的掩护之下。时过境迁之后，忽然归家仍与妻子复合如从前。⑥ 史书持赞扬之基调，称其为人夫，有始有终。若从另一角度而言，丈夫出走，妻子不离不弃实属本就应该的正常妇德，丈夫不再回家，妻子不再嫁人称为节妇。丈夫归来，并再次组成法律意义上的夫妻，这就是丈夫的"专一"，应该受到赞扬，与妻子的专一等待并无关系。丈夫出家而造成家庭生活困难，内心孤独苦闷，这些并不引时人关注。妻子十年如一日，从一而终的贞洁观念，使其义无反顾无怨无悔，但囿于夫纲而被父家长权威威慑亦不无可能。这也与违背法律而自行离婚受到惩罚较轻有关，只杖刑一百，很难维护好纷繁复杂的婚姻关系。

丈夫对妻子在法律上不具有殴杀的权利，但基于社会环境以及家庭实际生存现状，鬻妻杀妾现象依然存在。金代阶级、民族矛盾尖锐，而两者

---

① 叶潜昭：《金律之研究》，台湾商务印书馆1972年版，第152页。
② 叶潜昭：《金律之研究》，台湾商务印书馆1972年版，第152页。
③ （宋）洪皓撰：《松漠纪闻》，照旷阁本，第18页。
④ （金）刘祁撰，崔文印点校：《归潜志》卷2，中华书局1983年版，第12页。
⑤ （金）刘祁撰，崔文印点校：《归潜志》卷2，中华书局1983年版，第47页。
⑥ （金）刘祁撰，崔文印点校：《归潜志》卷2，中华书局1983年版，第46页。

又往往通过战争的形式试图加以抵抗和调和，由此所衍生出的瘟疫、灾荒，在科技落后、医疗技术条件不成熟情况下，导致民不聊生。金代虽定有"卖妻者，依卖卑幼周亲同罪"①的明确法律惩罚条令，但遇到饥馑灾荒以及战争战乱年份，鬻妻甚至食子在现实中的例子却不绝于史。鉴于此，朝廷采取措施以应对，如官将质卖妻子者收赎②，但并没有实质性作用。

（三）主婚

金代父家长主婚主要体现在晚辈子女、侄子身上，亦包括已婚妻子。主婚权主要体现为对配偶的择取。

据王可宾研究，金代女真人配偶选择主要有自择和长辈选取两种方式。行歌于途、私约窃奔、放偷等类似少数民族婚姻习俗的存在，使得女真早期婚姻相对自由，但成亲之后仍需具礼来家告父母，这也多适用于贫穷人家。上层以及富裕人家对于正室元配，子女绝无选择权利。相形之下，金代汉族家庭中婚姻的缔结受胡化影响颇小，婚配与否、与谁，更多的则是出于父家长的决定。即便吴辨夫中年后欲置家事不问，也仍然选择在完成儿女婚娶之后。③

金泰和中，有大名民家小儿女，以私情不如意赴水，元好问为此作诗一首：

> 问莲根、有丝多少，莲心知为谁苦？双花脉脉娇相向，只是旧家儿女！天已许，甚不教、白头生死鸳鸯浦？夕阳无语，算谢客烟中，湘妃江上，未是断肠处。《香奁》梦，好在灵芝瑞露。人间俯仰今古。海枯石烂情缘在，幽恨不埋黄土。相思树，流年度，无端又被西风误。兰舟少住，怕载酒重来，红衣半落，狼藉卧秋雨。④

可以想见，二人投水时婚姻不为家庭接受，万般无奈的悲凉与绝望，侧面体现出父家长对子女婚配主导性的权利。此处所提到家长，祖父、父亲居多。父祖在世，母亲多没有权利决定子女的婚姻，父亲具有主导子女婚姻的绝对权利。毛伯朋二女已到出嫁年龄，州里名门竞求姻对，他却都

---

① 叶潜昭：《金律之研究》，台湾商务印书馆1972年版，第133页。
② 《金史》卷6《世宗上》，中华书局1975年版，第132页。
③ 《遗山先生文集》卷34《尚药吴辨夫寿冢记》，上海商务印书馆缩印乌程蒋氏密韵楼藏明弘治刊本，第356页。
④ 《元好问全集》卷第41《摸鱼儿三》，山西人民出版社1990年版，下册，第129页。

不应允。夫人问他原因何在，毛有自己的想法，曰："吾女贤淑，当媲贵官；管库常族，何足辱之？"最终，他的两个女婿都是开国勋臣，"宝书龙节，位望崇显，在当代侯伯之右"①。更有刘撝二女，

> 长姑及笄，将适人，一时贵显者争求之，翁皆不许。张御史景仁时在布衣，以所业诣翁，翁嘉之。俄翁为有司取士，张赋甚佳，为邻坐者剽之，尽坐同而黜。已而翁知其然，遽以长姑嫁焉。家人辈皆愠，翁不恤也……次姑适襄阴王元节，亦名进士……迄今士大夫嫁女多谈翁之事也。②

"俱不之许""皆不许""家人辈皆愠翁不恤"足以说明其权威。女婿张景仁学识初受父亲称赞认同之时，从字里行间还并无嫁女之意。后因发生科举作弊被黜，就在此种情况之下，将女儿妻之。显然，爱其才识的同时，更是出于对他冤屈的理解与人格品质的喜爱，即招为婿。这其中并不掺杂其他人意见，完全是出于自己的价值标准。婚姻实乃子女人生大事，而往往成为父母的"婚事"。导致之后"士大夫嫁女多谈翁之事"。行文语句透露出无尽的钦佩与褒扬，也反映出当时对于婚姻缔结对象，重品行的价值取向标准。一言以概之，并非"长女出嫁"，而是"士大夫嫁女"，看似一件事，实则本质相异。

通常情况下，父家长主婚，多发生在子女尤其女儿身上，但也出现包括侄子在内的其他现象。史有郭文振违律令，为侄孙述娶伯德安女请罪。请罪原因在于，臣非愿与安为姻，为公家计，屑就之耳。③ 很多情况下，家事遇上国事，当以国事为重，儿女情长必然不在考虑范围之内。父家长主婚，站在男性、臣子而并非父亲的位置上。

在金代汉族家庭当中，父家长除对子女婚姻具有决定权之外，丈夫对于合法妻子甚至有再次婚嫁的权利。金律明确规定，"和娶人妻，及嫁之者，各徒三年。即夫自嫁者，亦同。而离之"④。法律本身的制定，已经说明此现象在金代多有发生。一方面，娶他人之妻妾为自己之妻妾，或妻妾自愿嫁之行为，显然都是破坏风俗的行为，为法律所不许；另一方面，

---

① 《遗山先生文集》卷28《潞州录事毛君墓表》，上海商务印书馆缩印乌程蒋氏密韵楼藏明弘治刊本，第289页。
② （金）刘祁撰，崔文印点校：《归潜志》卷8，中华书局1983年版，第80页。
③ 《金史》卷118《郭文振传》，中华书局1975年版，第2586页。
④ 叶潜昭：《金律之研究》，台湾商务印书馆1972年版，第94页。

"即夫自嫁者，亦同，而离之"表明，虽受到法律保护，与前一丈夫终将继续保持婚姻关系，但与后一丈夫的法律婚姻关系随即失去效力。现实中尤其公婆去世，夫死从子，寡居后妇女婚姻必然受到家中男性的主导。师氏丈夫早亡，公婆也相继去世，师氏"守义谨礼，不出户庭者二十余年矣"。丈夫的侄子雷"判利其产，密合其兄师远，潜构媒妁，私许本乡杨珍，欲夺而嫁之"。师氏"初不知也，及期，强师氏行，师氏大惊愕，誓死弗许"。而杨珍和师远"讼于县，诬氏亲受杨币，媒妁证之，师不得明，县勒氏归杨，氏呼曰，天乎，不谅人只，乃赴庭井而死"①。丈夫公婆死后，家中其他男性成员仍可以掌控其婚姻权。侄子和外家兄长觊觎其财产，甚至阴结媒妁，意欲强行再嫁。更为惊人的是，县"勒氏归杨"。从杨理直气壮诉于官、媒人慷慨证之、县官所判来看，对于金代大部分阶层而言，家中男性成员将婚姻形式程序履行，妇人个人自由意愿并不在婚姻缔结考虑之内，这种情况实属正常。再举例如，康氏丈夫去世，父取之归家，许严沂为妻②；史氏夫李文亡，服阕，誓死弗嫁。父强取之归，许邑人姚乙为妻③；乐氏夫亡从吉，外氏豪侠欲夺而嫁之。④ 金代社会在变相应允父家长对于子女婚姻的完全主导权之时，对于夫殁守寡之节妇仍大加褒扬，实属双向标准。

（四）宗教崇信

在中国古代社会，宗教信仰相对自由，对于社会以及个人的影响亦历久弥长，表面上多以家庭人口的直接减少和日常行为的改变呈现。因此，出现真正出家寺观与在家信徒的不同。父母鉴于此，对其是否出家会慎重决定。基于父家长家中绝对地位，一旦乐于空门向往羽化成仙，首先要征得父母同意。真定府获鹿县岳村人杜氏，父亲同意才析出家⑤；王惠寂为童子时，一心向佛⑥，先提出意欲出家的请求，但是因为是家中独子，所以只能等到父亲死后才能出家。具体内容在第四章详述，此不赘述。

---

① （清）张金吾编纂：《金文最》卷114《师节妇传并序》，中华书局1990年版，第1635页。
② 《金史》卷130《康住住传》，中华书局1975年版，第2799页。
③ 《金史》卷130《李文妻传》，中华书局1975年版，第2799页。
④ 李俊民：《重刊庄靖先生遗集》卷8《岁寒堂记》，丛书集成三编本，新文丰出版社1997年版，第38册，第166页。
⑤ 国家图书馆善本金石组编：《辽金元石刻文献全编》，《理公和尚塔铭》，北京图书馆出版社2003年版，第3册，第242页。
⑥ 《元好问全集》卷31《华严寂大士墓铭》，山西人民出版社1990年版，上册，第705页。

（五）从军

金代凡汉军，有事则签取于民。① 刘祁谓金之兵制最弊，每有征伐及边衅，辄下令签军，使远近骚动。民家丁男若皆强壮，或尽取无遗，号泣动乎邻里，嗟怨盈于道路。② 家中男丁俱签军，为不误农事才勉强留一男丁。戍边军士年五十五以上，允许以其子及同居弟侄承替，父兄俱签充军队实属常事。签军不同于朝廷正规养兵，属临时招募，战事结束即归家。但签军即入战场意味着生命受到威胁，另一方面由于家中男丁骤减生活没有着落。因此，父母除非万不得已不愿儿子从军。金代自从宣宗兵兴以来，良家子多从军，军帖下到毛伯朋昆弟毛敬之家中，一个儿子被选中。毛伯朋因为不忍心侄子从军母亲伤心，所以坚持让自己的儿子代替侄子从军③；李善长则由于母亲年老，孩子年幼，虽不得已仍推母亲的侄子从军。④ 金代朝廷征兵只关心人数是否足够，所以对一家之中到底是谁参军，并无过多苛刻的要求，也因此给予父家长根据自身家中不同情况而灵活推举的权利。当然，父家长权威不仅体现在其支配控制的一面，也有对子女和妻子爱护监督的一面。

## 二　诸子的家庭地位、权利与义务

金代家庭诸子之间身份地位有所差异，导致责任、义务承担，身份、财产继承，因人而异。整体而言，金代汉族家庭沿袭中国古代家庭传统，遵循尊长权利本位、卑幼义务本位制的同时，卑幼中诸子、女之间概以次第称之，存在长幼、嫡庶之分。在古代尊长权利本位制，卑幼义务制的一贯奉行下，诸子一经与父母形成以孝为基点的关系，经久不变。

（一）人身尊卑与身份继承

金代汉族家庭以子女为主干，有时以家中儿子作为衡量日常细事标准。比如命妇犯奸，不用夫荫而以子封者，不拘此法。⑤

金代百姓虽被允许置妾⑥，但普通黎民家庭并不具备纳妾的各方面能力，使得平民家庭不存在爵位、遗产等重嫡长子习俗。因此，此等家庭多

---

① 《金史》卷44《兵》，中华书局1975年版，第998页。
② 《金史》卷44《兵》，中华书局1975年版，第999页。
③ 《遗山先生文集》卷28《潞州録事毛君墓表》，上海商务印书馆缩印乌程蒋氏密韵楼藏明弘治刊本，第289页。
④ 阎凤梧主编，牛贵琥等副主编：《全辽金文》，《送李善长序》，山西古籍出版社2002年版，下册，第2856页。
⑤ 《金史》卷6《世宗上》，中华书局1975年版，第146页。
⑥ 《金史》卷5《海陵》，中华书局1975年版，第96页。

有长幼而并无嫡庶。长幼之别多体现为，以兄长所担家事义务责任为主。赡养父母维持生计之外，父母去世更责无旁贷地抚养幼孤弟妹。史书中弟幼孤，赖兄教督的现象经常出现，其他诸子地位并无甚差别。

官宦富足之家诸子存在不同层次上的差别。首先，在诸嫡子当中，仍以嫡长子持家事，权利义务亦与之相应。朝列大夫白君以长子贲持门户，夫人李氏认为其劳苦为甚，又举进士。弟弟华既冠，又从兄官学，而莹与麟皆幼。虽乡先生谓：华当就科举，不可以家事役之，但仍不应逸者常逸，而劳者常劳。理应让华代贲而掌管家事。此墓铭旨在赞扬李氏有"鸤鸠均一"之义，但最终以执议者再三，语不从，而结束商讨。最终华擢贞祐三年进士。不难看出，时下社会主流意识仍是重嫡持家户①，所以也才会不断出现"以长子许擢进士第"，"亦以长子宇中奉大夫卫尉卿"②的记载。长幼有序根深蒂固。史有状诉，毁夺女娣之妆奁者，张公以"子之长幼，妻之前后"，谕之而使其悔悟而去③，可见其长幼地位差异。一个家庭的和谐壮大，当然并非仅仅依靠长子，而往往父慈子孝、兄友弟恭。聂训钟爱于伯父，从此离家随侍伯父因家襄阳。继而河北战乱，父亲敦遣母亲刘氏带着弟弟诜去聂训处避难，路途遥远又因寇盗相阻，暂寄他郡。之后，聂训所在襄阳城破，自此无处寻找，失去音信。于是，聂训徒跣崎岖，获觐省太夫人暨弟。皇朝扫平祸乱之后四海一家，公扶老携幼以归，家族终于完聚。经历如此险阻后，聂训更加勤恪。聂家无论规模还是家业都号称巨室。于是父亲觉其有"克家之志，遂以家事付焉"。此时的长兄责任义务并无异议，甚至等及荫格，长兄不忍先己之子，与父亲商量欲从长荫二弟。依史例分析，聂训同母所生包括一兄一弟，训从小并未侍奉父母身边，后因遇战乱及乱后对家庭做出的贡献，被父亲赏识而持门户。聂训自己所辩"自幼居外，未尝服其劳，当尽干蛊之道"的应尽义务，能够得以掌家事，其自身能力还是最重要的。④ 除此之外，与父、兄的支持有着莫大的干系。

其次，诸子利益均沾。金代汉室长子地位并未下降，他子地位亦并未

---

① 《元好问全集》卷第25《南阳县太君墓志铭》，山西人民出版社1990年版，上册，第611—612页。
② （民国）《莘县县志》卷9《艺文·大金故聂公碑》，《中国方志丛书》，成文出版社有限公司1976年版，华北地方第355号，第591页。
③ 国家图书馆善本金石组编：《辽金元石刻文献全编》，《高陵县张公去思碑》，北京图书馆出版社2003年版，第1册，第543页。
④ （民国）《莘县县志》卷9《艺文·大金故聂公碑》，《中国方志丛书》，成文出版社有限公司1976年版，华北地方第355号，第592页。

上升，诸子之间之所以能够实现利益均沾，实因门荫制的推恩，提供了条件和环境，得以借此缩小与长子之间差距。元好问称"维金朝入仕之路，在近代为最广，而出于任子者十之四"①。太府监孙复言："方今在仕者三万七千余员，而门荫补叙居三之二"②。史书中多有记载，冯延登子男三人，皆用荫补③；贾益谦三子贤卿、颐卿、翔卿，皆以门资入仕，等等。④自古门荫具有荫亲与荫贵的特点，荫亲即强调门荫范围在宗服上的亲疏远近。中间存在所荫人数上增减，但范围并无大的变动。因此，家庭中其他成员可以通过制度性荫亲规定而将自己纳入范围。此外，即便数额有限并无资历，金代仍允许诸职官让荫兄弟子侄。⑤且应荫之家，旁正荫足，其正荫者未出官而亡，许补荫一人⑥，给予他人入荫的机会。长辈对晚辈可荫，同辈兄弟之间弟往往因兄亦受荫入仕。所以如此之下，仕宦之家以荫入仕，几乎包括所有成员，诸子得以利益均沾。元升以兄陇城府君荫奏补得系承奉班⑦，曹松年、大年俱以兄荫祗候承奉班。⑧久而久之，金代"以补荫猥多，流品混淆，本末相舛，至于进纳之人，既无劳绩，又非科第，而亦荫及子孙，无所分别"⑨。因此朝廷制定规定，即便门资入仕仍需"存习本业"。泰和二年（1202年）定制，"以年老六十以上退、与患疾及身故者，虽至止官，拟令系班，除存习本业者听荫一名，止一子者则不须习即荫"⑩。但限制范围小，起不到实质性作用。荫贵则体现在门荫人数多少层面，意即官职越高所得到循例入仕名额越多。⑪同时鉴于荫贵，大部分家庭仍被排除在外。具体到每一家庭中，诸子以门荫入仕看似概率颇高，实际上受到民族以及官职、吏员身份影响，更多的适用于

---

① 《遗山先生文集》卷27《辅国上将军京兆府推官康公神道碑铭》，上海商务印书馆缩印乌程蒋氏密韵楼藏明弘治刊本，第276页。
② 《金史》卷11《章宗三》，中华书局1975年版，第255页。
③ 《遗山先生文集》卷19《内翰冯公神道碑铭》，上海商务印书馆缩印乌程蒋氏密韵楼藏明弘治刊本，第202页。
④ 《金史》卷106《贾益谦传》，中华书局1975年版，第2336页。
⑤ 《金史》卷9《章宗一》，中华书局1975年版，第216页。
⑥ 《金史》卷12《章宗四》，中华书局1975年版，第282页。
⑦ 《遗山先生文集》卷25《承奉河南元公墓铭》，上海商务印书馆缩印乌程蒋氏密韵楼藏明弘治刊本，第253页。
⑧ 《遗山先生文集》卷29《信武曹君阡表》，上海商务印书馆缩印乌程蒋氏密韵楼藏明弘治刊本，第293页。
⑨ 《金史》卷11《章宗三》，中华书局1975年版，第255页。
⑩ 《金史》卷52《选举二》，中华书局1975年版，第1160页。
⑪ 比如一品二品诸色出身文武官，荫子孙至曾孙及弟兄侄孙，三品至五品范围缩小至子孙兄弟侄，六品七品只荫子孙兄弟。（《金史》卷52志第33《选举二》，第1160页。）

女真以及高官显贵之家，对于普通百姓以及官品低级家庭而言，并没有多大的改变。世宗大定二十九（1189年）年，上封事者言："诸州府吏人不宜试补随朝吏员，乞以五品以上子孙试补。盖职官之后清勤者多，故为可任也。"① 章宗明昌六年（1195年），"以皇家袒免以上亲、不足则于外戚、并三品已上散官、五品以上职事官应荫子孙弟兄姪，以宣徽院选有德而美形貌者。"②

最后，嫡庶有别。女真早期家庭妻妾名分不分，兄弟关系平等，嫡庶观念不重。但伴随灭辽袭宋，受到中原文化影响，逐渐确立起诸子女存在嫡庶之分，和形成重长房、幼子习俗。③ 金代汉族人于家庭庶出，诸兄不齿④，仕宦制一品职事官庶孼子承荫更不引见⑤。正史当中虽无明确记载汉族诸子嫡庶之间地位差异如何，但亦知情状大致与后来的女真相类。此外，出继于他家之子一般不继续以原家门资入仕。如郭峤子男四人，其中遹祖继伯氏按察副使房，以荫仕官。⑥ 财产方面，金代女真财产继承基本原则是父死子继，有时在许多方面表现为兄终弟及的形式。除了由其亲生子女直接承继之外，继绝但以亲族之子为后，其财产由其来承继。无后，兄弟、女、女孙才有继承财产的权利，但权利不一。⑦ 金代汉族家庭财产继承亦遵循这一基本原则。

（二）以孝为基点的父（母）子（女）关系

"孝"作为一种文化，一直以来为中原王朝谨奉。至宋辽金元时期，"孝"已然突破民族界限，延伸至契丹、女真、西夏以及蒙古，由星星之火更壮大成为燎原之势。女真早期及金建国前后，无孝观念可言。⑧ 之后逐渐发展，章宗明昌元年（1190年）"以《孝经》等内出题"⑨；昭圣皇后刘氏初读《孝经》，旬日终卷。⑩ 且对于释道之流不拜父母亲属，败坏风俗的行为，视为为子而忘其生，傲亲而徇于末，并定下以后并听拜父

---

① 《金史》卷53《选举三》，中华书局1975年版，第1178页。
② 《金史》卷53《选举三》，中华书局1975年版，第1187页。
③ 王可宾：《女真国俗》，吉林大学出版社1988年版，第67—68页。
④ 《金史》卷110《雷渊传》，中华书局1975年版，第2434页。
⑤ 《金史》卷8《世宗下》，中华书局1975年版，第186页。
⑥ 《遗山先生文集》卷28《费县令郭明府墓碑》，上海商务印书馆缩印乌程蒋氏密韵楼藏明弘治刊本，第286页。
⑦ 王可宾：《女真国俗》，吉林大学出版社1988年版，第247页。
⑧ 宋德金：《辽金人的忠孝观》，《史学集刊》2004年第4期，第83页。
⑨ 《金史》卷51《进士诸科》，中华书局1975年版，第1136页。
⑩ 《金史》卷64《昭圣皇后传》，中华书局1975年版，第1526页。

母，其有丧纪轻重及尊属礼数，一准常仪①的制度。

所谓"冠冕百行莫大于孝"②，宋代将具体孝行人物事迹，复仇、刲股割肝、数世义居、因孝义所感而出现的醴泉、甘露、芝草、异木之瑞，看作孝行的典范而列入《孝义传》旌表，将子女对父母的不孝列入十恶予以严惩。金仿宋设《孝友传》，共6人，其中1人隶属孝感动天，1人隶属亲属代刑，剩余都属于"病致其忧、丧致其哀"。检索金代碑刻墓志，后者行为亦颇多于其他。诚然，"孝"内容涵盖颇广。《孝经》曰："孝子之事亲也，居则致其敬，养则致其乐，病则致其忧，丧则致其哀，祭则致其严。五者备矣，然后能事亲。""孝"的体现颇多以"非常时期"子女表现为评判标准。鉴于家庭主题相关性以及篇幅所限，此处所作孝行讨论仅就狭义而言，指居、养、病、丧、祭日常家庭生活中，具体而微的身体力行规范体现。下面从三个方面进行分析：

首先，日常家居应竭尽对父母的孝敬，类似"博弈饮酒，不养父母，皆不孝也"③，史书中因孝为乡里所称者大有人在。武川贾仲德兄弟力供子职，侍奉母亲，"瀡滫脂膏、醪醴乳药无不给；昏定晨省、寒温燥湿无不戒"④；麹轸，幼事二亲，出入起居，奉养不亏⑤；陈孝初，事父母以孝，少任事于家，皆有纪纲，父父、子子、兄兄、弟弟，家道行焉⑥；王琢、吕中孚、张毂、卫承庆、马百禄、杨伯渊、薛继先，皆以孝闻，为乡人所称。此类孝行记载甚多在此不一一列举。诚然，竭尽孝敬同时保持自愿愉悦的心情。媳妇孝敬公婆更为时人所倡。张恺欲偕妻妙真往其父冯延登处，妙真辞曰："舅姑老矣，虽有叔姒，妾能安乎。子行，妾留奉养。"⑦ 对于亲生父母，甚至付出生命的代价。聂元吉长女以寡来归家居，

---

① 《金史》卷9《章宗一》，中华书局1975年版，第221页。
② 《宋史》卷456《孝义传·序》，中华书局1977年版，第13386页。
③ 《金史》卷82《光英传》，中华书局1975年版，第1854页。
④ 《元好问全集》卷第33《致乐堂记》，山西人民出版社1990年版，上册，第760页。
⑤ 国家图书馆善本金石组编：《辽金元石刻文献全编》，《金故麹公墓幢记》，北京图书馆出版社2003年版，第二册，第915页。
⑥ (民国)《霸县新志》卷7，第737页。张徵之：《涿州固安县颍川陈公塔记》大定十六年，第1663页。"刘焕宋末兵起，城中久乏食，焕尚幼，煮糠核而食之，自饮其清者，以醲厚者供其母。"
⑦ 《金史》卷130《列女传》，中华书局1975年版，第2802页。妙真以妾自称，本书理解实乃妻子之自称或谦称。金代存在此种情况，试举例如《金史》中记载："蒲察氏字明秀，鄜州帅讷申之女，完颜长乐之妻也。哀宗迁归德，以长乐为总领，将兵扈从。将行，属蒲察氏曰：'无他言，夫人慎毋挥此身。'明秀曰：'君第致身事上，无以妾为念。妾必不辱。'长乐一子在幼，出妻柴氏所生也，明秀抚育如己出。"

见父元吉被兵创甚，日夜悲泣谒医，疗之百方，至刲其股，杂他肉以进，终不可救，女儿也最终绝脰而死。① 士大夫皆称赞，"时乱已极，凌夺烝报，无复人纪，女独以大义自完"②；元好问女阿秀，其母病殁，日夜哭泣，哀痛之声，人不忍闻。明年，得疾于汴梁，病已急，哭且不止。或以为言："亲一也，母亡而父存，汝不幸而死，为弃父矣"。阿秀曰："女从母为顺，宁从母死耳"，竟死。③ 方式激烈与否，暂且不论，其孝子之心，天地可鉴，更值得尊敬。金廷出于对孝道的认同提倡，依法严惩不孝的同时，也对孝行通过奖励的方式以资鼓励旌表。大定二十四年（1184年），"凡士民之孝弟姻睦者举而用之"④。刘政母老失明，政以舌舐之，复见。及病，昼夜奉医药，衣不解带，刲股肉啖之。母死，负土成坟，邻愿助之，不受而嘉之，授太子掌饮丞。⑤ 但时人评价，若辈多淳质不及事。章宗纠正，岂必尽然。申明孝义之人素行已备，稍可用即当用之，后虽有希觊作伪者，然伪为孝义，犹不失为善。可检勘前后所申孝义之人，如有可用者，可具以闻。⑥ 因此，才会出现宁海州文登王震，因孝母，特赐同进士出身，诏尚书省拟注职任⑦的现象。反映出当时社会风气淳朴和统治者政策的清明。但史书中因孝行而居官者较少，更多的直接予以绢、粟等物质奖励。明昌三年（1192年），章宗诏赐棣州孝子刘瑜，锦州孝子刘庆祐，并旌其门闾。云内孝子孟兴，贵德州孝子翟巽，赐其绢、粟等。⑧ 物化的实际奖励对于普通百姓而言更为有用。

其次，父母生病则感同身受，忧虑万分。大定二十七年（1187年），世宗因所进御膳味不调适，有旨问之。尚食局直长言：听闻母亲生病严重，"私心愦乱，如丧魂魄，以此有失尝视，臣罪万死"。所谓久病床前

---

① 《遗山先生文集》卷25《聂孝女墓铭》，上海商务印书馆缩印乌程蒋氏密韵楼藏明弘治刊本，第256页。
② 《遗山先生文集》卷21《聂元吉墓志铭》，上海商务印书馆缩印乌程蒋氏密韵楼藏明弘治刊本，第227页。
③ 《遗山先生文集》卷25《孝女阿秀墓铭》，上海商务印书馆缩印乌程蒋氏密韵楼藏明弘治刊本，第256页。
④ 《金史》卷8《世宗下》，中华书局1975年版，第187页。
⑤ 《元好问全集》卷第47《续夷坚志二·刘政纯孝》，山西人民出版社1990年版，下册，第342页。
⑥ 《金史》卷9《章宗一》，中华书局1975年版，第220页。
⑦ 《金史》卷127《王震传》，中华书局1975年版，第2747页。"母患风疾，刲股肉杂饮食中，疾遂愈。母没，哀泣过礼，目生瞖。服除，目不疗而愈，皆以为孝感所致。"
⑧ 《金史》卷9《章宗一》，中华书局1975年版，第220页；卷127《孟兴传》，第2746页；卷9《章宗一》，第216页。

无孝子，病榻前的举动更能体现做子女的一片孝心。世宗嘉其孝，即令还家侍疾，俟平愈乃来。① 辽金孝义观念受到同时期两宋道德伦常发展的很大影响。《宋史·选举志一》载："上以孝取人，则勇者割股，怯者庐墓"②。金规定为"祖父母、父母、伯叔父母、姑、兄、姊、舅姑割股者，委所属申覆朝廷，官支绢五匹，羊两羊□空，酒两瓶，以劝孝悌"③。候兴崇笃养于母，在童稚间，屡因母疾自剔身肉合母服之，数获痊愈④；庞迪父病，医药弗效，刲股作羹⑤；敬甫太夫人疾，不解衣者数月。⑥

最后，父母丧祭哀恸而不失礼法地严肃对待。郭企忠居母丧，哀毁如成人⑦；刘德仁及母亡，丧祭一遵世教，无愆度者。⑧ 同时，勺水不进⑨、不食⑩，更有甚者因家贫无力办理丧事而将儿子质卖⑪。关于孝，史书中往往还存在如此记载，"孝义所感，醴泉、甘露、芝草、异木之瑞，史不绝书"⑫。南阳灵山僧法云，遭饥荒，亲自为父母挽车，就食千里。母亲去世，"庐墓旁三年，号哭无时"。父殁亦然。一天，"寺西岩石闲出一泉，众谓纯孝之报也。其铭曰：僧云之来晋临汾，六年居庐哭新坟。地泉醲沸天花纷，孝声香如世普薰"。⑬ 用现代人眼光看待古人所认真严肃对待的类似无形之事，似乎有些不置可信，但正由此可以侧面反映出，子孝父母的天性和社会对此行为的认同。

---

① 《金史》卷8《世宗下》，中华书局1975年版，第198页。
② （元）脱脱等撰：《宋史》卷155《选举一》，中华书局1977年版，第3617页。
③ （宋）宇文懋昭撰，崔文印校：《大金国志校证》卷35《割股孝悌仪》，中华书局1986年版，下册，第502页。
④ 国家图书馆善本金石组编：《辽金元石刻文献全编》，《少林寺兴崇塔铭》，北京图书馆出版社2003年版，第1册，第92页。
⑤ 《金史》卷91《庞迪传》，中华书局1975年版，第2013页。
⑥ 《中州集》壬集第9《张太保行简》，中华书局1959年版，下册，第468页。
⑦ 《金史》卷82《郭企忠传》，中华书局1975年版，第1841页。
⑧ 宋濂：《书刘真人事》，陈垣编纂《道家金石略》，文物出版社1988年版，第836页。
⑨ 《遗山先生文集》卷29《信武曹君阡表》，上海商务印书馆缩印乌程蒋氏密韵楼藏明弘治刊本，第293页。"曹元及父殁，持丧如成人。母卒，勺水不入口者累日，庐墓侧至终丧。"
⑩ 《金史》卷105《任熊祥传》，中华书局1975年版，第2311页。"任熊祥事母以孝闻，母没时，熊祥年已七十，不食三日。"
⑪ 《金史》卷127《刘瑜传》，中华书局1975年版，第2746页。"棣州人刘瑜家贫甚，母丧不能具葬，乃质其子以给丧事。"
⑫ 《宋史》卷456《孝义传·序》，中华书局1977年版，第13386页。
⑬ 《遗山先生文集》卷31《坎云墓铭》，上海商务印书馆缩印乌程蒋氏密韵楼藏明弘治刊本，第311页。

## 三 女子的家庭地位

时代不同对女性典范的要求迥异,由最初刘向看重的贞顺、节义到后来的忠孝、节烈,不同政权下不同种族的女性,怎样才能赢得家庭与社会的认可,甚至实现自身的价值?本小节从不同家庭角色,探讨金代女性在错综多元的社会中,如何实现自我的贞节观与维护心目中的道德礼教,从而形成家庭典范和贞烈门风。这致使无数女性,不断走上殉节的不归之路,更体现出以男性为主导的家庭对女性的影响,达到了社会移忠于国家的教化作用。"品官之家而得封赠的命妇因其与政治场域有所牵葛,其社会地位是附属于丈夫而来的。而一般庶民阶级的女子在父系家庭结构之内,并不能脱离家庭而存在,故言社会地位亦应以其在父族及夫族家族中的角色扮演为主轴。"① 具体分为在室女子、出嫁女子、出养入道女子。

### (一)在室女子

判断女子是否接受过教育,可从两个方面来看,一是直接有其在室时曾接受教育的明确描述,一是从其嫁为人妻之后的行为作风,亦看出其在室之时所积累的妇德、妇工。史有夫人梁氏在父母家,已知读书,作字有楷法②;赵思文四娶孙氏,早以文笔知名③;王庭筠长女从净,幼为女官,公没后,以能诗召见。④ 对于顺天张万户女儿的描述更直接细致。张万户第八女,小字度娥,"资质秀爽,眼尾入鬓。丙午秋入小学。生七年矣,日诵数百言。比戊申二月,女史属词。《孝经》《论语》《孟子》《易乾传》至《下系》,诗《二南》《曲礼》《内则》《少仪》《中庸》《大学》《儒行》《祭统》《祭义》《经解》《冠婚》诸篇,班氏《女戒》、郝氏《内则》《内训》《通丧记》六卷,皆成诵。日兼二诗,古律至十篇。学书,下笔即有成人之风"⑤。出嫁之后,多通过对子女的教育和妻子的贤

---

① 游惠远:《宋元之际妇女地位的变迁》,新文丰出版社1992年版,第26页。
② 《遗山先生文集》卷25《赞皇郡太君墓铭》,上海商务印书馆缩印乌程蒋氏密韵楼藏明弘治刊本,第255页。
③ 《遗山先生文集》卷18《通奉大夫礼部尚书赵公神道碑》,上海商务印书馆缩印乌程蒋氏密韵楼藏明弘治刊本,第194页。
④ 《遗山先生文集》卷16《王黄华墓碑》,上海商务印书馆缩印乌程蒋氏密韵楼藏明弘治刊本,第169页。
⑤ 《元好问全集》卷第48《续夷坚志三·张女凤慧》,山西人民出版社1990年版,下册,第301页。

德体现出来。史邦直母常氏，"力课之学，邦直亦能自树立"①；赵雄飞妻解氏，"习于儒素之训"，对待两个侄女，"恩过所生，拊孤者以为难能"。② 但以上也仅限于达官显贵和富裕家庭，普通家庭国运昌隆年代生计得以维系，受教育的权利都给了儿子，遇到战争年代，温饱都难以达到，所以女性受教育的权利根本无从谈起。当然，这其中所接受的教育，不仅包括正规学习教育，也包括父母对于女儿给予的日常潜移默化影响。

（二）出嫁女子

在室女子嫁做人妇，所嫁之夫从此之后成为她的依靠和归宿，生活重心因身份的改变而转变为以夫族为主，因此对夫、妾之间关系的维护和发展便显得尤为重要。

1. 夫妻关系

（1）感情

提到家庭关系，夫妻感情首当其冲。金代夫妻关系总体呈现夫贵妻荣、夫为妻纲特征。高若兰总结汉代到齐梁间《玉台新詠》中与妇女有关诗篇得出结论，"女人的幸福只取决于婚姻是否及时、家庭是否和睦、夫妻是否同心；一言以蔽之，女人的人生意义只被归纳为是否得到丈夫的宠爱"③。此结论放在金代汉族妇女身上同样适用，史书中也不乏此例。如镇西军节度副使张商老妻刘氏，"事夫尽礼"④；张潜夫妇相敬如宾⑤；张温妻智氏自适公家，以道素相契安于偕老。⑥ 金代夫妻关系，法律予以保护，社会给予褒扬和肯定，家庭和睦与夫为妇纲和古之贤妇标准相契合，是维持家庭稳定的前提基础，体现在日常生活中的各个方面。夫妇遇事互相商谋，这在父家长绝对权威的古代家庭较少，但从侧面也可约略窥见夫妻感情较好。朝列大夫白君因听言乡先生赞赏二儿子华"当就科举，不可以家事役之"，与夫人李氏商量，虽最后并没有听取夫人意见，但侧

---

① 《遗山先生文集》卷22《史邦直墓表》，上海商务印书馆缩印乌程蒋氏密韵楼藏明弘治刊本，第232页。
② 《遗山先生文集》卷20《顺安县令赵公墓碑》，上海商务印书馆缩印乌程蒋氏密韵楼藏明弘治刊本，第206页。
③ 高若阑：《试论张籍诗中的妇女形象》，《大陆杂志》1997年版第95卷第2期，第27（75）页。
④ 阎凤梧主编，牛贵琥等副主编：《全辽金文》，《朝散大夫镇西军节度副使张公神道碑》，山西古籍出版社2002年版，中册，第1365页。
⑤ 《中州集》壬集第9《薛继先》，中华书局1959年版，下册，第480页。
⑥ 《张温妻智氏墓志》承安二年，王新英编《金代石刻辑校》，吉林人民出版社2009年版，第201页。

面看出夫妻之间相互扶持，并突出了女子在家庭当中并不囿于井臼琐碎细事。① 从史例记载基调来看，对于二人夫妻感情出于一种赞美的角度；又有贞祐初，虞县黄九者，虏一妇人，颇有姿色，意欲劫取。此妇佯骗他："吾夫少还至，愿一见，嫁君未晚"②。此女对待丈夫可谓情比金坚，其未婚丈夫亦惜妻如命。但同时我们也应该看到，即便感情甚笃，丈夫地位依然更高。当然，实例当中夫妻如何维系良好感情，并无过多细节性描述，但从在室女归于夫家后整个家庭氛围折射出的"夫和妻柔"③ 的美满家庭关系则多有看出。但逢桀妇现象仍不可忽视，如敏之"娶妇不谐，日致恶语，遂以狷介得疾。常作《望月诗》，有莫倦夜深仍坐待，密云或有暂开时"之句。④ 无论在任何时代，两性的结合如无良性的经营，都有其灰暗痛苦的一面。杨云翼娶胥氏，以事姑尝有后言，即日弃去⑤；张毅伯玉有一妾，因小过以铁简杀之。⑥ 此番对于金代汉族夫妻感情的探讨，并不能以好坏简单概括，可能由于道德传统约束、社会风俗限制，女性也只能是履行、遵守、顺应罢了。因小事被休，甚至被杀也并不代表感情不深，更多的是感情屈居于伦理尊卑之下而已，但毋庸置疑，倡行和睦属于社会的主流。

与金代相比，从辽代石刻记载看，夫妻感情描写体现在人生与死两个重要时刻，一是在世时忆及初聘、嫁两性结合时，如何般配；二是丈夫、妻子一方去世，另一方如何不舍的程式化描述。契丹、汉族两夫妻之间感情都较为和谐。比如耶律弘益与妻萧氏"婚侣道契，嫁述之礼通。凤鸾翕尔以和鸣，丝萝崛龙而缔结。始终愿期，终比于松柏"⑦；冯从顺夫人张氏，"贞柔垂范，婉俶承家。方属和鸣，遽伤失俪。恒聆昼哭，寔谓天穷"⑧。具体详细描述实例鲜少，耶律兴公妻萧氏是《创建静安寺碑铭》

---

① 《遗山先生文集》卷25《南阳县太君墓志铭》，上海商务印书馆缩印乌程蒋氏密韵楼藏明弘治刊本，第255页。
② 《元好问全集》卷第46《续夷坚志一·单州民妻》，山西人民出版社1990年版，下册，第301页。
③ （清）张金吾编纂：《金文最》卷86《成氏葬祖先坟茔碑》承安四年，中华书局1990年版，下册，第1265页。
④ 《遗山先生文集》卷25《敏之兄墓铭》，上海商务印书馆缩印乌程蒋氏密韵楼藏明弘治刊本，第253页。
⑤ 《遗山先生文集》卷18《内相文献杨公神道碑铭》，上海商务印书馆缩印乌程蒋氏密韵楼藏明弘治刊本，第185页。
⑥ （金）刘祁撰，崔文印点校：《归潜志》卷2，中华书局1983年版，第12页。
⑦ 《耶律弘益妻萧氏墓志》，向南《辽代石刻文编》，河北教育出版社1995年版，第590页。
⑧ 《冯从顺墓志》，向南《辽代石刻文编》，河北教育出版社1995年版，第170页。

撰文中的主人公，不同于以往，以往建寺之文，旨在褒扬施建者善行，萧氏可谓"但叙兹地权舆之事"。"权舆"谓之"起始"，也就是说主要记载静安寺因何而来。从碑铭记文来看，此寺是耶律兴公早年慕道发下宏愿，却未及实践，而后其妻子儿子主要是妻子，帮其完成建立的。静安寺修建，起于清宁八年成于咸雍八年，历时近十年。其寺，"中其殿，则曼荼罗坛，洎过未七佛明□高僧之像存焉；双其楼，则修拓路藏，洎圣贤诸传章疏钞记之部在焉。远侔东土，则震隅设绘者，乐师如来；近拟西方，则兑位表形者，弥陀善逝。至于十方宝相，五佛粹容，皆极其端严，曲尽于妙。凡法堂僧宇，厨室圂房，洎厩库客次，靡不备有。皇皇焉，信解脱之阃域，功德之藂林者也。待其山月初霁，岩云半开，飞摇金碧之辉，动荡烟霞之色。回檐落影，暑气由是夏销；斗栱排空，残照于焉夕挂。轮奂之盛，可胜道哉"①，甚为壮观，并且所费不菲。萧氏不仅变卖娘家带来的私产，并且做主将地、人、牛、马等丈夫投下的财产施与静安寺②，以换来此寺平稳发展。萧氏出于两个原因建立静安寺，自身慕道抑或为亡夫了结心愿，更或者两者兼具。寺成之后辽道宗评价此事，将萧氏行为与唐长广公主桂阳，出于对丈夫赵慈景的爱，而建立的崇义寺相比，称可同日而语。似乎将静安寺的修建，理解为是耶律兴公夫妇感情和美，萧氏一心向夫的结果，更为契合。这也就能解释，萧氏为何会有家中大权动用财政，表面上是萧氏宗教崇信的表现，实际则更显夫妻情深意切，但此类实例光是经济压力就非一般家庭能够承受的，所以也并不常见。

辽代女性贞节观念较为松弛，婚姻较为自由，夫死再嫁，都属人之常情，所以我们眼前更能呈现一幅两性夫妻关系较为和谐的画面。③ 程式化的夸赞④或许也并非都是空穴来风，她们对于精神上的契合还是很看重

---

① 《创建静安寺碑铭》，向南：《辽代石刻文编》，河北教育出版社1995年版，第360页。
② 张国刚：《唐代家庭与社会》，中华书局2014年版，第124页。谈及妇女"实际上主中馈，是要掌握家庭财产权的"。
③ 张国刚：《唐代家庭与社会》，中华书局2014年版，第149—150页。"无论是当时的意识形态层面，还是成文法律层面，都在原则上遵行着男尊女卑、夫为妻纲的儒家教条，但是，在家庭的实际生活中，夫妻齐体才是生活的实态。"
④ 凡事例看如何理解更为妥当，比如赵德钧妻种氏实为赵德钧兵陷蓨邑，纳蓨令刘邱之妻，志文不但没有提及，对夫妻是如此描述："初从雉岁，蔚禀奇姿。蔡邕喜对南凤，辛毗冏以储嗣。芳仪内备，淑问外□。齐王方负壮图，志求嘉偶。执贽而言观超乘，簪笄而爱奉结缡。中馈是司，雅得家人之道；外言匪入，显遵姆母之规。洎齐王附翼皇唐，策勋清庙。才建牙于沧海，旋推毂于燕山［九］。共瞻昼行，咸推内助。夫人玉性含贞，兰仪擢秀。为女以贤著，为妇以孝闻。至于衽席辅佐之勤，闺门训诲之道，二南美化，本于小君。五原善政，资于令教。备推邦媛，咸号母师。"

的。这大概也是全家信教，辽代全民信教，佛教兴盛的原因之一。

仅从墓志记载来看，宋代对夫妻关系并不感兴趣，而唐代夫妻"琴瑟和谐"特别注重夫妻关系。唐代墓志撰者时常赞美其笔下女性墓主的仪容，宋代则表现的漠不关心。① 辽较金而言，特点更与唐相类。

(2) 妇人孝节贞烈

"自古妇人，见于旌表纪录者，不必他才能，但孝节贞烈而已。有一于此，足以光华彤管，歆艳青史。"②

女性在中国史册中以不同的方式、不同目的被选择性地呈现。这些名留青史的人物事迹，使历史跃然纸上的同时，为我们研究过去社会家庭之中的女性提供历史线索。最初女性入史身份是皇后嫔妃外戚，并非以性别作为区隔。《后汉书》增设烈女、独行、逸民三传，男女两性的类传，首次备置。其后梁、陈、北齐、周书与新旧《五代史》无烈女传之设，《晋书》《魏书》《隋书》《北史》《旧唐书》《新唐书》《宋史》《辽史》《金史》《元史》《明史》《清史稿》《新元史》诸史沿之，皆纂有烈女传。而历代正史烈女传的编撰形制与立传标准，足以显现当下时代女性德行主要标准。回顾《史记》《汉书》当时描述妇女的焦点，大抵不以贞烈为主，范晔笔下正面形象的女性尤以贤妻为多。公元六世纪所修的《魏书·列女传》，则未继承刘向与范晔编纂的部分想法，贤妻的事例大幅删减，规劝与辅助的贤妻形象，被仁义与忠勇妻子的形象所取代。元人所修辽、金、元三史，烈女传记体例完备。《金史》烈女传中录有22名女性，专注强调妇女的节烈事迹，母仪、贤明、才识等类型的女性事迹，往往成为附带一提的语句，可见金代对于妇人孝节贞烈的重视和提倡。

孝节贞烈作为传统礼教对于古代女性之基本要求，体现于从父、从夫、从子。这一准则，在家庭的范围以内，适用于所有的女性，无论在室、已婚，概莫能外。《金史·列女传》序曰："若乃嫠居寡处，患难颠沛，是皆妇人之不幸也。一遇不幸，卓然能自树立，有烈丈夫之风，是以君子异之"③。也可发现，史家特别提到寡妇节烈，《金史·列女传》可视为烈妇记载的重要转折点，传中烈妇的数量比例惊人，22传中只有2传与贞烈无关，20传多是单独描写女性夫死殉节或因逼嫁自杀。传中选取

---

① [美] 柏文莉：《权力关系：宋代中国的家族、地位与国家》，刘云军译，江苏人民出版社2015年版，第21页。
② (清) 张金吾编纂：《金文最》卷114《师节妇传并序》，中华书局1990年版，下册，第1634页。
③ 《金史》卷130《列女传》，中华书局1975年版，第2797—2798页。

的女真民族女性贞烈事迹,大都发生于战乱之时(尤以元兵与崔立之变为主),这些事迹将家国同构思想体现的淋漓尽致,具体表现为国家危亡时刻,夫不辱国我亦不辱夫,并无直接逼迫到妇女个人的行为发生。但相对来讲,汉族女性节烈事迹缘由,仅为父兄逼婚与兵贼逼室两种所引发。史传中因逼嫁而死的实例始于《后汉书·荀采传》,《金史》中4例父兄逼婚,仅有1例归夫家,其余皆立志守节自杀;因兵贼拒辱之节烈事迹共5例,3例被杀其余自杀。可见,金代女真族女性节列事迹多与夫忠于国相连,存在一定的政治宣传含义。汉族女性则直面家庭,实属个人无奈而不得不自裁或被害身亡。①

就金代妇女自身而言,她们因贞烈而无畏死亡。贞祐初,许古"挈家侨居蒲城,后留(妻)刘氏母子于蒲,仕于朝。既而,兵围蒲,刘谓二女:汝父在朝,而兵势如此,事不可保。若城破被驱,一为所污奈何?不若俱死以自全。'已而,攻城益急,于是刘氏与二女相继自尽"②。康住住"夫早亡,服阕,父取之归家,许严沂为妻。康氏誓死弗听,欲还夫家不可得,乃投崖而死"③。李文妻史氏"夫亡,服阕,誓死弗嫁。父强取之归,许邑人姚乙为妻。史氏不听,姚诉之官,被逮,遂自缢死"④。逼嫁原因许多都是因为贪图其夫死后留下的遗产,或者再嫁后获得的聘礼,贪图此不义之财之人既有娘家亲生父亲,又有夫家兄嫂夫侄。师氏"舅姑既殁,兄师逵与夫姪规其财产,乃伪立媒证致官,欲必嫁之。县官不能辨曲直,师氏畏逼,乃投县署井中死"⑤。苏嗣之之母白氏年二十余即寡居,服除,外家迎归,兄嫂窃议改醮。白氏微闻之,牵车径归,曰:"我为苏学士家妇,又有子,乃欲使我失身乎。自是,外家非有大故不往也"⑥。依此来看,女儿在金钱面前不值一文。

相对于个人些许唯利是图行为,一切苟且不正当的作奸行为,为社会唾骂、法律严惩。大定二十一年(1181年),尚书省奏有巩州民马俊妻安姐与管卓通奸,马俊用斧将妻子击杀,罪责理应当死。世宗却说,"可减死一等,以戒败风俗者"⑦;另有金人王晦与其友人出游久,妻与一僧私

---

① 以上关于金代节烈事迹的结论得出,参考台湾师范大学历史系,2004年2月14日历代正史列女传之编纂题目的校读研究。
② 《金史》卷130《许古妻传》,中华书局1975年版,第2801页。
③ 《金史》卷130《康住住传》,中华书局1975年版,第2799页。
④ 《金史》卷130《李文妻传》,中华书局1975年版,第2799页。
⑤ 《金史》卷130《雷妇师氏传》,中华书局1975年版,第2798—2799页。
⑥ 《金史》卷130《白氏传》,中华书局1975年版,第2803—2804页。
⑦ 《金史》卷45《刑》,中华书局1975年版,第1018页。

通，既归，晦告其友并教之复为远出计，夕返归家，晦以铁简迎击，僧脑出而毙。晦诣有司自陈其罪，有司义而释之。① 可见，这一败坏风俗行为为金代社会所不齿。从法律上看，相较于唐代，金代对于"奸"所制定惩罚明显严格。例如违背对方意愿强行使用暴力实施此行为，对于有夫之妇处以绞罪，无夫则减一等。对于奸血亲子孙之妇，未遂亦绞。② 此律虽重在维护伦理纲常，亦有对这种有违社会风尚行为禁止之决意。此外，如果双方意思和同而通奸，妇女罪名与男子同。③ 无论女性已婚未婚，为良人甚或奴隶仆婢，罪名按照男子而定。

2. 妻妾关系

就家庭之中性别而言，男尊女卑。具体到婚嫁而言，女人地位也相对低下。为婚女家妄冒，科杖一百。男家妄冒者，加一等，各离之。"即因女家妄冒，其男尚可再娶，男家妄冒，其女则已失身"而言，女人从属于男人的事实很难一时之间改变。加上"金律以事发到官为犯罪成立之要件"④，女人无任何能力以及依据来报官，于是不了了之。另外家中兄弟叔伯地位也明显高于妻子。大定十四年（1174年），世宗谓皇太子及亲王曰："自古兄弟之际，多因妻妾离间，以至相违。且妻者乃外属耳，可比兄弟之亲乎。若妻言是听，而兄弟相违，甚非理也。"⑤ 与兄弟相比，妻子始终属于外姓，并非一"家"。在这一点上，受儒家宗法制影响更深的汉族，只能更加严重。

女人与女人之间，妻子地位自古高于妾婢。首先，从法律上看，金承唐律，对于家庭中妻子的地位予以法律的保护，但是并无妾的记载，且殴妾罪行小于殴妻。殴妾折伤以上，各减妻罪二等。⑥ 金代男子"以妻为妾者，徒二年。各还正之"⑦。可见金代家庭当中女子地位名分顺序，早有定数，妻子地位明显高于妾。但妻妾在家庭中的关系甚为微妙，史书碑刻中，凡贤妇无一不是赋性柔善，调和媵妾，抚前妻、妾子如亲子。⑧ 如有

---

① （金）刘祁撰，崔文印点校：《归潜志》卷10，中华书局1983年版，第118页。
② 叶潜昭：《金律之研究》，台湾商务印书馆1972年版，第183页。"强奸有夫妇者，绞。无夫者，减一等。""奸子孙之妇者，绞。未成者同。"
③ 叶潜昭：《金律之研究》，台湾商务印书馆1972年版，第187页。
④ 叶潜昭：《金律之研究》，台湾商务印书馆1972年版，第87页。
⑤ 《金史》卷7《世宗中》，中华书局1975年版，第161页。
⑥ 叶潜昭：《金律之研究》，台湾商务印书馆1972年版，第152页。
⑦ 叶潜昭：《金律之研究》，台湾商务印书馆1972年版，第88页。
⑧ 《元好问全集》卷第25《南阳县太君墓志铭》，山西人民出版社1990年版，上册，第611页。"夫人姓李氏，……年二十，嫁为赠朝列大夫同郡白君讳某之妻。夫人事姑孝，拊前夫人子如所生。"

广宁梁氏，丈夫有姬侍某，有子但并不得宠幸。梁氏为她说尽好话，但仍无用。后来夫人知道侍某与丈夫关系不可挽回，"竟为入粟县官，度为女官，并割上田衣食之"①；段矩夫人"下至俾丐媵妾，亦深存邮疾言厲声不闻于外而闺门肃严"②；冠氏赵侯妾夺太夫人中馈之位，并且陵轹如囚房，而太夫人在她既没之后，"葬祭过礼，无降杀之贬"。③女人嫉妒乃寻常之事，如太夫人一样不妒不嫉的实属少数，但这些记载多属流芳后世的溢美夸耀之词，实际上更多的是因为金代纳妾成制，她们对此事早已坦然接受，为维护好自己形象，莫不如以此示好，巩固家中地位。当然妻妾不和例子众多。纥石烈志宁妻永安县主妒甚，尝杀孕妾。④世宗将其妾之子称为孽子，很显然，当时的社会将妾定位在非常卑下的位置。但仍训斥其妻子应当将其当作亲子来看待，这并非因为其母亲在家中的角色地位，也不是妻子应该具有的责任义务，而是体恤其父亲为朝廷立下的汗马功劳，更是为了不让志宁后继无人。

（三）出养、入道女子

在金代还存在出养、入道女子群体，她们如果曾经建立过家庭，她们所扮演的家庭角色与普通妇女无异。不同之处在于，从法律上讲，如果家人作奸犯科获罪，出养一入道女子并不获罪。⑤女子入道，其家庭角色伴随其入道，而并无实质上的改变，仅仅是她所承担的家庭责任义务，相对被主观或者客观的减少了。

## 四 拟制亲属之间的关系

中国古代父权制社会，家庭出于继宗祧、广继嗣需要，大部分官吏、富贵之家和少数百姓，正妻之外，另娶有妾室。金代法律予以承认，因此而形成不同名目关系的拟制之母。嫡、继、慈、养、乳、改嫁六种"母

---

① 《遗山先生文集》卷25《赞皇郡太君墓铭》，上海商务印书馆缩印乌程蒋氏密韵楼藏明弘治刊本，第255页。
② 国家图书馆善本金石组编：《辽金元石刻文献全编》，《段矩碑》，北京图书馆出版社2003年版，第1册，第216页。
③ 《元好问全集》卷30《冠氏赵侯先茔碑》，山西人民出版社1990年版，上册，第304页。
④ 《金史》卷87《纥石烈志宁传》，中华书局1975年版，第1934页。
⑤ 叶潜昭：《金律之研究》，台湾商务印书馆1972年版，第64页。"称期亲祖父母 其嫡、继、慈、养，同于亲母，继母如母，限制依本生三年，若父亡或被弃改嫁者，便与亲母不同，无服同凡人。称子者，男女，若违犯父母，则同科罪。缘坐者，女子不同，若有出养入道，并不缘坐。"

亲"在金代史籍中出现，除改嫁之母为生身母亲之外，其他五种都是人为形成的拟制之母。

（一）嫡母

父之正妻，被姬妾之子女称为嫡母。金代刑法基于与"子女"血缘的有无，将嫡、继、慈、养之母划等，地位均在生身母亲之下。① 但在实际家庭生活中，双方关系与此则并不相同。普通百姓之家妇女地位的高低，以与丈夫的关系为衡量标准。嫡母因是父之正妻身份受到尊崇，而并非以其子嗣为标准。对于庶出子来讲，嫡母与生母同时出现，嫡母称母，生母并不敢并称为母。皇统三年（1143年）《时丰墓志铭》载，"母曰李氏，早卒"，又相继出现"曰王氏，故相伴读师儒之女"、"曰王氏，故相径之侄孙"，如若不是在第二王氏后接言"生公数年而卒"②，从而确定此王氏才实为生母，很容易理解为李氏即为其生母，实为嫡母。可见，嫡母在家庭中地位要高于生母。假使生母确是父之正妻，他人的嫡母，则会言语中突出其与自己的直接血缘关系，显示母亲与自己的家庭地位。比如何仲殊墓铭中追述父亲时称"亲母"刘氏，而后娶马氏。③ 由此可以窥见，大多数家庭当中，血缘沦于伦理纲常之下，这也与金代嫡庶之间差别相呼应。

但就丧服制度而言，金律则认为"嫡、继、慈、养，同于亲母，继母如母。限制依本生三年，若父亡或被弃改嫁者，便与亲母不同，无服同凡人"。大定八年（1168年），世宗定子为改嫁母服丧三年。④ 此律制定旨在晚辈子女孝敬长辈，以法律上的肯定和强行制约，强调孝子义务，以及由此灌输即便无血缘关系的拟制母亲，亦应予以伦理道德和义务上与生母同等的尊敬，与刑法上重嫡母并不矛盾。这不仅表现在汉族家庭中，金代有契丹人移剌余里也者，有一妻一妾。妻之子六，妾之子四。妻死，其六子庐墓下，更宿守之。妾之子皆曰"是嫡母也，我辈独不当守坟墓乎"。于是，亦更宿焉，三岁如一。世宗赐钱五百贯，并令县官积钱于市，以示县民，然后给之，以为孝子之劝。⑤ 因她是嫡母，所以他们应该与嫡母的亲生儿子一样守墓治丧，可见嫡母地位较其他都高。另外从世宗

---

① 叶潜昭：《金律之研究》，台湾商务印书馆1972年版，第166页。"告祖父母父母绞，若告祖父母、父母者，绞。嫡、继、慈、养者，减一等。"
② 荣丽华编集，王世民校订：《1949—1989四十年出土墓志目录》，中华书局1993年版，第274页。
③ 河北省文物研究所等：《河北三河县辽金元时代墓葬出土遗物》，《考古》1993年第12期，第1085—1092、1119页。
④ 《金史》卷6《世宗上》，中华书局1975年版，第141页。
⑤ 《金史》卷8《世宗下》，中华书局1975年版，第179页。

对他们的奖励旌表来看，嫡母地位独尊的事实，受到制度和社会舆论的认可，折射出女真契丹族南下过程中受到较深汉文化的影响。

（二）继母

金代继母的产生多建立在父亲再婚基础之上。父亲再娶细分为两种不同情况：即生母为父之正妻，金代连年征战、灾荒和低水平的医疗卫生技术，致使妇女因生子早卒现象众多，父亲再娶；第二种，时下社会风气较为开放，又得以法律支持，再婚比比皆是，即离婚后的再娶。

在家庭成员间权利义务关系上，金代视继母如母。继母因其父亲配偶身份，孝子待之应与亲母同，继母理论上亦应抚育教养子女。从史例来看，金代继母与继子女之间权利义务，主要表现为子女对继母的居时奉养，与死后行服两方面。

继母与继子女之间的权利义务关系从礼制伦常以及法律上规定之后，金代汉人也对因此划定的这种相互关系，持以认同且褒扬的态度，史书中也出现众多类似和谐家庭。马百禄、蔡松年、崔怀祖等事继母以孝闻。① 但实际上双方联系，因父亲与继母关系的有无，而存在或消失。继母旨在为对外保护自己贤良淑德的形象和在丈夫心中留下美好印象，继子女与继母二人之间并不直接产生关系，所以关系相对较为疏远。我们可以做此理解，继母与继子女之间缺少实在感情维系，不易长久维持。如若父亲再娶时子女已经成人，继母与其之间缺少共同的家庭生活经历，之后养育自己的子女，彼此存在隔阂以及偏袒亲子，实在在所难免。如，李氏嫁为同郡白全道之妻，史书中称赞夫人"拊前夫人子如所生"。抛开撰者主观意愿和墓志铭本身溢美之嫌，我们可以窥见，李氏将前夫人之子彦升称为长子，对他视同己出，已经成为时下美谈，但后面接着记载李氏"子，男四人，长曰贲……次曰华……次曰莹……次曰麟"，并没有将言语上承认的"长子"真正纳入实际生活中子女范畴。② 当然亦有继母不良行为，实际生活中继母或许并无极端的苛刻行为，但为了突出继母的面恶和心恶而予以夸大，从而更凸显出一家之中继母非亲母的事实和与亲母的差异。

（三）养父母与养子

金代流行收养本族人婴儿为养子、养女的习俗。③ 金律定"皇族收养

---

① 《金史》卷97《马百禄传》，中华书局1975年版，第2156页；卷125《蔡松年传》，第2717页；《中州集》庚集第7，崔遵小传，第364页。
② 《元好问全集》卷第25《南阳县太君墓志铭》，山西人民出版社1990年版，上册，第611页。
③ 宋德金：《中国风俗通史辽金西夏卷》，上海文艺出版社2001年版，第427页。

异性男子，姓同者减二等"①，这多针对于女真人而言。金代女真收养子，其身份有战俘，收继族人妻子之早有子，赈济贫乏之家收养为子②以及无子收之养子。一般而言，东汉以来，宦者养子以继世。③ 金代汉族人收养也多以继嗣为目的，随时间推移，亦只有因无子而收养子为继子这一形式得到最后发展。④ 汉族人建立在收养基础上的拟制亲属关系亦多系同宗，收养的过程亦即宗服血缘由远及近、由旁拟直的过程。史例中无子多分为两种情况，一种是妻子没有生育，史邦直二娶都无子出，以侄为之后⑤；元德清无子，以从孙好谦之子搏奉其后。⑥ 辽金元宗教兴盛，亦多有人教未娶而无后者，谢叔耕"蚤岁孤。及长，羁旅江淮闽蜀间，险阻艰辛历万状，而无有子也。复命吾兄之子曰安老为吾后"，目的"以奉先人烝尝"⑦；另一种是育有子嗣，但是早早夭折。康伯禄先娶蓟州游氏，再娶鲁山张氏，"一子彭原，张出，殁于京师之兵"，将从弟锐第三子阿千立为嗣⑧；王庭筠三个儿子：万安、万孙、万吉，都早早去世，"以弟庭淡之次子万庆为之后"；⑨ 杨奂然四个儿子也都早夭，"以犹子元桢袭职"⑩。这些所收养的孩子多来自兄弟之家，如以吴曦族兄端之子为曦后⑪；元氏始生之七月，出继叔氏陇城府君⑫；张齐"无怙、无恃，孤养于祖考、叔

---

① 曾代伟：《金律研究》，中华发展基金管理委员会、五南图书出版有限公司1995年版，第296页。
② 《遗山先生文集》卷22《御史孙公墓表》，上海商务印书馆缩印乌程蒋氏密韵楼藏明弘治刊本，第233页。"公讳德秀，字伯华。父栖、资禀淯直，乐于为善。时与羽人禅客游，尤喜赒恤贫乏，或养之终其身，且葬祭之。"并不等同于养子，不在本文所讨论养子范畴之内。
③ 《金史》卷131《宦者传·序》，中华书局1975年版，第2807页。
④ 王可宾：《女真国俗》，吉林大学出版社1988年版，第70—71页。
⑤ 《遗山先生文集》卷22《史邦直墓表》，上海商务印书馆缩印乌程蒋氏密韵楼藏明弘治刊本，第232页。
⑥ 《遗山先生文集》卷25《承奉河南元公墓铭》，上海商务印书馆缩印乌程蒋氏密韵楼藏明弘治刊本，第253页。
⑦ 陈垣编纂：《道家金石略》，郑玉：《上清灵宝道院记》，文物出版社1988年版，第997页。
⑧ 《遗山先生文集》卷21《大司农丞康君墓表》，上海商务印书馆缩印乌程蒋氏密韵楼藏明弘治刊本，第232页。
⑨ 《遗山先生文集》卷16《王黄华墓碑》，上海商务印书馆缩印乌程蒋氏密韵楼藏明弘治刊本，第169页。
⑩ 《遗山先生文集》卷23《故河南路课税所长官兼廉访使杨公神道之碑》，上海商务印书馆缩印乌程蒋氏密韵楼藏明弘治刊本，第236页。
⑪ 《金史》卷98《完颜纲传》，中华书局1975年版，第2181页。
⑫ 《遗山先生文集》卷37《南冠录引》，上海商务印书馆缩印乌程蒋氏密韵楼藏明弘治刊本，第384页。

父之侧"者众多。一方面是由于血缘关系近，且年龄相仿；另一方面是为了不使家财外流。既然收养自然百般疼爱，但仍不乏"奈何厥叔恶之，屡相刑害"① 现象时有出现。一旦被收养，如若收养家庭再有自己的子嗣，金代律令有明文规定，"一旦立继后，若其养父母无子，舍之而去者，唐律本条则处徒二年。金律其为徒三年之刑，则显较唐律为重。至于养父母自己有子时，而愿归还本生者，唐金两律均许之"②。可以看出，金代关于收养子嗣的最终目的还是继香火，如若收养之家有自己的子嗣，对于被收养的养子的去留则并无限制。

任何身份儿子的产生，首先和最想要体现的，都是父子关系的存在，其他家庭成员关系都随着这对父子关系的产生、消失而衍生、断裂。若继养杀其父，所养杀其本生者，并听告。③ 只要对父母不孝，无论是否为收养，父母告发后都将受到法律的惩罚，体现出父母责任、卑幼义务的根本关系。

---

① 阎凤梧主编，牛贵琥等副主编：《全辽金文》，朱守默、李□蟻《泰山元阳子张先生坐化记》天眷元年，山西古籍出版社 2002 年版，中册，第 1278 页。
② 叶潜昭：《金律之研究》，台湾商务印书馆 1972 年版，第 85 页。
③ 叶潜昭：《金律之研究》，台湾商务印书馆 1972 年版，第 166 页。

# 第三章　金代汉族家庭的收支与经济管理

汉族作为女真治下社会中人数最多、文化程度最高的种族，在金代尤其政治社会中越来越受重视。大量辽、北宋以及金汉族知识分子迈入仕途，他们也因此获得了相应的经济报酬。拥有固定的食封、俸禄，还通过与皇帝的私人关系获得额外利益，但这与官品高低挂钩，所以在金代享有此待遇之人寥寥无几。低品级以及与皇帝本身联系疏远的官员，在金代仅食得一份俸禄，但仍属生活乐观阶层；相较之下，汉族百姓没有官家身份的标签，收入渠道少且固定，支出也更以生存生活为主，发展性的享受消费是官宦富户才享有的权利。关于家中经济管理，男性仍然是主导，尤其体现在对于财产的分配上。女性而言，管理相较于创收，更能体现其对家中经济的贡献。

## 第一节　金代汉族家庭的收入概况

家庭经济是整个社会经济发展的重要组成部分，家庭经济来源奠定家庭物质存在的基础，并一定程度上决定着日后消费水平的高低。

### 一　官僚家庭

金代从肇兴的金源内地侵入并立足中原，大批原辽、北宋汉族官员转换角色，改朝为官，加入到女真统治阶层。其家庭经济收入的高低，一定程度上间接反映出在异族统治下，这一群体在整个官僚体制当中的地位作用，可以约略窥见金廷对汉官所持有的态度。有付出就有回报，金代汉族官僚家庭收入方式主要包括：食封、俸禄，这属于制度性合法收入；赏赐、赙赠以及赃污受贿，与皇帝主观意愿有密切关系，随意性较强。

（一）食封

食封由封爵产生，金封爵对象总体上以宗室为主，这与金代中央皇权专制以及族群政策直接相关。学界亦对此有颇为详细的论述，此不赘述，仅将金汉族官员封爵情况列表3—1所示。此表中以金代封爵对象中的外族——汉族为主体，根据其身份、所封爵位、时间可知，封爵对象多以宋辽降臣为主。具体而言，36名汉族官员中，蔡珪、赵秉文、张万公、高汝砺、石琚、孙即康、侯挚为金代人。范成进、张惠、夏全、王义深为金乱起义军，史咏所属不明，剩余24人分属于宋辽降臣，占六成以上；金之当朝汉族官员受封者共7人，较之颇少，且他们均官高权重地位显赫，第一次封爵为生时所封，追封者鲜少。封爵过程中有多次封爵的官员，爵位多呈上升趋势，如刘筈、时立爱、张中孚。他们因此而得到的政治上的地位，以及随之产生的经济效益，都优遇于本朝其他汉官，从而显示对他们的特别对待，达到彻底收服而加以利用的目的；相应的，从被封爵的金代当朝汉臣官员来看，共7人，占所封汉官的近两成。但7人全部为进士出身，5人为当朝宰执①，政绩显赫，位高权重，属于治国俊才，且都不属于死后追封，可见当时并非优秀者就都能够享受这一荣誉。金代汉官封爵制度性质上并不完全等同于实践管理操纵制度。而是旨在为金统治阶层划分势力、区分社会等级，树立又一新标准。

金代封爵并无明确评判标准。宗室大部分以军功为主，汉官则并无具体确切规律可循。② 此爵位产生以及封爵制度施行，目的并非在于完善异族统治下汉族在朝官员管理制度，而是为朝廷拉拢人心，重新分割势力范围，所适时寻找的一种合法借口。对于不同封爵对象的封爵目的，从本质上来看，仅仅是封爵后直接受益的利益集团略有差别，最终维护统治阶级利益这一点，永远是一致的。具体而言，授封对象为宗室。宗室自身属于强大女真统治顶层阵营；受封对象为女真、世戚，是为确保整体社会统治族群政治实力始终处于优势；授封对象为契丹、汉族等外族，则为拉

---

① 陈昭扬：《征服王朝下的士人——金代汉族士人的政治、社会、文化论析》，博士学位论文，台湾清华大学历史研究所，2007年，附录《金代宰执简表》。

② 宋中楠：《金代前期汉官封爵制度研究》，硕士学位论文，吉林大学，2007年。从金代前期汉官封爵制研究得知，熙宗作为太祖一支获胜得以称帝，以大国号大封太祖一系，而小国号自然的封予太宗诸子；海陵登基则给予拥护自己的阵营以封爵，以及为拉拢宗室给他们封爵升爵，很多爵位是如此产生。大小国王的产生不仅意味着经济利益的多或少，也可以理解为被封对象在朝廷当中个人地位的高低，更彰显他所属集团政治地位的高下，从而利于自身利益集团权力地位的争夺。大、小国号的划分参看《金史》卷55，第1230页。

## 表3—1　金代汉族官员封爵略表

| 序号 | 姓名 | 爵位 | 封授时间 | 身份 | 封爵原因 | 卒年 | 追封 | 备注 |
|---|---|---|---|---|---|---|---|---|
| 1 | 刘豫 | 蜀王 | 天会十五年 | 宋降臣 | 废齐国 | 皇统六年 | 否 | |
|  |  | 曹王 | 皇统二年 |  |  |  |  |  |
| 2 | 王义深 | 东平郡王 |  |  |  |  |  |  |
| 3 | 张惠 | 临淄郡王 |  |  |  |  |  |  |
| 4 | 夏全 | 金源郡王 | 正大三年 | 农民起义军 | 以城降 |  | 否 |  |
| 5 | 范成进 | 胶西郡王 |  |  |  |  |  |  |
| 6 | 刘彦宗 | 郧王 | 天会六年 | 辽降臣 |  | 天会六年 | 是 | 薨，追封 |
|  |  | 兖国公 | 大定十五年 |  |  |  |  | 追封 |
| 7 | 刘筈 | 吴国公 | 皇统九年 | 辽降臣 | 从宗望军数年，谋画居多 | 天德二年后 | 否 | |
|  |  | 滕王 | 天德元年 |  |  |  |  |  |
|  |  | 郧王 | 天德二年 |  |  |  |  |  |
|  |  | 曹王 |  |  | 致仕 |  |  |  |
| 8 | 时立爱 | 陈国公 | 天会九年以前 | 辽降臣 | 正尚书左仆射兼侍中 | 天会十五年 | 否 | 天辅七年降金 |
|  |  | 郧国公 | 天会十五年 |  |  |  |  |  |
|  |  | 楚国公 | 皇统七年 |  |  |  |  | 父以财雄乡里 |
| 9 | 韩企先 | 濮王 | 皇统元年 | 辽降臣 | 例降封 | 皇统六年 | 否 | 世贵显 |
|  |  | 齐国公 | 正隆二年 |  |  |  | 是 | 乾统进士 |

第三章 金代汉族家庭的收支与经济管理 123

续表

| 序号 | 姓名 | 爵位 | 封授时间 | 身份 | 封爵原因 | 卒年 | 追封 | 备注 |
|---|---|---|---|---|---|---|---|---|
| 10 | 李成 | 郡王、例封济国公 | 正隆间 | 宋降臣 | 解职起复 | | 否 | |
| 11 | 孔彦舟 | 广平郡王 | | 宋降臣 | 军功 | | 否 | 名门 |
| 12 | 张中孚 | 南阳郡王 | 贞元元年 | 宋降臣 | 迁尚书左丞 | 贞元三年后 | 否 | |
| | | 宿王 | 贞元三年 | | 以疾告老 | | 否 | |
| | | 进封崇王 | | | 移南京留守 | | 否 | |
| | | 加赠邓王 | | | 卒 | | 是 | |
| 13 | 王伯龙 | 广平郡王 | 天德三年 | 辽降臣 | | 天德正隆间 | 否 | 天辅二年降，授世袭猛安 |
| | | 定国公 | 正隆间 | | | | 是 | |
| 14 | 张通古 | 封谭王，改封郓王 | 天德初 | 辽降臣 | | 正隆元年 | 否 | |
| | | 沈王 | | | | | | |
| | | 进封曹王 | 正隆元年 | | 致仕 | | | |
| 15 | 卢彦伦 | 郇国公 | 天眷初 | 辽降臣 | | 天德三年 | 否 | |
| 16 | 李师夔 | 任国公 | | 辽降臣 | | 天辅七年 | 是 | 奉圣永兴人 |
| 17 | 左企弓 | 济国公 | 正隆二年 | 辽降臣 | | 天辅七年 | 否 | |
| 18 | 虞仲文 | 秦国公 | 天辅六年或七年初 | 辽降臣 | | 天辅七年 | | |
| | | 濮国公 | 正隆二年 | | | | | |

续表

| 序号 | 姓名 | 爵位 | 封授时间 | 身份 | 封爵原因 | 卒年 | 追封 | 备注 |
|---|---|---|---|---|---|---|---|---|
| 19 | 曹勇义 | 定国公 | 正隆二年 | 辽降臣 | | 天辅七年 | 是 | |
| 20 | 康公弼 | 陈国公 道国公 | 正隆二年 | 辽降臣 | | | 是 | |
| 21 | 左泌 | 戴国公 | 贞元初 | 辽降臣 | | | | |
| 22 | 刘麟 | 梁国公 韩国公 息国公 | 齐国建 正隆间 | 宋降臣 | | | 否 否 是 | |
| 23 | 刘萼 | 任国公 | 大定初 | 辽降臣 | | | 否 | |
| 24 | 张中彦 | 宗国公 | 世宗即位 | 宋降臣 | | | 否 | |
| 25 | 宇文虚中 | 河内郡开国公 | 天眷间 | 宋降臣 | | 天德初 | 否 | |
| 26 | 韩昉 | 郓国公 | 皇统六年 | 辽降臣 | | 正隆四年 | 否 | |
| 27 | 蔡松年 | 郜国公 卫国公 加封吴国公 | 皇统七年后 | 宋降臣 | | | 是 | 累世通显 |
| 28 | 吴曦 | 蜀国王 | 正隆四年 | 宋降臣 | | 泰和七年 | 否 | |
| 29 | 史咏 | 平阳王 | 泰和六年 | | | | 否 | |
| 30 | 赵秉文 | 天水郡侯 | | | | 正大九年 | 否 | 磁州滏阳人，大定二十五年进士 |

第三章　金代汉族家庭的收支与经济管理　125

续表

| 序号 | 姓名 | 爵位 | 封授时间 | 身份 | 封爵原因 | 卒年 | 追封 | 备注 |
|---|---|---|---|---|---|---|---|---|
| 31 | 张万公 | 寿国公 | 明昌四年后 | | | 泰和七年 | 否 | 山东西路东平府东阿县，正隆二年进士 |
| 32 | 高汝砺 | 寿国公 | 兴定四年 | | | | 否 | 西京路应州金城县，大定十九年进士 |
| 33 | 石琚 | 封莘国公 | 大定十七年 | | | 大定二十二年 | 否 | 河北西路中山府，天眷二年中进士第一 |
| 34 | 孙即康 | 崇国公 | 卫绍王即位 | | | | 否 | 中都路大兴府，大定十年进士 |
| 35 | 侯挚 | 萧国公 | 天兴元年 | | 致仕 | 大安三年 | 否 | 山东西路东平府东阿县，明昌二年进士 |
| 36 | 蔡珪 | 真定县男 | | | | | 否 | 中进士第 |

注：列表以《金史》资料为依据所得。

拢利用以为自身实力增强加重砝码。从表3—1所反映出的授封汉官中降臣角度看，金帝对于宋辽降臣基于收买、奖励，而把封爵当成"补偿回报"，目的更在于始降时将他们原本宋、辽官职爵位换算为金的，使他们改朝后官职相当，意识到自己被重视而感到心里慰藉。金廷期盼这一群体服务于金后，在充分保证其物质利益，以此抬高他们身份，将其纳入金代官僚政治制度，使他们达到制式上的顺承接受而彻底融入和为金服务。

从所封爵等来看，金对汉族官员封爵具体包括王、国公、郡王、郡侯、县男。以王和国公为多，只出现封蔡珪真定县男一例。按照金代封爵等级，郡王、国公都属于正从一品，郡侯属于正从三品。由封爵所带来的食封，封王实封一千户，郡王五千户实封五百户，国公三千户实封三百户，郡侯一千户实封一百户，郡伯、县子、县男皆无实封。① 将这一现象缩小纳入家庭经济角度考虑，无论实际收益多或少，无疑为有所封爵的汉族官员家庭带来收入。② 但即使是收益较多，仅从以上所能得到的封爵人数来看，能够得到这一收入的家庭也实在鲜少。

（二）俸禄

历代官僚服务于朝廷，俸禄的发放是对其付出劳动后的制度性合法经济回报。金代官俸的发放以官阶职品为衡量标准，参佐其任职内外③、职事烦简④，包括正俸之外的食直、驰驿长行马、口卷以及津遣、输佣钱等，以钱钞货币、麴米麦粮食、罗绫绢绵衣料等形式发放。⑤

李弘祺言"北宋之后的中国社会其实是一种'单线社会流动'的形态，社会将绝大多数的报酬、荣誉及地位给予一群为数有限的仕宦官员，所有的人唯一争取的便是极小的仕宦机会，而在科举出身的仕宦地位与权益高于其余出身者甚多的情况下，如'整个社会变成被科

---

① 《金史》卷55《百官一》，中华书局1975年版，第1223—1224页。
② 黄惠贤：《中国俸禄制度史》，武汉大学出版社2005年版，第336页。此书中认为，金朝的食邑无论是虚封或是实封，实际上都是不实惠的，徒有虚名而已。封爵中的某些高级爵位，则有一定的实际好处，指代的是宗室群体。
③ 金代内外官俸禄有别。外官从正三品始，有职田，内官没有。且金代外官经济收入较朝官多。《金史》卷89《翟永固传》，第1975页，记载"永固家贫，求外补，宗翰爱其能，不许，以钱三千贯周之"。不难看出，之所以外补是因为自身家庭经济环境困难，而外官收入多于内官。
④ 《金史》卷58《百官四》，中华书局1975年版，第1340页。"遂以职务烦简定为分数，给兼职之俸。"
⑤ 《金史》《中国俸禄制度史》《辽夏金经济史》《金代汉族士人研究》《金史论稿》《金代文职朝官的俸禄制度研究》等多有论述，在此不赘。

举所支配'"①，这与金代的汉族人社会形态高度吻合，犹如"士之仕也犹农夫之耕也"② 一般寻常。他们为从女真人那里分得这杯羹，以至科举考试成为汉族人入仕的首要途径，绝大多数汉族官员为进士出身③，汉族仕宦与"士人"群体存在较大的重合性。为何为官？从俸禄角度而言，"士所以居官，先以养其口体妻子"，官俸鉴于其他经济收入颇制度性、程式化。④ 俸禄对于他们而言，仍不失为家庭经济稳固的收入来源。"士"这一群体，知识分子式职业性显著，一旦加入女真统治者阶层便埋首于国家治理抑或文化建设传承，有暇于其他副业的较少。⑤ 官俸是家无产业的绝大多数官僚维持生计的主要来源。再者，金代官俸颇丰，已是学界共识。⑥ 加之一旦入仕，与之相应的优免，甚至贪污受贿随之而生。就一般家庭而言（几世同居大家庭除外）⑦，金代官俸日常养家糊口足矣。康德璋父亲，临终告诫诸子言："凡人在仕籍，岂有忧饥冻者？"⑧ 而"无禄以为养，无田以为食，无僮仆为之负贩，无子弟为之奔走，无好事者为之谋缓急而助薄少"⑨，被认为是士之贫甚！更有元德清"日课家人力田治生，厚自奉养，禄食者不及也"⑩；刘公家属于大族，委积丰实，因赀而雄其乡，"又北山之奚家关、西乡之土厚，皆有别业，与世官荣禄家同里闬"⑪。以上两条史料原意在强

---

① 李弘祺：《宋代教育与科举的几个问题》，《宋代教育散论》，东升出版事业有限公司1980年版，第55页。
② 李学勤主编，《十三经注疏》整理委员会整理：《十三经注疏·孟子注疏·滕文公下》，北京大学出版社1999年版，第164页。
③ 陶晋生：《金代的政治结构》，《历史语言所集刊》第41本第4分，1969年，第585—586页。"科举并非是金朝主要的官员取用管道，不过科举的重要性并不在提供大量的官员，而在高品质的官员。"
④ （金）刘祁撰，崔文印点校：《归潜志》卷7，中华书局1983年版，第75页。
⑤ 较少，但史书当中仍有实例可循。《金史·食货四》，第1109页。"诸征商，海陵贞元元年五月，以都城隙地赐随朝大小职官及护驾军，七月，各征钱有差。"
⑥ 《中国俸禄制度史》《辽、金俸禄制度研究》《金代俸禄制度浅述》《金代汉族士人经济来源辨析》等关于金代官俸都基于《金史·百官志》中数据做出描述并进行比较，得出丰厚的结论。
⑦ 《金史·永功传》第1905页，永功子璹"居汴中，家人口多，俸入少，客至，贫不能具酒肴，蔬饭共食"。汉族官员当中也有此情况发生。
⑧ 《遗山先生文集》卷27《辅国上将军京兆府推官康公神道碑铭》，上海商务印书馆缩印乌程蒋氏密韵楼藏明弘治刊本，第277页。
⑨ 《遗山先生文集》卷1《行斋赋》，上海商务印书馆缩印乌程蒋氏密韵楼藏明弘治刊本，第25—26页。
⑩ 《遗山先生文集》卷25《承奉河南元公墓铭》，上海商务印书馆缩印乌程蒋氏密韵楼藏明弘治刊本，第253页。
⑪ 《遗山先生文集》卷28《大丞相刘氏先茔神道碑》，上海商务印书馆缩印乌程蒋氏密韵楼藏明弘治刊本，第280页。

调作为官俸不及置产业，但从另一角度可见，将置办产业厚自奉养与食禄做比较，亦反衬出金代俸禄丰厚匪浅，暗意官家饭碗颇为不错，但这只指代品级稍高官在和平年代，职品低或战争时期除外。

  在这里我们要注意一个问题，在异族统治下，汉族官员天然心理隔阂与戒备始终存在，女真的招抚启用也多让步于对先进异族的防范，致使汉族官员人数相对少。① 金朝宰执集团中的高位通常仍为女真宗室、外戚所把持，即使在海陵朝实行削弱女真宗室贵族势力政策的背景下，宰执集团中曾没有宗室大贵族，外族官员的比例明显增多，但总体上女真官员的职位仍居优势地位。可见在金朝居高官，食厚禄的主要是女真族官员。而且，即使如此已居高官的汉族人也是少之又少。此外，据陈昭扬研究，"金代进士家族及第规模之萎缩，再度指出透过子孙进士及第而保持官宦世家延续的方式，在金代似乎甚是不易。进而如果这些官宦家族，并未以大量在乡里购置田产等方式厚实家族之地方力量，以转变原有之单靠政治力量的取得以维持家族地位的做法时，这种政治环境的变化更易导致家族没落。"② "金代进士平均及第年岁为近 31 岁，以 60 岁致仕计算，则平均仕宦时间为 29 年。"③ 大定二十九年（1189 年），"金朝在议论选举制度，

---

① 陶晋生：《金代的政治结构》，《历史语言所集刊》第 41 本第 4 分，1969 年，第 583—584 页。经陶晋生先生统计，金代出仕者共 648 名，按照统治阶层种族分配，汉人占 40.1%。女真族与非女真所占比例等同。并且三品以上官员 530 人当中，汉人占 37%，女真占 52.8%；四品以下 118 人，汉人 65，占 55%。大体可以计算出，女真 324 名出仕，260 名汉人出仕，相差并非深远。本书作此理解，官阶职位的设置都是有数量限制，即使由于族群政策倾向性原因，在数量上一定要保证占优势的前提下并不过分强调数量多多少，所以可能在官职重要与否上的差异才是最重要的。其中 195 名汉人官居三品及以上，65 名官居四品及以下，而且这样看来高官厚爵者居多。但笔者之所以认为汉族官员较少，是以整体汉人仕宦人数为分子，而将所有金代疆域汉人数量为分母，来进行衡量的。由于女真人总数少，所以百分比会相对高很多。在此谈及仕宦所占比例，目的不在于与女真族相比较，而是将做官群体与普通百姓进行对比，从经济层面俸禄角度，讨论这一群体此项收入在整个家庭当中所占比例的大小。
② 陈昭扬：《征服王朝下的士人——金代汉族士人的政治、社会、文化论析》，博士学位论文，台湾清华大学历史研究所，2007 年，第 3 章，第 166 页。
③ 《金史》卷 55《百官一》，中华书局 1975 年版，第 1227 页。"泰和四年，定考课法，准唐令，作四善、十七最之制。"在此不赘。"乙巳，上谓宰臣曰：'随朝之官，自谓历一考则当得某职，两考则当得某职。事务因循，碌碌而已。自今以外路官与内除者，察其公勤则升用之，但苟简于事，不须任满，便以本品出之。'"《世宗上》第 149 页；梁肃上疏言："方今用度不足，非但边兵耗费而已。吏部以常调除漕司僚佐，皆年老资高者为之，类不称职。臣谓凡军功、进士诸科、门荫人，知钱谷利害，能使国用饶足而不伤民者，许上书自言。就择其可用，授以职事。每五年委吏部通校有无水旱屯兵，视其增耗而黜陟之。"《梁肃传》，第 1982 页。

曾提到要改革进士出身'计四十余年始得至刺史'的'旧格'。依此格法，以循资升迁而未被廉举、荐举的汉人进士，只有未满20岁就考上进士才有可能仕至刺史，而刺史品秩不过正五品。"①"光凭年资，一般的汉族进士的政治生命大致当于六品至三品这一阶段结束。因此，这一阶段可说是大部分汉族进士仕宦的终点，也是政治生活的核心场域"②，居高官享厚禄的鲜少。

另外，赋役租税的承担和缴纳，这是家庭作为社会基本功能单位对国家应当履行的义务。对于绝大多数家庭而言，即家庭固定支出的一部分。金代入仕官宦，对于这一名目的优免可以间接的减少家庭支出，虽未形成制度，亦成为变相的家庭收入。金有"凡叙使品官之家，并免杂役，验物力所当输者，止出雇钱"③。又有世宗崩章宗即皇帝位，赐内外官覃恩两重，三品已上者一重，免今岁租税④的不定优免。

（三）其他

1. 赗赠

赗赠的给予作为一种物质与荣誉上双重受益的嘉奖形式，历代皆有。金代史书中对于汉官卒后也给予包括赗银、重彩、绢等形式在内的丧赗。现将《金史》中汉官赗赠情况列表3—2 如下：

表3—2　　　　　　　　金代汉族官员赗赠情况表

| 姓名 | 去世时间 | 所任官职 | 赗赠内容 | 史源 |
| --- | --- | --- | --- | --- |
| 张万公 | 泰和七年 | 宰执 | 命依宰臣故事，烧饭⑤，赗葬 | 卷95，《张万公传》 |
| 张用直 | 天德四年 | 依宰臣故事 | 贺宋国正旦使卒于汴，遣使迎护其丧，官给道途费。丧至，赐钱千万 | 卷105，《张用直传》 |

---

① 陈昭扬：《征服王朝下的士人——金代汉族士人的政治、社会、文化论析》，博士学位论文，台湾清华大学历史研究所，2007 年，第 3 章，第 101 页。
② 陈昭扬：《征服王朝下的士人——金代汉族士人的政治、社会、文化论析》，博士学位论文，台湾清华大学历史研究所，2007 年，第 3 章，第 103 页。
③ 《金史》卷 47《租赋》，中华书局 1975 年版，第 1056 页。
④ 《金史》卷 9《章宗一》，中华书局 1975 年版，第 208—209 页。
⑤ 《金史》卷 106《张暐传》，第 2327—2328 页。"明昌二年，太傅徒单克宁薨，章宗欲亲为烧饭，是时，孝懿皇后梓宫在殡，张暐奏：'仰惟圣慈，追念勋臣，恩礼隆厚，孰不感劝。太祖时享，尚且权停，若为大臣烧饭，礼有未安。今已降恩旨，圣意至厚，人皆知之，乞俯从典礼，则两全矣。'章宗从之。"此烧饭并非章宗亲行，而是遣官执行。

续表

| 姓名 | 去世时间 | 所任官职 | 赙赠内容 | 史源 |
| --- | --- | --- | --- | --- |
| 左光庆 | 大定二十五年 | 正三品 | 遣使致祭,赙银三百两、重彩十端、绢百匹 | 卷75,《左泌传附侄光庆传》 |
| 刘珫 | 大定十一年后（包括大定十一年）① | 正三品 | 柩过京畿,敕有司致祭,赙银三百两、重彩三十端 | 卷97,《刘玑传附兄珫传》 |
| 耿端义 | 贞祐二年 | 宰执 | 宣宗辍朝,赙赠甚厚,遣使祭葬 | 卷101,《耿端义传》 |
| 王庭筠 | 泰和二年 | 从六品 | 素知其贫,诏有司赙钱八十万以给丧事 | 卷126,《王庭筠传》 |
| 时立爱 | 天会十五年 | 陈国公 | 赙赠钱布缯帛有差。诏同签书燕京枢密院事赵庆袭护丧事,葬用皆官给之 | 卷78,《时立爱传》 |
| 苏保衡 | 大定六年 | 宰执 | 辍朝,赙赠,命有司致祭 | 卷89,《苏保衡传》 |
| 董师中 | 泰和二年 | 宰执 | 依见任宰执例葬祭,仍赙赠之 | 卷95,《董师中传》 |

注:所任官职皆以仕途中最高品级官职计。

金代汉官受赙赠未形成定制,无具体衡量标准依照给予,随意性颇强。从已经出现史例来看,受到赙赠的人数甚少且品级较高（均在正三品及以上）,透出品级的高低是基础但并非决定性因素。具体而言,9人

---

① 《金史》载刘珫年57卒官,其弟刘玑承安二年（1197年）年82卒,推知刘玑生于收国元年（1115年）。假设刘珫、刘玑以最小年龄差距相继出生,刘珫则为1114年出生,可知其去世逻辑推算年份应为1171年即大定十一年,亦即刘珫活的最近时间。与此同时,《金史》亦载1171年刘珫为夏国生日使,1176年官同知宣徽院事为贺宋生日使。这一记载也同时出现在《宋史》当中。略有矛盾之处。李浩楠考证刘珫乃刘玮之兄,《金史》编纂者因刘珫、刘玑皆为"王"字旁而张冠李戴。（李浩楠:《金朝出使南宋汉族正、副使研究》,姜锡东主编《宋史研究论丛》第19辑,河北大学出版社2016年版,第44页。）

之中除 4 名官至宰执，其他人也是"名人"。张用直虽以贺宋国正旦使卒但依宰臣事丧，并且辽王宗干曾耳闻其材延置于门下，海陵曾与其子、兄皆并受之学。海陵还称从其学"亦儒者之荣也"①；时立爱拥有国公封爵官职，均在从二品及以上；刘玠、左光庆亦曾仕至正三品级官职。刘玠去世时间即便为大定十六年（1176年），从世宗即位至其去世 15 年间，世宗与刘玠的互动略列举如下，得到较多称赞以及赏赐升迁。"世宗大悦，以为护卫十人长"；"上喜其有功，呼其小字而谓之曰：'太平所至，庶几能赞朕致太平矣'"；"再转近侍局使，迁太子少詹事，兼引进使，赐袭衣。未几，为陕西统军都监，赐厩马、金带，皇太子以马与币为赆。召为同知宣徽院事，迁太子詹事、右宣徽使，与张仅言典领昭德皇后园陵，襄事，太子赠以厩马"；"以疾求补外，除定海军节度使……玠朝辞，仍赐厩马、金带、彩十端、绢百匹"。② 若依金制 40 余年始得至正五品刺史的旧格，刘玠从从五品至正三品仅仅用了 15 年，不得不算作迅速，也反映出其受到当政者的异常恩宠。刘玠之所以得到赙赠，显而易见了；只有王庭筠与其他人相异，品级较低，但之所以能够获得赙赠，并不在于其官品的高低，而是取决于其文学造诣。欣赏其文学才识多过其政治功绩，以这样的评价标准来衡量，便名副其实。这从王庭筠死后章宗"求生平诗文藏之秘阁"可以见得。以上官员赙赠的取得并无其他规律可循，很大程度上，同等官职品级、文化水准的其他官员却无法得到，这与皇帝个人喜好以及关系亲疏亦不无关系。

"金帝宗室死后给予赙赠基本都集中在世宗朝，其他帝王时期史书上没有记载"③，对汉官的赙赠鉴于人数本少，形成趋向性结论亦不科学。但约略看出，无明显聚堆现象。（海陵时 1 人，熙宗时 1 人，世宗、章宗时各 3 人，宣宗时 1 人）。由此可见：第一，金代赙赠未形成成熟定制。从有明确记载的女真来看，践行时间颇短，只出现世宗一朝。较于汉官，在熙宗到宣宗近 90 年只有 9 人，并非经常性的制度性行为。第二，民族政策倾向性依然明显。给予赙赠对象，宗室人数以及内容数量都远远多于汉族。第三，从所给予赙赠对象为宗室以及高品级官员群体整体看来，等级阶级特征明显，时刻都在维护统治阶层的特权地位。

---

① 《金史》卷 105《张用直传》，中华书局 1975 年版，第 2314 页。
② 《金史》卷 97《刘玠传》，中华书局 1975 年版，第 2158—2159 页。
③ 李玉君：《金代宗室研究》，科学出版社 2016 年版，第 79 页。

## 2. 赏赐

金代大规模群体性质的赏赐多见于军功赏[①]，对象以武官以及将士为主。对于汉族官员的制度性赏赐规定多包含于整个朝廷赏格制度之中。如大定二十九年（1189年）敕尚书省，"以后士庶言事，或系国家或边关大利害已尝施行者，可特补一官；有益于官民，量给以赏"[②]；长吏劝课能否定赏罚[③]；官民能完复州郡者功赏有差[④]；司县官能率民户以助耕而无骚动者，量加官赏"等。[⑤] 也就是说，并非为汉族官特设，任何人以本职范围内政绩显著都可获得封赏，属于临时性质，可理解为对在朝官以物质以及迁官赏而激励其治事，能者多得。现将《金史》中皇帝对于汉官的赏赐情况择要列表如3—3所示：

表3—3　　　　　　　　金代皇帝赏赐汉族官员情况表

| 姓名 | 赏赐时间 | 赏赐物品 | 赏赐原因 | 史源 |
|---|---|---|---|---|
| 董师中 | 承安四年 | 诏赐宅一区 | 表乞致仕，使之留居京师 | 卷95，《董师中传》 |
| 张行信 | 贞祐四年 | 宝券二万贯、重币十端 | 行信与礼官参定仪注，建议宣宗依四十四拜之礼祔享太庙，较世宗十六拜之礼殊为中理 | 卷107，《张行信传》 |
| 张簧 | 大定二十七年 | 迁赏有差 | 以河水入城闭塞救护有功 | 卷27，《河渠志》 |

---

[①] 《金史》：飨将士，赐官赏各有差，仍给复三年，第123页；遣左副点检蒲察阿李罕等赏赍河南将士，第125页；遣客省使乌居仁赏劳河南军士，第130页；己酉，遣提点太医近侍局使李仁惠劳赐北边将士，授官者万一千人，授赏者几二万人，凡用银二十万两，绢五万匹、钱三十二万贯，第240页；乙卯，更定军功赏格，第251页；是月，定南征将士功赏格，第282页；诏谕陕西两省，凡戎事三品以下官听以功过赏罚之，银二十五万两从其给赏，第378页；太宗赏破张觉功及有功将士各有差，第1703页；河南既平，宗弼劳赏将士，赏文银币鞍马，第1785—1786页；八月丁丑，定西征将士官赏有差，第363页；诏居庸关、古北口讥察契丹奸细，捕获者加官赏，第128页；若执蒲速越父子以来者，仍官赏之，第131页；乙丑，制增定擒捕逃军赏格及居停人罪，第331页；戊申，诏定招捕土寇官赏格，第360页。另外，军队的赏赐有专门的规定。具体参看《金史·兵志》卷44。

[②] 《金史》卷10《章宗二》，中华书局1975年版，第230页。

[③] 《金史》卷10《章宗二》，中华书局1975年版，第231页。

[④] 《金史》卷17《哀宗上》，中华书局1975年版，第386页。

[⑤] 《金史》卷47《食货二》，中华书局1975年版，第1054页。

第三章 金代汉族家庭的收支与经济管理 133

续表

| 姓名 | 赏赐时间 | 赏赐物品 | 赏赐原因 | 史源 |
|---|---|---|---|---|
| 刘玑 | 大定至明昌二年 | 赐钱三千贯 | 建言省漕运费、河堤种柳省每岁堤防之费，尽心公家 | 卷97，《刘玑传》 |
| 翟永固 | 贞元元年至正隆二年；大定三年 | 笏头球文金带；通犀带 | 迁礼部尚书；表乞致仕不许，罢为真定尹 | 卷89，《翟永固传》 |
| 赵兴祥 | 天德初；大定十五年 | 玉带；车马、金币、金银器皿；银五百两，感风眩，赐医药 | 海陵尝问兴祥，欲使子弟为官，当自言。兴祥辞谢。海陵善之；为济南尹 | 卷91，《赵兴祥传》 |
| 刘玠 | 世宗时 | 厩马、金带；彩十端、绢百匹 | 为陕西统军都监；以疾求补外，除定海军节度使 | 卷97，《刘玑传附兄玠传》 |
| 郭企忠 | 太祖时 | 白鹰 | 知其家世 | 卷82，《郭企忠传》 |
| 张景仁、刘仲渊、曹望之 | 大定六年至八年 | 银币有差 | 《太宗实录》成 | 卷88，《纥石烈良弼传》 |
| 魏全 | 泰和七年 | 钱百万 | 死节军士 | 卷12，《章宗四》 |
| 高汝砺 | 兴定三年 | 金鼎各一，重币三 | 里城毕工，百官称贺。宴宰臣便殿 | 卷15，《宣宗中》 |
| 吴激子 | 皇统二年 | 钱百万、粟三百斛、田三顷 | 吴激卒，周其家 | 卷125，《吴激传》 |
| 杨伯仁 | 天德二年后 | 海陵解衣赐之；金带袭衣，及赐白金；丹剂 | 海陵尝夜召赋诗，传趣甚亟，未二鼓奏十咏；父死奉母；大臣举可修起居注者数人，上以伯仁领之。地寒因感疾 | 卷125，《杨伯仁传》 |
| 刘瑜 | 明昌三年 | 粟帛 | 家贫甚孝 | 卷127，《刘瑜传》 |
| 孟兴 | 明昌三年 | 帛十四、粟二十石 | 家贫甚孝 | 卷127，《孟兴传》 |

续表

| 姓名 | 赏赐时间 | 赏赐物品 | 赏赐原因 | 史源 |
| --- | --- | --- | --- | --- |
| 赵质 | 明昌间 | 赐田亩千 | 章宗赏其志趣不凡,召至行殿命之官,固辞,上奇之 | 卷127,《赵质传》 |
| 左容 | 泰和三年 | 银、币 | 编修官充宫教 | 卷11,《章宗三》 |
| 刘豫 | 皇统元年 | 钱一万贯、田五十顷、牛五十头 |  | 卷77,《刘豫传》 |

根据表3—3所示,金帝对于汉官的赏赐内容包括两个方面:物质形式的金银、衣食住行,以及带制。与对宗室的赏赐相比,受赏人数、所赏赐数量仍明显偏少,而且并没有奴婢、人口等劳役赏赐出现。① 这也从侧面说明奴婢阶层在女真家庭,尤其宗室当中不可或缺的作用与现象的普遍。② 对于带制不同的赐予,多为一种荣誉与身份高低的授予。授予带制品级通常高于当时官员所任实职官品品级。如翟永固迁正三品礼部尚书,赏佩正二品笏头球文金带。海陵赐赵兴祥以玉带,诏曰:"汝官虽未至一品,可佩此侍立"③。赏赐时间、赏赐内容随意性强,皇帝个人主观意识起到较关键作用,总体对有显著治国利民政绩的个人进行赏赐。④

3. 赃污受贿

贪赃自营以归置私利,是整个古代官僚体制的附属产物,利用职务之便以实现互相之间的交通,俨然已经成为一种不言而喻的治事方式。金代"职官多贪污,以致罪废,其余亦有因循以苟岁月者"⑤。通过这种方式所获的非法收入,成为官僚家庭经济收入的一部分,这种损公肥私行为不但造成百姓社会经济上的损失,更助长朝廷执政的歪风邪气。

---

① 李玉君:《金代宗室研究》,科学出版社2016年版,第78页。
② 梁方仲编著:《中国历代户口、田地、田赋统计》,上海人民出版社1980年版,第167页,甲表43《金代猛安、谋克户平均口数、田数及正口和奴婢的比数》统计中,在都宗室将军户每户正口占总口数仅为3.41%,而奴婢却达到96.59%。而一般普通的猛安谋克户每户的奴婢比率也近22%。
③ 《金史》卷91《赵兴祥传》,中华书局1975年版,第2026页。
④ 其中刘珫为陕西统军都监、翟永固迁礼部尚书后,史书紧接记载受到赏赐,但并无明确说明赏赐具体原因与升迁有无关系。由于事件发生时间前后相连,亦无其他说明,本书理解为升迁与赏赐同属因前任工作功绩显著而得到的奖励。
⑤ 《金史》卷54《廉察条》,中华书局1975年版,第1202页。

鉴于此，金帝对此进行严惩，即使外戚宗室亦同。高衎为永宁太后族人，之前为东京警巡院使时，"以赃免去，欲因太后求见，海陵不许"①；徒单贞为咸平尹，在咸平贪污不法，累赃钜万，后来当真定尹时，事情败露。世宗使李昌图鞫问，徒单贞服罪，昌图回来还奏世宗，世宗问："贞停职否？"当知道未停职时，大怒，不但治昌图罪，另外请遣刑部尚书移剌道往真定询问，"征其赃还主"。② 此严戒施用于女真，折射出当时金代社会此种行为较为常见，朝廷因此亦多次做出相应规定以期达到抑制的作用③，所下诏令时间间隔较短，也反映出现象的普遍性和金代皇帝治理此事的力度和决心。

虽如此，但对于女真人涉赃贿仍采取优遇对待态度。大定二十六年（1186年），世宗谓宰臣曰："亲军虽不识字，亦令依例出职，若涉赃贿，必痛绳之"。太尉左丞相克宁曰："依法则可"。上曰："朕于女直人未尝不知优恤。然涉于赃罪，虽朕子弟亦不能恕。太尉之意，欲姑息女直人耳"。④ 虽无法看到具体的绳之之法，但从世宗与徒单克宁的对话以及言语之间的闪烁其词和一贯处理方式，不得不让人产生疑问。更甚，金帝对于朝中官员贪污行为态度暧昧，"无意识"纵容特点显著。如有"盐司所辖灶户，旧出分例钱以资司官，管句历三周年乃成考，所得不下万缗"。诸管句分办岁课，额外久有积贮称之附余，管句私用。有司视之以为例而不禁；⑤ 大定十八年（1178年）世宗告宰臣："职官始犯赃罪，容有过误"；⑥ 泽州刺史刘德裕、祁州刺史斜哥、沧州同知讹里也、易州同知讹里剌、楚丘县令刘春哥以赃污抵罪，世宗欲诏示中外，丞相守道以为不

---

① 《金史》卷90《高衎传》，中华书局1975年版，第2005页。
② 《金史》卷132《徒单贞传》，中华书局1975年版，第2827页。
③ 《金史》卷8《世宗下》，中华书局1975年版，第194页。卷10《章宗二》，第227、230、236、240、241页。卷11《章宗三》，第261页。大定十二年（1172年）世宗诏，"赃官既已被廉，若仍旧在职必复害民，其遣驿使遍诣诸道，即日罢之"；大定二十六年（1186年）定，"职官犯赃同职相纠察法"；明昌四年（1193年）诏，"诸职官以赃污不职被罪、以廉能获升者，令随路、京、府、州、县列其姓名，揭之公署，以示劝惩"；承安二年（1197年）正月敕，"职官犯赃私不得诉于同官。二月，自今职官犯赃，每削一官殿一年。甚至廉举之人也要受到连带的惩罚。宫中承应人出职后三年内犯赃罪者，元举官连坐，著为令。"职官死后亦剥夺追赠资格，泰和三年（1203年）定，"职官追赠法，惟尝犯赃罪者不在追赠之列。"
④ 《金史》卷8《世宗下》，中华书局1975年版，第194页。
⑤ 《遗山先生文集》卷27《辅国上将军京兆府推官康公神道碑铭》，上海商务印书馆缩印乌程蒋氏密韵楼藏明弘治刊本，第276页。
⑥ 《金史》卷7《世宗中》，中华书局1975年版，第170页。

可，上以问子平曰："卿意何如？"子平曰："臣闻惩一戒百，陛下固宜行之。"上曰："然"。遂降诏焉。① 最终进行了严惩，但从世宗在欲诏示天下其罪行得到丞相否定建议后，心生犹豫而询问大臣魏子平意见来看，其亦心生"怜惜"；又有知大兴府事纥石烈执中坐赃，章宗命仲略鞫问之后，罪当削解。权要竞言太重，而章宗也颇然之，此时仲略奏曰："教化之行，自近者始"。此外，又历数纥石烈执中缺点，参奏他"凶残狠愎，慢上虐下"。章宗听后也附和："卿言是也"。泰和五年（1205年）纥石烈执中卒，章宗叹曰："此人于国家宣力多矣，何遽止是耶"，并赠朝列大夫。② 章宗对纥石烈执中意欲重罚，但从其不坚定态度来看，本质上对于这种行为的惩罚机制并不成熟，对待此行为思想上的认识也并不够深刻彻底。对于此种行为金廷采取姑息纵容态度普遍，视而不见听而不闻或遍寻各种理由重罪轻惩现象众多。③ 这说明，相较于大臣的政治功绩而言，类似附带产生的经济犯罪，微不足道。如此便很大程度上助长了官吏歪风势焰，也体现出金廷的用人政策，明昌四年（1193年）章宗宰臣指出，"今之所察举，皆先才而后德。巧猾之徒，虽有赃污，一旦见用，犹为能吏，此廉耻所以丧也"。而章宗亦认为："凡称政有异迹者，谓其断事有轶才也。若止清廉，此乃本分，以贪污者多，故显其异耳"。有才无行、非道求进者，在其颇为有声的政绩中，赃污缺点被大大放小，其觊觎行为丝毫不被纠察。于是"奔竞之俗息，而廉耻可兴"。④ 而且对于廉察官吏实行清廉与政绩双重衡量标准，仕途上升迁颇为不易。史有明昌三年（1192年），"廉察则有清廉之声，而政绩则平常者，敕命不降注。以石仲渊等四人，虽清廉为百姓所喜，而复有行事邀顺人情之语，则与公正廉能人不同，敕命降注。凡治绩平常者，夺元举官俸一月"⑤。即便所察能甄奖的官员，以恐无以慰民爱留之意，并不即刻予以升除，直待秩满日升除。如此任用官吏以及擢用官吏，无一不为之贪赃枉法提供借口，于是赃污受贿不绝于途。"金国之法，夷人官汉地者，皆置通事，上下重轻，皆

---

① 《金史》卷89《魏子平传》，中华书局1975年版，第1977页。
② 《金史》卷96《李晏传附子仲略传》，中华书局1975年版，第2128—2129页。
③ 《金史》卷81《高彪传》，中华书局1975年版，第1824页；卷84《耨碗温敦思忠传附子谦传》，第1884页；卷66《弈传》，第1569页。高彪为武宁军节度使，颇黩货，尝坐赃，海陵以其勋旧，杖而释之；弈为人贪鄙，数以赃败，帝爱其能治围场，故进而委信之；乌林答钞兀追捕逃军，至猛安中，谦畏其扰，乃酿民财买银略钞兀。事觉，钞兀抵罪，谦坐夺猛安。遇赦，求叙，世宗曰："乙迭无自与赃，使复其所。"
④ 《金史》卷10《章宗二》，第228、230、236、240、241页。
⑤ 《金史》卷54《选举四》，第1203页。

出其手，得以舞文招贿，三二年皆致富，民俗苦之。"① 史书中受贿实例不胜枚举，原因多种多样，最寻常即利用职务之便，徇私枉法以自盈利。大定二十二年（1182年），寿州刺史讹里也、同知查剌、军事判官孙绍先、榷场副使韩仲英等以受商赂纵禁物出界②；左渊贪鄙，三任漕事，"务以钱谷自营"。在中都凡八年，"与李通、许霖交关贿赂"，"诡纳漕司诸物，规取财利"。③ 不同行业各有自己受贿求贿的途径。大定七年（1167年），右三部检法官韩赞以捕蝗受赂；④ 盐官每出巡，而巡捕人往往私怀官盐，所至求贿及酒食，稍不如意则以所怀诬以为私盐。⑤ 因自身仕途中犯错而有意贿赂他人现象也较为普遍。张炜任西北路三司签事时，规措陷没县官钱，王扩鞫之。计算所失钱币、草米，例以百万计，都是权要假贷之数。于是张炜先以金币诸物，贿赂黄门李新喜。王扩列奏炜"内结阉竖，外连权贵，奸赃狼籍，罪在不赦"。⑥ 不同行业因谋私利对百姓造成的伤害却是事实。翰林修撰杨庭秀言："州县官往往以权势自居，喜怒自任，听讼之际，鲜克加审。但使译人往来传词，罪之轻重，成于其口，货赂公行，冤者至有三二十年不能正者。"⑦ 其中最直接的危害是经济上的损失，张炜"大抵募商贾纵其贩易，不问所从来。奸人往往投牒，妄指产业"，"已而亡去，即逮系邻保，使之代偿"。⑧ 如果遇到战争年份，往往使得国家财用不足，史称"大凡兵兴则财用不足，是故张炜、李复亨乘时射利，聚敛为功"⑨。由此所造成的经济损失显而易见，而因此给后世带来政治制度黑暗、社会不稳定因素。对于贪污受贿的官员，张万公亦奏张炜等"虽有才干，无德可称"⑩。但也不乏正直官员，皇统二年（1142年），刘筈充江南封册使，至临安，宋人送给他牌匾榜其居曰"行宫"。刘筈"请去榜而后行礼"。宋人惊讶其为人，想要通过厚贿来游说他，"奉金珠三十余万，而筈不之顾"⑪；大定十四年（1174年），贾少冲

---

① （宋）洪皓撰：《松漠纪闻》，照旷阁本，第17页。
② 《金史》卷8《世宗下》，中华书局1975年版，第182页。
③ 《金史》卷75《左泌传附弟渊传》，中华书局1975年版，第1726页。
④ 《金史》卷6《世宗上》，中华书局1975年版，第139页。
⑤ 《金史》卷49《食货四》，中华书局1975年版，第1097页。
⑥ 《遗山先生文集》卷18《嘉议大夫陕西东路转运使刚敏王公神道碑铭》，上海商务印书馆缩印乌程蒋氏密韵楼藏明弘治刊本，第188页。
⑦ 《金史》卷45《刑志》，中华书局1975年版，第1023页。
⑧ 《金史》卷100《张炜传》，中华书局1975年版，第2215页。
⑨ 《金史》卷95《李復亨传》，中华书局1975年版，第2219页。
⑩ 《金史》卷95《张万公传》，中华书局1975年版，第2103页。
⑪ 《金史》卷78《刘彦宗传附子筈传》，中华书局1975年版，第1772页。

为宋主生日副使，宋人送给他珍异之物，少冲笑谓其人曰："行人受赐自有常数，宁敢以赂辱君命乎"，不受。①

在金代官僚家庭收入当中，贪污受贿属于非正当手段的非法收入途径，属于政治体制运行所衍生的必不可少的附属产物，不好规避、不可避免。

## 二 平民家庭

这一群体无官品，并不享受朝廷俸禄和食封，包括家富于财的豪族也包括个体农户、牧户、小手工业者、小商贩等财力相对较小的普通民户。

相较于北宋，金代整体汉人社会的职业成分与产业结构更以"农业"为主②。农作物以粟、麦、稻为主，主要分布于包括前中期经济核心区的河北东、西路，山东东、西路，中都路，以及南京路为中心的后期经济核心区域。③ 大多数普通汉民族家庭以农耕收入为主并成为该家庭恒产④，是经济收入的稳固来源。史书当中世代务农家庭颇为常见。严武叔曾大父启、大父祺、父圭，皆以农为业⑤；毕叔贤大父、父，皆以农为业⑥；荆崇远家世业农⑦，等等。崔聂曾祖、祖、父，皆务业农桑。崔聂勤务祖业，越倍增进。在他去世后，妻子张氏也警教二子，以继父之志行。由是，督恩务耕桑，令友长乡户，始基百亩之余，缘计仅乎十倍。⑧ 虽始于

---

① 《金史》卷90《贾少冲传》，中华书局1975年版，第2000页。
② 陈昭扬：《征服王朝下的士人——金代汉族士人的政治、社会、文化论析》，博士学位论文，台湾清华大学历史研究所，2007年，第149页。
③ 张博泉：《金代经济史略》，辽宁人民出版社1981年版，第35页。除以上诸路外，还有西京、河东南北、京兆府、庆原、凤翔路都不同程度地分布着粟、麦、稻。
④ 《金史》卷108《胥鼎传》，中华书局1975年版，第2380页，出现"沿边人户虽有恒产，而赋役繁重，不胜困惫。又凡失业寓河南者，类皆衣食不给"。《金史》卷50《食货五》，中华书局1975年版，第1118页，"省臣以为，阙食州县，一年则当赈贷，二年然后赈济，如其民实无恒产者，虽应赈贷，亦请赈济"。由于金代汉人除缴纳夏秋两税外，物力钱的征收亦计民田园、邸舍、车乘、牧畜、种植之资，藏镪之数，但从以上来看，将农业生产最基本的生产资料看做恒产亦不为过，所以其所收获理应也可以看作恒产。
⑤ 《遗山先生文集》卷26《东平行台严公神道碑》，上海商务印书馆缩印乌程蒋氏密韵楼藏明弘治刊本，第258页。
⑥ 《遗山先生文集》卷30《濮州刺史毕侯神道碑铭》，上海商务印书馆缩印乌程蒋氏密韵楼藏明弘治刊本，第300页。
⑦ 国家图书馆善本金石组编：《辽金元石刻文献全编》，《义井寺崇远塔铭》，北京图书馆出版社2003年版，第2册，第795页。
⑧ 商彤流等：《长治市北效安昌村出土金代墓葬》，《文物世界》2003年第1期，第3—7页。

务农，但经过自己的不懈努力，崔嵒显然已经成为农桑富户。① 而不同地区情况有异，不能一概而论。陕右边荒，种艺不过麻、粟、荞麦，市井交易唯川绢、干姜，商贾不通。②

每一个体家庭具体经济收入，学界并无详细的文章进行讨论，但就这一课题的研究基础，家庭总体人口规模③、占田数量④、粮食产量⑤、租赋徭役征收⑥等多有研究，且结论的取得大致遵循两种推导方式，一是根据史料所记载同一领域局部、群体内容，或者两不同领域的局部，推演归纳出第三结论；二是使用总量按照比例，对部分进行推估。囿于史料又鉴于参考系数不同，而造成不一样的研究结论。加之金代寺僧入所在州县户籍、京官占籍京城为国家户口统计对象等特点，对于这一项目难以进行较为细致量化的分析。本章从考古发现角度对探究这一问题提供场景再现，从而印证农耕对于普通家庭收入的普遍意义。

金代墓葬壁画多有对农耕场面的描述，且栩栩如生。河北井陉县柿庄二号墓墓室东壁南侧枋上绘农耕和收获图。画面右方为一老者，头系黑巾，穿短衫白，脚上挽至膝，俯身作收获左边的农作物状。中间一青年男

---

① 此墓出土墓志铭一块，据钦定四库全书《政和五礼新仪》卷126"凶礼·品官丧仪·葬"条：非官不志的规定，崔嵒应为金代官吏。但出土墓志铭记载则旨在颂扬其如何继承祖业勤务农桑而成为富户，并无丝毫做官记录。张英《金代丧俗考》中认为墓志铭"非显贵僧道者莫属"。另据杨晶（《辽代汉人墓葬概述》，《文物春秋》1995年第2期，第57页），"辽代汉人用墓志的情况比较普遍，使用者既有高官命妇，也有普通百姓。"金代此种情况颇少，但应该也会存在其可能。依此，崔嵒身份非官，但仍属于由最初农桑民户最后发展为乡村富户。
② 《金史》卷92《毛硕传》，中华书局1975年版，第2034页。
③ 《金史》，第1035—1036页；韩茂莉：《辽金农业地理》，第167、195、216—217页；张博泉：《金代经济史略》，第39—40页；吴松弟：《中国移民史》，第143、374页；三上次男：《金代女真研究》，第324、449—452页；刘浦江：《金代猛安谋克人口状况研究》，第192—193页等。
④ 全国猛安谋克垦田总数见《金史》卷47《食货二》，第1034、1064页。关于中原地区猛安谋克垦田数，学者推估所根据的不同理由，所得数据亦异。韩茂丽以人口比例为准，换算得猛安谋克在中原约占田99.53公顷；张博泉则以猛安谋克的数量比例为据，推估在中原共占田108.8公顷。据此，中原猛安谋克占田约100万顷上下。韩茂丽：《辽金农业地理》，第167、195、216、217页；张博泉：《金史论稿》（第2卷），第244页。
⑤ 《金史》，第1054页；张博泉：《金史论稿》（第2卷），第254—256页；傅海波、崔瑞德编：《剑桥中国辽西夏金元史：907—1368年》，第338页。
⑥ 张博泉：《金史论稿》（第2卷），第254—256页；漆侠、乔幼梅：《辽夏金经济史》，第434—435页。

子右手执镰正收割庄稼,画最左为黄牛拉耧播种图。① 山西长子县小关村纪年壁画墓西壁门南侧绘农耕图。壁面南侧绘大树,树下拴一驴,窗下绘石磨及石碾、耙等农具及一牛。其北绘两人坐于地上似劳作之后的休息,面前置食具。② 此等多为墓主人生前生活的真实再现,壁画以生产劳作为内容,这尤其成为小农家庭日常生产重心所在。除此之外,关于日常家庭具体生活细节也多有描述。山西屯留宋村壁画墓在东壁门左侧绘庖厨图,上绘一长方形灶台,上放8层蒸笼,一男子正在揭取笼罩。此男子右侧有一人站在桌后,正在和面。右侧绘挑水图,画面上有一妇人,肩挑扁担正在走路。门窗之间还绘出水井,井旁有井架和辘轳。西壁门左侧绘推磨图。上有一石磨,上安长棍,一男一女各站一头,正在推磨。右侧绘筛面图。画面上绘出木架,架上吊有木箱,一妇人坐于架前,正在筛面。右侧绘舂米图,一男子手扶木架,以脚踏碓,正在舂米。③ 甘肃静宁金代墓南壁甬道墓门两侧有模制浮雕彩绘磨面、舂米图。东侧为"推磨图",画一女子身穿朱色长袍,衣襟敞开,下着长裙,双手扶棒推磨。西侧为"舂米图",画一男子头挽髻,着长衫长裤,两臂扶横木,脚踏石柞,作舂米状,脚下一黑色硕鼠正低头偷食地上食物,形象逼真生动。这两种画砖在

---

① 关于柿庄二号墓的断代问题,申云艳、齐瑜认为[《金代墓室壁画分区与内容分类试探》,《山东大学学报》(哲学社会科学版)1998年第2期]此墓为金代墓;河北省文化局,文物工作队(《河北井陉县柿庄宋墓发掘报告》,《考古学报》1962年第2期,第124—153页。)无明确定性,只是将柿庄二、三、五号墓年代下限断定为金。本书无意将笔墨着重于其断代,但亦纳入讨论的范畴。

② 长治市博物馆,朱晓芳等:《山西长子县小关村金代纪年壁画墓》,《文物》2008年第10期,第60—69页。墓中没有墓志和地券出土,但从其墓式结构形制(方形仿木砖室结构、南壁拱券形墓门、门两侧均砌破子棂窗等),人物衣着(穿戴与山西屯留宋村金代壁画墓极为相似),尤其壁画内容(南壁送葬图、北壁侍奉图、东壁墓主夫妇庖厨图孝子故事8幅、西壁农耕图孝子故事8幅)可以大概推断其墓主为汉人的可能性较大。

③ 山西省考古所等,朱晓芳等:《山西屯留宋村金代壁画墓》,《文物》2008年第8期,第55—62页。断定其墓主为汉人重要依据是墓中题记直接将女真人称呼为番、对为女真统治者服务的知州起绰号为难过、将女真人感到光荣的攻破京、俘虏二帝的事迹使用"收劫"这样的贬义词进行叙述的记载,直接显示了自己的民族立场。但使用金朝年号,两次称呼为大金,将正义的抗金义军称之为盗贼,则又似乎也可能为女真人。本书作此理解,汉人在战乱年代无论出于何种原因以求自保,其如此暧昧不明的态度实属可以理解。墓主为稍微富裕之家,受到义军盗劫,称地方抗金武装为盗贼可能更多的出于自身立场,情理之中。更为重要的是,试想,如果墓主为女真人怎会在自家统治天下之时,将自己贬为番人呢。另外其方形墓结构四壁以生活劳作场景以及东、西、北壁每壁8幅二十四孝人物故事相间,也为其墓主的汉人身份添以佐证。

翻动的积土中还找到两块。① 山西绛县魏家堡古墓南壁正中是墓门，墓门左面画一附辘轳的方井，一人挑水。下面绘厨房及各种灶具的陈设，灶旁有一女仆在烧火。右面雕灯台一个，其上部画磨盘，灯台的中间画杵臼舂捣粮食或药物等的工具一个。② 山西长子县小关村纪年壁画墓东壁门南侧在窗两侧及下面绘疱厨图。画面北侧绘出灶台、6层蒸笼、碗架及水缸。南绘一挑桶妇人及水井辘轳。③ 水井辘轳、灶台碗架、石磨石碓、水缸扁担，直接体现当时百姓日常浓厚的家居生活气息；杵臼舂捣粮食、推磨磨面、舂米筛面和面和6层8层蒸笼，则将农耕收获后农产品的自给自足充分地展示出来。田间生产劳作场面以及农耕收获、营生图的绘制能够出现在墓中，从侧面也说明了农耕生产在家庭中的重要作用。

金代平民家庭种植粮食作物之外，也植桑枣、从事养殖等来增加收入。尤其对于很多果木的栽培，目的明确，即直接出于交换。河内民家有多美橙者，岁获厚利。④ 临晋上排乔英家业农，种瓜三二顷，英种出西瓜一窠，广亩二分。结实一千二三百颗。⑤ 范成大1170年使金所作绝句《西瓜园》："碧蔓凌霜卧软沙，年来处处食西瓜。形模濩落淡如水，未可蒲萄苜蓿夸。"《内丘梨园》："汗后鹅梨爽似冰，花身耐久老犹荣。园翁指似还三笑，曾共翁身见太平。"原注云："内丘鹅梨为天下第一，初熟收藏，十月出汗后方佳。园户云：梨至易种，一接便生，可支数十年，吾家园者犹圣宋太平时所接"。⑥ 另一首《大宁》记，"梨枣从来数内丘，大宁河畔果园稠。荆箱扰扰拦街卖，红皱黄团满店头"。这些西瓜园、梨园、枣园产出主要用于买卖赚钱，理应属于稍富裕的平民家庭。

金代壁画墓中汉人养殖有马、牛、羊、猪等，用以增加收入改善生活条件。山西长子县小关村金墓南壁墓门西侧窗下绘围栏，内圈牛羊等牲畜，外有一男子持盆走来似欲喂食⑦；屯留宋村金墓南壁墓门右侧武士身

---

① 平凉地区博物馆：《甘肃静宁发现金代墓葬》，《考古》1985年第9期，第806—809页。
② 张德光：《山西绛县魏家堡古墓清理简报》，《考古通讯》1955年第4期。该墓亦为仿木构正方形单室砖墓，墓中同样绘有郭巨、孟宗、董永行孝，韩氏节孝图，出土的5个陶罐中装有谷粒外，影青瓷碗也符合中原地区金代汉人平民墓中流行的随葬器物种类。
③ 长治市博物馆，朱晓芳等：《山西长子县小关村金代纪年壁画墓》，《文物》2008年第10期，第60—69页。
④ 《金史》卷128《石抹元传》，中华书局1975年版，第2770页。
⑤ 《元好问全集》卷第49《续夷坚志卷四·临晋异瓜》，山西人民出版社1990年版，下册，第387页。
⑥ 赵永春辑注：《奉使辽金行程录》（增订本），商务印书馆2017年版，第411、417页。
⑦ 长治市博物馆，朱晓芳等：《山西长子县小关村金代纪年壁画墓》，《文物》2008年第10期，第60—69页。

后绘有畜养图，一男子手持长鞭驱赶牲畜，两大一小三头牛在前，后面跟着红白两匹大马。① 山西平定西关村金代 M2 墓室东南壁与西南壁中部方形窗两侧分别画马厩、鞍具、牛栏、羊圈②；柿庄 M3 墓室西壁窗下绘羊群。M6 南壁绘壁画两幅，东侧是"牧羊图"。牧童戴毡笠，穿圆颁窄袖蓝色衫，下襟掖起系于腰间，下穿白挎，右手执长鞭垂于后，左手指向前方。身前放一竹笸。羊十只，其后尾随一犬，蹬足，卷尾，作欲奔跑状。西侧画"放牧图"一幅。在青草芦萃河边，一幼童赶畜五头自西向东徐行。牧童头系皂巾，穿斜倾蓝衫、白挎，衫下襟掖起，左手提网袋，右手揭鞭畜群中有牛三头，着黄色，驴马各一匹，着灰色。西壁北侧长窗下墨绘一小猪。③ 金代墓室壁画此类生活场景的描绘十分普遍而且众多，也体现出它对金代百姓生活的重要。但这里值得注意的是，能够从事家庭养殖业尤其大量进行饲养的并非普通农户，属于农村的地主乡绅。

伴随着金代手工业商业的发展，这一渠道对于家庭收入的意义也慢慢增加。相较于豪右阶层垄断经营盐铁、盗铸钱币、金银玉等专门营生，一般地主阶层则多为普通行商坐贾，从事的商业买卖规模和利润较小。万部华严经塔碑铭中所见的街、坊、巷等名称，是所在的丰州城内的街巷名称，当时民居不仅限于坊内，而分散在街巷中。由于商业的发展而按行业分工，各有专业集市，于是出现了带有行业名称的巷名，如牛市巷、麻市巷、染巷和酪巷，等等。三号碑铭称"州东园户"，表明丰州城外东郊有零散居住以种植园圃为业的农户。④ 再举例如，大定末武清人赵士诠商贩西京⑤等。

以上主要从农桑、养殖、小商业三个方面对农村中这一较富裕的群体收入做一叙述，并不遍及整体农村各个阶层。相比较之下，占社会主体的小农家庭无论从业规模还是收入都相对较少，但农耕仍是其家庭收入主要

---

① 山西省考古所等，朱晓芳等：《山西屯留宋村金代壁画墓》，《文物》2008 年第 8 期，第 55—62 页。
② 商彤流等，山西省考古研究所等：《山西平定宋、金壁画墓简报》，《文物》1996 年第 5 期，第 1—16 页。
③ 河北省文化局等：《河北井陉县柿庄宋墓发掘报告》，《考古学报》1962 年第 2 期，第 124—153 页。陈相伟认为（《试论金代壁画墓》）M6 墓主为农村汉族地主，时间上限为金初。
④ 李逸友：《呼和浩特市万部华严经塔的金代碑铭》，《考古》1979 年第 4 期，第 365—374 页。
⑤ 《元好问全集》卷 49《续夷坚志卷四·张孝通冤报》，山西人民出版社 1990 年版，第 381 页。

部分。"柔青初散垄头桑,村落人家布谷忙"① 的画面是对小农家庭农业生产颇为贴切的描述。但为维持生活,他们也从事其他经济作物种植以填补家用。金廷规定凡桑枣,民户以多植为勤,少者必植其地十之三。② 明昌五年(1194年),谕旨尚书省:"辽东等路女真、汉儿百姓,可并令量力为蚕桑"③。有些是因为外在自然因素而误了农时,不得不改种其他,比如泰和七年,"雨虽沾足,秋种过时,使多种蔬菜犹愈于荒莱也"④。总而言之,广大小农家庭所进行的农业生产主要用于自家衣食生存,但出于生计,他们也经常将其拿到市场上进行交换,"趁春田妇鬻新蔬"⑤ 在那时应该是比较常见的现象。另外,他们也进行家庭养殖业,"稻垅分畦局,牛羊归自急"⑥ 如此相互辉映的场面也较为常见。通过诗歌中野迥散牛羊⑦、牛羊成晚景⑧的描述,不难看到小农家庭养殖业的存在。再次,为维持生活,他们想尽办法,可谓 "独轮车重汗如浆,蒲秸芒鞋亦贩商"⑨。利用周边一切可以利用的条件继续生活。曹州定陶县之北有陂泽,民居其傍者,多采螺、蚌、鱼、蟹之属,鬻以赡生。⑩ 诗歌中描述渔父生活,"举世从谁话独醒,短所轻蒻寄余生,半篙春水尘世远,一笛晚风山雨晴,稚乳满船生事简,鱼虾到市利源轻,旁人莫怪机心少,曾与沧州白鸟盟"⑪。另有定襄邱村王胡,以陶瓦为业;阳曲北郑村中社铁李者,以捕狐为业;平舆南函头村张老者,以捕鹑为业;戴十不知何许人,乱后居洛阳东南左家庄,以佣为业。清河王博以裁缝为业。⑫ 这一群体所从事的行业地位卑下,挣钱较少,属于社会中的末流行业。

"五亩园连竹,三间屋向阳,气和春浩荡,心静日舒长,花鸟成相

---

① 《中州集》(下),中华书局1959年。赵洛道中,庚集第7,第359页。
② 《金史》卷47《食货二》,中华书局1975年版,第1043页。
③ 《金史》卷47《食货二》,中华书局1975年版,第1050页。
④ 《金史》卷121《王维翰传》,中华书局1975年版,第2647页。
⑤ 《中州集》乙集第2《往鄜州》,中华书局1959年版,下册,第86页。
⑥ 《中州集》乙集第2《晚过寿宁》,中华书局1959年版,下册,第83页。《金史》并没有将"寿宁"纳入《地理志》记载。但其中有关地理建制记载有两处,寿宁县主徐辇以及宋王宗望女什古封寿宁县主,推估寿宁在金代曾作为县而存在过。
⑦ 《中州集》庚集第7《赵村晚望》,中华书局1959年版,下册,第367页。
⑧ 《中州集》戊集第5《晚秋登城楼》,中华书局1959年版,下册,第245页。
⑨ 《中州集》甲集第1《燕山道中三首》,中华书局1959年版,下册,第40页。
⑩ (宋)洪迈撰:《夷坚乙志》卷第1《定陶水族》,中华书局1981年版,第797页。
⑪ 《中州集》庚集第7《渔父》,中华书局1959年版,下册,第353页。
⑫ 《元好问全集》卷第49、47、46、46、46《王生冤报》《狐锯树》《张童入冥》《戴十妻梁氏》《人生尾》,山西人民出版社1990年版,下册,第401、309、278、301、302页。

识，琴书付两忘，陶然一樽酒。"① 这是金代士人周昂内心发出的对理想家园的真实向往，园连竹，屋向阳，春浩荡，心静，花鸟，琴书，一樽酒，似乎更适合胸有笔墨的文人，对于普通的小农家庭而言，即便能如此，填不饱肚子也算不得稳定幸福。

## 第二节 金代汉族家庭的支出概况

家庭收入的构成不同，使得支出本身就存在着差异。即使某一群体在相同阶级、同等经济条件下，又会因为个人主观消费观念的参差不齐，而使得家庭支出多种多样。这种差异既是支出数目的差异，也是支出项目的差异。以下根据现有史料，对主要代表阶层，就金代汉族家庭支出项目和具体概况，予以归纳。

### 一 日常生活支出

对于个体小农家庭来说，生理之事的需求最大，所以耕织进行生产生活是基本也是必须。以粟、麦为主的农业生产所得，除履行国家应缴纳的一系列义务之外，多用以解决"食"的需求，前面已有陈述；而"衣"虽也不乏贩缯者②，但大多仍由自家桑田的种植来满足，金诗云："枯桑依颓垣，摧折生理微，剥我枝间叶，备君身上衣，叶尽谁复顾，栖鸟来亦稀，君看牡丹丛，日日笙歌围"③。这首诗中作者以枯桑自比，颓垣、鸟来亦稀、牡丹日日笙歌，将桑树给主人做衣蔽体之后，不再被重视利用的内心感受描绘的淋漓尽致，从而侧面体现出桑织才蔽形的必要。而金代王公及士庶人各有一定衣制，不敢相逾。④ 庶人止许服䌷绅、绢布、毛褐、花纱、无纹素罗、丝绵，头巾、系腰、领帕许用芝麻罗、绦用绒织成者，不得以金玉犀象诸宝玛瑙玻璃之类为器皿、及装饰刀把鞘、并银装钉床榻之类。妇人首饰，不许用珠翠钿子等物，翠毛除许装饰花环冠子，余外并禁。⑤ 即使不禁止，一般百姓家庭也无力承担。可以说，耕织所得是其生存繁衍之基础，除此之外所剩，亦并无让他们进行更

---

① 《中州集》丁集第4《家园》，中华书局1959年版，下册，第185页。
② 《金史》卷64《明惠皇后传》，中华书局1975年版，第1534页。
③ 《中州集》庚集第7《拟古十首》，中华书局1959年版，下册，第334页。
④ 《金史》卷43《舆服下》，中华书局1975年版，第983—984页。
⑤ 《金史》卷43《舆服下》，中华书局1975年版，第986页。

多享受支出的可能,自身也无更多财力进行其他超越耕织比例规模的生产,只适时进行果蔬园圃种植以填补家用。如遇灾荒战乱,饥民"掘尽原头野荠根"①的现象更是比比皆是。关于金代汉族家庭的住宅支出,史书当中并没有量化的记载描述,但从通检推排中所包含住宅邸舍一并征收物力钱,并占据征收的主要地位来看,理应占平民家庭日常生活支出的重要部分,但这笔支出属于固定支出,与婚丧类似,如果没有其他原因,一生也就只有一次,但是它所占普通百姓家庭经济支出的重要比重,不容小觑。

相对地,官僚豪族阶层并无家庭经济支付能力障碍阻挡,家庭支出多体现为享受性消费。为满足自身横流的物欲,彰显其社会地位,其衣食住行奢侈化倾向明显。明昌元年(1190年),右丞履、参知政事守贞、镒曰:"凡人之情,见美则愿,若不节以制度,将见奢侈无极,费用过多"②。又贞祐四年(1216年),陈规上章条陈八事之第三事言"崇节俭以答天意",指出时下"贵臣、豪族、掌兵官莫不以奢侈相尚,服食车马惟事纷华。今京师鬻明金衣服及珠玉犀象者日增于旧"。③

饮食的支出原本仅是最基本的物质资料消费,但是官僚豪族家庭却将此当成了另一种自身身份地位的炫耀。对他们而言,在意的已经不是是否温饱,而是吃的种类、吃的方式。燕人刘伯鱼以赀雄大定间,性资豪侈,非珍膳不下箸。闲舍数百人,悉召尚食诸人居之。④ 而百姓食贫,日才一粥以果腹。因此赵滋得张梦弼馈春肉,呼邻叟共一饱,并特作诗以答谢。⑤ 刘祁《归潜志》记载他在"南方"时,"从父母仕宦,家资颇温,食未尝不肉也,寝未尝不帏也,出游未尝无车马也,役使未尝无僮仆也"。而他所形容的遭丧乱后,"日惟生事之见迫,食或旬日无醯醢,……寝或终夜无衾裯,……出或徒行无驴,……居或汲爨无人"⑥,则正是普通百姓日常所过生活的贴切描述。再举一例,张建曾作诗来形容途中做客他家之感。"有客曳长裾,袖刺谒高闳,低头拜阍者,始得通姓名,主人果厚眷,开宴海陆并,顾必承彼颜,语必顺彼情,不如茅檐下,饱我藜藿

---

① 《中州集》己集第6《途中书事三首》,中华书局1959年版,下册,第312页。
② 《金史》卷9《章宗一》,中华书局1975年版,第215页。
③ 《金史》卷109《陈规传》,中华书局1975年版,第2405页。
④ 《元好问全集》卷46《续夷坚志一·玉食之祸》,山西人民出版社1990年版,下册,第283页。
⑤ 《中州集》癸集第10《谢张使君梦弼馈春肉》,中华书局1959年版,下册,第533页。
⑥ (金)刘祁撰,崔文印点校:《归潜志》卷13,中华书局1983年版,第143页。

羹。"① 作者力在表现其做客豪家不甚方便舒适，我们仔细分析："高闳"指高大的门，来借指主人身份乃显贵门第。来客需先将来意告知门口守门人，进门前名刺放在袖子中备好，然后得以拜谒通名。再看其"开宴海陆并"的招待，尤其与普通百姓"茅簷"下"藜藿羹"相比，奢侈程度可见一斑。另有，参知政事魏子平嗜吃鱼，厨人养鱼百余头，以给常膳；东平薛价，尝令鱼台，嗜食糟蟹。② 金代水产品北运数量少于北宋时期，饮食当中当属奢侈之物。与之相左，寻常百姓则多采螺、蚌、鱼、蟹之属，鬻以赡生。而对于茶的饮用，更有宣宗元光二年（1223年），省臣以国蹙财竭，称："今河南、陕西凡五十余郡，郡日食茶率二十袋，袋直银二两。是一岁之中妄费民银三十余万也"③。这无不出于家庭中日常的支出。另外，金代出土的墓室壁画从其所描绘宴饮食物以及场面，都不同程度地体现了当时的奢华，真实具体。河北内丘胡里村出土的王□墓其中所绘制的送食图中，侍者前后呼应端食物从膳房步出，送酒图中二侍仆肩抬食匣自房内走出，膳房内器皿里盛放着面食及肉类。④ 辽宁朝阳出土的马令墓西壁画面内容为备膳图，桌上只酒杯就十余只，南面一桌七人正在忙碌备膳，有的桌旁安排布置，有的手捧盘碗运送食物。⑤ 徐龟作为当时的一般士族，除了以上所描述的膳食之外，其中散乐侍酒图中高桌盘内盛有似为苹果、桃、葡萄之类的水果，抚筝女及其后的七人侍女奏乐场面壮观。七人各有分工，从左至右第一人左手拿一展开的簿册，右手执毛笔，头向左倾作探寻和记录状。第二人双手在胸前执一柄小团扇。第三人执觱篥作吹奏状。第四人双手右向执笛作吹奏状。第五人双手拿拍板作击节状。第六人双手托持一套带注碗的注壶。第七人双手捧一方盘，盘中放一

---

① 《中州集》庚集第 7 《拟古十首》，中华书局 1959 年版，第 335 页。
② 《元好问全集》卷第 49 《续夷坚志四·魏相梦鱼》、《续夷坚志四·介虫之变》，山西人民出版社 1990 年版，下册，第 382、391 页。
③ 《金史》卷 49 《食货四》，中华书局 1975 年版，第 1109 页。
④ 贾成惠：《河北内丘胡里村金代壁画墓》，内丘县文物旅游局，《文物春秋》2002 年第 4 期，第 38—42 页。贾成惠定义墓主为较富足的大户人家或文人学士，如若为后者则民族为汉的可能性会更大。陈相伟认为（《试论金代壁画墓》）金代壁画墓墓主大多数是汉族。具体从墓中出土文字"□□□□年岁次丁丑三月丙□塑（朔）十三日丙子良利，今有□□□□荆州内丘县孟村社胡里村居侯祭主王□……"猜测其墓主为汉人王□可能性较大，另外墓主所穿右衽服饰，壁画绘制木质风屏等也极具汉文化色彩，大胆推测其存在民族为汉的可能。但金代女真墓式结构受辽、北宋影响较大，甚有女真人完全使用汉人葬式的现象。待有进一步研究予以及时补充。
⑤ 陈大为：《辽宁朝阳金代壁画墓》，《考古》1962 年第 4 期，第 182—185 页。《新中国的考古发现和研究》，文物出版社 1984 年版，第 605 页，认为马令可能为改易汉姓的汪古部人。

荷叶形盏。① 从壁画所描述的宴饮形式、酒具组合以及乐器，明显地看出其生活的丰裕。诚然，因生前实际经济条件制约，墓室壁画不乏墓主人对死后生活的美好想象，稍有夸张虚构之意。但从墓主人官僚豪族乡绅身份，以及随葬器物来看，此类墓葬大多真实反映了墓主人生前的日常生活境况。

除了追求物质享受之外，对于精神上的享乐追求更能反映两阶层之间经济情况的差异。张毅再举不中，辍科举，居许之郾城，有园囿田宅甚丰。日役使诸侄治生事，而已则以诗酒自放，偓然为西州豪侠魁②；陕西甘泉壁画墓 M4 的 11 幅壁画中，没有宴饮、备宴、孝行故事等常见的内容，而出现了体现个人情趣的听琴图、弈棋图、诵书图和赏画图③；宜阳发现的一座纪年壁画墓墓室壁画除牡丹、缠枝花卉，还有墨绘侍女、对弈、对饮图等。二人对弈图中二人席地而坐，二人之间置棋盘，棋子隐约可见，神情专注，若有所思。竹下对饮图中二人相对席地而坐，双手交抱于胸前，身体前倾，若交谈状。二人膝前各放一碗，旁边有一酒壶，一猫卧于侧，二人侧后有竹、山等。④ 这一个人情趣无疑将以家庭经济支出为支撑。

## 二 婚丧支出

婚丧筹备不分阶层，是每一家庭结构规模达到一定层级，生理心智成熟到一个阶段，人类发展所需而自然进行的必然分化结果。家庭通过这一形式的结合、分离而达到繁衍继承。因此而产生的筹措费用，相对于家庭其他支出而言，属于固定性必然支出。

### （一）娶嫁支出

娶妻需聘财，嫁女需奁资。婚姻的缔结作为普通家庭形成的先决条件之一，娶嫁所费便成为必要的一项稳固支出。金代对于聘财管理经过一个过程，慢慢稳定下来，起初明确规定：一品不得过七百贯，三品以上不得过五百贯，五品以上不得过三百贯，六品以下及上户庶人不得过二百贯，中下户不得过一百贯，若婚嫁和同，不以等数为限。⑤ 明昌元年（1190

---

① 大同市博物馆：《山西大同市金代徐龟墓》，《考古》2004 年第 9 期，第 51—57 页。
② （金）刘祁撰，崔文印点校：《归潜志》卷第 2，中华书局 1983 年版，第 12 页。
③ 王勇刚：《陕西甘泉金代壁画墓》，《文物》2009 年第 7 期，第 26—42 页。考古发掘推测，墓主应是当地有一定文化修养的富有乡绅。
④ 洛阳市第二文物工作队：《宜阳发现一座金代纪年壁画墓》，《中原文物》2008 年第 4 期，第 25—28 页。"从墓内壁画人物衣着发式上看，他们具有典型的宋人风格，按当时的宋金疆域分析，墓主人可能是金人统治下的北宋遗民。"
⑤ （宋）宇文懋昭撰，崔文印校：《大金国志校证》卷 35《杂色仪制官民婚聘财礼仪》，中华书局 1986 年版，下册，第 501—502 页。

年）对于庶民聘财规定更加详细，制民庶聘财为三等，上百贯，次五十贯，次二十贯①；承安五年（1200年）、泰和五年（1205年），短短五年时间内又两次定本国婚聘礼制，具体制定内容有无更改无明确记载。②

我们作一个量化计算比较。首先，聘财而言。先拿品官与庶民作对比：取九品官中居中等的六品官聘财最高上限为 200 贯，三等庶民中上等庶民 100 贯，中间存在仅为 1 倍的差距；六品官中最低 100 贯与三等庶民中下等 20 贯，差为 4 倍；六品官中最下限的 100 贯与三等庶民中上等应处于基本持平。③ 其次对一品至五品上层品官之间进行对比：一品官最上限的 700 贯是四五品官最上限 300 贯的 2.3 倍；最下限的 500 贯是 200 贯的 2.5 倍；最下限的 500 贯是最上限 300 贯的 1.6 倍。最后，全部品官之间对比：一品最上限 700 贯是六品最上限 200 贯的 3.5 倍，最下限五百贯是一百贯的 5 倍，最下限五百贯是最上限 200 贯的 2.5 倍。由这三组数据可推估：第一，相较于不同官员品级之间聘财数额差距，同品级之间聘财差异稍大。这三组数据当中具体的三组量化结果显示，品级间最下限相差倍数为最大，而最高限相差倍数小于此。换句话说，即不同品级中，最高聘财相差数额，小于最低聘财相差数额。这说明在同一品级中聘财梯度下降程度，略大于不同品级之间聘财梯度下降程度。第二，暂且忽略史实实例，仅从以上数据来看，金代聘财实行严格的等级制度，官员品级的高低决定了聘财数额的多少。值得注意的是，一至五品之间聘财差额为 300—400，六至九品为 100，前者明显大于后者。通过聘财数额的多少，体现出官位高者地位越高，等级制凸显。第三，在严格遵守等级聘财制前提下，总体来看，百官聘财具体数额悬殊较小。一品最上限的 700 贯与九品最下限的 100 贯，仅差 6 倍。这相对于俸禄 30 倍的差距便显得颇为微不足道。九品之差最大为 6 倍，但庶民仅三等之差便为 4 倍。

总体而言，女真官员职位仍然居高临下，又因其政策制度的订立永远以统治民族为利益最大受益者，从而符合其先世对财产高度重视④的文化特点。于是，即使高官聘财亦并不甚丰厚⑤存在合理性。相对的汉官多

---

① 《金史》卷 9《章宗一》，中华书局 1975 年版，第 216 页。
② 《金史》卷 11《章宗三》，中华书局 1975 年版，第 253、271 页。
③ 据以上可知，《大金国志校证》记载上户庶人和六品及以下官聘财小于等于 200 贯，中下户庶人则小于等于 100 贯。《金史》记载上等 100，中等 50，下等 20 贯。普遍情况之下，庶人理应低于有品级官聘财，所以上户庶人聘财最上限、六品官的最下限为 100 贯颇为合理。
④ 葛洪源：《金朝女真文化研究》，博士学位论文，山东大学，2002 年，第 27 页。
⑤ 此"不甚丰厚"是对比上户庶民 100 贯得出。

以士人出身，传统礼制思想浓厚，甚或将此当作向对方显示自家财力地位的一种方式，这好比嫁女奁妆多少一定程度上奠定其夫家地位一样。庶民聘财数额，亦反映出婚嫁支出在这一群体家庭中所占比重颇大。

再看嫁资。金代汉族家庭，女子出嫁时娘家为其置办奁妆作为陪嫁。王去非一女及笄，"去非为办资装嫁之"。① 女方带去男方家中后，出嫁女有自由支配此财产的权利，但金袭宋"女适人，以奁钱置产，仍以夫为户"② 的遗风，虽具有支配权但最终所属权依然归于丈夫。曹珏曾再娶，但不久新妻便去世，其岳父因为痛惜"女嫁未几，而徒捐奁具"，故而成疾，曹珏便"尽其所得者值百金，并两女使悉归之"。③ 一方面，曹珏退还亡妻奁财的慷慨行为被极力颂扬，恰好从反面证明，妻子死后夫家退还其奁财的现象少见，也违背常理。另一方面，"百金"虽无法确定是否为奁财全部抑或部分，但其后"悉"字至少表明这一数目并不是小数目。④ 刘师彰夫人郑氏"笃于奉佛，悯福地之久废也，愿为兴起之"，郑氏"乃捐奁中物直百千金者，合报心寺提点僧润，共为营度"⑤；太古观"废于贞祐之兵"，赵侯国宝之夫人冀氏"出奁中物直百金，起中殿、堂庑、斋厨，下及用器，无所不备。堂众岁费亦时给之"。⑥ 妇女本人可以自由支配其奁财，并直接用于建立寺观，可以想见金代官宦富裕阶层女子陪嫁奁财颇为丰厚。由此出现明昌初，邓俨为户部尚书建言："裁抑婚姻丧葬过度之礼"⑦，也就不足为奇。

相对地，从高官显贵婚嫁孤幼反衬出贫民家庭，婚嫁支出仍然是其家庭沉重负担。弋润以家赀雄一乡，振赡贫乏，婚嫁孤幼⑧；程震曾大父获

---

① 《金史》卷127《王去非传》，中华书局1975年版，第2749页。
② 《宋史》卷178《食货上》，中华书局1977年版，第4334页。
③ 《遗山先生文集》卷23《曹徵君墓表》，上海商务印书馆缩印乌程蒋氏密韵楼藏明弘治刊本，第241页。
④ （宋）窦仪撰：《宋刑统》卷12《户婚律·卑幼私用财》，中华书局1984年版，第197页。"妻虽亡没，所有资财及奴婢，妻家并不得追理。"
⑤ 《遗山先生文集》卷35《寿圣禅寺功德记》，上海商务印书馆缩印乌程蒋氏密韵楼藏明弘治刊本，第360页。
⑥ 《遗山先生文集》卷35《太古观记》，上海商务印书馆缩印乌程蒋氏密韵楼藏明弘治刊本，第265页。
⑦ 《金史》卷97《邓俨传》，中华书局1975年版，第2150页。
⑧ 《遗山先生文集》卷24《临海弋公阡表》，上海商务印书馆缩印乌程蒋氏密韵楼藏明弘治刊本，第246页。

庆、大父总，至于婚嫁丧葬不能给者，亦借力焉①；严武叔帑所积，为之合散亡、业单贫、举丧葬，助婚嫁。② 从以上我们注意到：一是，金代汉族尤其士人婚配"门当户对"仍然是条件之一。元好问称金朝入仕任子廉耻道丧自同商贩，而士君子之操则为清慎自守、不为利惑③，对商贩末业持以轻蔑态度。金制之中，并未有辽宋之限制工商诸色等应举之制，仅出现禁止"乐人"与"放良人"应试，因此工商子弟在金理当可应试。④ 试想，此二阶层较难结合。政治身份、社会地位、家庭背景的适度讲求，使得他们之间联姻时产生的娶嫁支出，无论在两家庭之间抑或整个社会所属阶层当中，理应都处于相对平衡状态，而较少产生金钱上的不同意见。当然，北宋"婚姻不问门阀"遗风的沿袭，以及外族统治下科举成为其入仕唯一途径，致使个人才学品德超越门第观念而成为联姻对象现象也多有发生。贾少冲中天眷二年进士。刘筈欲以妹妻之，少冲辞不就曰："富贵当自致之"⑤；王元节虽家世贵显，而从学甚谨。浑源刘㧑其才俊，以女妻之。⑥ 济阳丁氏世为富民丰于家赀但不求仕进，唯丁全始历仕途爵预五等，荣及双亲。⑦ 与祖父、父亲居邑中以典质为业相比，时人更觉丁全入仕途才真正实现荣耀门楣。⑧ 二是，虽然政治身份、经济地位尊崇，但将借力婚嫁与振赡贫乏、周急继困、扶病助丧如此社会下层日常频发困窘相提而论，可以想象贫民家庭本身婚嫁所费较少，所以帮助也少的这种可能性较大。如若帮助甚丰而次数又多，即便是豪族巨贾，可能性也颇小。

（二）丧葬支出

中国人有视死如视生的传统，丧葬支出主要包括营墓、棺椁、随葬品

---

① 《遗山先生文集》卷21《御史程君墓表》，上海商务印书馆缩印乌程蒋氏密韵楼藏明弘治刊本，第220页。

② 《遗山先生文集》卷26《东平行台严公神道碑》，上海商务印书馆缩印乌程蒋氏密韵楼藏明弘治刊本，第260页。

③ 《遗山先生文集》卷27《辅国上将军京兆府推官康公神道碑铭》，上海商务印书馆缩印乌程蒋氏密韵楼藏明弘治刊本，第276—277页。

④ 应试资格相关内容参见都兴智《金代科举的特点》，《北方文物》1988年第2期，第59—64页。

⑤ 《金史》卷90《贾少冲传》，中华书局1975年版，第2000页。

⑥ 《金史》卷126《王若虚传》，中华书局1975年版，第2739页。

⑦ 王新英编：《金代石刻辑校》，张志远《丁氏阡表碑》泰和三年，吉林人民出版社2009年版，第89页。

⑧ 《征服王朝下的士人—金代汉族士人的政治、社会、文化论析》，"虽言未见工商子弟及第记录，后代转入士人身份者或许较少，但因传统记述对这些'末业'的活动多有避讳而资料上这类家世通常隐晦，不排除事实上金代有许多工商子弟籍由科举踏入政坛。"第154页。

第三章　金代汉族家庭的收支与经济管理　151

以及回礼亲朋的酒食所费。除一部分在朝为官者，能够在丧祭之时获得朝廷赗赠之外，绝大多数家庭丧葬支出都需要动用家中私财。

金代将死者与生者同样纳为发愿对象营墓治丧，墓室中的一切作为外在表现形式或成为沟通阴阳的媒介，承载着墓主与子孙后嗣共同的福禄久长的美好期望。首先墓地的购买，如：

> 1. 维大金国河中府荣河县南巷团村薛七老，有先亡妻畅氏，于大定十一年十月初七日身亡。自前同发身心，购买墓地，并行栽接柏树，浇灌长成，方可殡葬父母。兄嫂有女四娘，娘与本县王大夫为妻，官封县君，先亡。又有男薛小三亡殁。后男薛小四并侄男薛小二同成孝心，埋葬父母今已。小得久远为记。时天大定十一年十二月二十一日，分担墓殡埋为记。①
>
> 2. 普天下唯南赡部州修罗王管界。大金国河东南路绛州曲沃县褯祁乡南方村董玘坚傔弟董明于泰和八年买了本村房亲董平家墓一所。东西两营准作价钱玖万玖仟玖百玖拾玖文。东至青龙，西至白虎，南至朱雀，北至玄武，上至青天下至黄泉。口合句悚，分墨堂四或。丘丞墓陌，封界畔，道路将军齐整。千秋万岁，永无殃咎。若范（犯）河（诃）禁者，将军亭长，收付河伯。今以牲牢酒饮，百味香新，共为信契，财地交付分付，工匠修营，安坟已后，永保休吉。知见人岁月主，保人今日直符。故气邪精，不得拦搁。先有居者，永避万里。若违此约，地主吏自当其祸。主人外存亡悉皆大安吉，恐亡者或无后人无信，故立地契为据。
>
> 时大安二年十一月初一日。
> 葬主董玘坚、傔弟董明。
> 普天下唯南赡部州修罗王管界。大金国河东南路绛州曲沃县褯祁乡南方村董玘坚傔弟董明同买□村北墓地一段。……
> 大安二年十一月初一日。
> 董玘坚、董明。②

墓地可以生前为自己提前购买，也可以死后生人为死去亲属殡埋购

---

① 阎凤梧主编，牛贵琥等副主编：《全辽金文》，《薛七老殡埋记》大定十一年，山西古籍出版社2002年版，下册，第4039页。
② 山西省文管会侯马工作站：《侯马金代董氏墓介绍》，《文物》1959年第6期，第50—55页。

买。薛七老本与妻事先一同购买墓地待殡葬父母，可妻子畅氏、兄嫂女四娘、男薛小三先亡殁。于是，薛七老与男薛小四、侄男薛小二，将他们合葬于此墓地；董玘坚与弟董明共同购买墓地，又每人一份买地券，同为葬主，很显然此营墓所费两人共同承担。从这一砖室墓墓室结构以及雕刻画面，譬如墓主人夫妇礼佛、五人舞台表演等其他墓饰可以想见，董氏用于丧葬所费不小，侧面反映其生前家财颇丰。

其次棺椁。姚氏石棺棺首下部左侧题记，"石□董博士造，价钱五百贯"①。这一副棺木五百贯，堪比二品官聘财最高数额，无疑为庶民日常生活带来经济上的负担。另外关于墓室中装饰工匠，亦需另外出钱雇佣。陕西甘泉金代壁画墓 M1 建于金章宗明昌四年（1193 年），题记 3 行"砖匠工毕/砖匠张侥/妆画王信 出工钱人朱孜"②。此墓是朱孜生前为亡故的父母朱俊夫妇与自己及妻子修建的家庭合葬墓，墓室中砖砌、壁画等请匠所费由他支付。根据其中涉农内容题记以及墓室建造华丽、描绘的墓主人日常宴饮侍奉排场考究，可知墓主人朱俊父子应是当地较为富有的地主，所以其丧葬所费亦较大。随葬品的多少亦根据经济条件而定，但囿于有些墓葬被盗，随葬品不能准确地描绘出墓主人身份，在此便不进行举例说明。但平民墓中出土的多为日常生活以及农业生产简单用具，物件少且不值钱。而"金银乃重细之物，多出富有之家"③。富贵人家以玉簪金钗奢华物件随葬，以期到另一世界继续享乐，阶层之间的差别显而易见。至于回礼亲朋的酒食所费无从得知。相较之下，有些家庭甚至贫无以葬，而需要乡里帮助才能够入土为安。从很多史例中也发现，帮助贫民家庭料理丧事的人，多上下几代都存在此善行，即便某一代殷实有余，其他先人或者后代也可能是平民百姓之家，但也借力丧事，这可以约略看出贫民家庭治丧费用较少。

## 三 宗教信仰支出

相较于真正出家寺观的信众，在家信徒对于佛、道的笃信，往往将这种对无形精神世界的神往和追求，转化为现实中有形的积善修阴德行为。他们相信，借助于助道胜缘这一实际行为，可以祈福避恶。而且立碑以供

---

① 王新英编：《金代石刻辑校》，《姚氏石棺题记》贞元元年，吉林人民出版社 2009 年版，第 243 页。
② 王勇刚（甘泉县博物馆）：《陕西甘泉金代壁画墓》，《文物》2009 年第 7 期，第 26—42 页。
③ 《金史》卷 49《食货四》，中华书局 1975 年版，第 1111 页。

第三章　金代汉族家庭的收支与经济管理

后人景仰传于不朽，这就更加坚定了百姓为信教不遗余力地进行此项经济支出的想法。从明昌三年《修塔维那最上福田姓名真像传于不朽之碑》上可以清晰看到：

> 知库三交杨修谔、知库薛村董再立、上逓彭九行者、城南宁二行者、下逓李韩韩、程宗皇行者、南卫王行者、东柏段士行者、刘村晋颜、下王尸卢显祖、望嘱段方、下遍张亨、晋村李海、正平□麻衣、荣河冯居士。
> 
> 典座罗汉院明珂、知库□□□院□、化主正平白台寺广善、化主□□院启基、化主演法院明鉴、化主李村寺自琛、□□□□□□、□□□□□□、监修塔罗汉□崇贤、□□□□□□。
> 
> 修塔会首、本州天宁寺住持、讲论传戒沙门行进。明昌三年□□□□轮门威将军、县令刘瓛、前县令陈昌言、前县令李公弼、前县丞于济、前县丞杨纲中、前主簿黄振、前主簿郭庆、前县□滑大同。
> 
> 崇宁二年殿中造塔高丈余，乡□姚大夫。大定二十二年殿后下书请修塔□史□确。
> 
> 李村十七郎李德、刘和十二老解昌、西鸟村□推董渐、□村赵二郎、西李村薛十一老、陶梁五老李远、陶梁十一郎李一、修善柳□推、西卫四老贺言、西老村十一老、中静宁四郎、王家营三郎、郝壁皇四郎、孙何孙四郎、孙何□郎形贵。①

县令、前县令、县丞、主簿名字赫然在列，虽官品较小，但仍属于一县之地方最高父母官，他们支持此行为，变相地体现出这一行为在当时的合理性。

宗教信仰行为客观存在，支出在所难免。诸如修、建寺庙塔碑，香炉，佛画像以及立幢，直接的施与钱物等导致了家庭宗教信仰支出。对于宗教笃信的程度并非与捐钱多少成正比，但财雄实厚的个人或者家庭对于这一宗教活动的实施，的确给予了深厚的经济上的支持，列表3—4所示。

---

① 阎凤梧主编，牛贵琥等副主编：《全辽金文》，《修塔维那最上福田》，山西古籍出版社2002年版，下册，第4068页。

表 3—4　　　　　　　　金代汉族家庭宗教信仰支出略表

| 序号 | 基本情况 | 名目 | 表现 | 史源（卷） |
|---|---|---|---|---|
| 1 | 鄄城县正觉禅院，巧者献工，勇者助力，富者输财，辩者劝施。不期月之间，起夏屋数楹，中设释迦文佛像。 | 修缮禅院碑 | 献工，助力，输财，劝施 | 《金文最》，卷71《鄄城县正觉禅院碑》 |
| 2 | 新□既成，遂乃鸠工集役，遴选材木，以经以营，富者输财，贫者效力，修成法堂、方丈、僧房各五楹八椽，寝堂三楹八椽……经始于大定辛卯仲春，庆成于丙申孟秋，其苫瓦、材木、阶砌、石局、工师、日食之费，约用钱五千余贯。蒙檀越厚助，俾衣钵有资 | 修缮寺碑 | 输财，效力用钱五千余贯 | 《泰山志》①，卷20《重修法云寺记》 |
| 3 | 永济等就甘棠重建起塔十三层，高一百六十尺。永坚主会、宗道宾客、化缘副会首王宝，纠化多僧，百村善友，叹喜欢踊跃，将梯己之财，施水材木，如风攒蚁聚，合堂僧众尽行舍施 | 修缮塔 | 输梯己之财施水材木 | 《全辽金文》中，《荣河县胡壁堡镇崇圣禅院塔记》 |
| 4 | 同州城内有官田三十余亩，公请于郡守修为官刹，敕赐名额，谓之"太平院"，党询、赵泰、王仪，郡之吏长也，皆出家赀以助胜缘 | 修缮观音院 | 出家赀 | 《金文最》，卷85《观音院碑》 |
| 5 | 塔旧造以瓦，今甃以石，工费之资，悉出于合乡之解橐破囊者 | 修缮石塔 | 输财 | 《金文最》，卷24《石塔小记》 |
| 6 | 平原县淳熙寺的比丘僧智深为重修千佛大殿，化缘集资，富者施财，贫者效力 | 修缮千佛大殿碑 | 输财，效力 | （乾隆）《平原县志》，卷10《重建淳熙寺大殿记》 |

---

① （清）金棨辑，陶莉等点校：《泰山志》，山东人民出版社2019年版，上册，第581页。

第三章 金代汉族家庭的收支与经济管理 155

续表

| 序号 | 基本情况 | 名目 | 表现 | 史源（卷） |
|---|---|---|---|---|
| 7 | 堂宇功毕，燈公与众纠首共□，幸遇昭代圣□复起□大定之初，天下鸿宁，释教大兴，□□□住庵僧润公等与善知识数□□大发□意，衷集钱三百贯，依奉上畔经本军军赀库纳讫钱数，乞示额，伏蒙朝廷特赐"法云禅寺"。 | 买额 | 集钱三百贯 | 《泰山志》，卷20《重修法云寺记》 |
| 8 | 幸遇皇朝大定三年鬻寺观名额，本村大户孙庚等办施钱十万，赎得"昭庆院"额。 | 赎额 | 大户孙庚等办施钱十万 | 《全辽金文》中，《沁州铜鞮县王可村修建昭庆院记》 |
| 9 | 大定癸未，奉符应无名寺观许买名额，乃备钱十万送官降榜，金额曰"太虚观"。 | 买额 | 备钱十万 | 《金代石刻辑校》，《张温墓志》 |
| 10 | 僧光惠聚本庄善友递相共议，上下允从，入钱叁拾余万，请到敕黄书填作大云寺。 | 买额 | 入钱叁拾余万 | 《全辽金文》下，《建大云寺额记》 |
| 11 | 大定六年，平原县淳熙寺的比丘僧智深为重修千佛大殿，有大户阎某捐钱三十万。 | 重修佛殿 | 捐钱三十万 | （乾隆）《平原县志》，卷10《重建淳熙寺大殿记》 |
| 12 | 都维那银青荣禄大夫行兴中尹上柱国广陵郡开国公食邑二千户食实封贰伯户高思廉、妻广陵郡夫人高氏、二夫人高氏、长男云堂、次男三学奴。 | 改建寺碑 | | 《辽金元石刻文献全编》（三），《兴中府尹改建三学寺碑》 |
| 13 | 府村社：安礼、安宅王氏、男安王寿、次男安同寿、小男安五郎。……（其中"安宅王氏"应该为其妻子。） | 碑 | | 《金代石刻辑校》，《金烛和尚焚身感应之碑》 |

续表

| 序号 | 基本情况 | 名目 | 表现 | 史源（卷） |
| --- | --- | --- | --- | --- |
| 14 | 吴泽镇昔日精蓝遭兵火，寺基尽为垄亩，唯石像颓败，邑人李善性乐空门，特发诚心，买到税业地三亩，率其同志，复展新基，再修禅宇数楹。兼赖十方信士，重建法座二所及圣像 | 修禅宇、重建法座圣像 | 买到税业地三亩 | （民国）《修武县志》，卷13《张陆村重修功德记》 |
| 15 | 故郡人万俟景之先人至景、景弟祐，数世自办财力，特为真人修堂塑像 | 修堂塑像 | 自办财力 | 《金文最》，卷47《重建孙真人祠记跋》 |
| 16 | 山东人杨善渊，买地临淄市南，立道院 | 立道院 | 买地 | 《元好问全集》（下），卷第49《续夷坚志四·临淄道院》 |

根据表3—4，支出名目包括寺院道观塔碑的修缮以及购买名额，施善群体多是全县百姓，亦有个人、家庭为单位，对宗教信仰的信奉也不止于施舍钱财，贫者效力也是其中普遍的参与方式之一，这从侧面反映出金代信教的盛行。

## 四 赈赡支出

赈赡支出作为金代汉族家庭日常支出的一种，受自身家庭经济条件限制，赈赡血亲、姻亲多发生在达官显贵和富裕之家，对普通百姓而言，心有余而力不足。

就施予赈赡的对象而言，国家处于首位。战乱伴随灾疾，而开仓赈济是朝廷首选应对措施，现拈取两例：世宗时泽潞旱甚，李晏擅发仓粟三万石救饿者①；棣州饥尤甚，而不在发粟之数。王扩擅开仓救之。② 这两例都是擅自开仓，结局都是"朝廷不之罪也"。但李晏过程稍微坎坷一些。"因上章请罪。章奏，而本道提邢弹章亦至。章宗谓宰相言。提刑职当然，李晏义当然，不之罪也"。关于赈济，大定二十九年章宗诏有司，

---

① 《中州集》乙集第2《李承旨晏》，中华书局1959年版，上册，第100页。
② 《中州集》辛集第8《王都运扩》，中华书局1959年版，下册，第419页。

"今后诸处或有饥馑。令总管、节度使或提刑司先行赈贷或赈济，然后言上"①。可知，金廷对于灾疾这种突发事件是做了应急处理的，擅自开仓理应无罪。次者，富民赈赡甚多，但多在朝廷诏令号召之下。世宗时曾谓宰相曰："滦州饥民……移于山西，富民赡济"②。章宗也敕尚书省曰："饥民如至辽东，恐难遽得食，必有饥死者。其令散粮官问其所欲居止，给以文书，命随处官长计口分散，令富者出粟养之"③。

被赈赡对象，依亲疏远近关系而定，各遂所愿④，同时兼及邻里乡里。明昌八年旱，民大艰食，康德璋出俸粟为之倡，虽旁县亦有受其赐者⑤；吴璋，有以急难来归者，必极力营赡之。⑥ 此种行为在古代被称为轻财好施，多加褒扬，固容易形成门风代代沿袭。如赵受之祖父诚，明昌中岁饥，民无所于籴，能出其家所有，以活旁近。父亲赵林，喜宾客、好施予、负欠之家有贫不能偿者，率折券以贷之。丧乱之后，富商往往被掠，乞丐道路，无归顾之望，赵君悉资遣之。⑦

此类义举影响颇为深远。首先，减轻国家经济负担。长期战乱以及频繁的天灾使百姓食不果腹，大批百姓等待国家救济，而富民出资出粮一定程度上减轻了国家的赈济支出。其次，起到睦邻社会的良好作用。赈赡虽属国家社会救济的一项内容，但个人的赈济行为颇多，且赈济对象旁及邻里乡里。再次，维护赈济者个人家族宗族发展延续。宗亲之间的互相救助使得收宗睦族这一目的更加明确，让宗族中稍贫困家庭免于破产的同时，更加增强同一宗族的认同感和加强其宗族凝聚力。最后，赈济者个人也受到了当时社会舆论的好评。赵受之祖诚，"发粟赈贫，为乡曲所归"⑧；赵秉文"出俸粟……及受代，老幼攀遮，恋恋不忍诀。已出郭，复遮留之

---

① 《金史》卷9《章宗一》，中华书局1975年版，第213页。
② 《金史》卷6《世宗上》，中华书局1975年版，第130页。
③ 《金史》卷9《章宗一》，中华书局1975年版，第222页。
④ 国家图书馆善本金石组编：《辽金元石刻文献全编》，《大金故通奉大夫前同知东平府路兵马都总管事护军谯国郡开国候食邑一千户食封一百户赐紫金鱼袋曹公神道碑铭》，北京图书馆出版社2003年版，第2册，第902页。
⑤ 《遗山先生文集》卷27《辅国上将军京兆府推官康公神道碑铭》，上海商务印书馆缩印乌程蒋氏密韵楼藏明弘治刊本，第277页。
⑥ 《遗山先生文集》卷29《显武将军吴阡表》，上海商务印书馆缩印乌程蒋氏密韵楼藏明弘治刊本，第290页。
⑦ 《遗山先生文集》卷30《冠氏赵侯先茔碑》，上海商务印书馆缩印乌程蒋氏密韵楼藏明弘治刊本，第305页。
⑧ 《遗山先生文集》卷29《千户赵侯神道碑铭》，上海商务印书馆缩印乌程蒋氏密韵楼藏明弘治刊本，第296页。

再三，乃得去"①。东平行台严公，"薨谢之日，境内之人号泣相吊，自谓一日不可复活"②。美化其个人形象的同时，利于其仕途的擢升。

## 五　租税赋役支出

　　历朝历代租税赋役的征收是小农家庭经济固定支出重要项目，被作为责任与义务履行。虽"金代的输纳均比五代、辽、北宋为轻"③，但平日百姓"急忙春米送官仓"④ 现象实为真实写照，麻知几在南州，见时事扰攘，催科督赋如毛，百姓不安，尝题《雨中行人扇图诗》。诗云："幸自山东无税赋，何须雨里太仓黄？寻思此个人间世，画出人来也著忙"⑤。虽一时戏语，亦并非空穴来风。"金代赋役扰民，其实是物力钱、杂税与徭役，尤其是徭役。对于一般百姓而言，物力钱与杂税的扰民程度仍远不及差役。力役与兵役则是堪称动荡金代社会贫富的两大关键"⑥ 尤其金末战乱，民既罄其所有，交征调差役而不足。⑦ 其中，"民养驿马，此役最甚，使者求索百端，皆出养马之家，人多逃窜"⑧。《金史》记载：世宗大定二十一年（1181年），"命避役之户举家逃于他所者，元贯及所寓司县官同罪，为定制"；二十五年（1185年），"命宰臣禁有禄人一子、及农民避课役，为僧道者"。⑨ 即便世宗时期，为逃避课役，百姓或者逃亡他乡或者出家为僧道。对逃役家庭定罪并形成定制，后又规定课役全户逃者徒二年，并且对告发者赏钱五万。可以想见当时朝廷课征严重程度。以往对于金代经济租赋徭役研究已颇为详细在此不再做重复性的探讨，仅就影响金代小农家庭的几点朝廷经济政策略作叙述：

　　金代中叶，大部分的农地所有权归属于政府、猛安谋克与汉农，而实际经营权大部分属于汉农，所有权与经营权分开，所以"经营者的素质

---

① 《遗山先生文集》卷17《闲闲公墓铭》，上海商务印书馆缩印乌程蒋氏密韵楼藏明弘治刊本，第172页。
② 《遗山先生文集》卷26《东平行台严公神道碑》，上海商务印书馆缩印乌程蒋氏密韵楼藏明弘治刊本，第262页。
③ 张博泉：《金史论稿》（第2卷），第254—256页；漆侠、乔幼梅：《辽夏金经济史》，第434—435页。
④ 《中州集》庚集第7《穀靡靡·上黨公席作》，中华书局1959年版，下册，第359页。
⑤ （金）刘祁撰，崔文印点校：《归潜志》卷第9，中华书局1983年版，第96页。
⑥ 陈昭扬：《征服王朝下的士人——金代汉族士人的政治、社会、文化论析》，博士学位论文，台湾清华大学历史研究所，2007年，第149页。
⑦ 《金史》卷47《食货二》，中华书局1975年版，第1061页。
⑧ 《金史》卷100《李复亨传》，中华书局1975年版，第2218页。
⑨ 《金史》卷46《食货一》，中华书局1975年版，第1034—1036页。

不再是影响生产力的重要因素之一"①。猛安谋克集中—分散—集中的居住方式，分散于乡间，并大致集中于河北、山东等两大区域。两种集中造成了山西、河南、陕甘等区域的汉人社会罕有与女真接触的机会，即便是与猛安谋克接临的区域，也因猛安谋克的自成村寨而使之与汉人社会互动有限。"整体而言，女真入居虽然冲击了特定区域的汉人社会，但并未过多转变汉人社会的基本运作内容。"② 所以，单纯猛安谋克迁入中原对于小农家庭经济生产力并无太大干扰。实际上，产生致命影响的是朝廷民族政策作祟而制定相应的经济倾向性政策，以及所附带的女真权贵占田③、仗势欺人④、高利贷⑤等直接或间接经济剥夺行为，使普通小农家庭处于水深火热当中。⑥ 具体而言，因金灭辽、北宋后，为奠定与更加巩固在新占领区黄河流域的统治，防范汉族于未然，女真将本族由苦寒的内地迁往富庶的汉人地区。其本质在于对这一中原地区的监督镇压，为民族利益实现最大私有化，最明显也是最严重的当属对于这一地区重要生产资料——土地的争夺。

夺取之际，汉农将经历的是土地所有权与耕作权的转移、转移时未知的收入空窗期、生活空间的迁徙与新环境的再适应、社会地位与财富的瞬间得失等，其存在也与金代相始末。⑦

首先，骄纵的明争暗夺，在此基础上的冒占括地，让百姓的生产最大程度给他们带来利益的同时，变本加厉剥削百姓。具体而微，猛安谋克大

---

① 陈昭扬：《征服王朝下的士人——金代汉族士人的政治、社会、文化论析》，博士学位论文，台湾清华大学历史研究所，2007年，第139—140页。作者亦考虑到他们的身份多为佃农与奴隶，会降低他们的生产意愿。但作者因目前尚无法评估影响程度，详细程度犹待讨论。
② 陈昭扬：《征服王朝下的士人——金代汉族士人的政治、社会、文化论析》，博士学位论文，台湾清华大学历史研究所，2007年，第259页。
③ 蒙思明：《元代社会阶级制度》，上海人民出版社2006年版，第30页。
④ 《遗山先生文集》卷20《资善大夫吏部尚书张公神道碑铭》，上海商务印书馆缩印乌程蒋氏密韵楼藏明弘治刊本，第207—211页。
⑤ 漆侠等：《辽夏金经济史》，河北大学出版社1998年版，第393页。
⑥ 陈昭扬：《征服王朝下的士人——金代汉族士人的政治、社会、文化论析》，博士学位论文，台湾清华大学历史研究所，2007年，第141页。"客观而言，12、13世纪华北经济的动荡衰退，与其说是女真统治策略不佳，不如说是战乱与北南隔绝的影响。"
⑦ 陈昭扬：《征服王朝下的士人——金代汉族士人的政治、社会、文化论析》，博士学位论文，台湾清华大学历史研究所，2007年，第144页。

量迁入，国家拨地予以自养而使得猛安谋克占田成功，之后却成为其兼并土地的借口，大批豪族地主将原本官田变为私田的同时实现了利益的最大膨胀，继而变本加厉，朝廷继续刷地冒占，周而复始。而这其中被籍为官田的土地有很大部分属于汉族小农家庭所有，于是，他们的土地越来越少。

其次，"授田"不同，受益则不同。由于猛安谋克多嫌地薄，所以经过多次拨地，地多膏腴。相形之下，所剩汉族百姓己业田甚为贫瘠单薄，所佃官田丛薄交固草根纠结多为荒地。如山东拨地时，"腴田沃壤尽入势家，瘠恶者乃付贫户"①。金代汉人主要交纳夏、秋两税，随地而出。河南民地、官田数量相仿，但百姓多全佃官田之家，而"坟茔、庄井俱在其中"②。"物力钱则算其田园，征诸钱横泛杂役，无非都出于民"③。此情形，对于以农业生产为主的中原汉族小农家庭而言，收成因地少、地薄而减少，税赋物力支出与所收失衡，日常经济生活受到很大影响。相形之下，猛安谋克将自己的身份定位为单纯"消费者"，而并非自家田地长久自耕自养的生产者。与原本应该把生产当作生存手段，最终给自己、社会带来财富的经营者身份完全背离。因此大大影响了汉族小农家庭的收入从而影响其支出。

最后，就按何等标准支出不同，结果不同。金实内地与南迁过程中，迁出迁入地的民族、制度、生产力发展、文化、地理环境各异，一时之间国家征收钱赋标准难寻。通检推排作为金代特色经济政策，规定被征收群体、对象、数量，使这一朝廷格局重整之后的国家征收有据可依，相对公允意义颇重。物力钱的征收，上自公卿大夫，下至庶民，无一幸免。即使朝中大臣出使外国，受到馈赠，归国后物力增多的同时，物力钱也相应地应该多缴纳。值得注意的是，这一政策颁行，各族尤其女真新出现的权势豪族强者越强，弱者越弱现象愈加凸显。这说明，新强可以利用各种途径规避物力推排，往往将租税物力转嫁到一般平民身上，出现"豪强有力者符同而幸免，贫弱寡援者抑屈而无诉"④ 的局面，这对于普通的小农家庭经济杀伤力无疑很大。

女真统治优遇的民族政策下，金代汉族小农家庭出现不同于其他朝代的自身特点。即便租赋征收标准全同，多民族共同生活状态下，处于被统

---

① 《金史》卷107《高汝砺传》，中华书局1975年版，第2354页。
② 《金史》卷107《高汝砺传》，中华书局1975年版，第2354页。
③ 《金史》卷107《高汝砺传》，中华书局1975年版，第2360页。
④ 《金史》卷107《高汝砺传》，中华书局1975年版，第2352页。

治地位的汉民族家庭始终处于劣势，较其他朝代，除受到统治阶层压榨之外，多一个民族政策压迫。但我们也应该同时看到，无论己业或者佃地，金代汉族家庭赋役征收与田土厚薄相关，遇差科按版籍先及富者，因蝗旱水涝而减免租赋发仓粟赈赡，这些在一定程度上减轻了小农家庭的经济负担。此外关于金代汉族家庭教育支出将在第五章论述金代汉族家庭教育时有所体现。

## 第三节　金代汉族家庭的经济管理

家庭经济管理旨在完成家庭对国家所承担的责任义务后，更合理地分配利用家庭收入，以满足家中成员生存生活基本所需，同时以能够使家庭更好地发展和壮大为最终目的，这需要家中成员的共同努力。

### 一　父家长在家庭经济管理中的作用

父家长对于家中经济的管理，包括衣食住行的方方面面。普通平民家庭与官僚富贵家庭采取不同的管理方式，比如后者家中聘有专人管理家中财务等等，但量入为出、勤俭持家、积少成多则是通用的经济管理原则。财产的分配也是家财管理的一个重要方面，在朝廷法律诏令明文规定下，父家长在遗产的继承上更有发言权。

（一）大家庭同居共财

相对于分居别籍异财，金代提倡同居共财。尤其遇战乱之年，采取临时同居共财形式较以往使家族更能得以保全。

> 迨至天会间，兵革之乱，四方云扰，居民逃难解散。是时成氏之族已数十余户，诸成氏等与昆弟相议而语曰："若此荒岁，岂不悬命于干戈之毙乎？当率其众据山险为之堡寨，安老幼于中以俟休息，不亦可乎？"诸子皆□敬诺其策。乃举其族内讳进者及讳宝者，俱为寨长，每驱少壮以守其隙，群盗不敢向视者众矣。后三载，天下休兵，四方安静，得全者万口，皆诸成众族之力也。……上下十世间，相继家风，父慈子孝，兄爱弟敬，夫和妻柔，姑慈妇听，遵依八义，师慕五常，姻睦族系。成教其子曰孙曰："我自先祖之下，治家勤俭，好

礼义，施仁德，畏刑罚，避凶暴，以是全身远害而已。"①

金代关于义居家庭的旌表有成熟的实行机制。通过所在行政区划单位向上一级逐级申报。如明昌三年（1192年），河东南路解州平陆县百姓张仁檥，"四世义居，县申州，州中□□□度□察衙，差官体究诣实。甲本道提刑司，申尚书户部，会法照例呈都省。准皇甫下旌表张仁檥门闾"②。批准后对此类义居家庭的表彰包括两种方式，一种为实际的物质奖励。但户下三年差发的实际物质利益好处在金代实属巨大，这也印证了金代汉族义居家庭较少的事实，另一种则是给予无形的荣誉。远近荣观的形象宣扬，对于家庭成员以后的发展则多有裨益。因此朝廷也通过此种方式达到宣扬教化，稳固国家的目的。

金代汉族家庭出于经济压力而分居别籍，但如若家庭因外部因素难以自生，共同经营仍成为他们首选的生存生活方式，但必须征得各个小家庭的同意，诸家庭中男性家长共同商议对策，公开选出"大家长"，从中体现金代汉族家庭无论同居分居，都只为了能够更好地生活，决定是否能成为义居家庭的并非成员自己单纯意志，而更多的出于经济因素。

即使分居别籍宗族祭祀仍成为相互之间互通有无的重要纽带。

惟有三伯，独恋乡贯。□于族兄方之家，有兄侍养，九旬有四而终也。□叶迁于□县界鲁桥镇西刘家庄，以田业所居，而别□茔域也。然而虽居异止，本□一宗，是用之族弟也。一用亦迁于北薄梁村，穿土兴□□户贯珠，久乐于斯，而不得还乡也。而弟兄有三：曰用、曰禧、曰祐，而我虽居异止，享祀则一。唯侄云、弟霆二叶，不离本□，常守先茔，□亦乘田胜遂，子孙蕃衍。云之弟兄亦有其三：曰云、曰立、曰义。霆之弟兄而有其二：曰霆、曰忻。其外枝蔓，各具碑阴。③

---

① （清）张金吾编纂：《金文最》卷86《成氏葬祖先坟茔碑》承安四年，中华书局1990年版，下册，第1265页。
② 阎凤梧主编，牛贵琥等副主编：《全辽金文》，《解州平陆县张氏义居门闾碑》，山西古籍出版社2002年版，中册，第1679页。
③ （清）张金吾编纂：《金文最》卷87《东海徐氏墓碑》承安四年，中华书局1990年版，下册，第1271—1272页。

## (二) 财产析分与继承

金代析产方式，遵循嫡庶有别与诸子平均分配基本原则。意即，出生于同一家庭的男子都有权成为家产所有者之一，且同一生父的诸子不论长幼，理论上具有相同的家产继承权，"弟欲异居，分均之际，举无难色"①。同父同母所生男子当中，受到女真少数民族特性影响，重嫡幼。②

金代"命庶官许求次室二人。百姓亦许置妾"③。此婚制隐晦地承认了娶妾的合理性，以致使庶生子地位亦相对合法，但正妻地位高于妾这一事实，并不因此发生改变，在家产继承上的体现便是嫡庶差别的公然存在。世宗年间诏曰：官民祖先亡没之后，子孙无权分割房产，"止以嫡幼主之，毋致鬻卖"，且著于令。④ 另有，突合速以次室受封，次室子因得袭其猛安。及分财异居，次室子取奴婢千二百口，正室子得八百口。久之正室子争袭，连年不决，费尽家赀，正室子奴婢口存者仅二百，次室子奴婢存者才五六十口。世宗闻突合速诸子贫窘，问近臣，告知世宗乃是争袭的缘故，世宗曰："次室子岂当受封邪"，以嫡妻长子袭。⑤ 嫡庶不仅体现在财产析分与继承上，对于官爵袭替同样重要，这同样可以理解为不同身份的母亲，由于在家庭中所处的地位高低有差，其家产分配体现在儿子们之间则表现出差别制特点。原则上遵守"诸应争田产及财物者，妻之子各肆分、妾之子各叁分、奸良人及幸婢子各壹分"⑥。

---

① 阎凤梧主编，牛贵琥等副主编：《全辽金文》，《故刘君墓志铭》天会六年，山西古籍出版社 2002 年版，中册，第 1153 页。
② 陈智超、乔幼梅主编：《中国历代经济史》（3），宋辽西夏卷，《女真金国社会经济》，第 428 页："女真诸小部是一个或若干个包括三、五十家族帐形成的。每个族帐或相间隔、或相聚集在一起，都是以水以村命名。宗族近亲还保持着较为密切的血缘关系，而一般的血缘关系已经疏远了。这是由于依附者不仅有本宗族也有外宗族的。还有成批的俘虏来的成员。这类具有公社性质的大家族则发生了如下的变化：第一，一个个小家庭从大家族或者大家庭公社中分离出来。家庭公社的私有财产同氏族公有制相对立，终于瓦解了氏族公有制；而小家庭的私有制同家庭公社制相对立，则很可能导致家庭公社的瓦解。第二，一个小家庭尽管从家庭公社中分化出来，但仍然共同耕作。第三，一般的一夫一妻制和同姓不婚制确立。一夫一妻制只在一般成员中实行，而氏族显贵则是一夫多妻。第四，与这种婚姻制密切相关的是财产继承的确立。家长的财产由诸子继承，少子因与父母同居，在财产继承中承父母之业，占有突出的地位。"
③ 《金史》卷 5《海陵》，中华书局 1975 年版，第 96 页。
④ 《金史》卷 81《赵鉴传》，中华书局 1975 年版，第 1830 页。
⑤ 《金史》卷 80《突合速传》，中华书局 1975 年版，第 1803 页。
⑥ 黄时鉴点校：《通制条格》卷 4《户令·亲属分财》，浙江古籍出版社 1986 年版，第 53 页。

综上而言，金代家产继承均分制与差别制并行，并承袭唐宋，庶生子以及养子为后的继承权认定标准为是否入籍。父母见在分居别籍异财与父母去世继承遗产，严格意义上来讲都属于家产分割继承但并不完全等同。中国古代父母在世诸子成家而异居称"生分"，往往与别籍有关。在这里要先弄清异居、别籍。在金代汉族与女真族不同，"汉人不得令子孙别籍，其支析财产者听"。女真"生子年长即异居"，"其祖父母、父母在日，支析及令子孙别籍者听"。两者区别在于汉族父母在时原则上绝对不可以分居，原因在于维护传统风俗以及赡养见在父母，女真则不然。从法律上来看，唐律重孝道，子孙必须尊敬长辈故同居共财。金代律令承袭唐律，规定汉人亦不得别籍。元代究得旧例（金《泰和律》），有"今照得士民之家，往往祖父母父母在日，明有支析文字或未曾支析者，其父母疾笃及亡殁之后，不以求医侍疾丧葬为事，止以相争财产为务"。所以"以此参详，拟合酌古准今，如祖父母父母在，许令支析者听，违者治罪"。又有至元十一年正月，"中书省御史台呈：切闻为人子者，养亲当致其乐，不敬其亲谓之悖礼。伏见随路居民有父母在堂，兄弟往往异居者，分居之际，置父母另处一室，其兄弟诸人分供日用。父母年高，自行拾薪，取水执爨为食。或一日所供不至，使之诣门求索。或分定日数，令父母巡门就食，日数才满，父母自出，其男与妇亦不恳留。循习既久，遂成风俗，甚非国家所以孝治之意。今后禁约：父母在堂之家，其兄弟诸人不许异居，着为定式，如此庶使"①。元因依金代旧例，所以以此参看金代，意义等同，一旦分居别籍，财产和遗产的分割便出现差异。

金代纳妾虽成为民间合法行为，但其地位上的卑微低下却始终无法改变。自宋提出别室子继承后，为进一步加大庶生子继承权的障碍，是否入籍便在金代受到重视，别籍便是明显的体现。即便是异姓养子，一旦立为后并著籍在册，也具有相应的家产继承权力。

初，僧舅既奉浮图，愍其家事不传，为李氏置后意甚专，初不以异姓为嫌。已而，事不果行。公承舅氏之意，挈此子养于家，以昆弟待之。大定初通检，因附属籍，舅已亡，又历三推之久，弟为妄人所教，遽求异财。公欣然以美田宅之半分之。人谓："同胞而至别籍，

---

① 黄时鉴点校：《通制条格》卷3《户令》，浙江古籍出版社1986年版，第28页。

往往起讼。白公乃无丝毫顾藉意,是难能也。"①

养子在本家著籍,具有继承家产的权力。此处"异财"即理解为别籍析财。虽为"妄人所教",但也正是养子存在此实际权力的侧面体现。如根本无继承权力,教也是毫无意义;另外,"公欣然以美田宅之半分之",虽史书中并没有对其家产金银物件的概括性描述,但就田与宅来看,这已经是普通家庭家产的绝大部分。在此情状下,实行均分。大定十三年(1173年),"定出继子所继财产不及本家者,以所继与本家财产通数均分制"②。意思是说,即便出继,仍可以分得本家财产。既然出继便已经著籍他家,在本家无户籍记载的情况之下,仍然可以分得财产,这说明血缘远远战胜了一切的制度、法律。行服而分资产,表明血缘宗服在家庭当中的重要作用,但即使通过行服这种形式上的认亲方式,也要履行了才能具备分得财产的资格。

  本观置买地土文契
  出卖地业人,修武县七贤乡,马坊村故税户,马愈男、马用,同弟马和,自立契,将本户下□□地二段,其计二亩三厘,立契卖与全真门弟子王太和、王崇德为永业,修盖全真道庵,准得价朩一十六贯文,各七□九伯并拋即目见定交割谨具开坐如后。
  所有地内,差税物力,实朩照依通捡,去马愈户下贮脚。供输所拋地内竹竿书目不係系数。
  右件前项,出卖地土,卖与全真门弟子等为永业,并不是衷私卑幼□交,亦不是债欠准折,并无诸般违碍,又加立契日一色见朩交领,并□别无悬欠,恐人无信,故立此文为拋。
  按 立契出卖地人,即今之卖主也;一曰同立契人,即今之卖主亲族也;一曰引领人,即今之中人也;一曰写契人,即今之代书也。(大安元年五月)③

此契约属民间行为,未经官方介入,由引领人、写契人、出卖地人

---

① 《遗山先生文集》卷24《善人白公墓表》,上海商务印书馆缩印乌程蒋氏密韵楼藏明弘治刊本,第244页。
② 《金史》卷7《世宗中》,中华书局1975年版,第159页。
③ 国家图书馆善本金石组编:《辽金元石刻文献全编》,《真清观牒》,北京图书馆出版2003年版,第2册,第562页。

自行立契买卖土地，以此为据。文契由三部分组成。出卖土地人有三个，马愈、马用、马和（或者马愈男、马用、马和），三者之间关系可以理解为两种，一是兄弟关系，二是马愈与马用，父子关系。马愈与马和为同一家族（或宗族）从兄弟。契约后面出现"马愈户下"，显然第二种理解更为准确。马愈、马用即为亲族并非一家，但将所卖土地称为"本户下"，显示这两家仍占着同一户籍，仍共同承担国家一切租税物力铺马军须，但是否异居不详；三人共同成为出卖地业人，则说明未别籍情况下仍共同拥有家中财产，包括地产，但是否有过异财不详。因此卖地属于共同行为。但兄弟二人是否有嫡庶之分，无从知晓。卖地得到的钱财如何处置，作为家庭共同财产还是两家之间分配，亦并不能确定。但至少说明了一个问题，有否占着户籍成为是否取得家产继承权的重要标准。

同时，在金代家产继承问题上，"让财"现象亦多见于史籍。因析居别籍异财或父母去世而继承财产，兄弟之间往往会出现将所继承部分让与其他继承人之实际情况。

> 公兄纪、弟绎，以户计高议析居，公曰：'析居无不可，于义有未便者。'兄询之，公曰：'弟绎不事产业，非理横费，间取资兼并之家，以偿博贶，所负已多。一旦析居，必为豪夺。坐见隳败，终非兄弟友爱之义。不如以系众之财，呼其债主还之，不唯省半，抑且无后患。'兄从之。既析居，有旧宅正当阛阓，公得其半，又曰：'兄眷重褊隘，必不能居。'悉推己所得于兄，其余田园亦如之。①

首先，此家庭隶属于因家户人数过高而析居别籍。另据析居无不可知，此种原因下的析居现象实属家庭形态正常变动，以此推之，金代汉族家庭析居现象还是较为普遍和易被接受的。其次，兄弟间商讨析居以重兄弟友爱之义为主。从两个方面体现，一是由于弟弟散漫好赌，便将家中公共财产给予还债。后来析居后财产继承似再无分配份额。析居后的旧宅公得一半，其兄得一半，并无弟绎之份。二是析居后，其兄眷口众多，所居狭窄，便悉推己所得于兄，其余田园亦是。最后，其家庭大概推断类属于

---

① 阎凤梧主编，牛贵琥等副主编：《全辽金文》，《故潞城隐德君子王公墓志铭》大定十七年，山西古籍出版社 2002 年版，中册，第 1135 页。

中上阶层，商铺以及田宅组成其家庭财产，堪称富裕。另有史康成尝与昆弟分财，他田宅定无所问，止取南中生口十余人，因此而家独贫。① 杨云翼②、冯璧③、庞迪④、段季良⑤，析家财拒之不纳，悉推与诸弟。更有弋祐在外二十年，回家后发现弟弟殖产倍增，所以想要分居异财，而他弟弟说："家所有，皆父兄所积，润但谨守，仅无损耗耳。兄幸归，请悉主之。润得供指使，足矣"⑥。听了这一番话之后，弋祐悔悟自己贪财自私，此后与弟弟更加友爱。当然，"让财"并不能被仅仅看作是分家析产时候的例行程序，所以也就并不只发生在析居别籍之际，"让财"的真正目的是无论何时，兄弟之间的友爱与互相照顾。史书记载卢亨嗣与弟亨益尽友爱之道。亨嗣初以祖荫得官，后又以父荫但亨嗣以让弟亨益。亨益早卒，子犹年幼，亨嗣尽以旧业田宅奴畜财物与之。⑦ 一个普通家庭财产的分配和遗产的继承虽然数量有限，但是对于他们来说仍然意义重大，相较于官宦显贵来讲，容易发生分配不均导致的纠纷，但在古代门风影响下，很多家庭仍然互相礼让并累世下去。

## 二 妇女对家庭经济的日常管理

社会身份和地位，决定了古代妇女为家庭所创造的经济收入是有限的，对于这一群体而言，如何管理比如何创收更为重要。金代汉族家庭妇女对家中经济的管理，更多地从躬亲于家庭细事，勤俭持家和对于可支配私财的使用上来体现。如此日复一日的劳动，体现出古代家庭妇女枯燥、重复的家庭生活。

（一）对家庭经济的贡献

金代汉族妇女囿于家庭生活，原因主要包括两个方面：第一，民族性。金代政权建立，女真少数民族是统治民族，金代汉族妇女属于被统治

---

① 《遗山先生文集》卷21《大司农丞康君墓表》，上海商务印书馆缩印乌程蒋氏密韵楼藏明弘治刊本，第225页。
② 《遗山先生文集》卷18《内相文献杨公神道碑铭》，上海商务印书馆缩印乌程蒋氏密韵楼藏明弘治刊本，第182—187页。
③ 《遗山先生文集》卷19《内翰冯公神道碑铭》，上海商务印书馆缩印乌程蒋氏密韵楼藏明弘治刊本，第202页。
④ 《金史》卷91《完颜撒改传》，中华书局1975年版，第2013页。
⑤ 国家图书馆善本金石组编：《辽金元石刻文献全编》，《段季良墓表》，北京图书馆出版社2003年版，第3册，第216页。
⑥ 《遗山先生文集》卷24《临海弋公阡表》，上海商务印书馆缩印乌程蒋氏密韵楼藏明弘治刊本，第246页。
⑦ 《金史》卷75《卢彦伦传》，中华书局1975年版，第1717页。

异族，由此，汉族妇女在家庭经济日常管理中作用的大小与此社会制度下自身社会地位高低息息相关，社会地位的高低又与所承担的社会责任义务成正比。加之大部分又属于平民百姓，地位相对较低。没有理由和机会参加社会活动，于是剩余精力时间便更多分配在自己家庭之中。第二，受汉民族传统影响深远。与女真"妇贞而女淫"的民族传统不同，"三纲五常"在汉族妇女心中，时间久长而意义重大。

"古者女子生十年有女师，渐长有麻枲丝茧之事，有祭祀助奠之事，既嫁职在中馈而已，故以无非无仪为贤。若乃嫠居寡处，患难颠沛，是皆妇人之不幸也。一遇不幸，卓然能自树立，有烈丈夫之风，是以君子异之。"①

现将金代汉族妇女对家庭经济的贡献分列如下：

1. 躬亲于家庭生产生活

丈夫作为家庭经济以及妻子身心支柱，将女性与整体社会间隔，而这在绝大多数时代是普遍现象，合乎社会等级传统、王权统治需要以及社会风俗。这种儒家礼教对妇女在德行方面的规范要求束缚其一生，将其囿于家庭生活当中，外界对其了解甚少，她们亦少有了解外面世界的机会。接触外界多见于宗教邑社活动，而操持家务、从事家庭生产生活、祭祀、打理家庭财务都成为分内之事。具体而言，柴米油盐家务事，实际属于最主要之事。史有赞皇郡太君，簿书会计，鳞杂米盐，无不经手②；李潮夫人贺氏，躬整葺家务，虽中外细事，其规画处置，悉有条理。③ 祭祀不仅是家中的大事而且也是妇职之一。节妇乐氏，躬操井臼，主中馈，助祭祀。④ 另外家中子女教育也被看作妇女是否称职的评判标准，她们不仅要循母道，而且还要训慈有法度。刘秀世继娶连氏，淑慎慈严，能循母道，内助有功。⑤ 冠氏帅赵侯母，在其父忠显君在世时，中馈之位，乃为上僭者所夺于夫人也。扴斥如媵侍，凌轹如囚虏，井臼之事，率躬亲之，如是

---

① 《金史》卷130《列女传·序》，中华书局1975年版，第2797—2798页。
② 《遗山先生文集》卷25《赞皇郡太君墓铭》，上海商务印书馆缩印乌程蒋氏密韵楼藏明弘治刊本，第255页。
③ 王新英编：《金代石刻辑校》，《李潮夫人贺氏夫人墓志铭》天眷元年，吉林人民出版社2009年版，第146页。
④ 李俊民：《重刊庄靖先生遗集》卷8《岁寒堂记》，丛书集成三编本，第38册，新文丰出版公司1997年版，第167页。
⑤ 阎凤梧主编，牛贵琥等副主编：《全辽金文》，《故刘君墓志铭》天会六年，山西古籍出版社2002年版，中册，第1153页。

积三十年。① 最后一条史料可以看出,"中馈之位"虚指操持家中供膳诸事权利,实为相较姬妾之正妻高高在上之位置。一旦失去,便凡事躬亲为之。可见在富裕大家庭中,妇女的经济权利更趋向于领导指挥,至于躬亲细琐粗事则由妾侍替代。作为家庭中一分子参与的其他宗教施与活动,将放在第五章家庭宗教信仰当中进行专门讨论。

2. 勤俭持家

凡经营,讲究开源节流,相对于躬亲家庭生产生活,勤俭持家则更多的属于在已有财富基础上的合理经营。在女性不能创造更多直接经济来源前提下,勤俭持家是其治家的有效途径。勤俭节约作为中华民族传统美德值得大肆传承,因时因事而用,通过如此方式更好经营生活才是真谛,这一点金代汉族妇女拿捏准确,对于应该勤俭节约的势在必行。白君妻李氏,"不侈不陋,服食居处,皆有法度可观"②;对于应该予以投资的,比如家中子女的教育学习,则给予经济上的大力支持。时丰妻张氏"抚育遗孤",子女长大教其子专于从学,"辟舍迎师,散金收书,无毫发之吝"③;路伯达"母有贤行,教伯达读书。国初赋学家有类书名《节事》者,新出,价数十金,大家儿有得之者,辄私藏之。母为伯达买此书,撙衣节食,累年而后致"④。采取张弛有度的持家之道,才是金代汉族妇女治家该有的不二法门。

(二)对私财的支配

1. 来源

首先,关于家产继承。金代汉族妇女私财的主要来源有两个:家产继承以及奁财。

关于家中女性成员财产继承纳入金代相关法律只有一条记载,即泰和元年(1201年),"初命户绝者田宅以三分之一付其女及女孙"⑤。此律对于"女"指代模糊,是在室或者出嫁女还是两者都包括在内,无明确说明,又暂无其他史料佐证,鉴于金律仿唐宋,兹以唐宋相关法律作为参考以期加深了解。

---

① 《遗山先生文集》卷30《冠氏赵侯先茔碑》,上海商务印书馆缩印乌程蒋氏密韵楼藏明弘治刊本,第304页。
② 《遗山先生文集》卷25《南阳县太君墓志铭》,上海商务印书馆缩印乌程蒋氏密韵楼藏明弘治刊本,第255页。
③ 王新英编:《金代石刻辑校》,《时丰墓志铭》皇统三年,吉林人民出版社2009年版。第158页。
④ 《中州集》辛集第8《路冀州仲显》,中华书局1959年版,下册,第405页。
⑤ 《金史》卷11《章宗三》,中华书局1975年版,第256页。

《宋刑统》沿用唐代旧制。可见，户绝是家庭女性继承财产的前提和基础。

> 诸应分田宅及财物者，兄弟均分。①
> 诸户绝财产，尽给在室诸女。②

天圣四年（1026年），审刑院言：

> 详定户绝条贯，今后户绝之家如无在室女，有出嫁女者，将资财、庄宅、物色除殡葬营斋外，三分与一分。③

元符元年（1098年），

> 户绝财产尽均给在室女及归宗女，千贯以上者，内以一分给出嫁诸女；止有归宗诸女者，三分中给二分外，余一分中以一半给出嫁诸女，不满二百贯给一百贯，不满一百贯全给。止有出嫁诸女者，不满三百贯给一百贯，不满一百贯亦全给，三百贯已上三分中给一分，已上给出嫁诸女并至二千贯止，若及二万贯以上，临时具数奏裁增给。④⑤

以上三条律令显示，家中父母去世，如若有其他兄弟时，女性成员无权继承财产，家庭财产诸子均分，女子仅持有奁财，金代亦是如此；对于户绝家庭，在室女、归宗女以及出嫁女因具体情况不同，都作出相应法律上的财产继承规定。曾代伟研究并得出，金代在室女继承份额少于唐宋，出嫁女少于唐而同于宋。"唐律强调出嫁女须尽孝道，但可继承全部遗产。宋代则规定出嫁女可继承三分之一的遗产。"⑥

---

① 窦仪等：《宋刑统》卷12《户婚律·卑幼私用财》，中华书局1984年版，第197页。
② 中国社会科学院历史研究所隋唐五代宋辽金元史研究室点校：《名公书判清明集》卷8"继绝子孙止得财产四分之一"，中华书局1987年版，第251页。
③ 徐松辑：《宋会要辑稿》，《食货六一》，中华书局1957年版，第5902页。
④ 李焘：《续资治通鉴长编》卷501元符元年八月丁亥，中华书局1993年版，第11935页。
⑤ 中国社会科学院历史研究所隋唐五代宋辽金元史研究室点校：《名公书判清明集》卷8，中华书局1987年版，第277页，"女婿不应中分妻家财产"案开篇称："在法：父母已亡，儿女分产，女合得男之半。"
⑥ 曾代伟著：《金律研究》，中华发展基金管理委员会、五南图书出版有限公司1995年版，第154页。

其次，关于奁财。古代女子出嫁，娘家要为其置办嫁妆，这成为她们的主要私人财产。金自始祖"以青牛为聘礼而纳之"①。女子出嫁时娘家为其置办的奁妆，是其私财重要组成部分。携带嫁妆入夫家之后，这部分私财的归属与掌管暂无明确定论，但本人具有一定的支配权力毋庸置疑。例如，师氏"舅姑既殁，兄师逵与夫侄规其财产"②。《宋大诏令》载：夫死改嫁"不得占夫家财物，当尽付夫之子孙，子孙幼者，官司检校，候其成长，然后给之"③。可见，在丈夫、公婆去世之后，寡妇具有对家财的掌管继承权。但倘若改嫁，则财产不能随即带走。正是因为如此，其兄与侄才会不择手段使其再嫁。另外在宋代女子嫁妆并不随析居分家而析分，男子聘财也成为女子嫁妆的一部分。

2. 资助夫家、惠泽娘家

资助夫家、惠泽娘家是针对出嫁女而言。④ 女性伸援助之手，被值得称赞为妇女贤行。李侯"于诸弟妹，皆审于择配，夫人弥缝赞助，咸得其称"⑤。虽已出嫁，但在知晓娘家困窘疾病的情况之下，仍然会力所能及的帮助娘家亲人。李侯夫人娘家兄长得风痹，行走不便，诸子又均年幼，所以李侯夫人请求儿子为舅舅谋一份离自己家较近地方的官职，从而可以侍奉他，因此而减轻娘家兄长的负担。⑥ 当然促成此行为的原因诸多，迎合丈夫得到公婆认可、维护自己贤妇形象、天生慈爱心地善良等，无论出于何种缘由目的，这一行为是社会和家族认可的。这里要注意的一个问题是，以上所用资助钱财并没有明确指出实乃妇女的私财，但既然强调"夫人"所为，尤其是针对于娘家亲戚的行为，其中依然有私财存在的可能性，而且可能性较大。

3. 礼佛、道祈福

古代女子出嫁之后，生活范围限于丈夫家庭之中，参与社会活动最多的便是对于宗教信仰信奉所采取的善举。这一行为有其历史传统性，辽咸

---

① 《金史》卷1《世纪》，中华书局1975年版，第2页。
② 《金史》卷130《雷妇师氏传》，中华书局1975年版，第2798—2799页。
③ 《宋大诏令集》卷第200政事53刑法上《继母杀伤夫前妻子及妇以杀伤凡人论诏（太平兴国二年五月丙寅）》，中华书局1962年版，第740页。
④ 她们从娘家继承抑或随嫁奁财，在宋代与共同家财并不混同具有独立存在性，金代暂无从得知。
⑤ 《遗山先生文集》卷25《赞皇郡太君墓铭》，上海商务印书馆缩印乌程蒋氏密韵楼藏明弘治刊本，第255页。
⑥ 《遗山先生文集》卷25《赞皇郡太君墓铭》，上海商务印书馆缩印乌程蒋氏密韵楼藏明弘治刊本，第255页。

雍八年大辽义州大横帐兰陵夫人萧氏创建静安寺碑铭,"凡巨细之费,余于二万缗;□□之绩,就于十二载。工徒之役,算日酬佣,驱籍之家一毫不取,皆贤夫人鬻奁饰、减衣御之为也。寺既成,必假众以居之。遂延僧四十人。有讲则复益,二□□。僧既居,必资食以给之。遂施地三千顷,粟一万石,钱二千贯,人五十户,牛五十头,马卅疋,以为供亿之本。"①礼佛道所用的钱财包括项目众多:创建寺观每天聘请役工的资费,建成后僧侣吃穿住用行等。金代汉族妇女也是如此,甚至拿出较大数额私财用以建庵、道,设食。善行是在报恩祈福的心愿驱使下所为。贞祐之乱太古观被废弃,幕府参佐赵侯国宝之夫人冀氏,"出奁中物直百金,起中殿、堂庑、斋厨,下及用器,无所不备。堂众岁费亦时给之"②。一般情况下的助佛道行为,不仅包括其寺观中的建筑,甚至作法事用的器物,都要一一备全,而且每年都要给予一定的钱财作为基金使用。这看出其时人对它的信奉程度之深和对僧道徒的尊敬之心。刘中德夫人王氏"为不忘其之贡献还以文记之。天会丁未岁,遂舍首饰体服之具,于本庄西隅特建道院一区,为报恩祈福之地"③。刘师彰之夫人郑氏,信佛甚笃,深觉寿圣禅寺久废,愿意重新修建。加之伯男子有庆子,自小失明,"誓徒佛陀以为归宿。乃捐奁中物直百千金者,合报心寺提点僧润,共为营度"④;博州战姑"自中年后,守寡信道甚笃,建菴设食,以待四方烟霞之侣"⑤。当然这属于豪族大家礼佛道行为,一般小家庭无法承担。小家庭的助缘则多体现为极少的钱财,更多地表现为效力。

一方面,与金相较,对宗教的崇信施与更是辽代女性群体一大突出特点,凡"谛崇佛法,恤念孤贫,宽庶恕亲,罔知官府,拯济乏□"⑥ 再也不是男性群体的特权。她们出家或者建塔幢墓幢、寺碑,施地施财等在家修行。辽代女性的崇佛之势可与整个辽代崇佛相媲美,花费较多,石刻中多有记载。燕京马侍郎夫人"施钱一百贯办碑五十条",易州太傅夫人

---

① 罗福颐:《满洲金石志》卷2《静安寺碑》,满日文化协会,1937年版,第38页。
② 《遗山先生文集》卷35《太古观记》,上海商务印书馆缩印乌程蒋氏密韵楼藏明弘治刊本,第365页。
③ 王新英编:《金代石刻辑校》,《刘中德夫人王氏墓志铭》大定十七年,吉林人民出版社2009年版,第175页。
④ 《遗山先生文集》卷35《寿圣禅寺功德记》,上海商务印书馆缩印乌程蒋氏密韵楼藏明弘治刊本,第360页。
⑤ (清)张金吾编纂:《金文最》卷46《博州战姑庭楸诗序》,中华书局1990年版,上册,第664页。
⑥ 向南:《辽代石刻文编》,《龚祥墓志》,河北教育出版社1995年版,第754页。

第三章　金代汉族家庭的收支与经济管理　173

"并在城坛越共施钱染伯贯文办碑共三百五十条"[1]，形式不一，但从物质施与到精神供给涵盖全面。另一方面更体现出佛教作为世俗政权教化辅助工具的重要意义。辽代女性之所以愿意出资出力，除世俗政权对于佛教信奉的力倡之外，较之其他历史时期，有其自身原因：首先，辽代等级政权女性一贯较高的社会地位使得她们思想开放、见识广，能够活跃于社会之上，从事诸如宗教类似的家庭之外的开放式活动，并能够担起领导的角色，更甚至政坛之上"任领外藩"[2]，这与金代不同。其次，契丹民族根深蒂固的重母传统，让她们具有家庭事务的话语权和实际执行权。比如，施与钱财、粮食，这显然动用了家中财产，而这些往往只有家中男性才能做主。少数民族契丹女性家庭经济地位较高且传统的贞节观较淡，使得家庭当中的女性受到不和谐的夫妻关系束缚变小，不谐即离，夫死即嫁，法律以及社会道德舆论的干扰和精神枷锁较小，容易构成相对和睦的夫妇关系和生成正常乐观的心理，夫妇、母女较为融洽，形成健康的家庭关系。于是，为了这些至亲积德集福，佛教推行较为容易。

金代汉族妇女施财现象，记载并不多见。在仅见的实例当中支配最多的途径是用于宗教信仰。原因存在以下方面：一是，夫家与娘家需实际接济机会鲜少。能够拿出大量私财通过建庵、道，设食等方式信奉宗教确属富裕家庭。而古代婚姻讲究门第、阶层，所以推断其夫家亦属大富大贵之家。所以此种钱财施与夫家的存在可能性较小。二是，女子家庭地位始终低于男子，像布施乡里、接济贫穷类似社会行为，多为家中男子政途各种需要做铺垫，存在很多政治成分，使用的也多是家中的共同财产，并不需要用到女子以及其私财。三是，富裕家庭中的女子，生活衣食无忧，可以尽可能得到自己想要的，相夫教子是其最大的责任义务。除用实在行动实现此目的外，"人皆以奉道崇佛设斋读经为福"[3]，她们往往将希望寄托在佛、道笃信之中，遂大肆施善行。满足坚定自己信仰同时，也期望给子孙后代以及整个家庭带来好运和福气。

综上所述，通过金代汉族妇女躬亲家庭生产生活，合理经营私财，从而对家庭经济的创造和管理做出贡献，体现其时代性民族性特点的同时，这一群体的作用不容小觑。

---

[1] 向南：《辽代石刻文编》，《造经题记》八十五，河北教育出版社1995年版，第744页。
[2] 向南：《辽代石刻文编》，《陈国公主墓志》，河北教育出版社1995年版，第153页。
[3] 《金史》卷8《世宗下》，中华书局1975年版，第199页。

# 第四章　金代汉族家庭的宗教信仰
## ——以佛道二教为中心

金袭辽，亦崇重佛道。家庭是历朝宗教信仰传播的重要途径，笃信宗教是家庭存在的一个重要社会教化手段，又是统治阶级利用的工具，两者互相作用。以往学界对金代宗教研究成果，多关注金人宗教信仰的起源、演变、派别，以及金代的宗教政策等宏观面向①，且以女真宗室信仰为主②。从家庭角度以汉族为对象的讨论甚少，略显缺憾。闭塞的生活环境、紧密的家庭成员关系，使家庭成员崇信宗教的同步性、一致性大为增强，共同信教行为大量出现，值得学界关注。同时，这种以家庭为单位的群体趋同现象，不仅是笔者讨论金代汉族家庭宗教行为的潜在历史基础，也无意之间通过碑铭墓志，为今人提供了大量借以考察、立论的个案。本章拟从汉族家庭崇教的行为表现、特点以及对其家庭生活的影响三个方面，对金代汉族家庭的宗教信仰进行论述。③

## 第一节　金代汉族家庭崇教的诸种行为表现

金代汉族家庭尊崇佛道，除了心灵的皈依，亦有大量实际的崇教行

---

① 主要成果有：郭旃《全真道的兴起及其与金王朝的关系》（《世界宗教研究》1983年第3期）；张荣铮《金代道教试论》（《天津师大学报》1983年第1期，第64—71页）；王德朋《金代道教述论》（《中华文化论坛》2004年第3期，第111—115页）；刘浦江《辽金的佛教政策及其社会影响》（《佛学研究》1996年，第231—238页）；[日]蜂屋邦夫著《金代道教研究：王重阳与马丹阳》（钦伟刚译，中国社会科学出版社2007年版）、夏当英著《中国传统社会宗教的世俗化研究》（巴蜀书社2010年版）。
② 主要成果有：武玉环《论金代女真的宗教信仰与宗教政策》，《史学集刊》1992年第2期，第12—18页；都兴智《金代女真人与佛教》，《北方文物》1997年第3期，第67—71页。
③ 在金朝治下，"汉人"指燕云地区原辽属汉族人，原北宋河南、山东地区的汉人称之为南人。

为，主要包括修建寺观、添置法器、立幢、购买寺观名额与施与钱物，详细内容以表4—2呈现文后。

## 一　修、建寺观

对寺观进行建置修缮，属于宗教崇信三个不同层次当中"兴建福业"①的最低层次，实属信徒信奉之基本表现。金人认为"浮屠梵宫乃佛子修觉之地，众生祈福之所，故国家兴之，天下重焉"②。于宗教寺院或直接兴建，或就宋、辽时之崩坏者重加修葺，堪称繁盛，以至于"天下之人不远千里朝献，而至寺观者云屯雾集日不胜数；民居四远而例不能来者便各于乡里，必为墰埑庙宇以宅其灵，以立其像。如若有凋残则鸠工聚财，共捐钱镪重加修葺为之一新，届时所有乡人协力办集，相与来助"③。东平左副元帅赵侯之太夫人，"既老，弃家为全真师……赵侯为之起殿阁，立堂宇，至于斋厨、库廐所以奉其亲于家者无不备"④；大定七年（1167年）高思廉妻高氏、二夫人高氏、长男云堂、次男三学奴改建三学寺立碑⑤；泰和五年（1205年）寿圣寺钟楼碑铭中有"姚氏一门，共成妙缘"一语⑥。大安二年（1210年）府村社安礼、安宅王氏、男安王寿、次男安同寿、小男安五郎，立金烛和尚焚身感应之碑⑦；又"僧徒修饰宇像甚严，道流次之，惟儒者于孔子庙最为灭裂"⑧。此等闳侈、观美，亦以金钱为基础。寺观修建耗资巨大，其重要原因在于，"僧道以佛、老营利，故务在庄严闳侈，起人施利自多"⑨。由于数目重大，往往形成专门

---

① 参看邵正坤《北朝家庭形态研究》，博士学位论文，吉林大学，2006年，第192页。宗教信仰的三个层次：其一为禅思，属宗教信仰的较高层次；其二为讽诵经典，在信仰层次上较前者次之；其三即为建塔立寺、雕佛造像、广修福业，又次之。
② 国家图书馆善本金石组编：《辽金元石刻文献全编》，《宝泉院碑记》，北京图书馆出版社2003年版，第2册，第467页。
③ 国家图书馆善本金石组编：《辽金元石刻文献全编》，《重修三殿庙记》，北京图书馆出版社2003年版，第2册，第469页。
④ 《遗山先生文集》卷35《紫微观记》，上海商务印书馆缩印乌程蒋氏密韵楼藏明弘治刊本，第365页。
⑤ 国家图书馆善本金石组编：《辽金元石刻文献全编》，《兴中府尹改建三学寺碑》，北京图书馆出版社2003年版，第3册，第782页。
⑥ 国家图书馆善本金石组编：《辽金元石刻文献全编》，《寿圣寺钟楼铭》泰和五年，北京图书馆出版社2003年版，第1册，第229页。
⑦ 李发良：《法门寺志》，《金烛和尚焚身感应之碑》，陕西人民出版社2000年版，第277—285页。
⑧ 《金史》卷10《章宗二》，中华书局1975年版，第234页。
⑨ 《金史》卷10《章宗二》，中华书局1975年版，第234页。

邑社共同承担。在辽代，佛教徒加入邑社"都是以家庭为单位，往往一家人全部都是邑社成员，所以，他们捐资助佛修寺院，往往也都是以全家人的名义，舍家资而为之"①。金受其影响颇深，因宗教诸事亦形成专门的组织团体邑社，有头目人，"并且量力负担义务，结成精神、物质方面的联系"②。正隆三年（1158年）的《繁峙灵岩院水陆记碑》碑阴即列举了"大邑社长""管社人""小邑社长"诸名目。③

## 二　添置法器

金代有"以宝篆香焚荣耀公侯之宅，金炉烟袅光辉贵富之门"之说，故常有出资造香炉者。例如，《崔睪等造石香炉记》：

> 真定府元氏县东韩臺村奉　佛弟子崔睪同弟崔鼎、女七娘、新妇郑氏、孙男称意，特发愿心，捨自己财，于本县开化寺九间殿粧，塑罗汉五尊，并龙堂院六师殿，塑当阳佛二尊……石香炉三坐，皆是崔睪自辨，并不曾转化他人分文钱物，将斯功德追荐父崔望、母韩氏、亡兄崔兴、崔稔、亡弟崔智、亡妻朱氏、亡男崔进、新妇靳氏。崔仙超昇净土，特发愿心，命工镌造石香炉共三坐，开化寺龙堂院永充供养□伸上祝　皇帝万岁重□千秋国泰民安法轮常转□恩三友法界众生同登觉岸　大金贞元二年岁次甲戌十二月朔己卯十日戊子奉佛弟子崔睪建住持功德主沙门自悟……④

贞元二年（1154年），真定府元氏县东韩臺村村民，崔睪、弟崔鼎、女七娘、新妇郑氏、孙男称意，为追荐父崔望、母韩氏、亡兄崔兴、崔稔、亡弟崔智、亡妻朱氏、亡男崔进、新妇靳氏，镌造石香炉，以追思逝去亲人，亦祈盼"国泰民安"。记中记录多人，已故与见在之人，是以崔睪为中心的祖孙三代之完整家庭，共13口，但三代人之中，见在的仅为5口。可以想见金代汉族家庭中因各种原因死亡率较高。记中"奉佛弟子

---

① 张国庆：《辽代社会史研究》，中国社会科学出版社2006年版，第186页。
② 陈述：《围绕寺庙的邑、会、社——我国历史上一种民间组织》，《北方文物》1985年第1期，第76—78页。
③ 王新英编：《金代石刻辑校》，《繁峙灵岩院水陆记碑》正隆三年，吉林人民出版社2009年版，第28页。
④ 国家图书馆善本金石组编：《辽金元石刻文献全编》，《崔睪等造石香炉记》，北京图书馆出版社2003年版，第3册，第212页。

第四章　金代汉族家庭的宗教信仰——以佛道二教为中心　177

崔皋同弟崔昂、女七娘、新妇郑氏、孙男称意，特发愿心，捨自己财"，又特意强调石香炉"皆是崔皋自办，并不曾转化他人分文钱物"。大定十二年（1172 年）《南尹霍氏塔铭并画像》中记载南尹村南尹疃居住孝男霍通、霍□，亡考僧霍□□建塔。① 此类行为受家庭氛围影响较大，往往能够世代沿袭，《忠显校尉刘玮建寺画像记》也记载刘玮父入金百千，创构梵刹佛像，卒后公继父愿，与昆弟共同完成此建寺画像。② 此外，在明昌五年（1194 年）的《广教院香台记》③、泰和六年的（1206 年）《香炉碑》④ 中也有类似事迹的记载。

## 三　立幢

幢是我国佛教石刻的一种，上面刻有咒语或者经文、图像以及题名。金朝立幢亦较多，见于石刻记载的，有顶、石、经、墓幢等。一般为"某人建幢"，足见立幢人对此的重视，引以为豪之情溢于言表。幢也不乏以十天尊、尊胜、真言、陀罗尼顶幢为题。幢的设立多以家庭为单位，往往前刻尊胜陀罗尼经，后记三代及子孙男女姓名。⑤ 立幢分为预先建立与为追思已故建立两种，但对已故先人的尊敬与追荐居多。有的直接称之墓幢，以期透过以此立幢而积冥德，从而达到对现世家眷的保佑。同时也存在因蒙恩惠，以表谢意所立的幢。兹举例如下：

---

① 国家图书馆善本金石组编：《辽金元石刻文献全编》，《南尹霍氏塔铭并画像》，北京图书馆出版社 2003 年版，第 3 册，第 570 页。
② 国家图书馆善本金石组编：《辽金元石刻文献全编》，《忠显校尉刘玮建寺画像记》，北京图书馆出版社 2003 年版，第 2 册，第 818 页。
③ 国家图书馆善本金石组编：《辽金元石刻文献全编》，《广教院香台记》，北京图书馆出版社 2003 年版，第 2 册，第 919 页。"本里居民张和窃以宝篆香焚荣耀公侯之宅，金炉烟袅光辉贵富之门，岂不念我佛猛弃皇图，静居雪岭，不数年而成道，使后世人营构莲宫，朝夕钦仰，和生虽愚昧，翻思我佛，岂以奢华为念，今则特发诚心，明工采石以为贡香之具，不惟上达当年之意，抑亦示后代之人，坚且久矣。祖柔，祖母康氏，父美，母皇氏、高氏，弟有四，一曰辉，二曰用，三曰翼，四曰羽，妻刘氏、贾氏，新妇康氏、李氏、王氏、马氏，姪有四，一曰天祥，二曰陈住，三曰荣叔，四曰回往，子有二，长曰天瑞，次曰兴僧，新妇刘氏、李氏，伯古，伯母鱼氏，兄有二，一曰信，二曰宝，新妇鱼氏刘氏刘氏，姪有四，一曰天辅，二曰天粥，三曰春三，四曰胡留，……"
④ 阎凤梧等：《全辽金文》，《香炉碑》，山西古籍出版社 2002 年版，下册，第 4072 页。"献上土地大王香炉一坐，今具众维那施主姓名如后……"
⑤ 国家图书馆善本金石组编：《辽金元石刻文献全编》，《金故麴公墓幢记》，北京图书馆出版社 2003 年版，第 2 册，第 915 页。

1. 《金泰和三年经幢》：
观世音满愿真言
智钜如来□破地狱真言
大金国西京路蔚州灵仙县亲仁乡刘家疃□刘淮妻李氏所生四子长男善庆□ 郎厚
次男仲通妻李氏所生二子长禄儿次京儿一女名儿
三男仲元妻王氏 所生一子月儿
四男仲仙妻王氏 所生一子门儿一女粉儿
泰和二年五月初二日身亡□ □葬
三年二月初三日立石 撰文 善庆①

2. 《杨彦均十天尊幢题名》：
金国中都路大兴府涿州司候司丰财坊住人杨彦均特立 祖父杨温妻阿李 男杨孝义妻阿冯 长孙杨彦均妻阿姚 次孙杨颢妻阿辛 重孙杨□妻阿□ 次孙杨完妻阿梁 次孙杨实妻阿张 累孙杨昌孙 次孙杨吉孙 次孙杨兴孙②

3. 《艾宏建顶幢》：
大金国中都南涿州范阳县东北仁和乡莲心村里艾宏建立今为自身预先命前建立石匣一坐并礶全妻孙氏后婚□氏 长男呒□妻李氏 孙女高师姑 次孙女粉一儿 姪艾松儿 弟艾辛妻彭氏 长姪艾谢畄妻王氏 长姪子孙艾雨儿 孙艾籴 孙艾醜儿 女十四娘张郎妇 姪女魏郎 姪女甚郎妇 姪女王郎妇 姪女胡郎妇 姪女刘郎妇 大定二十四年二月日建立顶幢一坐造下③

4. 《□□寿建陀罗尼顶幢》：
大金国燕京涿州司候司市内坊使人□□寿奉 为 亡过父母建陀罗尼顶幢一坐
母魏氏 阿姊成郎妇 妻王氏 大女王郎妇 小女尼祐哥 长孙和尚 次孙□□ 次孙三和尚 小孙四和尚

---

① 国家图书馆善本金石组编：《辽金元石刻文献全编》，《金泰和三年经幢》，北京图书馆出版社 2003 年版，第 3 册，第 931 页。
② 国家图书馆善本金石组编：《辽金元石刻文献全编》，《杨彦均十天尊幢题名》，北京图书馆出版社 2003 年版，第 1 册，第 24 页。
③ 国家图书馆善本金石组编：《辽金元石刻文献全编》，《艾宏建顶幢》，北京图书馆出版社 2003 年版，第 2 册，第 820 页。

## 第四章 金代汉族家庭的宗教信仰——以佛道二教为中心 179

天眷二年四月二十一日庚午乙时 建①

5.《东韩村经幢》：

维大金国中都大兴府涿州定兴县容城乡韩村人氏王进，今为见在父母王庆母阿李预先建顶礴一坐，先祖耶二王政妻阿高 大定十一年二月二十一日建礴人王进同建礴人□□②

6.《刘瘦儿建顶幢》：

大金涿州范阳县孝义乡一家店北保西疃

刘瘦儿

奉为伯伯刘□故妻

妻□氏特建顶幢一座

伯伯刘□故□□氏

□女刘两儿胖姓黄兮儿

大定二十四年季二月十六日刘□□③

7.《杨伯昌建幢记》：

□□□□□州固安县归仁乡君子里故刘□

□□□顶幢之记 父讳思言

□□□□□□□□适杨伯昌建幢

□□王公□□师成 妹适杨君用长适蒋廷

次适张佶

四适马温良

大定十一年二月卅一日建

捨石人田福祥妻李四姐男□

此既係杨伯昌建幢，不应妹又适杨氏，易于致疑，幸记首行尚存，刘字而杨伯昌上一字并可断为适字，则知杨伯昌盖亦塔于刘氏者，此幢固为其妻家刘某所建，其所谓妹，皆刘氏之女也。④

8.《智氏先茔石幢》：

祖讳智□万□□□□□逓保□□弩六石寿年□□□，祖母曹氏，

---

① 国家图书馆善本金石组编：《辽金元石刻文献全编》，《□□寿建陀罗尼顶幢》，北京图书馆出版社2003年版，第2册，第814—815页。

② （光绪）《定兴县志》卷17《金石·东韩村经幢》，成文出版社有限公司1969年版，华北地方第200号，第917页。

③ 国家图书馆善本金石组编：《辽金元石刻文献全编》，《刘瘦儿建顶幢》，北京图书馆出版社2003年版，第2册，第820页。

④ 国家图书馆善本金石组编：《辽金元石刻文献全编》，《杨伯昌建幢记》，北京图书馆出版社2003年版，第2册，第817页。

父讳智福旺，母刘氏见在，已身智重显，立先，妻王氏，次室刘氏，末室郭氏，亦生六子亡，长男□儿贵僧遇兴□喜已上者，在于坟内，见存二子，子□子暇□妇刘氏，□氏，女子归仙□□，众房宗族如后。

亡伯智福昇，生子三人，长男智重圆，次男智重良，三男智重□从军征□当充里正数次，圆生二子，子龄子亨，良生一子，子忠，□生一子，子明，孙咬儿亨二子天惠天□明生一子□□，生四子□□□□儿福□

亡伯智福全，生三子，长男智重宣，绝，次男智重荣，生六子□男重资□□长子子温重孙元住

承安二年五月二十二日立

按：右幢智重显因蒙恩赐进义副尉，为国祈福而立，并记世系于后，可谓信仰释氏者矣。①

9.《杨聚墓幢》：

本贯忻州定襄县蒙山乡长安里久居人氏，先世已来，务受田亩。高祖讳玘，高祖母不记姓氏，曾祖讳德，曾祖母不记姓氏，祖讳立，祖母张氏，父成，母郝氏，妻尹氏，男长曰乞留，次曰留僧，次曰赵奴早亡，女五人，长曰张郎妇，次曰刘郎妇，次曰□郎妇，次曰明宝落发为尼，……次曰□郎妇与大□郎妇□□□居，侍奉父母兼为□杨聚生前所嘱，先亡父母坟冢，无缘□砌□□，平生所愿，今命工匠刊经幢二座上报，先亡翁婆深恩次酬近化夫主素愿时大定二十七年岁次丁未五月壬寅朔十九日庚申谨志②

有关立幢之记载稍多③，援引以上颇具代表性诸例，由此可见：在金代立幢人多以家庭为单位，家庭成员为核心。立幢，往往是先明

---

① 国家图书馆善本金石组编：《辽金元石刻文献全编》，《智氏先茔石幢》，北京图书馆出版社2003年版，第2册，第920—921页。
② 国家图书馆善本金石组编：《辽金元石刻文献全编》，《杨聚墓幢》，北京图书馆出版社2003年版，第2册，第919页。
③ 国家图书馆善本金石组编：《辽金元石刻文献全编》，《纪宗建经幢记》，北京图书馆出版社2003年版，第2册，第819页；《尚公成建经幢》，第822页；《□□寿建陀罗尼顶幢》，第814页；《安琚建顶幢记》，第818页；《奉训大夫王□立顶礓》，第819页；《涿州司候司内坊left实建顶幢》，第824页；《赵庆□建顶礓》，第819页；《韩珪建顶幢记》，第816页；《固安县南相姚庆温建顶礓》，第824页；《刘公佐墓幢志铭》，第822页；《霍习墓幢》，第921页；（清）陆增祥撰：《八琼室金石补正》，《□寿造真言幢记》，文物出版社1985年版，第865页；《杨聚墓幢》，第918页；（清）陆增祥撰：《八琼室金石补正》，《东冯村王顺等真言幢题名》，文物出版社1985年版，第867页。

确与立幢人亲属关系，然后将一家成员按长幼尊卑，一一罗列其后的方式记载，《金僧因公护葬幢铭》① 中提到"□□杨氏□□□居利仁乡东王向村，宗亲眷属，百有余口，皆以为福缘善庆□因师者尊"，直接出现以"合宅"或"某宅"名义立幢形式鲜少。无论何种形式，幢所记这些人都属于同一家庭，大部分都是祖孙三代家庭共同立幢。如《金大定十一年经幢》《金泰和三年经幢》《纪宗建经幢记》《尚公成建经幢》《□□寿建陀罗尼顶幢》《安琚建顶幢记》《奉训大夫王□□立顶礓》《涿州司候司内坊方实建顶幢》，等等。

幢后题名人追述先祖，并囊括其同辈别宗。金幢绝大部分是墓幢，追述先祖实属情理之中。如《安琚建顶幢记》出现高祖、祖，《张时墓幢》出现曾祖，其中《张福墓幢》中"父讳福，世守农业。男张惠妻苏氏立石"只出现两代（这显然是家庭现有人口暂未添第三代，故只录两代）除此之外，更有《韩珪建顶幢记》出现姪韩桂妻赵氏，《艾宏建顶幢》出现姪女，《刘公佐墓幢志铭》出现姪、姪妇、女婿、外甥，《金正隆二年经幢》出现叔伯弟，《赵庆□建顶礓》出现重孙，《□寿造真言幢记》出现阿姊成郎妇等。这些人同样出现在发愿人名当中，当与金代汉族家庭结构有关。在辽代家庭当中存在这样一个群体，他们属于家庭附属成员（重孙除外），他们与家庭中的核心成员大多没有直接的血缘关系，属于该家庭中被收养或寄养者，包括养子和寄住的亲戚等。② 金代也有类似的情形，但属于特例。杨云翼"一姊适李氏。既寡，挈孤幼来归。公处之官下。在律：疏属及外亲留任所，满百日，则徙他郡避嫌。公言之朝，独得不徙。抚导二甥，卒为名士。其长庭简者，登上第"③。"在律"，已明确说明金代并不允许如此"依养外亲"④ 的群体在家庭中存在。"公言之朝，独不徙"也说明此属特例，非正常普遍行为。但抚育二甥，直至登第，说明依养外亲群体确实存在。从以上能够发现，无论直系血亲或是依

---

① 国家图书馆善本金石组编：《辽金元石刻文献全编》，《金僧因公护葬幢铭》，北京图书馆出版社2003年版，第2册，第875页。
② 张国庆：《辽代社会史研究》，中国社会科学出版社2006年版，第128—129页。
③ 《遗山先生文集》卷18《内相文献杨公神道碑铭》，上海商务印书馆缩印乌程蒋氏密韵楼藏明弘治刊本，第185页。
④ 李润强：《唐代依养外亲家庭形态考察》，张国刚主编《家庭史研究的新视野》，生活·读书·新知三联书店2004年版，第71—72页。"所谓依养型家庭，是唐代常见的一种家庭形式，指那些由于丈夫早逝，孀妇孤幼无力独立生活，但寡母还没有或不愿再嫁而携子投靠寄养于亲属的单亲家庭，在依养期间他们从属于抚养他们的家庭，但又有相对的独立性，它的存在不是长期的，是残缺家庭向正常家庭的一种过渡。"

养外亲，只要发生宗教行为时，属于同一家庭成员，便都会成为发愿或者祈福对象。

同样，被立幢人即发愿求福对象，亦属于家庭内部成员。如以上所选实例发愿对象分为已故父母、自身、见在父母、伯伯、女婿为岳父、妻子、丈夫。立幢人与被立幢人之间往往以世俗亲属身份相称，但发现亦存在以出家寺观后彼此之间辈分相称的立幢事实。天会十二年（1134 年），"张坊村李公直奉为亡师叔特建此陀罗尼塔一坐"①。在宗教信仰信奉表现形式上，金代汉族家庭成员行动一致，关系融洽。

## 四 购买寺观名额

金仿宋廷鬻卖寺观名额。胡聘之认为大定、承安累卖，清人王昶早以陕西十四敕牒为例，得出此乃大定初权益设置之事，非常制也。② 《金史·食货志》明确记载鬻度牒，原因有二："边事未定"与"财用缺乏"。③ 这与史书当中的事实相符，承安二年（1197 年）尚书省奏，"比岁北边调度颇多，请降僧道空名度牒紫褐师德号以助军储"④；贞祐三年（1215 年）胥鼎建言金宣宗：平阳岁再被兵，庾廪无两月食。比闻北方刘伯林聚兵野狐岭，遂抵河南。战御有期，储积未备。乞降空名宣敕一千、紫衣师德号度牒三千，以补军储，等等。⑤ 鬻卖名额实例，《金史》并无记载，集中于石刻当中，仅以《八琼室金石补正》《山右石刻丛编》《山左金石志》《金石萃编》等以"牒"为题的 30 道敕赐记载为例，可知：12 个年份中除大定六年、贞祐四年 2 年之外，其余 10 个年份都存在自然灾害。从大定二年到五年敕牒 20 道，占 67%，这 4 年一共发生 17 次不同的自然灾害。⑥ 依此，寺观名额的鬻卖确为填补因天灾所带来的财用空缺。

世宗以降自然灾害呈现明显上升趋势，但似乎并没有反映到名额的买卖上，这无疑与金代鬻度牒名额没有形成定制有关。大定初"权益之制

---

① 王新英编：《金代石刻辑校》，《李公直建天会十二年幢》天会十二年，吉林人民出版社 2009 年版，第 115 页。
② 国家图书馆善本金石组编：《辽金元石刻文献全编》，《庄严禅寺牒》，北京图书馆出版社 2003 年版，第 2 册，第 520 页。
③ 《金史》卷 50《食货五》，中华书局 1975 年版，第 1124 页。
④ 《金史》卷 10《章宗二》，中华书局 1975 年版，第 241 页。
⑤ 《金史》卷 108《胥鼎传》，中华书局 1975 年版，第 2374 页。
⑥ 以上关于金代自然灾害的归纳梳理参看武玉环《金代自然灾害的时空分布特征与基本规律》，《史学月刊》2010 年第 8 期，第 90—101 页。

第四章　金代汉族家庭的宗教信仰——以佛道二教为中心　183

以济军食"① 而许入状承买，石刻中实例也多见于这个时期，大定二年、三年、四年、五年、崇庆元年每年分别特赐至准 3、8、6、3、3 道之外，其余 7 个年份每年 1 道。但五年（1165 年）即行停罢，二十年（1180 年）《存留寺碑》载，"刑部行下州县点检"寺观有无神佛像，分别去留，允许存留者需据公据存留，"其时新制创造寺观尽合断罪也"。② 史书当中并没有提及造罪涉及刑事，但世宗和大臣的几段对话可以窥见他此阶段对待释老的态度。大定八年（1168 年）世宗谓移剌子敬等曰："至于佛法，尤所未信。梁武帝为同泰寺奴，辽道宗以民户赐寺僧，复加以三公之官，其惑深矣。"③ 十四年（1174 年）谕宰臣曰："闻愚民祈福，多建佛寺，虽已条禁，尚多犯者，宜申约束，无令徒费财用。"④ 二十年（1180 年）感叹"人多奉释老，意欲徼福。朕叠年亦颇惑之，旋悟其非"⑤。世宗个人对待释老的疏远态度是其一，鬻度牒名额造成的政治经济上的困窘是根本，尤其空名度牒名额。宋人早有前车之鉴，"直给空名告敕、补牒赐诸路，政日以隳，民日以困，而宋业遂衰"⑥。宋代职官制度亦明确记载，礼部祠部郎中员外郎管理宫观寺院道释，籍其名额应给度牒，强调"若空名者毋越常数"⑦。金代礼部掌管释道只限于试经诸事，石刻资料显示一些牒文由本路转运司或者户部设官，差委外州发卖，涉及造罪，刑部管理寺观去留。金代录事司直申礼部乞牒，百姓寺僧直接状告，字号时有时无，官制当中度牒名额事宜也并没有做一明文规定。宋代尚且如此忌惮，金代因此产生问题便毋庸置疑了。另外，即使彼时灾害严重，也实属圈钱的权宜之计。相比所造成的经济问题，甚至因此所引发的僧道管理、世俗社会不安定等政治困境，加之这一名目的临时性质，也决定其不会成为长远之计，而且每次所鬻卖数量、时间皆根据当时需要临时开出。诚然，金代寺观名额的买卖并没有纳入朝廷正轨，这一点与宋代有根本的区别。但于金代百姓而言，却要经常施舍钱物以助寺院建设，甚至购买寺观名额。依金代故事，寺观敕额必须请于有司，纳钱给授。

---

① 国家图书馆善本金石组编：《辽金元石刻文献全编》，《赵同村福祥院尚书礼部牒并记》，北京图书馆出版社 2003 年版，第 3 册，第 214 页。
② 国家图书馆善本金石组编：《辽金元石刻文献全编》，《存留寺碑》，北京图书馆出版社 2003 年版，第 1 册，第 644 页。
③ 《金史》卷 6《世宗上》，中华书局 1975 年版，第 141 页。
④ 《金史》卷 7《世宗中》，中华书局 1975 年版，第 161 页。
⑤ 《金史》卷 7《世宗中》，中华书局 1975 年版，第 173 页。
⑥ 《宋史》卷 178《食货上六》，中华书局 1985 年版，第 4338 页。
⑦ 《宋史》卷 163《职官三》，中华书局 1985 年版，第 3853 页。

至金代后期，战乱、灾荒频仍，财政窘困，遂将鬻卖寺观名额度牒作为解决国库亏空和军队开支的权宜之计，方式包括纳钱与折纳粮食，百姓信众便不惜出金购买寺观名额。

如《正觉院牒碑并阴》曰：

> 都维那赵德合宅施纥伍贯文 王林
> 副维那谭清合宅施纥肆贯文 陈友
> 元二婆合宅施纥叁贯文 文聚
> 李少婆宋氏施纥叁贯文
> 元方合宅施纥两贯文 孙进 智悟
> 马 鹿村行远 合宅施纥两贯文 刘平 于渁…
> 都维那智宽合宅施纥贰拾贯文
> 副维那智进合宅施纥贰拾贯文
> 贞元三年岁次己亥十月日毕①

此度牒属于纳钱与折粮两种方式并存购买名额。共施与61贯，其中8家庭举家为单位施钱59贯。按冯大北研究，院额纳钱100贯少于寺额的300贯②，所以剩下的40贯文大约还需要至少5个家庭的施与。至于粮食，碑中只记"纳讫合着钱"，具体多少粮食并没有说明。按照"一百贯相当于当时六七十亩中田年产粟米的总价，或计银五十两左右"③ 计算，近40贯文相当于20、30亩中田年产粟米的价钱。因此，这对于一般家庭而言，数目较大，负担较重。

再如大安元年（1209年），尚书礼部赐真清观牒：

> 尚书礼部
> 据登州栖霞县第一都太虚观丘处机状告同怀州修武县刘志敏，状告：伏为怀州修武县七贤乡马坊村有道庵一所，自来别无名额，于东平府纳米请买到日字号空名额一道，乞书填为真清观者。

《真清观牒》属于空名观额。金代因宋先例，鬻空名度牒名额，但

---

① 国家图书馆善本金石组编：《辽金元石刻文献全编》，《正觉院牒碑并阴》，北京图书馆出版社2003年版，第3册，第37页。
② 冯大北：《金代官卖寺观名额考》，《史学月刊》2009年第10期，第31页。
③ 冯大北：《金代官卖寺观名额考》，《史学月刊》2009年第10期，第31页。

第四章 金代汉族家庭的宗教信仰——以佛道二教为中心 185

并没有确切施行时间。白文固认为，由于空名额的购买，使得购买分为两次，第一次买官方承诺，第二次乞买书填。冯大北完全不同意这种观点，认为两次申请复杂了鬻卖和审批的程序，不合常理。此牒于东平府纳米，请买到空名观额。道庵位于河东南路，东平府属于山东西路，为何在东平府请买暂无从知晓，但这次乞买书填，确因天灾所费朝廷财用浩大。泰和八年五月分路捕蝗，六月飞蝗入京畿，七月更定蝗虫生发坐罪法，颁《捕蝗图》于中外，可见灾害严重程度。再者，大安元年发生 2 次地震[1]、1 次旱灾。大安二年也发生地震，城廓民居圮者十七八，死者凡二三千人。金廷不得不采取积极救济措施，人户三人死者免租税一年，二人及伤者免一年；贫民死者给葬钱五千，伤者三千。[2] 这些都无疑需要巨大的经济支撑。乞买书填发生在五月，而地震发生在十一月，从时间先后顺序上看，与此次地震无直接关系。但是金代自然灾害具有地域集中的特点，西京地区的平阳府位于西部地震带上，一直以来都是地震的重灾区。[3] 基于此，此牒度更甚至此一地区的乞买名额，就很容易得到应允。[4]

表 4—1　　　　　　金代鬻卖寺观度牒名额一览表

| 时间 | 合计 | 度牒 |
| --- | --- | --- |
| 大定二年 | 1 | 3 |
| 大定三年 | 6 | 8 |
| 大定四年 | 6 | 6 |
| 大定五年 | 4 | 3 |
| 大定六年 | 0 | 1 |
| 大定九年 | 2 | 1 |
| 大定十二年 | 3 | 1 |

---

[1] 《金史》卷 23《五行》，中华书局 1975 年版，第 541 页。
[2] 《金史》卷 13《卫绍王》，中华书局 1975 年版，第 291 页。
[3] 武玉环：《金代自然灾害的时空分布特征与基本规律》，《史学月刊》2010 年第 8 期，第 101 页。
[4] 改元崇庆，"缘军马调度所费浩大，许随路分鬻寺观名额"。大云禅院就平阳府降授到敕牒。《辽金元石刻文献全编》（一），《大云禅院之记》，第 242 页。

续表

| 时间 | 合计 | 度牒 |
| --- | --- | --- |
| 大定十四年 | 1 | 1 |
| 大安元年 | 3 | 1 |
| 崇庆元年 | 6 | 3 |
| 贞祐二年 | 2 | 1 |
| 贞祐四年 | 0 | 1 |

注：1. 史料出自《辽金元石刻文献全编》；
　　2. 自然灾害包括地震、水灾、旱灾、饥馑、蝗灾、风灾、冰霜雨雪冰雹。

### 五　施与钱物

白云山三嶕庙金代石柱，西柱石刻题记记载，"南程村李珠施本观节次买到民田，并南台招抚吴英、固隆村招抚王大、弹压魏国弟子韦知训等，舍施各家产业屋宇，永远充常住"①。这完全属于当时社会上的富裕人家的崇教行为。泰和元年（1201年），西张次村董志博家"合宅献华严寺檐柱一条，保祐家眷康宁。东马宋村董政同第二郎、三郎、四郎，合宅独施此柱一条，保祐家门吉祥如意"②。华严寺"柱高丈余，周围八面，每面工尺四寸，雕刻精工"③。花费数目仍然不小。虽如此，施与行为仍连续不断，大有人在。大定二年（1162年），戒师和尚"因众心所欲，增修是院及遵依先降。……北子顺马家宅庄马宅施石"④，等等。

## 第二节　金代汉族家庭崇教的行为特点

宗教崇信是金代汉族家庭生活内容的重要组成部分，有如下特点：

---

① 阎凤梧等：《全辽金文》，《白云山三嶕庙金代石柱题记》，山西古籍出版社2002年版，下册，第4048页。
② 国家图书馆善本金石组编：《辽金元石刻文献全编》，《华严寺石柱》，北京图书馆出版社2003年版，第2册，第468页。
③ 国家图书馆善本金石组编：《辽金元石刻文献全编》，《华严寺石柱》，北京图书馆出版社2003年版，第2册，第468页。
④ 国家图书馆善本金石组编：《辽金元石刻文献全编》，《平阴县城西清凉院记》，北京图书馆出版社2003年版，第1册，第44页。

## 第四章 金代汉族家庭的宗教信仰——以佛道二教为中心

### 一 宗教信仰的崇信主要以家庭为单位

家庭渊源、环境熏染成为其入教的重要因素之一。碧虚真人杨先生"兄弟四人俱入道"①；女冠张守微夫亡出家，"弟德忠及妻王礼善益加归向，皆生无上道心"②；真定府获鹿县岳村人杜氏，父母俱奉佛门，杜氏年十七，心乐空门。③ 家庭信教环境的存在对家人的影响潜移默化，他们之间接触时间最长，相处机会最多，这种氛围的营造是其他信教途径所不具备的。日积月累的熏染使得家庭中即使不信教成员的行为，亦会多少受其影响而有所趋同。如乔公太夫人平素慈仁，事佛老惟谨，教育儿子"毋妄杀、重惜物命。"乔公亦视母意所在，"以宽厚从事，所捕生口，多纵遣之"④；陈孝初，曾大父、大父、父，皆积善不仕并信著释门。陈孝初侍父母以孝，"闻善受持《大法华经》而不食荤茹，常以杀生为戒"⑤。不仅如此，这样形成的崇教行为，大多会在后世中继续延续。此种类型属于后天培养形成的，在金代个人因缘早契、顿悟、有名师指点信教出家仍可见。

### 二 宗教信仰的崇信世俗功利倾向明显

"世之人，莫不知罪之为可畏，福之为可求。"⑥ 在家信徒之崇教，明显以植福避祸的世俗功利为信仰的终极目标。顾伟康从中国文化层次层面，将中国佛教区分为经典佛教和民俗佛教。并指出对大多数吃素念佛、相信菩萨的老百姓来说，信佛不是一种非常高深神秘的境界，而只是一种非常实际的生活方式，这才是其主流。既然作为一种生活方式存在，其本身就是功利的，其运作的客观规律就是入世、功利的。民俗宗教将偶像崇

---

① 阎凤梧主编，牛贵琥等副主编：《全辽金文》，《终南山碧虚真人杨先生墓铭》，山西古籍出版社2002年版，下册，第2657页。
② 李俊民：《重刊庄靖先生遗集》卷8《重建修真观圣堂记》，丛书集成三编本，第38册，新文丰出版社1997年版，第170页。
③ 国家图书馆善本金石组编：《辽金元石刻文献全编》，《理公和尚塔铭》，北京图书馆出版社2003年版，第3册，第242页。
④ 《遗山先生文集》卷29《千户乔公神道碑铭》，上海商务印书馆缩印乌程蒋氏密韵楼藏明弘治刊本，第294页。
⑤ （民国）《霸县新志》卷7《金石·涿州固安县颍川陈公塔记》，成文出版社有限公司1968年版，华北地方第134号，第737页。
⑥ 李俊民：《重刊庄靖先生遗集》卷8《重修佛堂记》，丛书集成三编本，第38册，新文丰出版社1997年版，第166页。

拜与求福求运作为目的。① 在金代，以家庭为单位的宗教信仰，亦存在此民俗宗教所具备的目的性、功利性特点。②

宗教信仰渗透于日常生活中，既是一种排解生活困惑的方法工具，也是一种生活方式。金代宗教崇信世俗目的多种多样：为生人积德行善除灾避祸、祈福增寿；对已故家人追思以积冥德，保佑家庭子孙日后平安富贵；消极入教以求战争避世自保③、生活困窘逃避赋役、仕途坎坷不得志而寻求精神寄托，等等。④ 多数下层百姓乃至一般官宦，都将原本的思想修行延伸为民间实用行为。尤其度牒寺额交易，破坏其宗教信仰以及僧侣身份的神圣性，国家政治下所采取的这种应急性政策，其本身便目的性功利性太强，商业化特点突显，更体现其本不该具有的世俗性。信教的百姓甚或将生活中每一琐碎遭遇都归结到宗教的道义追问中。里人王简"贞祐兵火后，流落四方，艰苦万状，默有所祷，异日平安到家，当舍所有以苔佛力。既归，乃以所居之正堂五间于本寺，修香积位。其殿宇寮舍，缺者完之，敝者新之，靡不用心焉。且语耆老曰：'本社宋阿李生前为无后，将本户下地土一顷五十余亩施与本寺充常住。见今荒闲有无，借众力开耕，给赡本寺，为修饰润色之费，仍与主持僧添钵，不负我辈报恩之愿。'"⑤

一般而言，从事理论修行和进行逻辑思辨者，大多真正出家居于寺庙道观，出家途径多为因缘早契或顿悟，出家原因多为天性抑或心所向往，世俗功利性较小。家庭为单位直接决定其信徒大部分以在家为主，由此也就决定了在家信徒的崇教信奉，只要在家内烧香诵佛、出外施善举，就可以称之为信徒，达到信教的目的。其求福对象本身，以自己或者家庭内部成员为核心。于是，对佛道的崇拜，求的仅仅是自身以及家人的富贵安

---

① 顾伟康：《论中国民俗佛教》，《上海社会科学院学术季刊》1993年第3期，第73—83页。
② 刘达科：《佛禅与辽金文人》，《江苏大学学报》（社会科学版）2009年第6期，第34页。"辽朝崇佛之势焰盛于金，且侧重于兴寺造塔、举办法会、结社募捐、祈福攘灾、度僧、饭僧以及其他各种法事活动，而金朝教门中人则多把注意力放在义理研治以及与文人士大夫往还论学、思想交流方面，重视形而上学层面的工作。"宗教赋予群体不同，则表现出截然相反的特点。教门中人与文人的宗教信仰理应划归在金代民俗宗教之外，与家庭宗教赋予群体不同，性质亦不同。
③ 《中州集》壬集第9《孙邦杰小传》，中华书局1959年版，下册，第448页。
④ 国家图书馆善本金石组编：《辽金元石刻文献全编》，《全真教祖碑》，北京图书馆出版社2003年版，第2册，第576页。
⑤ 李俊民：《重刊庄靖先生遗集》卷8《大阳资圣寺记》，丛书集成三编本，第38册，新文丰出版社1997年版，第172页。

康。实际生活中的修身养性、普度众生,甚至道教的闭关修炼辟谷理论,则需要具备哲学禅思、雄厚的经济后盾和充沛的时间精力。这对以家庭为核心单位信教群体而言,是很难达到的。佛教宣扬"因缘""轮回",道教宣扬"长生""不老",吸引信众为求善报而广积功德。圆寂、涅槃、升天、蜕去,并不是以家庭为单位的在家信徒所最终想要达到的"境界"。即便最后他们苦苦追寻的富贵增寿等现世人生理想不能实现,但家庭中宗教的作用也不可忽视,可以成为家庭和谐的催化剂。张温"有先生之号,非犹黄冠也,盖遁世君子,以清虚自守,加之奉道故,智氏自适公家,以道素相契,遂能安于偕老"①。美好的生活愿望达成与否并非关键,重要的在于找到了心理上的慰藉和精神上的寄托。

## 三 宗教信仰的崇信政治导向性明显

宗教往往被统治民族赋予治理国家工具、手段的政治意义,这对于历代宗教信奉存在一定影响,并随其政治表现出一定的不稳定性。②

金立国之前便存在对佛教的信奉者,直至金立国祚、金亡,不同时期因不同的政治目的,而实行不同的宗教信仰政策。③ 要而言之,金太祖、太宗时,国家肇兴,根基未稳、文教未昌,金朝以宗教信仰相同利于拉近本族与汉族、契丹族的心理距离,对宗教发展持较为宽松的态度,佛道逐渐恢复生机,至熙宗时堪称兴盛;世宗不信佛,其对佛教虽有提倡,实为

---

① 张宗古:《张温妻智氏墓志》承安二年,山西省考古学会《山西省考古学会论文集》(第2辑),山西人民出版社1994年版,第248—254页。
② 刘达科:《佛禅与辽金文人》,《江苏大学学报》(社会科学版)2009年第6期,第37页。"大致看来,辽朝的佛教是在政、教联姻和上层统治者敬佛、佞佛的氛围中存在和发展起来的,其基本特色是政治味道浓烈;而金朝的佛教则是在方外与文人往还切磋,佛学与儒学的迭交渗溶的文化背景下存在和发展起来的,其总体态势主要体现为学术色彩厚重。"这属于金代文人文化这一单方面背景下呈现的佛religioneous观特点,不甚全面,更多地体现为以僧道为职业宗教特点,这与以家庭成员为核心的宗教信仰并不相同。
③ 《金史》卷3《太宗》,中华书局1975年版,第61页。天会八年(1130年)金太宗诏禁私度僧尼;卷80《济安》,第1797—1798页。熙宗皇子济安病剧,上与皇后幸佛寺焚香,曲赦五百里内罪囚;卷5《海陵》,第106页。海陵王正隆元年(1156年)庚辰,御宣华门观迎佛,赐诸寺僧绢五百匹、彩五十段、银五百两。诏禁二月八日迎佛;卷46《食货一》,第1035页。世宗大定二十五年(1185年)诏禁农民避课役为僧道者。卷7《世宗中》,第161页。四月乙丑,上谕宰臣曰:"闻愚民祈福,多建佛寺,虽已条禁,尚多犯者,宜申约束,无令徒费财用";卷9《章宗一》,第213页。章宗明昌元年(1190年)年诏禁自披剃为僧道者。卷9《章宗一》,第217页。二月壬午,敕亲王及三品官之家,毋许僧尼道士出入。庚午,御宣华门,观迎佛。

利用；自章宗以迄金末，战乱频仍，国孥窘乏，金朝政府开始严格限制佛教的发展，章宗明令禁止私度僧道，并压缩现有僧侣数量和佛教教团数量，后期又倍征寺观所擅厚利以助国用；至于金朝末季，政府甚至以大量买卖寺观名号、度牒、僧员名额作为筹措国孥的权宜之计。① 除此之外，宗教政策的制定也往往与皇帝自身信教与否有关，我们对于金代皇帝是否信仰佛道不做讨论和妄下结论②，但是可以肯定的是，其是想利用，使百姓的信在金廷所监察范围之内，可以操控前提之下；统治阶层不信，则更是出于其政治需要，必须压制，形成制度明令禁止。当然这其中也存在皇帝皇后对这一信奉的表现，如诵佛经、为皇子祈福等。在前者政治需要的前提之下，这些也就只能算作是佛道对其的影响，实属情理之中。

就信奉的百姓而言，汉人信奉佛道由来已久，其心目中宗教的精神慰藉作用、无形庇护作用不可小觑，绝不是一朝一夕就能更改。加之宗教作为麻醉百姓的工具被历代统治者利用，所以不同阶段的家庭信仰行为会随统治阶级的扶植或压制的政策而自行调节，信仰者虽不会立刻由信转为不信，但信仰活动势必受其影响。比如日常佛事活动减少。国家宗教信仰因国家政治运行而变化，实属运筹帷幄之计，但如此张扬明显的朝令夕改，又施行于全国，使百姓的宗教信奉行为多多少少受到影响，从而表现出如此政治导向性的特点。

## 四 佛，道，儒三者兼尊并信

佛道、儒相融，入世倾向性突出；佛道相兼，一家二教同存现象明显。

在女真宗教发展过程中，释、道与儒学密切结合，最后走向三家合一的发展道路。③ 金代汉族家庭宗教信仰亦具有如此特点。在信教汉族人的心灵世界中，佛教并非独尊，而往往是儒释相融、佛道相兼。有入教后仍

---

① 刘浦江也认为金世宗并不信佛，其对佛教的任何支持和保护都是功利性的。见刘浦江《辽金的佛教政策及其社会影响》，《佛学研究》1996 年第 5 期，第 235 页。

② 并得出观点如武玉环、刘浦江两位先生认为金世宗对于佛教其实质上是不信奉的。刘浦江：《辽金的佛教政策及其社会影响》，《佛学研究》1996 年第 4 期，第 235 页。"对不信佛的世宗来说，对佛教的任何支持和保护都是功利性的。"武玉环：《论金代女真的宗教信仰与宗教政策》，《史学集刊》1992 年第 2 期，第 14 页。"实际上金世宗晚年做佛事，是为缓和阶级矛盾而做做样子，他做佛事是为招抚佛教信徒的权宜之计。"都兴智：《金代女真人与佛教》，《北方文物》1997 年第 3 期，第 69 页。"从根本上来说，他（海陵王）是不信佛的。"宋德金先生则持此态度，"不足以说明金世宗反对佛教，只是表明他想使佛教在一定的范围内流行，使之不致过于影响国计民生，动摇金朝统治"。宋德金：《金代宗教简述》，《社会科学战线》1986 年第 1 期，第 315 页。

③ 武玉环：《论金代女真的宗教信仰与宗教政策》，《史学集刊》1992 年第 2 期，第 17 页。

## 第四章 金代汉族家庭的宗教信仰——以佛道二教为中心　191

衷心信奉儒业者，虚白处士赵君"已入全真道，而能以服膺儒教为业。发源《语》《孟》"①；也有已入教者始于业儒，幼于业儒。终南山重阳祖师"始于业儒，其卒成道。凡接人初机，必先使读《孝经》《道德经》，又教之以孝谨纯一。及其立说，多引六经为证据。其在文登、宁海、莱州，尝率其徒演法建会者凡五，皆所以明正心诚意、少私寡欲之理，不主一相，不居一教也"②；同样存在未入教者释、儒之学兼具。儒家子屏山居士"学大义以业科举，又学诗以道意，学议论以见志，学古文以得于玄学，似有所得，遂于佛学亦有所入"③。

金代一人兼崇佛老现象日趋增多。刘祖谦"少擢第，公博学，兼通佛老百家言"④；董文甫，"第进士……学道有得，其学参取佛老二家"⑤。张岐⑥、石宗璧⑦亦佛老兼崇，以自修其性。因此，一家之中信奉两种宗教的现象也就不足为奇。大金通奉大夫曹公娶同郡王氏，晚年留心内典，深得理趣。孙女一识中为女冠道士⑧；另外，国家以科考形式对僧道实行职官任职与管理⑨，这也从侧面说明了释道与儒学之对立有所缓和，彼

---

① 《遗山先生文集》卷38《皇极道院铭》，上海商务印书馆缩印乌程蒋氏密韵楼藏明弘治刊本，第393页。
② 阎凤梧主编，牛贵琥等副主编：《全辽金文》，《终南山重阳祖师仙跡记》天兴元年，山西古籍出版社2002年版，下册，第2654页。
③ 国家图书馆善本金石组编：《辽金元石刻文献全编》，《重修面壁庵记》，北京图书馆出版社2003年版，第1册，第106页。
④ （金）刘祁，崔文印点校：《归潜志》卷第4，中华书局1983年版，第41页。
⑤ （金）刘祁，崔文印点校：《归潜志》卷第5，中华书局1983年版，第45页。
⑥ 马谌：《张岐墓志铭》皇统六年，北京市文物研究所《北京文物与考古》（第4辑），北京燕山出版社1994年版，第145—151页。
⑦ 刘精义：《石宗璧墓志铭》，北京市文物管理处《北京市通县金代墓葬发掘简报》，《文物》1977年第11期，第9—17页。
⑧ 国家图书馆善本金石组编：《辽金元石刻文献全编》，《大金故通奉大夫前同知东平府路兵马都总管事护军谯国郡开国候食邑一千户食封一百户赐紫金鱼袋曹公神道碑铭》，北京图书馆出版社2003年版，第2册，第902页。
⑨ 《金史》卷55《百官一》，中华书局1975年版，第1234页。《金史·百官志》载礼部掌释道之事。并规定："凡试僧、尼、道、女冠，三年一次，限度八十人，差京府幕职或节镇防御佐贰官二员，僧官二人、道官一人……僧童能读《法华》、《心地观》、《金光明》、《报恩》、《华严》等经共五部，计八帙。《华严经》分为四帙。每帙取二卷，卷举四题，读百字为限。尼童试经半部，与僧童同。道士、女冠童行念《道德》、《救苦》、《玉京山》、《消灾》、《灵宝度人》等经，皆以诵成句、依音释为通。中选者试官给据，以名报有司。凡僧尼官见管人及八十、道士女冠及三十人者放度一名，死者令监坛以度牒申部毁之。"金代僧侣因其所在有国师、僧录、僧正、都纲、维那之别。根据《大金国志校证》僧录、僧正、都纲都以三年为任期。道教亦设道职，于帅府置司，正曰道录，副曰道正，亦以三年为任，之后熙宗又设置了六等道阶。

此互相借鉴利用。如寿圣寺僧德咏"自幼□□□□出家，至元祐六年，试经合格，落发为僧，受具戒已"①。定其名号并与官员品秩相较，制定相应日常制度，纳入国家职官管理体系。大定十三年（1173年），"太常寺拟士人及僧尼道女冠有师号、并良闲官八品以上，许服花纱绫罗丝绸"②。

　　金代汉族崇教三者兼尊并信，实与三者的义理、仪轨相关。特别是佛教，历代排佛原因，出世废人伦堪称重中之重。党怀英称："今夫浮屠，无夫妇，绝父子，废人伦，其空言幻惑，且不足以为教，然贪得而畏死者奔走敬事，至倾其家赀，非有命令赋之也。"③《金史》亦云："释道之流不拜父母亲属，败坏风俗，莫此为甚。"④ 但崇佛之人如果兼修儒道，遵循儒家纲常伦理，便更能获得社会的认可和接纳。阐扬佛教者也意识到，在佛教的本土化过程中，须逐渐缩小儒、释之间的对立，才能更好地得以发展。加之，一些在禅宗理论方面有造诣之人，也倡行三者兼尊并修。如万松行秀"以儒治国，以佛治心"⑤；李纯甫属于儒家子，但著有多部佛学著作，如《金刚经别解》等；道教更因为主张三者合一，自创立伊始，就颇受金代帝王的青睐。而儒、释、道三者在信徒心中也的确不存在截然相斥的义理畛域。如《重刻朗然子诗》记载刘希岳幼习儒风，后弃儒入道⑥，这无不体现其相互之间融洽的一面。

## 第三节　崇教对金代汉族家庭生活的影响

　　崇教对金代汉族家庭生活的影响，主要体现在家庭规模缩小、结构简化，家庭经济受累及日常生活习惯的改变三个方面。

---

① 阎凤梧主编，牛贵琥等副主编：《全辽金文》，《寿圣寺僧德咏塔铭》天眷三年，山西古籍出版社2002年版，下册，第4048页。
② 《金史》卷43《舆服下》，中华书局1975年版，第986页。
③ （清）张金吾：《金文最》卷70《重建郓国夫人殿碑》大定十九年，中华书局1990年版，下册，第1028页。
④ 《金史》卷9《章宗一》，中华书局1975年版，第221页。
⑤ （元）耶律楚材著，谢方点校：《湛然居士文集》卷13《寄万松老人书》，中华书局1986年版，第293页。
⑥ 国家图书馆善本金石组编：《辽金元石刻文献全编》，《重刻朗然子诗》，北京图书馆出版社2003年版，第2册，第793页。

第四章 金代汉族家庭的宗教信仰——以佛道二教为中心 193

## 一 崇教对家庭规模、结构的影响

金朝释道弥兴，僧尼塔寺，遍于寰宇，无不崇尚。① 道士、女冠、僧尼在法律上又常被赋予各种恩典②，加之可以摆脱世事扰攘、家庭负担③，吸引了大批崇奉者出离家庭以僧、道为职业。如此使家庭中人口数量以及所处家庭地位发生变动，家庭规模和结构自然受到其影响，随之改变。

首先，家庭规模缩小。碧虚真人杨先生"兄弟四人俱入道"④，获鹿杜氏父母俱奉佛门，（杜氏）年十七亦悉出家。⑤ 如此之下，信教百姓的家庭人口数量和家庭结构以及与人口数量、结构密切相关的家庭经济自然受到影响。这也是时人决定家庭成员是否修行释道二教的重要考虑因素。王惠寂"为童子时，白其父，求出家，父定以一子故难之"，直至其"父殁乃祝发"⑥；王志明"弃家入道，其子追及于襄城，泣拜请还，志明确然不移，遂入嵩山"⑦。在家信徒并不影响家庭的规模和结构。

其次，对家庭结构的影响。往往"三代"的人际关系（结构）比"五口"的规模更能定义家庭形态。由于成为职业教徒者在家庭当中所处的代际层次不同，出离家庭后的家庭结构变化不同。规模讲求数量，结构则强调世系，更注重家庭、家族的延续。第一，入教者身份为父亲。作为父亲实为已婚，婚后出家。这其中又有两种可能。如若此时还没孕育子嗣。一旦出家，则此家庭变成寡妇家庭，妇女再嫁，已经成为另一新立家庭。如李志源"年未三十，考妣俱丧，因弃家入道"⑧；如若有，此家庭则由核心家庭结构变成残缺家庭，从而使之不可能成为主干家庭。如以上

---

① （清）张金吾编纂：《金文最》卷68《单州成武县南鲁村广严院碑》大定三年，中华书局1990年版，下册，第990页。
② 叶潜昭：《金律之研究》，台湾商务印书馆1972年版，第83页。
③ （宋）洪皓撰：《松漠纪闻》，照旷阁本，第17页。书中记载燕京有民数十家负富僧金六七万缗不肯偿，意在指出燕京留守银珠哥大王以战贵显不熟民事，恐民申诉而官官之间相互贿赂，但从侧面不难看出，富裕的僧侣阶层着实富有。
④ 阎凤梧主编，牛贵琥等副主编：《全辽金文》，《终南山碧虚真人杨先生墓铭》，山西古籍出版社2002年版，下册，第2657页。
⑤ 国家图书馆善本金石组：《辽金元石刻文献全编》，《理公和尚塔铭》，北京图书馆出版社2003年版，第3册，第242页。
⑥ 《元好问全集》卷第31《华严寂大士墓铭》，山西人民出版社1990年版，上册，第705页。
⑦ 《遗山先生文集》卷38《长真庵铭》，上海商务印书馆缩印乌程蒋氏密韵楼藏明弘治刊本，第394页。
⑧ 《遗山先生文集》卷31《圆明李先生墓表》，上海商务印书馆缩印乌程蒋氏密韵楼藏明弘治刊本，第315页。

所列举王志明。① 第二，入教者身份为儿子。如若并未婚娶幼年出家，如通玄大师李君年十二求出家②；道悟禅师年十六，自欲出家③；虚明禅师七岁出家④。家庭当中如果只有一子便不只是影响其家庭规模，而是对其是否能形成联合扩大家庭结构产生影响。王惠寂为童子时，"求出家，父定以一子故难之"⑤。假设王氏子童子时出家，致使此家庭人口数量显然减少的同时，更使得其家庭结构由核心家庭变为残缺家庭，也从而失去了成为主干家庭甚至联合扩大家庭结构的可能。王氏子直至父殁而断发出家，假设无婚媾无子嗣，父母亡后，此家庭不复存在；如若多子，则对其家庭结构影响较小。如若婚后出家。无子，由核心家庭变成残缺家庭。倘若妇女再嫁，家中只剩二老，二老去世，世俗家庭消失。如若有一子，则由主干家庭变成残缺家庭。如若多子，亦成为残缺家庭，但较少影响其家庭结构。所以是否崇教而真正离家，对家庭的影响长远而深刻。

## 二 崇教使家庭经济受累

礼佛修道之家，往往将对无形精神世界的神往和现世报的追求，转化为现实中有形的积善修阴德，从而"富者施财，贫者效力"⑥，他们坚信借此可以祈福避恶，这些都需要家庭经济为之付出代价。大定六年（1166年），平原县淳熙寺的比丘僧智深重修千佛大殿，有大户阎某捐钱三十万⑦；山东人杨善渊买地临淄市南立道院⑧；孙庚等施钱十万赎得"昭庆院"额⑨；僧光

---

① 《遗山先生文集》卷38《长真庵铭》，上海商务印书馆缩印乌程蒋氏密韵楼藏明弘治刊本，第394页。
② 《遗山先生文集》卷31《通玄大师李君墓碑》，上海商务印书馆缩印乌程蒋氏密韵楼藏明弘治刊本，第317页。
③ 念常：《佛祖通载》卷31《照道悟禅师》，江苏广陵古籍刻印社1993年版，第372页。
④ 阎凤梧主编，牛贵琥等副主编：《全辽金文》，《虚明禅师塔誌》兴定三年，山西古籍出版社2002年版，下册，第4051页。
⑤ 《遗山先生文集》卷31《华严寂大士墓铭》，上海商务印书馆缩印乌程蒋氏密韵楼藏明弘治刊本，第310页。
⑥ （乾隆）《平原县志》卷10《艺文上·重建淳熙寺大殿记》，成文出版社有限公司1968年版，华北地方第367号，第566—567页。
⑦ （乾隆）《平原县志》卷10《艺文上·重建淳熙寺大殿记》，成文出版社有限公司1968年版，华北地方第367号，第566—567页。
⑧ 《元好问全集》卷49《续夷坚志四·临淄道院》，山西人民出版社1990年版，下册，第377页。
⑨ 阎凤梧等：《全辽金文》，《沁州铜鞮县王可村修建昭庆院记》大定二十九年，山西古籍出版社2002年版，中册，第1678页。

惠聚钱三拾余万请到大云寺额。① 据"一百贯相当于当时六七十亩中田年产粟米的总价，或计银五十两左右"② 来计算，以上投资宗教所耗钱财实属巨大。从当时普通家庭"化缘集资""百村善友"③"梯己之财""檀越厚助""悉出于合乡之解橐破囊者"④ 种种筹措情形来看，礼佛修道已经成为普通信教之家一项沉重的经济负担，百姓正常的农桑耕织、衣食住行等日常消费皆受影响。加之，"僧徒修饰宇像甚严"⑤，而"指射佛宇诳诱世财而乾没者有之，市膏腴之田为子孙之计者有之，举息与人而获厚利者有之"⑥。所以家庭经济受累，实为正常。不仅如此，佛道修饰奢侈浪费的同时，寺观僧徒鱼龙混杂，混淆是非。因此，金朝君臣屡次申令裁抑。大定十四年（1174 年）世宗谕宰臣对于祈福多建佛寺"宜申约束，无令徒费财用"⑦；大定十八年（1178 年），"禁民间无得创兴寺观"⑧；明昌元年（1190 年）有上封事者言："自古以农桑为本，今商贾之外又有佛、老与他游食，浮费百倍。农岁不登，流殍相望，此末作伤农者多故也"⑨。金代禁令颁布多因礼佛道所用钱财造成的不必要的浪费，但也只能收一时之效，无法根治这种社会乱象。

### 三 崇教对日常生活习惯的改变

信教之后，日常行为旨在配合这种新的生活方式，多属于自然的过渡而并非强制性的改变。史载，张臣甫"谨于事佛，日诵般若为课"⑩；张温好焚香，"诵《太上灵宝度人经》《玉皇经》《北斗延生经》《金刚经》、

---

① 阎凤梧等：《全辽金文》，《建大云寺额记》大定四年，山西古籍出版社 2002 年版，下册，第 4036 页。
② 冯大北：《金代官卖寺观名额考》，《史学月刊》2009 年第 10 期，第 31 页。
③ 阎凤梧等：《全辽金文》，《荣河县胡壁堡镇崇圣禅院塔记》大定十八年，山西古籍出版社 2002 年版，中册，第 1706 页。
④ （光绪）《定兴县志》卷 17《金石·大金故赠儒林郎郑公墓之碑》，成文出版社有限公司 1969 年版，华北地方第 200 号，第 919 页。
⑤ 《金史》卷 10《章宗二》，中华书局 1975 年版，第 234 页。
⑥ （乾隆）《平原县志》卷 10《艺文上·重建淳熙寺大殿记》，成文出版社有限公司 1968 年版，华北地方第 367 号，第 566—567 页。
⑦ 《金史》卷 7《世宗中》，中华书局 1975 年版，第 161 页。
⑧ 《金史》卷 7《世宗中》，中华书局 1975 年版，第 170 页。
⑨ 《金史》卷 46《食货一》，中华书局 1975 年版，第 1035 页。
⑩ 《遗山先生文集》卷 28《归德府总管范阳张公先德碑》，上海商务印书馆缩印乌程蒋氏密韵楼藏明弘治刊本，第 282 页。

旦望转《五斗经》"①，这属于非常自然、日常的生活习惯的转变。许多在家信徒也能以戒律自持，并形成家风。涿州固安县颖川陈公曾祖父、祖父、父皆积善弗仕，并信著释门。陈公"事父母以孝闻，善受持大《法华经》而不食荤茹，常以杀生为戒"②。甚至子孙命名亦有附于僧道者。如通奉大夫礼部尚书赵公父亲，"奉天君夜梦道士书今名，且云：'二南有不次之喜。'寤而解之曰：'二南云者，吾两男子之谓乎？'乃命改焉"③；《□寿造真言幢记》曰："小女尼祐哥、长孙和尚、次孙□□、次孙三和尚、小孙四和尚"④；故进义校尉李彦柔"次女比邱尼广渊，亲妹比邱尼智兴"⑤。《庞鉴建经幢记》称男曰孟马和尚，女曰师姑。⑥女真人的名称比附于僧侣，"是他们企图像僧人一样多福多寿多荣清闲自在"⑦，汉族亦如此。因此，上述命名诸例含有与佛道相关的名称，并不能确切说明其人信教，但亦可足见当时社会对佛、道信奉之流行。

表4—2　　　　　　　　金代汉族家庭宗教信仰方式略表

| 序号 | 基本情况 | 名目 | 表现 | 史源 |
| --- | --- | --- | --- | --- |
| 1 | 鄄城县正觉禅院，巧者献工，勇者助力，富者输财，辩者劝施。不期月之间，起夏屋数楹，中设释迦文佛像 | 修缮禅院碑 | 献工，助力，输财，劝施 | 《金文最》，卷71《鄄城县正觉禅院碑》 |

---

① 孙学瑞：《金代张温夫妇墓志及相关问题》，秦八□：《张温墓志》大定二十六年，引自山西省考古学会《山西省考古学会论文集》（第2辑），山西人民出版社1994年版，第248—254页。

② （民国）《霸县新志》卷7《金石·涿州固安县颖川陈公塔记》，成文出版社有限公司1968年版，华北地方第134号，第739页。

③ 《遗山先生文集》卷18《通奉大夫礼部尚书赵公神道碑》，上海商务印书馆缩印乌程蒋氏密韵楼藏明弘治刊本，第192页。

④ 国家图书馆善本金石组编：《辽金元石刻文献全编》，《□寿造真言幢记》，北京图书馆出版社2003年版，第1册，第18页。

⑤ 国家图书馆善本金石组编：《辽金元石刻文献全编》，《□□司候司北旅坊李彦柔墓记》，北京图书馆出版社2003年版，第1册，第24页。

⑥ 国家图书馆善本金石组编：《辽金元石刻文献全编》，《庞鉴建经幢记》，北京图书馆出版社2003年版，第2册，第815页。

⑦ 王可宾：《女真国俗》，吉林大学出版社1988年版，第228页。

第四章 金代汉族家庭的宗教信仰——以佛道二教为中心

续表

| 序号 | 基本情况 | 名目 | 表现 | 史源 |
|---|---|---|---|---|
| 2 | 新□既成,遂乃鸠工集役,遴选材木,以经以营,富者输财,贫者效力,修成法堂、方丈、僧房各五楹八椽,寝堂三楹八椽,栋宇雄壮,檐殿高揭,窗牖疏明。经始于大定辛卯仲春,庆成于丙申孟秋,其苫瓦、材木、皆砌、石局、工师、日食之费,约用钱五千余贯。蒙檀越厚助,俾衣钵有资 | 修缮寺碑 | 输财,效力用钱五千余贯 | 《金文最》,卷71《重修法云寺碑》 |
| 3 | 永济等就甘棠重建起塔十三层,高一百六十尺。永坚主会、宗道宾客、化缘副会首王宝,纠化多僧,百村善友,叹喜欢踊跃,将梯己之财,施水材木,如风攒蚁聚,合堂僧众尽行舍施 | 修缮塔 | 输梯己之财施水材木 | 《全辽金文》中,《荣河县胡壁堡镇崇圣禅院塔记》 |
| 4 | 同州城内有官田三十余亩,公请于郡守修为官刹,敕赐名额,谓之"太平院",党询、赵泰、王仪,郡之吏长也,皆出家赀以助胜缘 | 修缮观音院 | 出家赀 | 《金文最》,卷85《观音院碑》 |
| 5 | 塔旧造以瓦,今甃以石,工费之资,悉出于合乡之解囊破囊者。人心好施,无非圣塔之灵感 | 修缮石塔 | 输财 | 《金文最》,卷24《石塔小记》 |
| 6 | □□住庵僧润公等与善知识数□□大发□意,衷集钱三百贯,依奉上畔经本军军赀库纳讫钱数,乞示寺额,伏蒙朝廷特赐"法云禅寺" | 买额 | 集钱三百贯 | 《金文最》,卷71《重修法云寺碑》 |
| 7 | 本村大户孙庚等办施钱十万,赎得"昭庆院"额 | 赎额 | 大户孙庚等办施钱十万 | 《全辽金文》中,《沁州铜鞮县王可村修建昭庆院记》 |
| 8 | 奉符应无名寺观许买名额,乃备钱十万送官降榜,金额曰"太虚观" | 买额 | 备钱十万 | 《金代石刻辑校》,《张温墓志》 |

续表

| 序号 | 基本情况 | 名目 | 表现 | 史源 |
|---|---|---|---|---|
| 9 | 僧光惠聚本庄善友递相共议，上下允从，入钱叁拾余万，请到敕黄书填作大云寺 | 买额 | 入钱三拾余万 | 《全辽金文》下，《建大云寺额记》 |
| 10 | 平原县淳熙寺的比丘僧智深为重修千佛大殿，有大户阎某捐钱三十万 | 重修佛殿 | 捐钱三十万 | 《金文最》，卷74《平原县淳熙寺重修千佛大殿碑》 |
| 11 | 都维那银青荣禄大夫行兴中尹上柱国广陵郡开国公食邑二千户食实封贰伯户高思廉、妻广陵郡夫人高氏、二夫人高氏、长男云堂、次男三学奴 | 改建寺碑 | | 《辽金元石刻文献全编》第三册，《兴中府尹改建三学寺碑》 |
| 12 | 府村社：安礼、安宅王氏、男安王寿、次男安同寿、小男安五郎 | 碑 | | 《金代石刻楫校》，《金烛和尚焚身感应之碑》 |

# 第五章　金代汉族家庭的教育

"家庭教育"① 是指家庭成员之间，所进行的生活以及学习上的互相交流、共同影响和知识传授活动。主要指代家庭甚或家族中长辈对晚辈子女的教育。这一界定本书作以下理解：

第一，教授者与被教授对象有血亲（包括拟制血亲）抑或姻亲关系，属于家族②内成员之一。传授内容多以儒、医、诗章等家学为重点，渗透为人处事道理，传授方式多以日常生活言传身教为主，无详细具体时间、规范和模式固定的准则，甚至无意识的常年生活、学习习惯熏染亦属于此范畴。

第二，家庭教育存在显性与隐性之别，所谓显性家庭教育即为学界普遍认为的，学龄前知识、记忆、智能等最好时期，长辈对晚辈进行的理论上以及实践上有意识的指导；隐性教育即为随时随地家庭环境熏染影响，以及家族成员言行举止模范榜样作用。这种间接性教育使家庭教育成为一种终身教育，使家庭教育外延扩大，平辈兄弟姐妹之间的互相交流和学习，亦成为金代汉族家庭教育的一种表现，属于本章家庭教育范畴。

第三，金代汉族家庭培养子女采取多种积极有效的举措，往往还设馆延请师友至家教授晚辈子弟，这亦属于金代汉族家庭教育的一种方式。此教育方式时间、地点、形式固定，有一定的约束习授规范，传授的内容亦

---

① 顾明远：《教育大辞典》，上海教育出版社1990年版，第1卷，第1—2页。家庭教育是"家庭成员之间的相互教育，通常多指父母或其他年长者对儿女辈进行的教育"；《中国大百科全书》，中国大百科全书出版社1985年版，第140页。"父母或其他年长者在家庭内自觉地、有意识地对子女进行的教育"；广东、广西、湖南、河南《辞源》修订组，商务印书馆编辑部编：《辞源》（第2册），商务印书馆1980年修订版，第840页。对家教解释为"在家教授学生；唐宋时乡村书塾的启蒙读物"；《辞海》除这两种解释外，另增加指代"家庭中的礼法或父母对子女的教育"，第2904页。
② 张连生：《东晋南朝时期家庭教育述论》，《南京晓庄学院学报》2005年第21卷第1期，第30页。"中国古代的家庭教育，又称家族教育。"家族某种层面上来讲即为扩大了的家庭，在金代家庭教育分析研究中，亦存在家族成员作为教授者现象。

不完全等同于以上。

## 第一节  金代汉族家庭教育的方式

教育作为一个培养后生的过程,同时更是先辈传承发扬社会生产生活经验的重要方式。广义上来讲,凡是使人能够明白事理,有教导启发意义的都可以称其为教育;但狭义上来讲的教育,主要还是指学校的教育方式。他们往往根据时下普遍的社会评价标准,有预计性的实施教育,培养出一定社会阶层所需要的人,大致包括从少年到青年时代。

### 一  长者亲授

在金代汉族家庭中,大多由长辈对晚辈进行施教。作为教授者的长辈主要包括祖父母、外祖父、父母、舅舅、叔伯。更多的还是表现为父母对子女的教诲,被施教者通常以男性为主。

(一)长辈对晚辈

一般来说,"家庭教育从其产生之时起,就是通过父母的身教言传,以培养一代代子女,传播生产文化知识的"①。所以,父母躬亲施教成为家庭教育的有效传播方式。

首先,与在家庭日常生产生活中地位成正比,汉族男性群体在家庭事务中承担主要责任,教育亦是如此。正所谓有是父则必有是子,父亲对于家庭子孙的教育司空见惯,因此出现了许多著名的门闾之家。如,张行简母亲去世之后,父亲张暐便与行简斋居"讲论古今,诸孙课诵其侧",常常至夜分乃罢。张行简为翰林学士承旨,弟弟行信为礼部尚书,兄诸子侄多中第居官,为当世之罕见②;吕子羽父子昆弟凡中第者六人,以"六桂"名其堂③;孟邦雄"三世忠孝,萃于一门"④;白贲自上世"至其孙渊,俱以经学显"⑤。无论做学问、做人,门闾之懿离不开父亲对子孙的

---

①  马镛:《中国家庭教育史》,湖南教育出版社1997年版,第4页。
②  《金史》卷160、170《张暐传》、《高汝砺传》,中华书局1975年版,第2329、2371页。
③  《中州集》辛集第8《吕陈州子羽小传》,中华书局1959年版,下册,第416页。
④  《金石萃编》(四)卷159《孟邦雄墓志》,《石刻史料新编》,新文丰出版公司1977年版,第4册,第2956页。
⑤  《中州集》壬集第9《白先生贲小传》,中华书局1959年版,下册,第439页。

辗转教诲。

古代家长制家庭中父亲对子孙的教育内容，主要包括应试科举之业的儒学经史。如聂彦常馆遇宿儒，教导弟侄辈例成伟器[①]；高善长教儿子信卿，作举子[②]；朝散大夫胡彦高自童龀，其父教之学，"课之读书，涉猎经史，工于书翰"[③]。仕途以及生活中行事应遵守的规矩法度，亦是其教导内容。如聂彦父亲教其义方[④]；贾少冲不喜言利，教诸子"荫所以庇身，管库不可为也"[⑤]，等等。

除家中父亲外，祖父、叔伯抚育教导晚辈亦有实例，作为一种私学形式存在，家庭教育环境十分重要。祖孙三代同居家庭中，祖父的施教身份颇为常见。阳曲令周器之祖父，教其六经使其应童子举[⑥]；史正道居闲，"则教子弄孙"[⑦]。依养于叔伯家庭之中，也仍会受到此家庭中长辈的谆谆教诲。奉直赵君养于叔父，教以科举之业[⑧]；姚燧养于伯父，教督甚急。[⑨]在金代汉族家庭中，并非只是父族成员担任执教者一职，外氏姻亲成员施教现象也较为常见。曹珏养于"祖母史氏，少长，教之读书"[⑩]；白全道十二岁孤，母亲李氏弱无所依，身为舅舅僧法澄便承担起教育外甥的责任，"经纪其家，拊育训导"[⑪]；王若虚"少日师其舅周德卿及刘正甫"[⑫]；

---

① （民国）《莘县县志》卷9《艺文志·大金故聂公碑》，成文出版社有限公司1976年版，华北地方第355号，第591页。
② 《中州集》壬集第9《高永小传》，中华书局1959年版，下册，第449页。
③ 《遗山先生文集》卷17《朝散大夫同知东平府事胡公神道碑》，上海商务印书馆缩印乌程蒋氏密韵楼藏明弘治刊本，第175页。
④ （民国）《莘县县志》卷9《艺文志·大金故聂公碑》，成文出版社有限公司1976年版，华北地方第355号，第591页。
⑤ 《金史》卷90《贾少冲传》，中华书局1975年版，第2001页。
⑥ 国家图书馆善本金石组编：《辽金元石刻文献全编》，《阳曲令周君墓表》，北京图书馆出版社2003年版，第2册，第925页。
⑦ （清）张金吾编纂：《金文最》卷109《故北京路行六部尚书史公神道碑铭（并序）》，中华书局1990年版，第1573页。
⑧ 《遗山先生文集》卷22《奉直赵君墓碣铭》，上海商务印书馆缩印乌程蒋氏密韵楼藏明弘治刊本，第231页。
⑨ 国家图书馆善本金石组编：《辽金元石刻文献全编》，《杨奂碑》，北京图书馆出版社2003年版，第2册，第595页。
⑩ 《遗山先生文集》卷23《曹徽君墓表》，上海商务印书馆缩印乌程蒋氏密韵楼藏明弘治刊本，第240页。
⑪ 《遗山先生文集》卷24《善人白公墓表》，上海商务印书馆缩印乌程蒋氏密韵楼藏明弘治刊本，第244页。
⑫ 《中州集》己集第6《王内翰若虚小传》，中华书局1959年版，下册，第286页。

段季良侄段整,"以文艺擢知太平县事,人皆归美贤叔之致"①;黄久约"有外祖之风"②,等等。祖父、叔伯以及外氏姻亲之所以能够充当施教者,前提大多在于,共同属于同居家庭中一员,具备先天优势条件,这从后两者成为施教者,多因为受教者依养于他们家庭之中可以窥见。金代法律虽不允许依养外亲群体存在,但事实上却数量颇多。如若不是同居家庭成员,受教前提多是施教者在当世颇有威名而潜心师从之。学有所成之人,不但本人受到旌表,其施教亲属更得到社会上的赞同和认可。河中名士李献卿之母梁氏,"益以教子为事",后子献卿、献诚、献甫三人均登科及第。朝廷因夫人德教称"夫人为淑女、为良妇、为贤母,当世士君子皆耳目所接见",以示对其表彰和赞扬。③

其次,已婚女性亦积极参与家庭教育,并发挥重要作用。金承宋而来,唐代墓志偶尔简单提到女性教育子女,宋代类似的描述事实上却成为所有女性墓志的一个重要组成部分④,尤其体现在业科举上。根据陶晋生研究,金代汉人入仕途径第一位为科举考试,并有不断上升趋势(1205—1234年阶段除外)。⑤ 因此,女性对子弟科举经业教育内容所占比例也相对较重。路伯达母教伯达读书,具有强烈家庭教育意识,舍温饱花重金买书劝读,思想觉悟相较于一般金代家庭妇女要高,值得学习赞扬。更可贵的在于,通过以此买书生活细事,随时随机教子为人处事之道。由于当时书籍十分珍贵,"大家儿有得之者,辄私藏之"。路伯达母亲却告戒伯达,"此书当置学舍中,必使同业者皆得观,少有靳固,吾即焚之矣"⑥。再如李善长母"授小学以奉甘旨"⑦ 等。

妇女在教育中所起作用,在寡母孤子家庭中表现尤为显著。金代在室女出嫁后,其社会角色随之转变,妻子与母亲是其身份象征,躬亲井臼与相夫教子是主要责任义务。朝散大夫尚书刑部员外郎吕公夫人韩氏,自丈

---

① (同治)《稷山县志》卷8《艺文上·段季良墓表》,成文出版社有限公司1976年版,华北地方第424号,第884—885页。
② 《金史》卷96《黄久约传》,中华书局1975年版,第2125页。
③ 《遗山先生文集》卷25《赞皇郡太君墓铭》,上海商务印书馆缩印乌程蒋氏密韵楼藏明弘治刊本,第254—255页。
④ [美]柏文莉:《权力关系:宋代中国的家族、地位与国家》,刘云军译,江苏人民出版社2015年版,第23页。
⑤ 参看陶晋生著《女真史论》,食货出版社1985年版,第49页,《金代汉人入仕途径表》。
⑥ 《中州集》辛集第8《路冀州仲显小传》,中华书局1959年版,下册,第405页。
⑦ 阎凤梧主编,牛贵琥等副主编:《全辽金文》,《窥豹集后序》,山西古籍出版社2002年版,下册,第2851页。

夫去世,"教其子读书十余年"①;牛德昌年幼,父亲去世,"其母教之学……中皇统二年进士第"②;孟泽民父亡,"年逾三十,不就资荫,折节读书,母罄囊金,聚经史以成其志"③;段夫人年未四十丈夫去世,"居洁志,恒若致斋,督诸子以学问"④。家庭教育中的优秀寡母,大多作为在室女时,就因家庭的原因受过一定良好的教育。自身知书达礼,具备较好的学识,更比一般妇女懂得教育对于子女的重大意义。河中李侯夫人梁氏,出身闾山甲族,从小已知读书,自丈夫去世后,"益以教子为事";其子献卿佐坊州幕官时,尝与同官骑踘,夫人戒之,"从仕之暇,宜读书养性,鞍马闲乘危蹈险,非书生之事"。⑤

综上,在中国古代家长制家庭中,妇女在家庭教育中,所承担责任较男性少,但骤然失去丈夫,成为孀居寡母,残缺家庭中子女尚年幼,生产与生活的二重重担一下落到女性母亲身上,教导子孙便成为家中妇女不可推卸的责任。母亲作为执教者,不同于父亲,使受教者女性比例增大,同时由其性别决定其教育方式动辄可以有礼法,亦可以发挥女性温柔母性以情感化之。例如毛伯朋妻子"略通书传,事舅姑孝谨,训饬二女,勋有礼法"⑥;陇西郡李公妻智氏"治家严肃,训慈有法"⑦;也有郑公"未孩而父化,刘氏以慈育之"⑧。并且使所教授内容不再局限于以往的经学、医学、诗文,更增添了女性所特有的桑麻女工等内容,这完全是为女儿出嫁后在夫家生活奠定基础。如李氏父死,"母成氏尚切切教诲,□妇幼女勤于桑麻女工□□□□□之事"⑨。

---

① 王新英编:《金代石刻辑校》,《东平县君韩氏墓志铭》泰和四年,吉林人民出版社2009年版,第213页。
② 《金史》卷128《牛德昌传》,中华书局1975年版,第2758页。
③ 李俊民:《重刊庄靖先生遗集》卷8《孟氏家传》,丛书集成三编本,第38册,新文丰出版社1997年版,第164页。
④ 国家图书馆善本金石组编:《辽金元石刻文献全编》,《段矩碑》,北京图书馆出版社2003年版,第1册,第216页。
⑤ 《遗山先生文集》卷25《赞皇郡太君墓铭》,上海商务印书馆缩印乌程蒋氏密韵楼藏明弘治刊本,第254—255页。
⑥ 《遗山先生文集》卷28《潞州录事毛君墓表》,上海商务印书馆缩印乌程蒋氏密韵楼藏明弘治刊本,第289页。
⑦ (清)张金吾编纂:《金文最》卷90《陇西郡李公墓志铭》大安元年,中华书局1990年版,下册,第1319页。
⑧ (光绪)《定兴县志》卷17《金石·大金故赠儒林郎郑公墓之碑》,成文出版社有限公司1969年版,华北地方第200号,第919页。
⑨ (民国)《孟县志》卷9《金石·李氏墓表》,成文出版社有限公司1976年版,华北地方第445号,第1119页。

最后，家训也存在于金代汉族家庭教育方式当中，对于子孙的教诲作用，表现在长辈临终前教戒子孙的"遗令"、"遗诏"、"遗训"等遗言形式的训诫上。"敬佛、老□□礼、义、廉、耻、忠、信、孝、弟为家戒"①，成为通常意义上的训诫内容。以下拈取几例为证：掖县刘氏祖茔寒食享祀中言："诫戒子孙，不得忘其旧礼"②；康德璋父临终，敕诸子言："九人在仕籍，岂有忧饥冻者，事当从正，货利不得关诸心。"康德璋作为长子，"动以绳墨自检，佩服遗训，无敢失坠"③；韩玉以非罪死，儿子不疑，小字锦郎，过予冠氏，出其父临命时手书云，此去冥路，吾心皎然，刚直之气，必不下沉，儿可无虑，世乱时艰，努力自护，幽明虽异，宁不见尔，予为之恻然④；李目华年四十二，"临终谓其家人曰：'汝见西方净土弥陀佛否，命长子昌福，吾瞑目后，可长盦构一茅屋为生。'"⑤与汉人家庭相比，金代宗室家庭亦是如此，康宗孙按答海临终，戒诸子曰："汝辈勿以生富贵中而为暴戾，宜自谦退"⑥。如此遗言形式的家训，体现在主人去世前，对于先人旧礼、晚辈学业仕途、寡妻生活及女儿婚嫁等问题的担忧和安排上，并针对这些问题，提出具体的解决办法。

（二）同辈之间相互切磋，相互督促

除长辈对晚辈的教育之外，同辈之间生活上的互相影响熏染、学习上的互相鼓励督促，也成为金代汉族家庭教育的一个有效途径。

长辈对于晚辈子弟的教育，由于自然年龄代际关系以及人为辈分地位尊卑的存在，更多地体现为以一方为主导，另一方被动地接受知识经验。长辈以教育其年幼子女成才为目的，整个家庭教育方式也以此为宗旨，从这一层面上来讲，作为被教授者的子女，相对受益较多，而施教者本身并没有达到知识的积累和飞跃。但同辈之间的此种教育方式，弥补了这一缺憾。两者处于同一代际，并不存在辈分上的尊卑高低、年龄上的长幼之

---

① （清）张金吾编纂：《金文最》卷86《保义校尉房公墓碑》大定二十九年，中华书局1990年版，第1260页。
② （清）张金吾编纂：《金文最》卷47《掖县刘氏祖茔寒食享祀序跋》大定二十七年，中华书局1990年版，第678页。
③ 《遗山先生文集》卷27《辅国上将军京兆府推官康公神道碑铭》，上海商务印书馆缩印乌程蒋氏密韵楼藏明弘治刊本，第277页。
④ 《中州集》辛集第8《韩内翰玉小传》，中华书局1959年版，下册，第418—419页。
⑤ 国家图书馆善本金石组编：《辽金元石刻文献全编》，《大金故承奉郎霸州大城县令李君墓志铭》，北京图书馆出版社2003年版，第2册，第1005页。
⑥ 《金史》卷73《宗雄传》，中华书局1975年版，第1684页。

分，这就使得古代等级家庭中原本对长辈的距离感降低；年龄相仿，成长环境相同，熟悉信任的同时，使得彼此更容易交流和沟通，也因此形成良性竞争，带来意外效果。某种程度上，这种家庭教育方式，使彼此学习上互动性较前者稍强，两者互相学习可能性更大，避免单纯的成就某一方为目的，这也是此种方式的主要优点所在。所以，在金代出现了许多兄弟同登第的家庭。承安二年（1197年），孙镇与弟锜、铉，同榜擢第，乡人有"三桂"之誉①；李献能昆弟皆以文学名，从兄献卿、献诚、从弟献甫相继擢第，有"四桂堂"之称②；王君玉以天眷二年第，器玉、汝玉皇统元年相次科第。乡人荣之，号"三桂王氏"，府尹并以"三桂"名所居之坊。③ 吕子羽父子、昆弟中第六人，以"六桂"名其堂④；通奉大夫礼部尚书赵璟天资颖悟，弱冠有赋声。偕弟去非擢明昌五年进士第。乡里荣之，号"双飞赵家"⑤；张仁檝"兄弟七人，闻名籍甚，同德□义，号曰七龙"⑥，等等。出现如此兄弟门间，长辈教育辅导之余，与他们彼此之间的互相学习共同进步亦不无关系。虽如此，作为年龄稍长的兄长仍不乏模范带头作用。胡彦高从弟义幼孤，依赖他教督，后擢高第。⑦ 而且，督促和鼓励作用不可低估。郭子正"以兄先第，慨然叹曰：'兄且贵矣，我岂不愧于心乎？'遂昼夜诵习，寝食俱废，律令精通。寻升五年第"⑧；王庭坚六岁，闻父兄诵书，能通大义。⑨ 这对于整个家庭教育水平和家庭成员自身知识文化提高，都具有意想不到的帮助和作用，这也是同辈之间共同学习、同龄竞争所带来的微妙效果。但作为年龄稍长的兄长，会承担更多的责任和义务，这一原则不仅存在于汉人家庭当中，女真家庭亦是如

---

① 《中州集》庚集卷7《孙省元镇小传》，中华书局1959年版，下册，第347页。
② 《金史》卷126《李献能传》，中华书局1975年版，第2736页。
③ 《元好问全集》卷第46《续夷坚志一·王氏金马》，山西人民出版社1990年版，下册，第291页。
④ 《中州集》辛集第8《吕陈州子羽小传》，中华书局1959年版，下册，第416页。
⑤ 《遗山先生文集》卷18《通奉大夫礼部尚书赵公神道碑》，上海商务印书馆缩印乌程蒋氏密韵楼藏明弘治刊本，第194页。
⑥ 毛麾：《解州平陆县张氏义居门间碑》，刘泽民主编：《三晋石刻大全：运城市盐湖区卷》，三晋出版社2010年版，第37页。
⑦ 《遗山先生文集》卷17《朝散大夫同知东平府事胡公神道碑》，上海商务印书馆缩印乌程蒋氏密韵楼藏明弘治刊本，第177页。
⑧ （光绪）《定兴县志》卷17《金石·大金朝散大夫前德州安德县令兼管勾常平仓事骑都尉汾阳县开国男食邑三百户赐紫金鱼袋致仕郭公碑铭并序》，成文出版社有限公司1976年版，华北地方第200号，第928页。
⑨ 《遗山先生文集》卷16《王黄华墓碑》《赞皇郡太君墓铭》，上海商务印书馆缩印乌程蒋氏密韵楼藏明弘治刊本，第169页。

此，世宗时"守能恣贪墨"，于是责备其兄长守道曰："守能自刺史躐迁招讨，外官之尊，无以逾此。前招讨哲典以贪墨伏诛，守能岂不知，乃敢如此，其意安在。尔之亲弟，何不先训戒之也。"① 可见，对于弟弟的行为，作为兄长要承担必要的责任。当然，弟弟对兄长同样存在启发和影响，彼此之间呈现良好的互动。弋祐以事客内乡20年，回来之后弟弟弋福殖产倍于旧。弋祐求分居，弟弟谓祐言："家所有，皆父兄所积，润但谨守，仅无损耗耳。兄幸归，请悉主之。润得供指使，足矣。"弋祐悔悟曰："吾弟忠敬如此，我乃为谗口所闲，惭恨无所及，尚欲言分异邪？"乃更相友爱。② 除兄长的自知之明外，弟弟的宽容大方才是感动哥哥的真正所在。

## 二 延师友至家

金代科举取士不限于正规学校，受教于父兄、师友以及自学成才，也可以通过科举而入仕，这就使得私学逐渐受到人们重视，私人讲学授教之风盛行。于是，家道殷实的高官富户便延请师友至家，坐馆教授。张用直"起文庙于所居安生里社，延致名儒，课子弟授业。二侄经、纬，皆有声场屋间，继擢上第。张氏遂为河东文章宗，乡人至今荣之"③；胡彦高起"万卷堂"，延致儒士。④ 这成为金代汉族家庭教育一种十分积极的教育措施⑤。天会间，韩昉将胡砺馆置门下，使与其子处，同教育之，自是学业日进。……十年，举进士第一……督教不倦⑥；杨奂"授馆左丞张信甫之门。张公尝谓人曰：'诸孙得君主善，老夫沾丐抑多矣'"⑦；聂彦常馆遇宿儒，教导弟侄辈例成伟器。⑧ 也正因此，双方之间关系更为亲密。张

---

① 《金史》卷73《完颜希尹传》，中华书局1975年版，第1691页。
② 《遗山先生文集》卷24《临海弋公阡表》，上海商务印书馆缩印乌程蒋氏密韵楼藏明弘治刊本，第246页。
③ 《遗山先生文集》卷17《朝列大夫同知河间府事张公墓表》，上海商务印书馆缩印乌程蒋氏密韵楼藏明弘治刊本，第181页。"公讳公著，字庭俊，姓张氏；初名宁，以梦兆改焉。"
④ 《遗山先生文集》卷17《朝散大夫同知东平府事胡公神道碑》，上海商务印书馆缩印乌程蒋氏密韵楼藏明弘治刊本，第175—176页。
⑤ 张博泉：《金代教育史论》，《史学集刊》1989年第1期，第25页。
⑥ 《金史》卷125《胡砺传》，中华书局1975年版，第2721页。
⑦ 《遗山先生文集》卷23《故河南路课税所长官兼廉访使杨公神道之碑文》，上海商务印书馆缩印乌程蒋氏密韵楼藏明弘治刊本，第235页。
⑧ （民国）《莘县县志》卷9《艺文志·大金故聂公碑》，成文出版社有限公司1976年版，华北地方第355号，第591页。

大节"素廉勤好学,能励勉后进,自以得学于任佝,待佝子如亲而加厚"①。

延师友置馆教授的存在,首先是受到金代整体教育特点影响。② 金代官学学生来源与入学的资格等级限制较严格,为统治阶级服务特点明显。国子学招收"宗室及外戚皇后大功以上亲、诸功臣及三品以上官兄弟子孙",太学招收"五品以上官兄弟子孙","府学尝与廷试及宗室皇家袒免以上亲、并得解举人为之","州学,遂加以五品以上官、曾任随朝六品官之兄弟子孙,余官之兄弟子孙经府荐者,同境内举人试补三之一,阙里庙宅子孙年十三以上不限数,经府荐及终场免试者不得过二十人"。③ 而且汉族地方官学学生人数最多不过2万人④,这使得大批以财雄乡里的汉族富裕家庭和平民子弟,得不到受正规教育的机会。而金代私学兴起又早于官学,并十分盛行,且同样有资格参加科举,迈入仕途光耀门楣。所以殷实家庭,便将老师请回家里教育子弟;其次,民族性使然。相较于女真族,汉民族自身文化素质稍高,历来汉族文化传统和文化环境对其影响较深,所以对于当世名儒仰慕之心甚重,对于知识文化的渴求愿望较强。延师至家满足延名儒这一渴望同时,又达到教育子弟,提高他们知识文化水平的作用;最后,不在仕途的富裕之家,自身知识文化水平暂达不到很好教育子女的程度。而为官家庭则没有足够的时间和精力,保证对子女的教育。于是,这种延师友至家教育方式便有了其滋生的土壤。

家境富裕可以延师友至家,当然也可以自己开办"书院"。金代存在书院,且有的的确属于私人性质。例如李杲是利用自家雄厚财力所完成书院的建立的,属于私人民办性质,这是肯定的。⑤

金代汉族家庭教育方式类型多样,效果显著。一方面,反映私学发展趋势增强,相较官学,使更多子弟完成系统教育;另一方面,折射出这一群体对于子孙学业重视程度逐渐加强。逐步将更多家庭成员纳入教育范畴,并且使之学习内容外延扩展,利用长辈对晚辈,同辈之间以及家训、延师友至家等积极的教育方式以达到教育目的。

---

① 《金史》卷97《张大节传》,中华书局1975年版,第2146页。
② 张博泉:《金代教育史论》,《史学集刊》1989年1期,第25页。
③ 《金史》卷51《选举一·序》,中华书局1975年版,第1131页。
④ 兰婷:《金代教育研究》,吉林大学出版社2010年版。
⑤ 李浩楠:《〈东垣老人传〉考释》,《北方文物》2012年第3期,第64页。

## 第二节　金代汉族家庭教育的内容

金代汉族家庭教育的主要内容包括家学的传承和伦理规范教育两种。

### 一　家学传承

古语有云，观其子足以知其父。家学传承在金代汉族家庭当中属于主要内容，亦十分流行，具体包括儒学、诗章字画以及医学。

#### （一）儒学

统治者对于儒学的提倡和维护，是金代家学中儒学盛行的重要原因。金代统治者之所以更倡行儒学，并给予首要之地位，是因为相较于佛、道，儒学逐渐发展成为金代统治者治国的指导思想。女真以游牧民族崛起于北方，收辽与北宋，终与南宋形成地域以及文化上的相峙。较之燕云以及河南、山东后取北宋地区，更是相对落后。国祚初兴，急需一经世致用、先进熟悉又容易接受的治国理论。此时，以伦理道德、礼仪法规见长的儒学，凸显于历史舞台，开始以此为根据建立有序的国家，使之成为金代基本国策，并将忠孝仁义作为其治国之本，采取一系列具体措施。

首先整体上宽民施政，以儒家经邦治国理论作为依据。世宗主张"用心公正，毋纳谗邪"①，于是求言纳谏、惩贪劝廉、治廉从俭。大定元年（1161年），诏中都都转运使左渊曰："凡宫殿张设毋得增置，无役一夫以扰百姓，但谨围禁，严出入而已。"② 大定二年（1162年），"诏减御膳及宫中食物之半"。③ 大定十一年（1171年），诏朝臣曰："国家利便，治体遗阙，皆可直言。外路官民亦尝言事，汝等终无一语。凡政事所行，岂能皆当。自今直言得失，毋有所隐。"④ 大定十三年（1173年），"诏赐诸猛安谋克廉能三等官赏"。⑤ 章宗推行廉政亦突出。明昌四年（1193年），"诏诸职官以赃污不职被罪、以廉能获升者，令随路、京、府、州、县列其姓名，揭之公署，以示劝惩"⑥。其次，经济上劝农恤民、安抚贫

---

① 《金史》卷8《世宗下》，中华书局1975年版，第186页。
② 《金史》卷6《世宗上》，中华书局1975年版，第124页。
③ 《金史》卷6《世宗上》，中华书局1975年版，第127页。
④ 《金史》卷6《世宗上》，中华书局1975年版，第149页。
⑤ 《金史》卷7《世宗中》，中华书局1975年版，第159页。
⑥ 《金史》卷10《章宗二》，中华书局1975年版，第230页。

户，并因灾伤蠲免赋税，以减轻农民负担。天会四年（1126 年），太宗诏曰："其令所在长吏，敦劝农功"①。大定二十七年（1187 年），世宗诏"河水泛滥，农夫被灾者，与免差税一年。卫、怀、孟、郑四州塞河劳役，并免今年差税"②；明昌三年（1192 年），章宗敕尚书省曰："饥民如至辽东，恐难遽得食，必有饥死者。其令散粮官问其所欲居止，给以文书，命随处官长计口分散，令富者出粟养之，限以两月，其粟充秋税之数"③。再次，思想上崇儒，赡学养士。除将儒学作为科举取士的内容、将儒家经典作为教科书外，奠祭宣圣庙、宿儒充教，等等。另外对于辽宋吏民、各部族，以及窝斡义军、红袄军进行招抚。

汉文化优势地位明显，地缘因素也是原因之一。1125 年金灭辽两年后，南宋被赶往江南一隅，划江而治，同时女真民族也将自己封闭在了只有本族文化与汉族儒家文化的密闭空间。先进战胜落后，汉族人本身所受礼法环境熏染时间长，儒学底蕴深厚，选择世代业儒实属情理之中、理所当然，大多汉族人家世业儒，所以金代家学以儒学为内容十分盛行。

（二）诗章字画

"有亲可事子能传"，所谓"旧时诗礼闻家学"。④ 天下之事，必有所从来。堂高其基必崇，水长其源必深。家学的源远流长往往出自其家庭教育的世代相传。金代汉族尤其文人名士家庭中，对于诗章字画，子承父传一脉相通。如勉叔诗章字画皆有父风⑤；密州高公振诗有家学⑥；浑源刘㧑甚爱王元节才俊，以女妻之，并传其赋学。⑦

（三）医学

金代医学已经成为一门显学，有专科考试项目，"凡医学十科，大兴府学生三十人，余京府二十人，散府节镇十六人，防御州十人，每月试疑难，以所对优劣加惩劝，三年一次试诸太医，虽不系学生，亦听试补。"⑧ "金代医学教育大多数为私家传授，主要有师授、家传、自学三种模

---

① 《金史》卷 3《太宗》，中华书局 1975 年版，第 56 页。
② 《金史》卷 8《世宗下》，中华书局 1975 年版，第 199 页。
③ 《金史》卷 9《章宗一》，中华书局 1975 年版，第 222 页。
④ 《遗山先生文集》卷 10《王敦夫祥止庵》，上海商务印书馆缩印乌程蒋氏密韵楼藏明弘治刊本，第 113 页。
⑤ 《中州集》乙集第 2《赵内翰可》，中华书局 1959 年版，上册，第 77 页。
⑥ 《中州集》辛集第 8《高密州公振小传》，中华书局 1959 年版，下册，第 411 页。
⑦ 《金史》卷 126《文艺下》，中华书局 1975 年版，第 2739 页。
⑧ 《金史》卷 51《选举一》，中华书局 1975 年版，第 1153 页。

式。"① 金代汉人中存在很多像王君玉一样家世业医之人②，有些许家庭以行医所得作为家庭主要收入，这一定程度上促使医学家学传承目的明确，更加有的放矢。例如，高越曾玄以来，本汴梁酸枣□□以医为生，自曾大父宗徙居河东忻之定襄南董里戚之别业，子男四人，长子吉绍父行医以医有称，吉子师仲，继父之职，亦以医为业，师仲次子出入但以布囊贮药，所疗无不验应，亦行医于世③；唐审元二子五十一，五十四，及壻张宗说，皆传其艺为成都名医④；寄庵先生李平父的祖父玘，避乱镇州的时候，侨寓在一名医生家中，因而传其学。他的儿子拯，徙居栾城，食先业。先生即之次子，年十五，奉训君仍以家学授之。⑤ 所谓为人子者，惧亲疾患，不可不知医。加之史书中仍有爱好医药而从他人学习者，如李杲从小爱好医药方面，后来跟随易州人张元素学医；麻知几晚年时候更喜欢医方，与名医张子和游，尽传其学。

## 二 伦理规范教育

"家庭关系不单包括家庭内部的婚姻和血缘，思想、人伦、文化、心理和情感关系、经济关系等，而且还包括家庭与社会发生的复杂的人际交往关系。"⑥ 因此，在金代汉族家庭教育中，对于伦理道德规范的教育，不仅囊括家庭当中成员之间的人伦尊卑，还包括家庭成员与社会人员之间的信、义、礼等。

（一）以孝为先的家庭血缘伦理教育

《孝经》孔子曰："夫孝，德之本也，教之所由生也。"孝作为一切德行的根本，教化产生的根源，不仅是先王顺天下、睦百姓的"至德要道"，也是子女对父母的人伦亲情关怀。孝"始于事亲，忠于事君，终于立身"⑦，金代力行孝治，汉族家庭行孝，多庶人之孝，应"用天之道，

---

① 李浩楠：《〈东垣老人传〉考释》，《北方文物》2012年第3期，第64页。
② 《元好问全集》卷第46《续夷坚志一·王氏金马》，山西人民出版社1990年版，下册，第291页。
③ 国家图书馆善本金石组编：《辽金元石刻文献全编》，《高公墓幢》，北京图书馆出版社2003年版，第2册，第915页。
④ （清）张金吾编纂：《金文最》卷47《證类本草跋》皇统三年，中华书局1990年版，第668页。
⑤ 《遗山先生文集》卷17《寄庵先生墓碑》，上海商务印书馆缩印乌程蒋氏密韵楼藏明弘治刊本，第178页。
⑥ 毕诚：《中国古代家庭教育》，商务印书馆1997年版，第7页。
⑦ （唐）李隆基注，（宋）刑昺疏，《十三经注疏》整理委员会整理：《十三经注疏·孝经注疏》卷第1 开宗明义章第1，北京大学出版社1999年版，第3—4页。

分地之利，谨身节用，以养父母"。孝在侍奉父母方面体现得尤为明显。

《金史·孝友传》中记载孝友之人较少，但碑刻当中孝悌之行却斑斑可考。"孝友以至行传于历代之史，劝农、兴孝之教不废于历代之政，孝弟、力田自汉以来有其科。"① 世宗曾言"善，人之行，莫大于孝，亦由教而后能"②。此孝行的形成，国家兴教的同时，与家庭教育密切相关。奉直赵君教诲子弟，以孝、弟、忠、信为根本③；聂大中之先，廉孝传家，士之称家风者归焉④；聂元吉女三人，长嫁进士张伯豪，孝友有父风⑤；薛继先事母孝，子纯孝有父风。⑥

以孝为先的家庭血缘伦理教育盛行，原因主要有：第一，移孝于忠，利于统治阶层治理国家。子曰："君子之事亲孝，故忠可移于君。事兄悌，故顺可移于长。居家理，故治可移于官。"⑦ 孝的作用逐渐社会化和政治化，已经不仅仅是世间普通寻常的人伦感情。社会环境将以孝事父，发展和延伸，等价于以忠事君，并服务于统治阶级，而且成为维护宗法等级和君主的有效武器，用孝的合礼、入法，为君为臣纲、臣为君忠佐以更加合情合法的外衣。在金代"公卿大夫居其位，食其禄，国家有难，在朝者死其官，守郡邑者死城郭，治军旅者死行阵，市井草野之臣发愤而死"⑧。在朝为官者忠顺不失以事其上，才能保其禄位，守其祭祀。此所谓忠义。⑨ 这对于少数民族入主中原的金代女真维稳国基，抵御外武，具有重要意义。正因如此，金代力倡忠义，对于死节之臣褒扬，赠官爵，录用其子孙。并且这种对于忠义的重视趋势有增无减，"贞祐以来，其礼有加，立祠树碑，岁时致祭，可谓至矣"⑩。第二，金廷对于孝行采取积极

---

① 《金史》卷127《孝友传·序》，中华书局1975年版，第2745—2746页。
② 《金史》卷89《梁肃传》，中华书局1975年版，第1984—1985页。
③ 《遗山先生文集》卷22《奉直赵君墓碣铭》，上海商务印书馆缩印乌程蒋氏密韵楼藏明弘治刊本，第231页。
④ （民国）《莘县县志》卷9《艺文志·大金故聂公碑》，成文出版社有限公司1976年版，华北地方第355号，第591页。
⑤ 《遗山先生文集》卷21《聂元吉墓志铭》，上海商务印书馆缩印乌程蒋氏密韵楼藏明弘治刊本，第227页。
⑥ 《中州集》壬集第9《薛继先小传》，中华书局1959年版，下册，第480页。
⑦ （唐）李隆基注，（宋）邢昺疏，《十三经注疏》整理委员会整理：《十三经注疏·孝经注疏》卷第7《广扬名章》第14，北京大学出版社1999年版，第46页。
⑧ 《金史》卷121《忠义传一序》，中华书局1975年版，第2633页。
⑨ （唐）李隆基注，（宋）邢昺疏，《十三经注疏》整理委员会整理：《十三经注疏·孝经注疏》卷第2士章第5，北京大学出版社1999年版，第12页。
⑩ 《金史》卷121《忠义传一序》，中华书局1975年版，第2634页。

措施予以鼓励。从金代统治者对于孝行的奖励来看，不外乎有赐物赏名誉、加官晋爵等。有关孝行被给予旌表赐物的记载已有叙述，有关孝行被加官晋爵者亦大有人在。例如王震特赐同进士出身，诏尚书省拟注职任；刘政除太子掌饮丞。① 世宗谓宰臣曰："凡士民之孝弟姻睦者举而用之，其不顾廉耻无行之人则教戒之，不悛者则加惩罚。"②

一般意义上子女对于父母的孝悌，在长辈年龄较大时候体现得更为明显，尤其是身体忽染疾病。此种情况之下，金廷给予孝子特殊性照顾。子女可以行丧葬、忌日以及丁忧之假，以表达对死者的祭奠和缅怀之情。宣宗还曾提出："鸎爵恩例有丁忧官得起复者，是教人以不孝也，何为著此令哉？"③ 金代对于孝行，并没有形成条例性管理，仅就丧葬丁忧给以诏令性的规定。海陵王贞元元年（1153年），"命内外官闻大功以上丧，止给当日假，若父母丧，听给假三日，著为令"④；章宗明昌元年（1190年），"制内外官并诸局承应人，遇祖父母、父母忌日并给假一日"⑤；章宗泰和三年（1203年），定诸职官省亲拜墓给假例⑥；五年（1205年），制司属丞凡遭父母丧止给卒哭假，为永制。⑦ 再从所赏赐物品来看，均为帛十匹、粟二十石，似数量固定有例可依，囿于传世史料较少，以上例子亦都为章宗明昌年间，数量相同实属应该。但鉴于不同时期物价、货币计量不同，仍无法将此看作定制。这种现象大概也由于孝行发生无定时，而孝的表现形式又不统一，朝廷了解孰为孝子途径亦随时随地，所以朝廷无法给出一个上行下效的奖励制度。第三，金代"以礼入法"，对于不孝行为予以刑罚惩戒。"五刑之属三千，而罪莫大于不孝。"⑧ 用国家法律的权威维护儒家传统中的孝道礼仪。这一方面使得孝义在社会中广泛传播和践行，违犯孝道之人之事减少；另一方面，促进了以孝义作为重要内容的家庭血缘伦理教育在金代社会的流行。《孝经》有云："安上治民，莫善于礼。礼者，敬而已矣。故敬其父，则子悦；敬其兄，则弟悦；敬其君，则臣悦；敬一人，而千万人悦。所敬者寡，而悦者众，此之谓要道也。"循

---

① 《金史》卷127《孝友传序》，中华书局1975年版，第2747页。
② 《金史》卷8《世宗下》，中华书局1975年版，第187页。
③ 《金史》卷16《宣宗下》，中华书局1975年版，第365页。
④ 《金史》卷5《海陵》，中华书局1975年版，第101页。
⑤ 《金史》卷9《章宗一》，中华书局1975年版，第214页。
⑥ 《金史》卷11《章宗三》，中华书局1975年版，第260页。
⑦ 《金史》卷12《章宗四》，中华书局1975年版，第271页。
⑧ （唐）李隆基注，（宋）刑昺疏，《十三经注疏》整理委员会整理：《十三经注疏·孝经注疏》卷第6五刑章第11，北京大学出版社1999年版，第40页。

礼教治天下，君安心，民驯服。将礼引入法律，使其作用发挥更加充分。叶潜昭承受唐律，所总《金律之研究》将金代有关孝行的儒家礼仪规定列入法律，使之具有于民束缚的法律效力，对这一日常行为提出法律要求，一旦违反，将受到法律严惩，并且金律较唐律更能维护基本道德。在金代，有关孝行的法律惩戒条款愈加增多。如居父母及夫丧而嫁娶者，徒三年。各离之。知而共为婚姻者，各减三等。这属于"男入不孝""妇入不义之行为"①。另外关于留养制度，给予充实和发展，真正发挥教化人伦孝悌作用。罪犯是否符合留养，要看其自身素质。生性桀骜、凶残、行为不计后果毫无悯老孝亲之心，达不到侍奉亲老目的，反而使留养精神与之背道而驰，不得准其留养，还要按律论处。留养本意在于尊崇孝道、劝人向善，而并不是对其所犯罪行姑息纵容。② 另有居祖父母父母夫服，及居丧内嫁娶者，并不在自首之例③；定妻亡服内婚娶听离制；定居祖父母丧婚娶听离法等，都体现伦理为先。

（二）礼法教育

除以孝为先的血缘伦理教育之外，金代汉族家庭教育中很重要的一方面，便是家中成员同社会人员之间交往，所应该具备的互相之间的信任、诚实、依靠等原则。家庭中成员是社会的组成部分，越出家庭迈入社会，是人生历史发展的必然，所以金代汉族家庭伦理道德教育，亦突破家庭中单纯成员之间尊卑长幼之训。对于与外界朋友、同僚等亦应结以信、交以礼、仗以义。诸如诸侯"在上不骄，高而不危"④；卿大夫衣饰、语言、行为三者都遵从先代圣明君王的礼法准则，然后能守其宗庙。⑤ 这些都属于家庭教育礼法范畴。碑刻史料中亦有对于此种人际关系和睦相处的记载：太原王氏祖，为人"敦而信，谨而约"，长子镇虽临事之难，"必仗以义"，"凡与人面交，必结以信"。子孙多"能循祖训，克绍家风，莫不以俭为德以勤为功"⑥；忻之定襄南王里周氏三个儿子，长男信祖克绍祖

---

① 叶潜昭：《金律之研究》，台湾商务印书馆1972年版，第89页。
② 曾代伟著：《金律研究》，中华发展基金管理委员会、五南图书出版公司联合出版1995年版，第126页。
③ 叶潜昭：《金律之研究》，台湾商务印书馆1972年版，第48页。
④ （唐）李隆基注，（宋）刑昺疏，《十三经注疏》整理委员会整理：《十三经注疏·孝经注疏》卷第2 诸侯章第3，北京大学出版社1999年版，第9页。
⑤ （唐）李隆基注，（宋）刑昺疏，《十三经注疏》整理委员会整理：《十三经注疏·孝经注疏》卷第2 卿大夫章第4，北京大学出版社1999年版，第11页。
⑥ （民国）《孟县志》卷9《金石·太原王氏墓记》，成文出版社有限公司1976年版，华北地方第445号，第1118页。

风,"所以父父也,子子也,兄兄也,弟弟也,结友□信□□合礼(中阙)闾里(中阙)"①;襄邑之南开门之北南王里,清河张公,赋性笃厚,"喜习柔和,以仁义忠信,故克孝于父母,仁于乡里,睦于亲族,信于朋友,治家有法,志业农桑,启恤孤贫"②。家庭作为个体,与社会紧密相连。家中的一切来源之根本,是家庭成员的存在,而家庭成员亦来自社会。家庭的维系不仅在于其内部是否和谐、繁荣,与外部社会人、事、物的良好互动,对于自身家庭的发展亦十分重要。

## 第三节 金代汉族家庭教育的特点

凡是家庭教育都具有先导性、感染性、针对性和终身性的整体特点。子女出生后的第一任老师便是父母,他们之间天然血缘关系的存在,以及朝夕相处的氛围,使得父母的行为举动,能够很容易地引起子女情感以及生活学习上的共鸣。通过此种方式起到的潜移默化影响和熏染,往往比言辞激烈的说服更有效果。父母对子女最为了解,即使成家立业,血缘联系纽带依然存在,家庭的作用同样存在。所以针对性强,具有终身受用的效果。这是家庭教育所存在的共通之处。就某一朝代而言,又因为当时社会环境、国家政策、经济文化以及民族差异而多存在个性。金代汉族家庭来说,内容而言,儒、释、道三种思想兼收并蓄。受宗教以及文化上三家合一趋势特点影响,金代家学儒、释、道并举成为发展方向。虽三家合一受到传统儒士的反对,起初佛教又不受礼法的约束③,而道教给予折中态度。但金代汉族家学中,学习儒家经典的同时,仍可见其余两种社会上流行的思想。例如董文甫参取佛老二家,不喜高远奇异,循常道。盖其于六经,《论》,《孟》诸书,凡一章一句皆深思,思而有得,必以力行为事,不徒诵说而已。他的儿子安仁,传其学,也是谨厚之人,儒释道三种思想共同学习。寄庵先生李平父,祖父便从事医学,但最终由于个人原因而弃。后读六经,读律。作诗,雅为王子端、周德卿、赵周臣、李之纯所激

---

① 国家图书馆善本金石组编:《辽金元石刻文献全编》,《故周公之墓铭》,北京图书馆出版社2003年版,第2册,第916页。
② 国家图书馆善本金石组编:《辽金元石刻文献全编》,《张时墓幢》,北京图书馆出版社2003年版,第2册,第918页。
③ 张博泉:《论金代文化发展的特点》,《社会科学战线》1986年第1期,第307页。

赏。字画又得于苏黄之间，画入神品，赏识至到，当世推为第一。① 这无不体现出随时代发展，金代汉族家庭在多民族共同生活的社会中，家庭教育的包容性也逐渐增强，整个家庭接受外界的能力，也较以前更突出，百姓视野也逐渐放开。再者，金代汉族家庭受女真民族主体影响，汉族家庭尤其富贵家庭中，多了骑射的教习，而女真家庭中也聘请当时社会上有名的儒者到家授课。史有弋天泽胆勇过人，被选中督捕盗贼。乡里都称他具有古豪士之风。他的次子庭英，义侠有父风，远近莫不叹伏。② 李仲略性豪迈，有父风刚介特立，不阿权贵，临事明敏无留滞。③ 除此之外，女真入主中原，与汉户杂居通婚，真定府学教授常君生九子：其一为比丘，余八子娶两族，先后无间言。④ 打破各自家庭成员单一化后，更使得社会文化呈现多元化的发展倾向，家庭内部则女真汉化的同时汉民族亦胡化。组成同一个家庭，民族之间的隔阂和差异，被血缘和婚姻的亲情所逐渐融合，父母顺其自然地传授给子女各种技能，这无形中就形成了家庭教育内容的多样化特点。

---

① 《遗山先生文集》卷17《寄庵先生墓碑》，上海商务印书馆缩印乌程蒋氏密韵楼藏明弘治刊本，第179页。
② 《遗山先生文集》卷24《临海弋公阡表》，上海商务印书馆缩印乌程蒋氏密韵楼藏明弘治刊本，第246页。
③ 《金史》卷96《李晏传附子仲略传》，中华书局1975年版，第2129页。
④ 《遗山先生文集》卷24《寄庵先生墓碑》，上海商务印书馆缩印乌程蒋氏密韵楼藏明弘治刊本，第242页。

# 第六章　金代家庭、家族与乡村社会

　　谈及家庭、家族必然言及血缘，这就使得家庭史研究注重血缘而往往忽视了地缘。本章从地缘角度探讨家庭家族，用乡村姓氏分布再次证实"大杂居，小聚居"的金代汉族家庭实际生存状态，纠正言及家族便不离亲连亲、勾结、利益的偏弊；且通过墓葬推估辽金时期"乡""里"大致实际面积，这对金代汉族家庭地域观念的研究大有裨益，对金代地方行政建置、乡村地域社会研究也有所帮助；另外，金代男性娶"同乡里"女性较少，证实自唐以来郡望崩溃的事实，同时墓志中女性相关描述在唐、宋、辽金不同的探讨，对金代女性研究有补充意义。

　　就地缘角度而言，任何地域社会中都存在骨肉婚姻、乡邻里党与师友同僚三种基本社会关系，也就是同族、同乡与同志，这三种关系其实在同一地域社会中是相互重叠的。① 本章节以金代汉族家庭家族群体整体，而非单一世家大族为研究对象，对其复杂面向进行纵向动态考察同时，又横向探讨这一群体，以期能够以政治、经济、文化、地域的共生作用为视角，即在血缘、姻缘基础上通过尤其地缘所构建的夫妻家庭关系、朋友人际关系、同僚社会关系，明晰家庭、家族政治、经济等与地域之间关系的因果互动，也就是重点探讨家庭、族，婚姻，身份地位与地理因素的关系。关于使用材料，则因为乡村社会立足于基层，所以经幢墓志等出土石刻成为主要的研究史料和立论依据。

---

① 邢义田等主编：《社会变迁》，刘增贵《汉魏士人同乡关系考论》，中国大百科全书出版社2005年版，第136页。

## 第一节　金代的地域观念与"同乡"的范围界定

邢铁总结古时候人们生活的两个特点，其中之一，便是静止状态。静止状态大概形容乡村中的人大都是生于斯、长于斯，附着在土地上，而战乱灾荒是他们选择离开故土重要的原因。① 金人迁离故土，另择地占籍，多因战争。例如苏氏之先，"本居青州，巢寇之乱，迁于此住"②；宗族甚至常常从此散佚。金朝初年，为避汉阳质子之役，崞县常氏家族被迫散居，有留守东门卢利老家的，有析居柏仁坊鹿他州县的，更有从南宋而南渡者。③ 如果没有大的原因，他们不会轻易离开故土，所以即便同一地域中人的血缘关系远了，但大多数仍为同一个先人的后代，很大程度上，他们即是同宗又是同乡。鉴于此，金代汉族人同乡的地域观念并不是很强。

《金史·食货志》记"京府州县郭下则置坊正，村社则随户众寡为乡置里正"④，金承辽、宋，实行乡里编制，已是共识，但二级、四级说法不一。⑤ 金代县以下基层组织建置记载，传世文献较少，出土石刻就成为很好的研究补充。单就石刻出现乡里组织名称前后顺序，归纳其层级隶属关系，可以分为四级。比如四级，咸宁县洪固乡孙村李泾庄赵院保。⑥ 单就石刻出现乡里组织名称判断其类型，以乡、村最为常见。⑦ 但因为石刻内容并非专门记录乡里建置而撰，所以在此语境下出现的乡里单位是否为实际存在行政编制，甚至进一步考量其数量多少，实难精确稽考，但贴近

---

① 邢铁：《中国家庭史·宋辽金元卷》，广东人民出版社 2007 年版，第 365 页。
② 王新英辑校：《全金石刻文辑校》，《苏氏先代碑》，吉林文史出版社 2012 年版，第 183 页。
③ 《遗山先生文集》卷 24《真定府学教授常君墓铭》，上海商务印书馆缩印乌程蒋氏密韵楼藏明弘治刊本，第 243 页。
④ 《金史》卷 46《食货一》，中华书局 1975 年版，第 1031 页。
⑤ 武玉环：《金代的乡里村寨考述》，《中国边疆史地研究》2013 年第 3 期，第 106 页。"金代乡村基层社会组织应包括乡、寨（里、村或庄）二级行政组织，即乡之下设寨（里、村或庄）。乡之下的里、村、庄、寨为同一级组织。"刘浦江：《金代户籍制度刍论》，《辽金史论》，辽宁大学出版社 1999 年版，第 213 页。"金代完整的乡社组织包括乡、里、村、社四级。"
⑥ （清）陆增祥：《八琼室金石补正》，卷 126《京兆府提学所帖碑》，文物出版社 1985 年版，第 889 页。
⑦ 陈德洋：《金朝中原乡村社会控制研究》，博士学位论文，吉林大学，2010 年，第 61—62 页。论文中以《金文最》《全辽金文》《辽金元石刻文献全编》《石刻史料新编》《金代石刻辑校》中内容为中心制表所得结论。

现实生活不失为一方法。加之,历久以来社会史的研究,相较于制度的如何制定,制度的实施似乎更能体现金代乡里编制的时代面貌,所以试从乡民实际生活的角度出发,搜集相关乡、村、里、社等地域单位在金代的演绎发现,较之于"村","里"更能体现乡民对于地域的认同性和"里"给予他们的强烈归属感,大多数情况下用"同里""里人""里中"来表示来自同一地域,也就是我们现在所说的"老乡",当然也不乏"乡人""本村",前面称"村"后面即叫"里"两者通用的现象,这一看似区别细微,但是仔细分析,这与其对辽宋基层行政编制制度的承袭不无关系。唐代虽然出现乡里到乡村制演变的趋势①,但就石刻中出现的辽代基层社会单位而言,"里"明显多于"村"②,加之宋代熙宁变法前后整个宋代呈现多个新设诸如"管""都""保"组织并存局面,金代地方建置因族而设本身就名目繁多,所以面对如此局面,金廷反之愈加将辽代汉民族简单易行的乡里编制沿袭下来,于是承唐,制度上施行"村"的行政规划,但下层民间以里相称并非一朝一夕可以改掉,实际实施层面存在金代全域上下、时间早晚的落差也是难免的。从民众的角度,"同乡里"中的乡里在金代并非一种国家硬性划定的行政区划。包括传世文献在内,"同乡里"情况较少出现,现辑录情况表6—1。

表6—1　　金代"同乡里"情况分布表

| 路 | 序号 | 地名 | 同里、郡、乡、村、邑 | 史料来源（卷：页/页） |
|---|---|---|---|---|
| 山东西路 | 1 | 泰安县③ | 乡人 同里 | 《金文最》,党怀英《重修天封寺碑（大定二十四年）》,70：1030 |
| | 2 | 东阿 | 同出于东阿 | 《遗山先生文集》,《东平府新学记》,32：322 |
| | 3 | 徐 | 乡人 | 《大金国志校证》,6：104 |
| | 4 | 平阴县北子顺马家庄 | 里人 | 《辽金元石刻文献全编》（一）,《平阴县城西清凉院记》,45 |

① 刘再聪:《唐朝"村"制度研究》,博士学位论文,厦门大学,2004年,第154页。
② 陈德洋:《金朝中原乡村社会控制研究》,博士学位论文,吉林大学,2010年,第49页。
③ 《金史》卷25《地理中》,中华书局1975年版,第616页,载金代泰安属于刺史州山东西路,大定二十二年由泰安军所升而来,包括县三。

第六章 金代家庭、家族与乡村社会　219

续表

| 路 | 序号 | 地名 | 同里、郡、乡、村、邑 | 史料来源（卷：页/页） |
|---|---|---|---|---|
| 京兆府路 | 5 | 华州蒲城 | 同里 | 《金代石刻辑校》，《封志安墓志铭（天会七年）》，144 |
| | 6 | 同州朝邑 | 里人 | 《金文最》，《观音院碑（大定五年）》，85：1243 |
| | 7 | 乾州 | 同里 | 《元好问全集》（上），《萧轩杨公墓碑》，22：574 |
| 南京路 | 8 | 汝州郏县① | 同里 里人 | 《金文最》，《郏县文庙创建讲堂记（泰和八年）》，27：372 |
| | 9 | 汝州梁县② | 同郡 | 《遗山先生文集》，《临海弋公阡表》，24：246 |
| | 10 | 叶县 | 实乡豪张祐、孙宁泰、商人党珏为之倡 | 《遗山先生文集》，《叶县中岳庙记》，32：328 |
| | 11 | 大金汝州宝丰县东宋村 | 乡老 | 《辽金元石刻文献全编》（三），《大金汝州宝丰县东宋村新修炎帝庙记》，1082 |
| | 12 | 山西 | 与李辛同乡里 | 《金史·石盏女鲁欢传》，116：2544 |
| | 13 | 汝州宝丰 | 乡老 村人 | 《金文最》，《重修神应观记（兴定五年）》28：387 |
| 中都路 | 14 | 涿州固安县礼让里 | 同里 | 《辽金元石刻文献全编》（二），《刘公佐墓幢志铭》，823 |
| 河北西路 | 15 | 真定府元氏县屯里村 | 本村 | 《辽金元石刻文献全编》（三），《洪福院尚书礼部牒并重修洪福院记》，218 |
| | 16 | 真定府 | 里人董□□书 | 《辽金元石刻文献全编》（三），《勑公和尚塔铭》，238 |

---

① 《金史》卷25《地理中》，中华书局1975年版，第594页，有汝州郏城。
② 《金史》卷25《地理中》，中华书局1975年版，第594页，有梁县。

续表

| 路 | 序号 | 地名 | 同里、郡、乡、村、邑 | 史料来源（卷：页/页） |
|---|---|---|---|---|
| 河北西路 | 17 | 磁州里人 | 里中王氏、乡人贾氏、里人朱、贾二友 | 《金文最》，《长清县严岩寺宝公禅师塔（大定十四年）》，111：1596 |
| | 18 | 赵州① | 郡中赵公某始立庙殿，而任公某增筑学舍 | 《遗山先生文集》，《赵州学记》，32：325 |
| | 19 | 安阳 | 自明昌以后，县多名进士，如刘洗马子安…… | 《遗山先生文集》，《王无竞题名记》，34：343 |
| | 20 | 真定府元氏县神岩乡西括壁村 | 里人 | 《辽金元石刻文献全编》（三），《胜公法师塔铭》，242 |
| 北京路 | 21 | 宜州② | 旧邑人③颜寿等里人郡人 | 《金文最》，《宜州廳峪道院复建藏经千人邑碑（皇统八年）》，66：955 |
| | 22 | 锦州安昌县永和村 | 邑人郭兴仁、邑人刘彦真、邑人高兴俊 | 《满洲金石志》外篇，《永和村重修舍利塔碑》，24 |
| 西京路 | 23 | 弘州 | 乡人 | 《金史·杨伯通传》，95：2119 |
| 河东南路 | 24 | 稷山④ | 公之邑人⑤段成己 | （同治）《稷山县志·艺文上》，《故中议大夫中京副留陈规墓表》，8：893 |
| | 25 | 平阳府隰州永和县可托村 | 本邑石匠党润刊、男党和僧 | 《金代石刻辑校》，《冯荣石棺铭（大安三年）》，264 |
| | 26 | 泽州晋城县 | 里人 本社 | 《庄靖集》，8：172 |

---

① 《金史》卷25《地理中》，中华书局1975年版，第604页，天会七年改为赵州，天德三年更为沃州。
② 《金史》卷24《地理上》，中华书局1975年版，第559页，辽宜州，天德三年更州名义州。而本碑撰于皇统八年，应为其没改名之前。
③ 此处邑人应该指代为廳峪道院复建藏经千人邑中的邑人，同乡与否，并不清楚。
④ 《金史》卷26《地理下》，中华书局1975年版，第637页，稷山有稷山、汾水。安邑有中条山、稷山、盐池、涑水，属于解州。
⑤ 邑归属于寺院，此墓表称段成己为陈规的邑人，且史料题材属于墓表而非与佛道相关，所以邑人理应取其地域上的同里居民含义。

续表

| 路 | 序号 | 地名 | 同里、郡、乡、村、邑 | 史料来源（卷：页/页） |
|---|---|---|---|---|
| 河东南路 | 27 | 怀州紫陵村 | 本村 | （道光）《河内县志·金石志下》，《金重修紫虚元君殿记》，21：831 |
| 河东南路 | 28 | 河东县风陵乡 | 郡人苏億书邑人苏浩、田溉、张伯成、田秀、田梦泽、田秀实、田大有立石苏徽跋 | 《辽金元石刻文献全编》（一），《弔夷齐诗碣》，224 |
| 河东南路 | 29 | 修武县七贤乡马坊村 | 本村 | 《辽金元石刻文献全编》（二），《真清观牒》，561 |
| 河东南路 | 30 |  | 本村 | 《金代石刻辑校》，《特赐广济大师塔铭（大定二十三年）》，129 |
| 河东南路 | 31 | 直下封村柳园社 | 王兴立石朱士安刊 | 《辽金元石刻文献全编》（一），《关大王祖塔记》，175 |
| 河东南路 | 32 | □①州 | 里人 | 《辽金元石刻文献全编》（二），《开元寺观音院记》，799 |
| 河东北路 | 33 | 定襄②南王里 | 当里周荣甫 | 《辽金元石刻文献全编》（二），《故周公之墓铭》，917 |
| 河东北路 | 34 | 定襄南王里 | 当里董惟明南王里乡贡进士邢孝 | 《辽金元石刻文献全编》（二），《张福墓幢》，918；《霍习墓幢》，922 |
| 河东北路 | 35 | 定襄 | 本里退叟刘坦然 | 《辽金元石刻文献全编》（二），《广教院香台记》，919 |
| 河东北路 | 36 | 定襄 | 当里律科进士刘公瓛 | 《辽金元石刻文献全编》（二），《智氏先茔石幢》，921 |

通过表6—1内容可以看出，金代社会关系的明确，谨奉血缘，地缘

---

① 文字漫灭不清。
② 《宋史》卷86《地理二》，第2133页，定襄县宋时属于河东路忻州；《辽史》，卷41《地理五》，第578、577页。唐武德五年置定襄县，辽析云中置。贞观十四年移云中定襄县于大同府。

作用甚微。首先，无论汉、女真仍以血缘认同为主，同宗同族关系远胜同乡，这从史例当中很少因地缘而明示二人身份可以明显看出。金因族而治，对汉民施行乡里编制，这与表中所显示同乡里情况多分布于山东、河北、陕西、河南等中原地区相符。其次，相较于"村"，金代汉族百姓强调对于"里"的认同性。称同里明显多于本村，这一点在上面已经谈到。再者，称为本村，同一碑铭中村名确有可寻，比如第15、27、29条中的本村分别指真定府元氏县屯里村、怀州紫陵村、修武县七贤乡马坊村。但提到"同里"等可能并不能找到对应的行政区划单位里，可能是村、庄、社甚至乡、县，比如第5、6、7、8条中的同里、里人所称的里分别指代汝州郏县、同州朝邑、乾州、华州蒲城。这说明"同里"是虚指、泛指，指代来自同一地域，但大小不一，也侧面证实，乡民对于里的认同和归属感。当然，也不全都是如此，比如定襄南王里几例。从这一角度而言，在金代，同里一定是老乡，老乡大到可能同州，也或许小到同社。那"乡里"在金代到底大致包括多大的范围，地域面积是多少？或许这一问题弄清楚，对找寻金代人自身的地域观念大有裨益。

表6—2　　　　　　　　辽、金宛平县出土墓葬一览表

| 序号 | 时代/时间 | 姓名 | 葬地 | 出土地 | 现在所在地 |
| --- | --- | --- | --- | --- | --- |
| 1 | 辽/重熙五年（1036年） | 张嗣甫 | 幽都县①礼贤乡胡村里 | 北京西城桦皮厂 | 北京西城区西直门内玉桃园二区 |
| 2 | 辽/重熙二十二年（1053年） | 张俭 | 幽都县仁寿乡陈王里 | 西城新街口豁口以西桦皮厂明代城基下 | 北京西城区西直门内玉桃园二区 |
| 3 | 辽/大安三年（1087年） | 董庠、妻张氏 | 仁寿乡南刘里 | 北京西城区阜城门外 | 北京西城区洪茂沟社区② |
| 4 | 辽/咸雍五年（1069年） | 董匡信、妻王氏 | 仁寿乡南刘里 | 北京西城区阜城门外洪茂沟偏北 | 北京西城区洪茂沟社区② |

---

① 《辽史》卷15《圣宗六》，中华书局2017年版，第188页，开泰元年（1012年）"改幽都府为析津府，蓟北县为析津县，幽都县为宛平县"。从表6—2中可以看出辽仍然有使用旧有地名的习惯，1012年之后仍称为幽都县。

② 向南：《辽代石刻文编》，河北教育出版社1995年版，第338页。《董匡信及妻王氏墓志》"择先人旧游嘱爱之地，作新茔而合祔"，向南：《辽代石刻文编》，河北教育出版社1995年版，第410页。《董庠妻张氏墓志》"从先茔"，父子显然葬于同一地方仁寿乡南刘里，应该在西城区阜成门外洪茂沟一带无疑。

第六章　金代家庭、家族与乡村社会　223

续表

| 序号 | 时代/时间 | 姓名 | 葬地 | 出土地 | 现在所在地 |
|---|---|---|---|---|---|
| 5 | 辽/太平四年（1024年） | 张琪 | 幽都县礼贤乡北彭里 | 北京大兴 | |
| 6 | 辽/天庆四年（1114年） | 王师儒 | 析津府宛平县房仙乡池水里之西北原 | 北京复兴门外公主坟侧 | 北京复兴门外公主坟 |
| 7 | 金/（1115—1234年） | 张□震 | 宛平县新张里后兴之原 | 北京市海淀区南辛庄 | 北京市海淀区南辛庄 |
| 8 | 辽/统和十五年（997年） | 韩佚 | 幽都县房仙乡鲁郭里之西原 | 北京八宝山革命公墓内 | 北京八宝山 |
| 9 | 辽/咸雍五年（1069年） | 韩资道 | 宛平县房仙乡鲁郭里 | 北京西郊八宝山 | |
| 10 | 辽/保大四年（宣和六年）（1124年） | 王安裔 | 北京燕山府宛平县房仙乡万合里之原 | 北京 | |
| 11 | 辽/重熙二十二年（1053年） | 王泽、妻李氏 | | 北京丰台区丰台镇桥南 | 北京丰台区丰台镇桥 |
| 12 | 辽/保大元年（1121年） | 鲜于氏 | 宛平县西北乡南樊里 | 海淀区二里沟机械科学院 | 北京海淀区二里沟 |
| 13 | 金/泰和七年（1207年） | 张汝猷 | 宛平县西陈村 | 北京市西郊百万庄二里沟 | |
| 14 | 辽/天庆元年（1111年） | 丁洪 | 仁寿乡陈王里 | 百万庄 | 北京西城区百万庄 |
| 15 | 辽/天庆三年（1113年） | 丁文道 | 仁寿乡陈王里 | 百万庄① | |
| 16 | 金/大定七年（1167年） | 吴前鉴 | 大兴府宛平县房仙乡黄村之原 | 北京市石景山区金王府村 | 北京市石景山区金王府村 |

---

① 侯塄：《金张汝猷墓志考释》，北京文物研究所编：《北京文物与考古》（第二辑），北京燕山出版社1991年版，第152页。

续表

| 序号 | 时代/时间 | 姓名 | 葬地 | 出土地 | 现在所在地 |
|---|---|---|---|---|---|
| 17 | 金/皇统三年（1143年） | 赵励 | 燕城宛平县崇让里黑山之西南隅 | 北京市京源路口、北京石景山区游乐园东侧 | 北京市石景山区八角村东南角 |

注：以上史源均出自《辽代石刻文编》《金代石刻辑校》。齐心：《金张岐墓志考——兼论张氏族系》，《北京文物与考古》（第四辑），北京市文物研究所编，北京燕山出版社1994年版，第145页。仁寿乡陈王里在新街口西桦皮厂至阜外百万庄一带，各个不同名称的里都是乡之下的小地名，大方位一致。类似的材料在北京出土墓志中还不少，如北京西直门外出土的常俊墓志（唐大历十四年闰五月三日，779年6月21日）说"葬于蓟城北高粱河南礼贤乡之原"。据说出土于西郊的唐陈立行墓志，其志铭说："葬于幽都县礼贤乡之平原"，等等。于此，我们可以说，幽都县礼贤乡之地望，确系在现在北京德胜门、西直门外之高粱河一带无疑。《旧唐书·地理志》，幽都县为唐德宗建中二年（781年）所置，在幽州府治北一里左右。现幽都县礼贤乡在西直门、德胜门一带，其南一里外之地区，则为当时幽都府治—蓟城所在地无疑。①

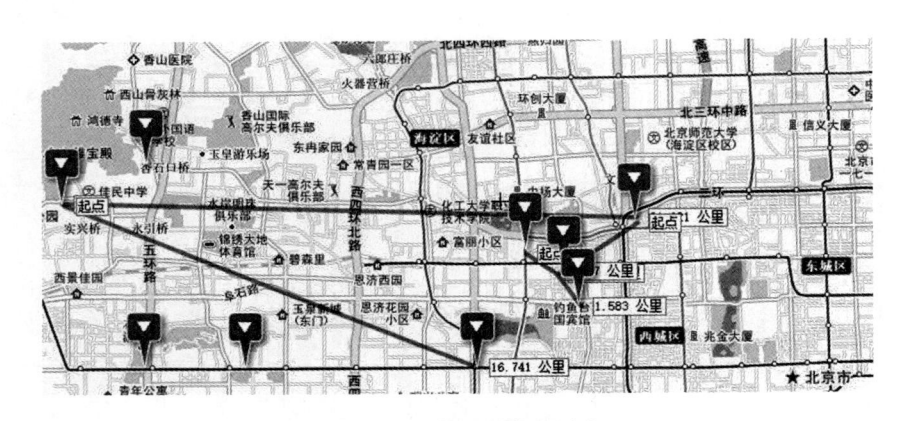

图6—1　具体地理位置示意

根据可考墓葬出土地，金宛平县以及治下的房仙乡、陈王里面积可约略推知：

首先，以上所列均属于金宛平县地域范围，唐乐邦穗墓地葬于幽都县

---

① 徐自强：《〈张建章墓志〉考》，《文献》1979年第2期，第195页。

界房仙乡庞村①，张建章葬于幽都县礼贤乡高粱河北原，根据现在地图测量，两者之间约 28 公里，应为幽都县东西最小距离。金张震葬于宛平县新张里后兴之原，位于南边的几座墓地基本分布在一条线上，南北最小应为 8 公里。如此计算，宛平县最小约有 224 平方公里的面积。辽金之时，出土墓葬地最西边是吴前鉴北京市石景山区金王府村墓地，最东边是张俭、张嗣甫父子的位于现在北京西城区西直门内玉桃园二区墓葬，约 22 公里。南北从南辛庄到石景山游乐园京源路口约 8 公里左右。面积 176 平方公里，较唐代略小。《太平寰宇记》河北道幽州条："幽都县，十二乡"②，这样计算来看，每乡大约 15 平方公里。

其次，房仙乡规模也可以大概推知。关于方位，相较于其他几乡，房仙乡位于最西。如果根据地理位置推算，崇让里、新张里位于四个房仙乡地理坐标（包括唐乐邦穗幽都县界房仙乡庞村在内的王师儒、韩佚、吴前鉴）包围之内，理应归属于房仙乡管辖范畴之内。唐乐邦穗墓地葬于幽都县界房仙乡庞村，王师儒墓地葬于析津府宛平县房仙乡池水里之西北原，东西最小 19 公里。南北不变约 8 公里左右。房仙乡面积最小 152 平方公里。辽金时期西边以吴前鉴墓计，东至王师儒，大约 17 公里。房仙乡面积最小约 136 平方公里。

最后，同出土于仁寿乡陈王里的丁洪、丁文道两座墓葬之间直线距离约 3.5 公里。张嗣甫、张俭父子墓葬出土都记载为桦皮厂，但墓志文本中书写的葬地分别为仁寿乡陈王里与礼贤乡胡村里，且二人去世时间相隔 24 年，下葬时间相隔 17 年，这 17 年间乡名有所改变，由原来的礼贤乡胡村里变为仁寿乡陈王里，之后 60 年则未再改变。而之所以会发生这种变化，很大可能是张氏父子葬地处于仁寿乡与礼贤乡交接地带，是两乡邻近分界线，所以仁寿乡范围再往东的可能性较小。且陈王里往东南约 1.5 公里就是南刘里，往西北约 1.2 公里是西北乡南樊里，依此陈王里南北不会大于 2.5 公里，东西以二丁氏墓地直线距离 3.5 公里计算，面积 8—9 平方公里。

就地域面积而言，房仙乡、仁寿乡差距很大，所以金代"同乡里"的指代并无实际面积大小层次的含义。《汉书·百官公卿表》"县大率方

---

① 出土唐幽都县墓葬例如张建章"幽都县礼贤乡高粱河北原"，鲁晓帆：《唐乐邦穗墓志考释》，张展主编《北京文博》，北京燕山出版社 2009 年版，第 63 页。乐邦穗"幽都县界房仙乡庞村"，周绍良、赵超《唐代墓志汇编续集》，大中 18 号《唐南阳郡张氏夫人墓志并序》，上海古籍出版社 2001 年版，第 982 页。南阳张氏夫人"房仙乡庞村东南上约三里之原"等，表中只列辽金时期，唐并不包括在内。

② （宋）乐史撰：《太平寰宇记》卷 69《河北道十八》，中华书局 2007 年版，第 1401 页。

百里,其民稠则减,稀则旷"①。这些推测能否代表当时金代实情,尚需要考虑人口等其他因素做进一步的考察。

## 第二节 "同乡"内"同姓"聚居与"异姓"杂居

从地缘角度研究金代家庭、家族与乡村社会,具体而言就是梳理同姓与异姓家庭在乡村基层社会的居住情况,简言之,属于姓氏分布问题,以往研究从无此切入角度,本节试从出土石刻中现实的居住分布而非朝廷诏令、前人史书记载来归纳,诸如金代家庭、家族是否同姓聚居,又是否异姓杂居等类似的疑问。首先将金代同乡里姓氏分布情况统计如下。

表6—3　　金代"同乡里(村)"姓氏分布情况统计一

| 序号 | 基本情况 | 地名 | 同里、郡、乡、村、邑 | 史料来源(卷:页/页) |
|---|---|---|---|---|
| 1 | 陈规 | 河东南路稷山 | 公之"邑人"② 段成己 | 《稷山县志·艺文上》,《中议大夫中京副留陈规墓表》,8:893 |
| 2 | 泰和以来,平章政事寿国张公万公,萧国侯公挈,参知政事高公霖,同出于东阿 | 山东西路东阿 | | 《东平府新学记》,32:322 |
| 3 | 郡中赵公某始立庙殿 | 河北西路赵州③ | 而任公某增筑学舍 | 《赵州学记》,32:325 |
| 4 | 实乡豪张祐、孙宁秦、商人党珪为之倡 | 南京路叶县 | | 《叶县中岳庙记》,32:329 |

---

① 《汉书》卷19上百官公卿表第7上,中华书局1962年版,第742页。
② 邑归属于寺院,墓表称为陈规的邑人,且史料题材属于墓表而非与佛道相关,邑人理应取其地域上的同里居民含义。
③ 《金史》卷25《地理中》,中华书局1975年版,第603—604页,天会七年改为赵州,天德三年更为沃州。

第六章 金代家庭、家族与乡村社会　227

续表

| 序号 | 基本情况 | 地名 | 同里、郡、乡、村、邑 | 史料来源（卷：页/页） |
|---|---|---|---|---|
| 5 | 自明昌已后，县多名进士，如刘洗马子安，乐少尹仲容，胥莘公和之，张大兴信之，杨大参叔玉，王监使正之 | 河北西路安阳 |  | 《王无竞题名记》，34：343 |
| 6 | 弋润 | 南京路汝州梁县① | "同郡"张翯雄飞 | 《临海弋公阡表》，24：246 |
| 7 | 张孝纯② | 山东西路徐 | 既行，则孝纯之兄孝忠、孝立及诸侄乡人竞远迓之 | 《大金国志校证》，6：104 |
| 8 | 有邑人郭浃等 | 庆原路淳化县③ | "市民"曹成、曹珪 | 《金石萃编》，《淳化县重修岱岳庙碑（大定二十七年）》，156：2892 |
| 9 | 郡人马祐者 | 北京路宜州④ | 旧邑人⑤颜寿等余（徐卓）亦里人也 | 《宜州廲峪道院复建藏经千人邑碑（皇统八年）》，66：954 |
| 10 | 村老徐成、郑彦 | 两城村 |  | 《重修炳灵王庙碑（明昌元年）》76：1106 |
| 11 | 里人李居仁、陈锡、刘汝（茸）［揖］⑥ | 京兆府路同州朝邑 |  | 《观音院碑（大定五年）》，85：1243 |

① 《金史》卷25《地理中》，中华书局1975年版，第594页，有梁县。
② 虽异姓杂居但同姓族人仍存在小范围的聚居，只是聚居的形式并非同居共财大家庭而是更多的以核心小家庭的方式呈现。29条也是如此。
③ 《金史》卷25《地理中》，中华书局1975年版，第610页，山东东路，博兴县有镇淳化。
④ 《金史》卷24《地理上》，中华书局1975年版，第559页，辽宜州，天德三年更州名义州。而本碑撰于皇统八年，应为其没改名之前。
⑤ 此处邑人应该指代为廲峪道院复建藏经千人邑中的邑人，同乡与否，并不清楚。
⑥ 国家图书馆善本金石组编：《辽金元石刻文献全编》，《开元寺观音院记》，北京图书馆出版社2003年版，第2册，第799页，记为"里人李居仁、陈锡钊、汝辑赞成其事"。

续表

| 序号 | 基本情况 | 地名 | 同里、郡、乡、村、邑 | 史料来源（卷：页/页） |
| --- | --- | --- | --- | --- |
| 12 | 二里白露村朱祥、申氏 | 河北西路安阳县 | | （民国）《安阳县志·金石录》，《彰德府安阳县灵泉寺覆釜峯新建石塔碑》7：937 |
| 13 | 乡人李元、王桐、王法景云 | 泰安州奉符县① | "同里"越族徐氏 | 《重修天封寺碑（大定二十四年）》，70：1030 |
| 14 | 杨振与"同里"张子文善 | 京兆府路乾州 | | 《杨府君墓碑铭》，108：1560 |
| 15 | 里人王简 | 河东南路泽州晋城县 | "本社"宋阿李僧行广俗姓李，本社人 | 《庄靖集》，8：172 |
| 16 | 师姓武氏 | 河北西路磁州里人 | "里中"王氏、"乡人"贾氏、"里人"朱、贾二友 | 《长清县灵岩寺宝公禅师塔铭（大定十四年）》，111：1596 |
| 17 | 有里人之豪于财者王铎 | 南京路汝州郏县② | 继有"同里"张毂、董璋辈 | 《郏县文庙创建讲堂记（泰和八年）》，27：372 |
| 18 | 村人好事者冯□等 | 汝州宝丰 | "乡老"张守益以道成诚 | 《重修神应观记（兴定五年）》28：387 |
| 19 | 邑人③王元、武全、王昇、张义、王通、王汉等 | 河东南路泽州阳城县 | | 《庄靖集》，8：169 |

① 《重修天封寺碑（大定二十四年）》："泰安东南三十里得故废县，曰古博城，在唐为乾封，宋开宝间，移治岳祠下"检《宋史》："袭庆府，鲁郡，泰宁军节度……奉符，上。本汉乾封县。开宝五年，移治岱岳镇"（《宋史》卷35《地理一》，中华书局1985年版，第2110页）。根据描述，可知《重修天封寺碑（大定二十四年）》所提的地名在宋为奉符县。检《金史》："泰安州，上，刺史……奉符"（《金史》卷25《地理中》，中华书局1975年版，第616页），可知金代仍有奉符县，并未改县名。因此《重修天封寺碑（大定二十四年）》一文中提到的地点当为奉符县。

② 《金史》卷25《地理中》，中华书局1975年版，第594页，有汝州郏城。

③ 此"邑"是宗教邑社还是地方行政区划性质，并不能因文章内容而硬性断定，再例如第19条，题目记为"永和村东讲院"且属于修舍利塔行为，宗教邑社性质较大一些，而且从每人姓名前面都标有"邑人"来看，很可能属于永和村三个不同的邑。三邑仍为一村，实际三姓。

第六章 金代家庭、家族与乡村社会 229

续表

| 序号 | 基本情况 | 地名 | 同里、郡、乡、村、邑 | 史料来源（卷：页/页） |
|---|---|---|---|---|
| 20 | 杨伯通 | 西京路弘州 | "乡人"李浩 | 《金史·杨伯通传》，95：2120 |
| 21 | 马用 | 山西 | 与李辛"同乡里" | 《金史·石盏女鲁欢传》，116：2544 |
| 22 | 冯荣 | 河东南路平阳府隰州永和县可托村 | "本邑"石匠党润刊、男党和僧 | 《冯荣石棺铭（大安三年）》，264 |
| 23 | | | "本村"阴阳人□□……见男崔棘□□□□□"本村"匠人李周 | 《特赐广济大师塔铭（大定二十三年）》，129 |
| 24 | 封舣与段姓既少"同里" | 京兆府路华州蒲城 | | 《封志安墓志铭（天会七年）》，144 |
| 25 | 邑人郭兴仁、邑人刘彦真、邑人高兴俊 | 北京路锦州安昌县永和村 | | 《锦州安昌县永和村东讲院重修舍利塔碑铭（天德四年）》，27《满洲金石志》外篇，《永和村重修舍利塔碑》，24 |
| 26 | 周道胜 | 河北西路真定府元氏县神岩乡西括壁村 | "里人"王玘 牛琪 何现 | （三），《灵岩院胜公法师塔铭》，241 |
| 27 | | 河东南路怀州紫陵村 | "本村"赵诚、马志、郭京、牛存 | （道光）《河内县志·金石志下》，《重修紫虚元君殿记》，21：831 |
| 28 | | 山东西路平阴县 | 北子顺马家庄马宅施石，"里人"张彦摹刻并篆额 | （一），《平阴县城西清凉院记》，45 |
| 29 | | 山东东路密州高密县 | 柴家疃柴渊与弟柴□及□义居，以农为业 | （一），《重刊郑司农碑阴记》，86 |

续表

| 序号 | 基本情况 | 地名 | 同里、郡、乡、村、邑 | 史料来源（卷：页/页） |
|---|---|---|---|---|
| 30 |  | 直下封村柳园社 | 王兴立石朱士安刊 | （一），《关大王祖塔记》，175 |
| 31 |  | 河东南路河东县风陵乡 | "邑人"① 苏浩、田溉、张伯成、田秀、田梦泽、田秀实、田大有立石郡人苏億书苏儆跋 | （一），《弔夷齐诗碣》，224 |
| 32 |  | 河东南路修武县七贤乡马坊村 | 马愈、马用、马和写契人"本村"王莹 | （二），《真清观牒》，561 |
| 33 |  | 河北西路真定府元氏县屯里村 | "本村"卢全、卢云、卢彦等立契卖与"本村"众人郭立等为主 | （三），《洪福院尚书礼部牒并重修洪福院记》，218 |
| 34 |  | 河北西路真定府 | "里人"董□□书本邑石匠马福赵□刊 | （三），《勍公和尚塔铭》，238 |
| 35 |  | 葆真大德 | 魏元一、张清信同乡老张守益等状告…… | （三），《神应观勅牒碑》，1079 |
| 36 |  | 南京路大金汝州宝丰县东宋村 | "乡老"常简乔汉 | （三），《大金汝州宝丰县东宋村新修炎帝庙记》，1082 |
| 37 | 刘公佐 | 中都路涿州固安县礼让里 | "同里"词赋进士张节 | （二），《刘公佐墓幢志铭》，823 |

---

① 无论"邑"属于何种性质，我们都可以发现，尤其乡村基层社会生活中的许多共同事业，比如修建功德、写诗，还是同姓甚至同族之间共同完成。此处田姓居多，即便不是同一家庭、家族，很可能属于同一宗族。再比如32、34条。

第六章 金代家庭、家族与乡村社会 231

续表

| 序号 | 基本情况 | 地名 | 同里、郡、乡、村、邑 | 史料来源（卷：页/页） |
|---|---|---|---|---|
| 38 | 周信 | 定襄南王里 | "当里"周荣甫 | （二），《故周公之墓铭》，916 |
| 39 | 张福 | 定襄南王里 | "当里"董惟明 南王里乡贡进士邢孝 | （二），《张福墓幢》，918 《霍习墓幢》922 |
| 40 | 张和 | 定襄 | "本里"退叟刘坦然 | （二），《广教院香台记》，919 |
| 41 | 智重显 | 定襄 | "当里"律科进士刘公瓛 | （二），《智氏先茔石幢》，921 |

注：1. 除字面直接出现"同乡里"外，为达到行文所要论证的同乡里姓氏分布，类似人某、某、某等实际也属于同里，本表也计算在内。

2. 第2—6条史料均出自《遗山先生文集》，第9—11、13—14、16—18条均出自《金文最》，第22—24条均出自《金代石刻辑校》，第26、28—41均出自《辽金元石刻文献全编》。

金代文献、石刻出现的同乡里实例共41例，同姓氏者仅有2例，即第29例和第38例，其余都是异姓氏者，约占总数的95.1%，这说明基层乡里仍是异姓杂居，异姓杂居中同姓族人仍存在小范围的聚居，两者依存并不矛盾。聚居的形式以核心小家庭为主而并非同居共财大家庭。中国古代社会作为传统的宗法社会，尤其乡村社会中诸多事情仍然需要由地方同宗同族来完成。

除此之外，石刻当中最能够反映姓氏分布真实有效情况的当属诸多建立功德事业碑铭之后的助缘人记录，堪比部分户籍在册，现辑录如表6—4。

第一，单从石刻来看，金代乡村社会的姓氏分布往往通过一系列与佛道、科教有关的信仰活动来体现，他们的身份是"助缘"人，助缘方式上，科教、乡村公益事业有明显上升趋势。既然任何时代集资建功德[1]都是民间邑社的最终目的，那么"助缘"理所当然也是必须。但是相较于

---

[1] 张国庆：《辽代燕云地区佛教文化探论》，《民族研究》2001年第2期，第71页。谈到燕云地区僧俗佛众组建佛教民间邑社的主要目的，其中之一就是量力集资，以建功德。

表 6-4　金代"同乡里（同邑）"姓氏分布情况统计二

| 序号 | 年代 | 地区 | 同乡（合邑）姓氏及人数 | 备注 | 史料性质 | 史料出处（卷：页/页） |
|---|---|---|---|---|---|---|
| 1 | 天会十四年 | 南怀州 | 一创暖帐维那头上省庄配户、一部众修庙殿人、一管献殿大木等张7人，贾3人，杨、丁、齐、崔、郝、甄、程各1人。共9姓 | 勒许良巷上省庄，秋家林①、齐家庄、西吴村，并为一寨 | 南怀州修汤王庙记 | 《河内县志·金石志下》，《金胙修汤王庙碑》，21：826 |
| 2 | 明昌二年 | 中都涿州范阳县孝义乡东冯村 | 王、句各2人，张3人，韩、高、李、何、董各1人。共9姓② | 住人王顺妻韩氏长男二子四人 王文贵妻韩氏男四人 故长男王资妻句氏长孙胯松妻高氏六儿 小孙奴儿 故男善孙次男王金妻张氏女子一名 田郎妇玫哥男王桢妻张氏 次孙闶儿孙女郎儿 句郎妻张氏 孙张氏何郎妇董郎妇③ | 东冯村王顺等真言幢题名 | 《辽金元石刻文献全编》（一），22 |

① 碑刻正文中出现"秋家林"，碑后言"一施地修廊人秋家程度"，前后参照应为"林"。
② 题名中以王顺（族）中的儿子、孙子、孙女并不另外单独计算在内。
③ 题名中以王顺为第一代，王文贵为第二代，展开的家庭中涉及他姓，亦即王家媳妇、孙媳妇涉夫所姓，题名中虽没有明确表明这一外姓男性群体也属于东冯村，但理应不可能。仍然属于本论所讨论的"同乡"范畴之中，所以将其姓氏计算在内。

第六章 金代家庭、家族与乡村社会 233

续表

| 序号 | 年代 | 地区 | 同乡（合邑）姓氏及人数 | 备注 | 史料性质 | 史料出处（卷：页/页） |
|---|---|---|---|---|---|---|
| 3 | 大定四年 | | 东胡村：姚5人，李、王各2人，赵、吴、孙各1人。共6姓<br>南石汉村：李①6人，王4人，赵2人，刘、陈、夏、曹、张、鹿、彭、高、宋、邢、司各1人。②共14姓<br>石碑村：张3人，李2人，龚、罗、许、吕、孟、童、刘、梅、陈、常、王、乔、薛、黄各1人。共17姓③<br>静封镇：宋2人，张、孟、阴、刘、任、周、薛、南、赵各1人，共11④姓<br>留末村：王1人，张1人，杨1人。共3姓<br>堤村：王、刘各2人，武、丁、栾、杜、崔、朱、边、留、杨、法、孙各1人。共13姓<br>口东村：董、许各2人，崔、陈、贾、杨、郭、张、尚、时、王、刘、任各1人。共13姓 | | | |

① "赵宅李氏"，赵和李姓，都计算在内，下同。
② 碑刻中漫灭不清并未计算在内，例如"口顺"。
③ 碑刻当中难免阙文，阙文之前为石碑村，阙文之后各姓名看，"南高白赵俊"之后紧接着记载为"堤村"村名，所以推测其虽为5个字但为两个字姓氏，且计为南、赵。
④ 从碑刻刻当中第一次记载静封镇4人姓名来看，皆为两个字组成，前面也已经出现"堤村"，仍应看作为石碑村。

续表

| 序号 | 年代 | 地区 | 同乡（合邑）姓氏及人数 | 备注 | 史料性质 | 史料出处（卷：页/页） |
|---|---|---|---|---|---|---|
| 3 | 大定四年 | | 鹿家庄：李1人。共1姓<br>西苏村：赵、刘、郭各1人。共3姓<br>北善村：栾、侯、谷、姜、孟各1人，共5姓<br>南高白村：吕、赵、郭、王、葛、史各1人，共6姓<br>北高白村：郭1人、李1人。共2姓<br>兴德村：张、李各3人，薛2人，手、逯、汝、祝、刘、房，各1人。共9姓<br>山口村：李、刘各4人、王、宋、朱、董各3人，韩、张、吕各2人，卫、许、周、晏、傅、禹、徐、何、陈、石、孙、曹、祝、袁各1人。共24姓<br>西屈沟村：张、成2人，孙、王、丁、卢、牛、徐、冷、郝、贾、缑各1人。共13姓<br>张留村：孙、刘、吴各2人、李、徐、程、彭、法、司各1人。共9姓<br>北石汊村：李2人、王、荆、孙、童各1人。共5姓<br>东故县：孙、田、赵各1人。共3姓。 | | 华藏世界海图碑 | 《辽金元石刻文献全编》（一），38—39 |

续表

| 序号 | 年代 | 地区 | 同乡（合邑）姓氏及人数 | 备注 | 史料性质 | 史料出处（卷：页/页） |
|---|---|---|---|---|---|---|
| 4 | 大定十二年 | | 鲍坊村助缘善友，马5人，朱、杨①各4人，南、张各3人，程、温、鲁、蒋、郭、琦、王各2人，王各2人（王＋立＋可）②各1人。共17姓<br>高牟村：孙4人，张2人，孟、窦、刘、齐各1人。共6姓<br>白楼村：王1人。共1姓<br>西王马村：党1人，共1姓 | | 洪福院助缘题名 | 《辽金元石刻文献全编》（一），42 |
| 5 | 承安五年 | 密州高密县 | 郑公店：张8人，王、李各4人，刘2人，宏、武、路、徐、隋、孙、时、吴、谭、移剌、栾、石抹各1人。共23(23)姓<br>下庙客村：董2人，吕、于、马各1人。共3(3)姓<br>南张客村：郭、张、马各1人。共4(1)姓<br>北张客村：岳2人，尹、张、曹各1人。共5(2)姓<br>西诸村：王2人，董、高、刘各1人。共4(3)姓<br>柴家疃：柴8人，王1人。共2(1)姓<br>北诸房：范5人。共1姓 | | | |

① 牒中先后分开出现"小杨成"、"杨成"，没有指明属于哪一个村，但都记为"本村"，"本村"指代即鲍坊村。
② 牒中出现"（王＋立＋可）"，疑似"錡"姓，《京兆府提学所帖碑》中案"錡"氏出殿民七族。

续表

| 序号 | 年代 | 地区 | 同乡（合邑）姓氏及人数 | 备注 | 史料性质 | 史料出处（卷：页/页） |
|---|---|---|---|---|---|---|
| 5 | 承安五年 | 密州高密县 | 张秋村：解、孟各1人。共2姓<br>李家庄：崔2人，徐、田、吕、莹、史各1人。共6(6)姓<br>井口村：侯、王各2人，孟、赵、韩、郭、万、豫各1人，共8(5)姓<br>吴家庄：陈4人，孙2人，杨、张、姜、郭、侯各1人。共7(3)姓<br>孙家村：房1人。共1(3)姓<br>□家庄：共(11)姓<br>荆家□：吕、孙各1人。共2(4)姓<br>姜家庄：林、赵各1人。共2(4)姓<br>戴家庄：徐2人，李、王各1人。共3(2)姓<br>王家庄：姜1人。共1姓<br>姜□庄：共(2)姓<br>郜家泊：隋1人。共1姓<br>城阴□：王1人。共1(1)姓<br>王中仁□：孙1人。共1姓<br>柳家□：共(1)姓 | | 重刊郑司农碑阴记 | 《辽金元石刻文献全编》（一），87 |

第六章　金代家庭、家族与乡村社会　237

续表

| 序号 | 年代 | 地区 | 同乡（合邑）姓氏及人数 | 备注 | 史料性质 | 史料出处（卷：页/页） |
|---|---|---|---|---|---|---|
| 6 | 崇庆二年 | 鸡泽县 | 维那头、助像人、妆銮塑像人等：焦11人，王9人，张8人、李6人，刘5人，郑、魏各3人，宋、霍、田、姚、郭、孟2人，甄、高、许、姜、耿、武、柴、郝、冯、杨、苗、司、牛、曹、林、军、薛、陈、尚、岳、潘、秦各1人。共38姓① | 包括在坊、长路固等27个地名 | 鸡泽县文宣王庙碑阴 | 《辽金元石刻文献全编》（一），100 |
| 7 | 大定十六年 | | 望岩村施主、马3人，王1人。共2姓 | | 悬空寺记并阴 | 《辽金元石刻文献全编》（一），175 |
| 8 | 承安五年 | | 程曲村：孙、郝、李、席各1人。共4（1）姓贾村：李、孟各4人，郭、刘、宋、张各2人，邓、孔、王各1人。共9（9）姓 | 助缘建幢师德共列于后 | 文悟大师功德幢 | 《山右石刻丛编》，22：25 |
| 9 | 大定十九年 | 潍州昌乐县 | 都功德主、副功德主、孙、李各2人，陈、解、秦、邓、郝、马、柳各1人。共10姓 | 首为唱举，副而和之共出财力聊记于石 | 潍州昌乐县北严广福院殿修殿题名并序 | （民国）《昌乐县续志》，17：617 |
| 10 | 大定四年 | 京兆府高陵县庆 | 韩4人、王、刘各3人，孙、贾、张、牛各2人，郑、徐、南、吴、朱、柳、丁、曹各1人。共15姓 | 安乡幡干村、萧张村、许村、小王村、垎下村 | 庄严禅寺牒 | 《金石萃编》（四），155：2870 |

① 表中所计算在内的姓氏仅限于有明所属村、寨等名称者，没有确切所属地理范围的人名姓氏不在计算畴之中。碑中所载崇庆二年当时鸡泽县令为高公，《金史》记载贞祐二年元兵攻蓟州，时则鸡泽县令是温迪罕十方奴，女真人姓氏，而目碑中也出现兀林答蒲辖奴女真姓氏。今为高公，令其出现力林答蒲辖奴女真氏。

续表

| 序号 | 年代 | 地区 | 同乡（合邑）姓氏及人数 | 备注 | 史料性质 | 史料出处（卷：页/页） |
|---|---|---|---|---|---|---|
| 11 | 兴定五年 | 凤翔府陇州汧阳县甫曲社① | 张22人，刘13人，萧11人，赵、李各5人，董、韦各3人，郭、万、魏、王、徐、殷、姚、岳、韩、吕、姬、成各2人，孙、木、齐、迋、索、刑、贡、杨各1人。共30（2）姓 | | 甫曲社修水记② | 《金石萃编补正》，20 |
| 12 | 大定五年 | 河内郡 | 维那头等3人，程2人，田、王、姚、向、宣、杨各1人。共8姓 | | 郏建泉池记 | （道光）《河内县志·金石下》，21：836 |
| 13 | 泰和六年 | 河内县 | 崔4人，张3人，马、郭各2人，靳1人。共5（2）姓 | | 金协修社坛残碑 | 《辽金元石刻文献全编》（二），876 |

① 《长安志》卷18载，鳌屋，北周天和二年（567年）析雍州之终南郡置恒州，唐武德三年（620年）废。鳌屋《金史》载鳌屋贞祐四年（1216年）升为恒州，以郡县贞祐治下。反观《金史》兴定元年（1217年）正月，元光《金史》兴定五年（1221年）郡县隶焉，属于大同府治下。而此石则蓥兴定五年（1221年）属于凤翔府治下。也有恒州出现，可以证实作为行政建置，恒州彼时仍然存在，以上贞祐四年恒州疑为恒州之误，而与长文战中仍提及恒州，正大元年（1224年）石当中恒州使用的旧有地名而已。这在石刻当中多有出现。关于郡县，《旧唐书》卷38，《地理志》中并无恒州始末，大致因为此郡县属于郡州。三年（620年），废郡州郡县称号，但《宋史》《辽史》《金史》并无岐州一字描述。武德元年（618年），郡县废汉属郡州，隋郡，凤泉二县属于郡城郡，《新唐书》，直至景龙二年（708年）仍可见岐州郡县名称号。七年（624年）改属岐州。

② 记中第一次出现"同立石"之前有13（本院增1人以及有职阶但无人姓名于石）人，第二次出现"本社同立石人姓名于石"后面有62人。实际上，所有人应为同意刘文秀所请"凡愿食用水者碑有名，不愿者无名"。之前共有15人，都属于愿意用水之甫曲社民，题名记为甫曲社。碑文中直呼"郡之东南有村曰甫曲"，"重其词以防于奸邪，明其禁以示于弗瀹"。

第六章 金代家庭、家族与乡村社会

续表

| 序号 | 年代 | 地区 | 同乡（合邑）姓氏及人数 | 备注 | 史料性质 | 史料出处（卷：页/页） |
|---|---|---|---|---|---|---|
| 14 | 大安三年 | 真定府元氏县 | 功德施主贾3人、董2人、李、吕、程、张、部各1人。共7姓 | | 大金真定府元氏县开化寺罗汉院重修前殿记 | 《辽金元石刻文献全编》（三），243 |
| 15 | 正隆二年 | 蔚州灵仙县孝廉乡范家庄李家幢 | 李11人、张2人、陈、安、刘、西、范、裴各1人。共8(2)姓 | 同村同族亲兄弟姊妹 | 金正隆二年二经幢 | （光绪）《蔚州志》① 9：114 |
| 16 | 天德二年 | 临潢县 | 副维那等8人、刘6人、房、张、王各4人、乔、孙各3人、孟、赵各2人、樊、侯、袁、郑、徐、钊、贺、米、衡、韩、固、褚、申、成各1人。共25姓 | 还包括没有姓氏的妙达、妙善、妙德、妙真、果、善令、仙了、辩幸、妙清、妙靖、妙喜、仙觉、道超、法真、仙元、仙志、仙明、法 | 广化寺尼慧兴塔记 | 《辽金元石刻文献全编》（三），27：33 |

① （光绪）《蔚州志》卷9《金石志上》，成文出版社1968年版，塞北地方第29号，第114页。

续表

| 序号 | 年代 | 地区 | 同乡（合邑）姓氏及人数 | 备注 | 史料性质 | 史料出处（卷：页/页） |
|---|---|---|---|---|---|---|
| 17 | 大定十五年 | 孟州河阳县榖罗村 | 榖灉店施主姓名寨主张7人，李5人，王、刘各4人，宋3人，贾2人，吕、朱、箒、宽、罗、杨、班、唐、阳、成、郭各1人。共19姓① | 用"本店"用以区别他村，相继出现杨村、朱家门下、郭村、王家门下、双槐树等9村名 | 铸钟 | （道光）《河内县志·金石志下》，《金法济禅院铸钟铭》，21：841 |

① 所列诸职官无法确认是否属于本州人，所以姓氏并未计算在内。

辽代以"邑"为单位大量①出现而言，金代"助缘"人在金代石刻中更体现其地域化的特征。出现形式多为某某村、某某县某某助缘②，各助缘人所属乡里彼此相邻、距离不远。而"邑"的减少有其原因，与政治上"辽以释废"的前车之鉴，导致金帝崇佛态度有所回缓，经济上利益驱动较小，出现许多不假百姓一钱现象，不无关联。加之邑自身存在的临时性和非制度化，金代地域化特征较为凸显并不难解释。

  同时，可以看出金较之辽在崇佛上还是有区别的，金的邑社减少，数量上的大大递减，以至于不用组织领导便可以自行简单运营。这里还需要注意一个区别现象，金代石刻描述建立功德的现场依然是万人空巷，但仔细研读不难发现，很多时候助缘往往由同乡里某一人或者几人首倡劝诱开始，然后众人和之。比如，潍州昌乐县北严广福院修殿，首为唱举，副而和之，中间仍赖其众③；辛别三殿庙由耆旧萧通等兴起，后称"所有乡人协力办集相与来助者"邵在等一共7个人，碑后亦无其他助缘人姓名④；华州城隍庙迁建增广，太守屡次倡言于有财力之士，最后州人张铎以及前道正等"聚父老而谋"⑤；平凉重修佛塔，正值旱灾野有饿莩，但是蔡百万"恳意谕众，虽救死不赡而人乐输财"，数月告成。汧州开元寺观音院也正是因为请来蔡百万，人皆敬信，于是"金帛泉涌，材木山峙，施工□者不可胜数"。结果都是集合众力，最终圆满完成，但是单从信仰角度，可谓"崇奉佛法盖自天性非勉强求名者之所能比也"。⑥ 这其实与其信仰的世俗性社会化进一步加深不无关系。当然，这并不是说明金代较之辽代，信仰宗教的世俗目的性较小，而是在金代彼时的人自己看来，无须

---

①  金代大规模邑社活动记载大大减少，史料中可寻的仅如《金烛和尚焚身感应之碑》、《谦公法师灵塔铭》、《繁峙灵岩院水陆记碑》。
②  这里所谈到的建功德属于公共服务性质，并不包括给自己的血缘姻亲铸香炉、佛塔、墓幢等。张方《略论关中地区道教造像碑的史料价值》，《中国道教》2009年第3期，第32页。谈到当时道教徒在民间主要有两种组织形式：一是以家庭或家族为单位的信仰团体；二是由一个家族或几个家族，一村或几个村的人们以共同信仰而结成的邑社。金代则又多一种形式，就是一村或者几个村乡民共建事业，但并不形成组织。表中仅有第1、6、10、13、17条五条能够直接指出其邑社组织方式。
③  国家图书馆善本金石组编：《辽金元石刻文献全编》，《潍州昌乐县北严广福院修殿记》，北京图书馆出版社2003年版，第2册，第468页。
④  国家图书馆善本金石组编：《辽金元石刻文献全编》，《重修三殿庙记》，北京图书馆出版社2003年版，第2册，第469页。
⑤  国家图书馆善本金石组编：《辽金元石刻文献全编》，《华州城隍神新庙碑》，北京图书馆出版社2003年版，第2册，第534页。
⑥  国家图书馆善本金石组编：《辽金元石刻文献全编》，《开元寺观音院记》，北京图书馆出版社2003年版，第2册，第799页。

鸠集民力而办的功德才是值得炫耀的，而借助百姓之力往往被称为"烦"，可见其意愿程度。于民众自身而言，这其中经济因素无疑是关键。金代修建寺观的经济来源主要包括国家、寺观本身以及乡民捐助三个部分，除中岳庙类似官方祭祀国家给予一定支持外，地方主要靠后两者，而这两者中，乡民其实占有更为重要的比例，碑刻中有明确记载，"虽四方布施者源源而来，然其衣食之用出于寺之田园者盖三之二"①。可以想象，正常情况治下的一般寺观，并无太多剩余物质钱财用来修缮寺观庙貌，所以如有积攒，就如灵泉观凝真大师所言，"幸有积贮，可以缮修"②。以此来看，乡里信众的捐助就变得意义重大。辽代崇教人多钱多，金代依然崇教但人少钱少，势必要好好考虑一番，这无关乎信仰忠诚度多少，而是现实的经济困扰。这也是为何碑刻当中某某施与钱财众多时，会被特别提及。突出施与行为是某乡里某人，而较少出现某邑众了。董氏一家便是有代表性的一例：泰和元年（1201年），董姓合宅献华严寺石柱两条，右柱属于西张次村董志博家，包括长男董政及三个弟弟。左柱属于东马宋村董政及其儿子第二郎、三郎、四郎。③ 其中两次提到董政，显然为同一人。第一次是置身父亲家中以晚辈身份，第二次在自己家中作为户主长辈。明显已经分家，各安家于不同的村。单从柱文记载来看，西张次村和东马宋村应为邻村，方向相左但理应相距不远，这从华严寺属于其共同崇信之地也可约略看出。华严寺"柱高丈余，周围八面，每面工尺四寸，雕刻精工"④。可见花费数目较大，而两条石柱董政都有参与，且左柱强调"独施"，可以想见分家之后个体小家庭经营较好，家庭经济实力较强。但由于血缘以及地缘的关系，类似家族邻村共建功德之事时有发生。

第二，从6—4中共17条同乡里或同邑社姓氏分布来看，第2、15条属于同姓氏建幢，单一姓氏外，其他15条都属于异姓并存，杂居于同一乡

---

① （清）张金吾编纂：《金文最》卷77《灵岩寺田园碑（明昌六年）》，中华书局1990年版，下册，第1123页。
② 《金石萃编》（四）卷155《凝真大师成道记》，引自《石刻史料新编》（第四册），新文丰出版公司1977年版，第287页。
③ 国家图书馆善本金石组编：《辽金元石刻文献全编》，《华严寺石柱》，北京图书馆出版社2003年版，第2册，第468页。
④ 国家图书馆善本金石组编：《辽金元石刻文献全编》，《华严寺石柱》，北京图书馆出版社2003年版，第2册，第468页。

里。① 金代极有可能并无一姓或者两姓占据多数存在，几姓②则更符合事实。比如第 3 条共 18 村 209 人，每村平均不到 12 人，最多的山口村 41 人却一共 24 姓，最多姓氏的只有 4 人；第 5 条共 23 村 191 人，每村平均不到 8 人，最多的郑公店 60 人一共 23 姓③，最多姓氏 8 人。17 例记录里出现所有村组织中，至少有 15 村同姓氏人数有 4 人或者 8 人之多，仅就某一村而言，单一姓氏人数所占比率最大为第 3 条中所记静封镇 11 人中，朱姓最多是 2 人，其余 9 人均为单一姓氏，占 75%。最低一例是第 3 条中东胡村 12 人中姚姓 5 人最多，李、王各 2 人，另有赵、吴、孙各 1 人，石碑村、墟村、□东村、西屈沟村异姓氏占比都超过 70%。单一姓氏所占比率为 25%。第 6 条共 27 地名 74 人，有 24 人属于单一姓氏，其余 50 人只有 5 姓氏，焦姓最多为 11 人。再诸如第 5 条中柴家疃柴姓 8 人、王姓 1 人，北诸房范姓 5 人，最能体现某几姓氏可能为乡里大姓。纵观以上，仅就碑刻而言，单一同姓聚居实属少见。

综上所述，金代乡里同姓聚居、异姓杂居，时人黄晦之描述得恰到好处，其言济宁李氏"自唐迄今五百余年矣，似续蕃茂，阖族五十余位，大小五百口，散居诸村，或大小郝，或南井河庄，例为甲乙户，阡陌连接，鸡犬相闻"④。杨振先人十二兄弟因所赐田四百顷而随诸房所居，号"十二杨村"，依此来看，十二村各大小未知但正因彼此为邻才从一至十二顺次叫开来。直至金朝初年犹以大宗之家主祭祀事，居大杨来看，未有大的搬迁。正隆后避王统制之乱，才迁乾州南⑤，杨氏族人也是散居在诸个相邻村落。再举孟州河阳王氏与李氏家族，两家族同属于孟州但分属于西小仇村、东小仇村二村。又有孟州河阳县北冶村陈渐曾孙女适本村某之记载，可见王氏娶本州段氏、次孙娶本州为妻、李氏

---

① 某邑或者诸邑社合建情况之下，碑中亦同时出现村、镇等名称，所以在此统一称作"同一乡里"，与"同邑"实难分辨，但异姓杂居确属事实。
② 李卿：《秦汉魏晋南北朝时期家族、宗族关系研究》，上海人民出版社 2005 年版，第 95—112 页。谈及此，认为魏晋时期一或者两个姓氏居多，且比例占据明显，金与其实际情况不同，当不可同日而语。前者属于佛教方兴，造佛盛行，历史上崇佛的盛朝，一次性造像达百人属于正常，而金代此情况相对较少，参与的乡里单位众多，要将一个或者两个姓氏凸显出来，实属不易，所以几姓较多符合逻辑、属于事实。
③ 其中还有 23 姓因为碑刻阙字无法核定是否为同一姓氏，此处仅以有明确姓氏的 23 个而言。
④ （清）张金吾编纂：《金文最》卷 86《济宁李氏祖茔碑》，中华书局 1990 年版，下册，第 1263 页。
⑤ 《元好问全集》卷 22《萧轩杨公墓碑》，山西人民出版社 1990 年版，上册，第 574 页。

祖父娶本州高氏为妻中本州实指孟州,从碑铭记载村名看两家族姻亲都属于本州之内,也就是说,孟州河阳县西小仇村的王氏和东小仇村的李氏一族至少三代都生活在孟州这同一乡里,同族聚居是事实。但另一方面,从两家嫁娶女性,一族9个一族10个不同村名来看,实际异姓杂居现象明显。各村之间彼此相邻,距离不远。之所以有人必须标识本州,更为可能的原因是其家族官爵名望,其余则是为其族中女性贴上地域标签而已。① 这一结果的得出其实与之前统计的同居共财结果一致,依然是"大杂居、小聚居",这一结论的证实,能够避免我们过多地沉迷于家族、宗族在地方尤其乡村社会中的作用,正视血缘的作用,避免片面性。

## 第三节 "同乡"中的"同族"与"同志"

"同乡""同族""同志"这三对基本社会关系于同一地域中是相互重叠的。

### 一 "同乡"中的"同族"

"同乡"中的"同族",本节所研究的"同族"包括同乡里中因婚姻缔结而结成的儿女亲家。主要探讨婚姻、身份地位与地理因素的相互关系,总结金代男性娶妇标准。金代男性娶妇,一种通过娶当地女性而实现人口数量、家庭财产继承量的积累,一种则通过讲究门当户对甚至攀比富贵而实现质的飞跃。这此间,可见自中古以来郡望的

---

① (民国)《孟县志》卷9《金石·太原王氏墓记》,成文出版社有限公司1976年版,华北地方第445号,第1118页。
王氏"公娶本州段氏为妻,次孙珪娶本州□校尉女为妻,曾祖娶车村牛氏,长子娶北虢村席氏为妻,长孙初娶大仇村尹氏,又娶州西章村范氏,次孙娶唐村武氏,次孙娶南逯村高氏,次孙妻□□□张氏,次娶程家女,曾孙妻白家庄焦氏,次曾孙妻东乡西长村张氏,又次曰名昌,妻怀州河内县王村杨氏"。
(民国)《孟县志》卷8《金石中·李氏墓表》,成文出版社有限公司1969年版,华北地方第445号。李氏"祖父先尝娶本州刘万家庄高氏为妻,姑一适温县小吴村张氏为妇,祖父再娶河南□□□县郭□刘氏□妻;□父尝娶项家庄□氏为□子因病而化,后再娶车村成氏为妻。长女□大仇村王庭玉之妻也,次女乃西□□念三之妻也,长男娶□运村上官氏女为妻(长女适罗崖赵念五,次女适□□村□念二),次男娶到曾家坡张氏女为妻(长男娶大仇□□女),次男谢哥□□南虢张氏女未娶女□□定与西许马氏,小女赛赛,定与西小仇王氏"。

崩溃在金代男性娶妇上的反映，也证实了现世的官爵名望永远是不变的联姻标准。史例取自碑刻居多，真实地反映金代汉族婚姻实态和民间价值取向，更是地方主义、家族主义、国家主义潜在较量此消彼长的映射。

金代平民阶层多一夫一妻，且下层百姓夫妻之间更多展现的是贫贱夫妻百事哀之困顿情状。① 他们二者之间的结合，地缘一定是起到媒人的重要作用，非要认为她们讲求门当户对甚至附会祖宗、伪冒郡县，则实属不切实际。搜集石刻，实乃多见官宦之家娶妻择妇，现将其娶妻情况辑录如表6—5、表6—6。

表6—5　　　　　　　金代汉族男性娶妇统计一

| 序号 | 关系人 | 地名 | 基本情况 | 史料来源（卷：页/页） |
|---|---|---|---|---|
| 1 | 史良辰 | 大名 | 先娶大名俞氏<br>再娶德顺毛氏，亲卫大夫惠州团练使纬之女 | 《闲闲老人滏水文集》，《史少中碑》，12 |
| 2 | 陈渐 | 孟之河阳县北冶村 | 曾孙女已许亲本村姚□大<br>公女适本村马镐公之弟 | （民国）《孟县志》，《颍川郡故陈公墓表铭》，9：1117 |
| 3 | 王氏 | 孟州之阳西北隅小仇村 | 公娶本州段氏为妻<br>次孙珪娶本州□校尉女为妻<br>曾祖娶车村牛氏，长子娶北虢村席氏为妻，长孙初娶大仇村尹氏，又娶州西章村范氏，次孙娶唐村武氏，次孙娶南逯村高氏，次妻□□□张氏，次娶程家女，曾孙妻白家庄焦氏，次曾孙妻东乡西长村张氏，又次曰名昌，妻怀州河内县王村杨氏 | （民国）《孟县志》，9：1118，《太原王氏墓记》 |

---

① 王姝：《金代女性研究》，博士学位论文，吉林大学，2014年，第93、105页。

续表

| 序号 | 关系人 | 地名 | 基本情况 | 史料来源（卷：页/页） |
|---|---|---|---|---|
| 4 | 李氏 | 孟州河阳县东小仇村 | 祖父先尝娶本州刘万家庄高氏为妻 姑一适温县小吴村张氏为妇，祖父再娶河南□□□县郭□刘氏□妻；□父尝娶项家庄□氏为□□子因病而化，后再娶车村成氏为妻。长女□大仇村王庭玉之妻也，次女乃西□□念三之妻也，长男娶□运村上官氏女为妻（长女适罗崖赵念五，次女适□□村□念二），次男娶到曾家坡张氏女为妻（长男娶大仇□□女），次男谢哥□南虢张氏女未娶女□□定与西许马氏，小女赛赛，定与西小仇王氏 | （民国）《孟县志》，9：1119,《李氏墓表》 |
| 5 | 贾巨平 | 祁之蒲阴 | 公凡四娶，皆同郡巨室子 | 《滹南遗老集校注》，《千户贾侯父墓铭》，42：507 |
| 6 | 李平父 |  | 先娶里中郝氏 再娶藁城刘氏，三娶河间王氏，有道敏修之女，末娶大兴崔氏，翼州倅曼卿之妹；女二人，皆适士族 | 《寄庵先生墓碑》，17：179 |
| 7 | 王扩 | 定州永平（中山永平人《金史》） | 两娶济阳丁氏 再娶赵氏 女长适监使司管勾何其，次适监韩城酒贾仲源，次适同知镇戎军州事蒲鲜石鲁剌，次适同知钧州军州事兼荣泽令张泰亨 | 《嘉议大夫陕西东路转运使刚敏王公神道碑铭》，18：190 |
| 8 | 冯延登 | 吉州吉乡 | 娶同郡樊氏，同官县令邦宪之女 长女嫁盱眙元帅府经历官张愷，次嫁临湖城税兰公辅，女孙长适进士徐升 | 《国子祭酒权刑部尚书内翰冯君神道碑铭》，19：204 |
| 9 | 张公理 | 荡阴阳邑里 | 娶同郡齐氏 | 《资善大夫吏部尚书张公神道碑铭并引》，20：210 |

第六章　金代家庭、家族与乡村社会　247

续表

| 序号 | 关系人 | 地名 | 基本情况 | 史料来源（卷：页/页） |
|---|---|---|---|---|
| 10 | 张景贤 |  | 同县处士成之女<br>女长适平晋进士李铣，次适安肃进士陈维良 | 《中顺大夫镇南军节度副使张君墓碑》，22：230 |
| 11 | 赵端卿 | 东京 | 夫人同县李氏<br>女一人适许州仓副使穆鑑 | 《奉直赵君墓碣铭》，22：232 |
| 12 | 杨奂 | 乾之奉天 | 长女嫁郡人张篪<br>次女嫁华阴王亨 | 《故河南路课税所长官兼廉访使杨公神道碑》，23：236 |
| 13 | 郝天挺 | 泽州陵川 | 前娶同县张氏<br>继室高平司氏，女一人嫁进士候公佐 | 《郝先生墓铭》，23：240 |
| 14 | 元升 |  | 夫人同郡史氏 | 《承奉河南元公墓铭》，25：253 |
| 15 | 李氏 | 隩州 | 李氏嫁为赠朝列大夫同郡白君讳某之妻<br>女长嫁进士同郡贾铎贲 | 《南阳郡太君墓志铭》，25：255—256 |
| 16 | 严武叔 | 长清 | 妣同里杨氏 | 《东平行台严公神道碑》，26：258 |
| 17 | 刘德柔 | 宣德县北乡之青鲁里 | 考娶同乡李氏 | 《大丞相刘氏先茔神道碑》，28：280 |
| 18 | 郭瑁 | 岢岚 | 夫人同郡李氏 | 《广威将军郭君墓表》，28：287 |
| 19 | 曹长卿 | 隰州 | 夫人霍氏同郡检法某之女，女一嫁郡人周惠，今为真定参谋<br>妣朱氏，宋朝散大夫某之女 | 《信武曹君阡表》，29：293 |
| 20 | 张荣祖 | 获鹿 | 夫人同邑戎氏 | 《西宁州同知张公之碑》，30：305 |
| 21 | 孙伯英 | 雄州荣城人，居雒阳四世矣 | 增同郡王好礼 | 《孙伯英墓铭》，31：312 |

续表

| 序号 | 关系人 | 地名 | 基本情况 | 史料来源（卷：页/页） |
|---|---|---|---|---|
| 22 | 杨振 | 奉天 | 先娶同里崔氏<br>继室阌乡程氏 | 《元好问全集》（上），《萧轩杨公墓碑》，22：575 |
| 23 | 雷某 | 同州澄城县太平乡 | 师氏与夫同党里 | 《金文最》，《师节妇传并序》，114：1635 |
| 24 | 刘仲德 | 宣德州文德县 | 娶王氏，故静度军节度使梅之女<br>女长适邻郡王琦<br>女次适昭信校尉张子亭<br>长孙女适进士禹教礼 | 《金代石刻辑校》，《刘中德墓志铭》，172 |
| 25 | 张温 | 朔州鄯阳县安仁乡城南庄亦支之后 | 先娶段氏<br>后娶智氏<br>女适本郡刘嗣宗<br>子宗爽娶同里赵氏<br>女适本州贾宗昱 | 《金代石刻辑校》，《张温墓志》，187 |
| 26 | 封志安 | 华州蒲城 | 女一适里人康彦 | 《金代石刻辑校》，《封志安墓志铭》，145 |
| 27 | 曹溥 | 定武人 | 娶同郡王氏<br>一女适朝请大夫京兆府路兵马都总管判官王珦<br>侄女一适前定州观察判官李朝<br>侄女儿适工部主事李昭信男禄儿 | （民国）《定县志》，20：1098，《大金故通奉大夫前同知东平府路兵马都总管事护军谯国郡开国侯食邑一千户食实封一百户赐紫金鱼袋曹公神道碑名》 |
| 28 | 高越 | 定襄南董里 | 一女适同里薛彦<br>一女适同里寇才溥 | 《辽金元石刻文献全编》（二），1：916《高公墓幢》 |
| 29 | 霍习 | 定襄东霍里 | 公董氏迺胡里董常之次女<br>女一适南王里邢元吉<br>一适郭下李氏<br>一适胡里李大雅<br>一适南王里董氏<br>一适南王里李远公 | 《辽金元石刻文献全编》（二），《霍习墓幢》，921 |

注：表中第6—21条史源均出自《遗山先生文集》。

表 6—6　　　　　　　金代汉族男性娶妇统计二

| 序号 | 关系人 | 地名 | 所娶（嫁）女性父族（夫族）身份 | 史料来源（卷：页） | 备注 |
|---|---|---|---|---|---|
| 1 | 郭建① | 义州宏政人 | 适南公云，次适显武齐琬，次适询之子中道 | 《辽金元石刻文献全编》（三），3：7 | 引勇敢及家僮仅三百余人。改掖县令，弭讼息奸，邻境敬服。摄州事，军无侵扰，民赖生活。以予与姻亲之故，来请碑铭，以传不朽 |
| 2 | 张行简祖 | 世为城阳人 | 女二，皆适令族 | 《辽金元石刻文献全编》（一），20：653 | 孙方平，范□颐，其婿也 |
| 3 | 焦旭 | 沃州柏乡人 | 公娶中都都运使徽柔之孙女也 焦旭曾任职中都左警巡使 | （民国）《柏乡县志》，《监察御史焦旭墓碑》，585—586 | 其族系甚大，有相依者，无问远近，皆与赒赡之。从前面其公正无私来看，族系之间就不会因为家族关系而有大的好处 |
| 4 | | 嘉祥人 | 诸女亦百数，皆适殷富之家 | 《金文最》，《成氏葬祖先坟茔碑》，86：1265 | |
| 5 | 益都郑公 | | 三女皆适名家 | 《金文最》，《益都郑公墓碑》，87：1273 | |
| 6 | 张中伟 | 五原 | 女四人，皆适士族 | （宣统）《郿县志》，《楼闲居士张中伟墓表》，8：253 | |

① 应为郭建三个女儿。

续表

| 序号 | 关系人 | 地名 | 所娶(嫁)女性父族(夫族)身份 | 史料来源(卷:页) | 备注 |
|---|---|---|---|---|---|
| 7 | 张季玉 | 易人也 | 归于今中都副留守王寂;女昭余,适左国公孙茂 | 《拙轩集》,《清河张氏夫人墓志铭》,6:12 | |
| 8 | 党怀英 | 泰安州奉符人 | 夫人石氏,徂徕先生之后 | 《闲闲老人滏水文集》,《翰林学士承旨文献党公碑》,11 | 徂徕先生:宋理学家,泰山学派创始人 夫人即徂徕石介兖州奉符人 |
| 9 | 史良臣 | 大名人 | 母魏之甲族也 先娶大名俞氏,再娶德顺毛氏,亲卫大夫惠州团练使纬之女 | 《闲闲老人滏水文集》,《史少中碑》12 | |
| 10 | 孔元会 | | 娶泗水孙氏,宋副枢密孙传之女孙,又娶泗水侯氏;女一适兖州宣武韩昪 | 《金文最》,《赠正奉大夫袭封衍圣公孔公墓表》,89:1302 | |
| 11 | 段季良 | 世居武威 | 娶故洗马杨君孙女 | (同治)《稷山县志》,《段季良墓表》,8:884—885 | |
| 12 | 段铎 | | 初娶张氏,再娶张氏,三娶故通奉大夫马公女 | (同治)《稷山县志》,《武威郡侯段铎墓表》8:891 | |
| 13 | 韦仪 | | 先娶原州王氏,后娶虢州王氏,仍娶邓氏、杨氏;男娶赵氏,封安人 韦仪曾任职虢州兵马都监 | 《金文最》,《武德将军韦公碣》,90:1312 | 天会五年,定虢州 |

续表

| 序号 | 关系人 | 地名 | 所娶（嫁）女性父族（夫族）身份 | 史料来源（卷：页） | 备注 |
|---|---|---|---|---|---|
| 14 | 陈渐 | 孟之河阳县北冶村人 | 长孙适□宗赵□，次适黎林李忠云；曾孙女长适林泉郭□九，次适渠里村李一公，次适南堡吴□ | （民国）《孟县志》，《颍川郡故陈公墓表铭》，8：4 | 故进义校尉二公①諱□□□□子生四女，长曰□姑□□□□次曰房姑，适李村□□□次曰师姑，适大街崔□小曰八十姑，适林泉李□□□□…… |
| 15 | 郭济忠 | 涿州定兴 | 长适登仕左郎张鬻，次适承奉班祗侯任锐 | （光绪）《定兴县志》，《郭济忠碑》，17：928 | |
| 16 | 李日华 | 良乡县刘李里 | 母奉圣州吕陈文学士之女 姊妹二人各适名家 娶全邑曹张里郝氏 女一适昭信校尉高軏君 | 《金文最》，《大金故承奉郎霸州大城县令李君墓志铭》，1005 | |
| 17 | 王辅之 | 晋城（泽州）之王城里 | 公始娶山阳（怀州）张氏 | 《庄靖集》，9：181《故王公辅之墓志铭》 | 嫁于汝阳（蔡州）庚氏 |
| 18 | 王庭筠 | 天庆中，占籍盖州熊岳 | 夫人张氏，亦太师女孙 | 《王黄华墓碑》，16：169 | |

---

① 应该为陈渐弟，前记载"昆仲二人，弟□校尉是也"。

续表

| 序号 | 关系人 | 地名 | 所娶(嫁)女性父族(夫族)身份 | 史料来源(卷:页) | 备注 |
|---|---|---|---|---|---|
| 19 | 李济川 | 淄川人（淄州属于山东东路） | 先娶沂州蒲氏，再娶锦州张氏，武安军节度使临海老人子云之女，再娶宛平王氏，沂州刺史子正之女。女一适山东东路总管判官徒单喜僧，次适南京广盈仓副使赵思 | 《沁州刺史李君神道碑》，16:171 | 李济川曾任职山东东西路劝农副使 |
| 20 | 赵秉文 | 世为磁州滏阳人 | 长女嫁汝州防御推官高可约，次嫁卫州行六部郎中石玠，季嫁省知管差除令史张履，三壻皆名进士也 | 《闲闲公墓铭》，17:174 | |
| 21 | 胡景崧 | 占籍武安 | 长女适邢台焦日新，次适洎川杨振文 | 《朝散大夫同知东平府事胡公神道碑》，17:177 | |
| 22 | 商援 | 曹州 | 女一人适进士刘茂 | 《曹南商氏千秋录》，39:407 | |
| 23 | 张庭俊 | 太原阳曲 | 女四人，皆嫁士族 | 《朝列大夫同知河间府事张公墓表》，17:181 | |
| 24 | 杨文献 | 乐平 | 娶某郡吕氏，女孙适某族 公娶胥氏，左丞通敏公之孙，平章政事惠简公之女，以事姑尝有后言即日弃去 | 《内相文献杨公神道碑铭》，18:185 | |
| 25 | 王德禄 | 北京兴中府人 | 一女许嫁日照张左相之孙滨寿 | 《兖州同知五翼总领王公墓铭》，30:306—307 | |

续表

| 序号 | 关系人 | 地名 | 所娶（嫁）女性父族（夫族）身份 | 史料来源（卷：页） | 备注 |
|---|---|---|---|---|---|
| 26 | 赵庭玉 | 永平人 | 先娶贾氏，尚书左丞亨甫之女姪，再娶王氏，行六部尚书充之之女弟，再娶李氏，中京推官华国之女弟，再娶孙氏，太子太师振之之女。女一适监察御史刘公云卿之子郁，女孙一适户部曹公景萧之孙怀谅 | 《通奉大夫礼部尚书赵公神道碑》，18：194 | 王扩是其大舅哥太子太师振之（孙铎，恩州历亨县）刘公云卿之子郁（刘从益之子）《金史》当中只记载其子刘祁 |
| 27 | 王若虚 | 藁城人 | 娶某郡赵氏，女一嫁为士人妻 | 《内翰王公墓表》，19：197 | |
| 28 | 冯璧 | 真定县 | 夫人赵氏，汝州刺史周卿之孙 | 《内翰冯公神道碑铭》，19：202 | |
| 29 | 孙伯善 | 济南 | 一女嫁金乡县丞栾琛 | 《宣武将军孙君墓碑》，30：301 | |
| 30 | 赵雄飞 | 传之高唐人 | 女长适鄢陵醋务监冯鹏举 | 《顺安县令赵公墓碑》，20：206 | |
| 31 | 张汝翼 | 河内人 | 娶朱氏，河北西路盐铁判官汴梁名进士文伯之女弟，女一适汴京东水门副使边汝砺 | 《通奉大夫钧州刺史行尚书省参议张君神道碑铭并引》，20：213 | |
| 32 | 商平叔 | 曹 | 女一适泗洲司侯安邑刘懋 | 《平叔墓铭》，21：223 | |
| 33 | 雷希颜 | 应州浑源人 | 长女嫁进士陈某 | 《希颜墓铭》，21：224 | |
| 34 | 聂元吉 | 代之五台人 | 长女嫁进士张伯豪 | 《聂元吉墓志铭》，21：227 | |
| 35 | 刘汝翼 | 淄州邹平人 | 女一适进士谢芝，一适士族张简，女孙二及笄者适士族 | 《太中大夫刘公墓碑》，22：229 | |

续表

| 序号 | 关系人 | 地名 | 所娶（嫁）女性父族（夫族）身份 | 史料来源（卷：页） | 备注 |
|---|---|---|---|---|---|
| 36 | 阎载之 | 上党 | 女一嫁为进士王得臣妻 | 《故帅阎侯墓表》，29：298 | |
| 37 | 毕叔贤 | | 娶纳合氏，镇国上将军镇西军节度使思烈之女，女长嫁府学生张守谦 | 《濮州刺史毕侯神道碑铭》，30：300 | |
| 38 | 史邦直 | 河内 | 母常氏，出士族。初娶某氏，再娶辽东高氏某官之女 | 《史邦直墓表》，22：232 | |
| 39 | 孙伯华 | 太原之文水 | 娶要氏，吉州倅伯升之女弟，女长适祭酒吉州冯内翰子骏之子亨，次适进士太原王楫 | 《御史孙公墓表》，22：233—234 | |
| 40 | 赵天锡 | 冠氏人 | 长女嫁东平路镇抚军民都弹压吴答里甲 | 《千户赵侯神道碑铭》，29：296 | 孤女亦择时贵嫁之 |
| 41 | 刘景玄 | | 妻永宁李氏 | 《刘景玄墓铭》，23：238 | |
| 42 | 任亨甫 | 汾阳人 | 女适士子白季昌 | 《忠武任君墓碣铭》，29：292 | |
| 43 | 白全道 | 河曲 | 长女适州吏目杨桂，次适大族张访，次适进士贾铎，女孙二人皆适士族 | 《善人白公墓表》，24：244 | |
| 44 | 吕豫 | 怀州修武人 | 初娶馆陶汲氏，继室清平丁氏 | 《南峯先生墓表》24：245 | 先生往来两县之间，为人廉介沉默，为里人所尊，收葬馆陶大张里之东原 |

续表

| 序号 | 关系人 | 地名 | 所娶（嫁）女性父族（夫族）身份 | 史料来源（卷：页） | 备注 |
|---|---|---|---|---|---|
| 45 | 张子厚 | 洺水人 | 娶束鹿刘氏，同知睢州军州事德温之女，女长适成安温氏，次适云中谷氏 | 《张君墓志铭》，24：251 | |
| 46 | 梁氏女 | 广宁人 | 嫁为河中李侯，女长适夫人之从侄梁，次适经义省元兴平令赵宇 | 《赞皇郡太君墓铭》25：255 | 求其长子献卿，若能为舅氏觅一官，得近河中，使吾事老兄一日，亦无憾……为求河东高公酒正，丈夫侯之季弟彦实，娶龙山刘致君之女，于夫人为姨妹 |
| 47 | 郭峤 | 大兴 | 娶高氏，上林署令某之女，女孙长适士族涿州王氏，次适燕中王氏 | 《费县令郭明府墓碑》，28：286 | |
| 48 | 毛伯朋 | 大名 | 夫人涿郡王氏，泰和名臣大尹儵然之女孙，女长适千户乔惟忠，次适顺天路军民万户张德刚 | 《潞州录事毛君墓表》，28：289 | 乔惟忠娶大名毛氏，广威将军潞州录事之女，女长适千户贾某 |
| 49 | 吴璋 | 长春人 | 夫人某郡张氏 | 《显武将军吴君阡表》，29：290 | |
| 50 | 李汝为 | | 娶武州宁远县怀远将军，前忻州定襄令吴君之女 | 《李汝为墓志铭》，185 | |
| 51 | 张子行 | | 张子行□□渔阳马少监女，一女适梁明威男忠利，后娶上谷潘氏 | 《张子行墓志》，191 | |

续表

| 序号 | 关系人 | 地名 | 所娶（嫁）女性父族（夫族）身份 | 史料来源（卷：页） | 备注 |
|---|---|---|---|---|---|
| 52 | 赵励 | 燕人 | 娶吴氏，吴侍郎之侄孙也 | 《赵励墓志铭》，152 | 奉敕葬于析津之北吕里，后世子孙为燕人也 |
| 53 | 时立爱 | 涿州之新城县 | 故相伴读王公师如以其子妻之，季室王氏，故相经之侄孙，女长适进士柴思议，次适中大夫前横海军节度副使左渊；孙女长适奉议大夫，析津府安次县令龚夷鉴，次适承奉郎，前大同府长清县承王克温，次适进士赵然 | 《时立爱墓志铭》，156 | |
| 54 | 时丰 | 新城 | 娶张氏，静江军节度使少微之孙女（继母女儿），女适燕京路都转运使崇德大夫赵温 | 《时丰墓志铭》，158 | |
| 55 | 张世本 | 归化州 | 娶广平郡焦氏辅娶伊氏，乃大监伊皋之女，亦有辽世禄名士之家。长女嫁郭朝散男楒，亦已进士第，见带奉德大夫，次女嫁已节副男桐，供奉班祗侯，女盼璋嫁崔氏讳寿吉，带承直郎 | 《张世本墓志铭》，160 | |
| 56 | 张岐 | 燕 | 女一适昭信校尉仇晖，女适忠武校尉马辉，次适押军官赵栋，次适昭信校尉马操，次适奉政大夫田庆云，孙女长适忠显校尉姚鉴 | 《张岐墓志铭》，162 | |

续表

| 序号 | 关系人 | 地名 | 所娶（嫁）女性父族（夫族）身份 | 史料来源（卷：页） | 备注 |
|---|---|---|---|---|---|
| 57 | 张行愿 | 辽阳人 | 娶广陵高氏 | 《张行愿墓志》，163 | |
| 58 | 张雄 | 川州宜民县中台里人 | 孙女银儿嫁广灵县商酒监杨愿忠，珠儿嫁信州军事判官刘仲泽，玉儿适进士班为妇，迎春适进士杨景行为妇 | 《张雄墓志》，166 | 一子、二弟、二侄都曾任职商酒监 |
| 59 | 吴前鉴 | 长春人 | 女一适中大夫，尚书刑部郎中李昌图 | 《吴前鉴墓志铭》，168 | |
| 60 | 周论 | 平凉人 | 长女适保义校尉郭孝忠，次适供奉班祗侯壬佐，次适孟宁 | 《周论墓志铭》，170 | |
| 61 | 刘中德 | 宣德州文德县 | 娶王氏（云中怀安人），故静度军节度使梅之女，女次适昭信校尉张子亭，孙女长适进士禹教礼 | 《刘中德墓志铭》，172 | 刘中德未登仕，版一见而奇之，遂以夫人妻之 |
| 62 | 李抟 | | 曾祖妣刘氏，宰相泾之女，娶孙氏吏部侍郎通吉之女，女长适进义校尉孟柔中，次适显武将军孙衍康，幼适进士阎士犇 | 《李抟墓志铭》，176 | |
| 63 | 韩谂 | | 配盖云中成团练之□女也，女长适银青光禄大夫耿公长子元孙武略将军相刘公 | 《韩谂墓志铭》，180 | |
| 64 | 李潮 | 绥德白草人，世为右姓 | 女一适武烈大夫，鄜延路兵马都监监管第十人将人马冯适 | 《李潮夫人贺氏墓志铭》，147 | 长子采武略郎、前鄜延路第十三将 |

续表

| 序号 | 关系人 | 地名 | 所娶（嫁）女性父族（夫族）身份 | 史料来源（卷：页） | 备注 |
|---|---|---|---|---|---|
| 65 | 杨瀛 | 真定藁城 | 夫人马氏，赠定远大将军仲柔之女，后夫人苏氏，银青荣禄大夫，尚书右丞保衡之女 | 《杨瀛神道碑》，103 | |
| 66 | 韩景□ | | 女长适□伯益祗侯承奉班知潞王府印深二子，女孙适辅国上将军、镇西辅国上将军，勋□□军，爵至开国侯食邑至一千户、实封至壹佰户 | 陈康：《丰台出土辽韩氏家族墓神道碑》，《北京文博》，2003年第3期，第66—69页 | |
| 67 | 刘元德 | | 初娶大氏，故元帅左监军金柱之侄女也，再娶郭氏，故兵部尚书安国之女也，女昌宁适故宣徽使许公之长孙，顺宁□□护完颜咬住，□男娶故奉圣州节使骠骑耶律温之女孙 | 《刘元德墓志铭》，193 | |
| 68 | 董三郎 | 河东南路绛阳军曲沃县祁乡南方风上村 | 妻北方裴店赵氏，男靖妻西李村文氏，次男楼喜妻狄庄村卫氏、西李村文氏，次男念五，妻高村赵氏 | 山西省考古研究所侯马工作站：《侯马102号金墓》，《文物世界》，1997年第4期，第28—40页 | 砌匠人张卜、杨卜、段卜、敬卜 |
| 69 | 王元德 | | 母氏辽驸马都尉范阳卢侯之女孙也，先娶夫人路氏，继以咸平萧总管之女，今夫人马氏故明威将军，右藏库使马敬锐之次女也 | ［美］陈学霖：《金循吏王元德墓志铭考释》，《中国民族史研究》第4辑，改革出版社1992年，第92—107页 | |

续表

| 序号 | 关系人 | 地名 | 所娶（嫁）女性父族（夫族）身份 | 史料来源（卷：页） | 备注 |
|---|---|---|---|---|---|
| 70 | 郑赡 | 涿州定兴 | 长女适成仲元，次适崔元吉，季适田炳；孙女长适苏氏，次适王氏 | 《辽金元石刻文献全编》（二），《郑赡墓碑》，888 | |
| 71 | 陈规 | 绛州稷山人 | 配颍川郡君苏氏，女长嫁宁氏子南容，次嫁燕人赵遵周 | （同治）《稷山县志·艺文上》，《故中议大夫中京副留陈规墓表》，8：893 | |
| 72 | 王礎 | 羁縻于景州南部落 | 夫人清河张氏，汾州西河主簿孝端之女，女孙一适左国公孙茂 | 《拙轩集》，《先君行状》，6：10—11 | |
| 73 | 孟璘 | 云中人 | 妻韩氏，濮王之后，继母韩氏之侄女也 | 《庄靖集》，《孟氏家传》，8：164 | 孟娥，归白登郭文振 |

注：1. 如若家中有嫁或者娶同乡里情形，计入表 6—5，此表并不重复计算。

2. 表中第 18—49 条，史料均出自《遗山先生文集》；第 50—65、67 条均出自《金代石刻辑校》。

第一，金代娶妇有两个标准。一是，娶本"乡里"① 之女；一是，娶某官爵之女。概括其特点而言，著名郡望和高贵谱系几乎不具有任何现实的政治利益，地方主义和家族主义的郡望和官爵相比，已经变得相形见绌。② 这是前人学者对唐人的界定，金人亦是如此。

夫妻二人出自同乡里共有 29 例，仅占 36.7%。③ 从表中可见，此处同乡里皆实指④，包括同郡（本郡、郡人、邻郡）12 条，同里（里人、

---

① 此"乡里"概指州、县、乡等，泛指同一地域而言。

② 范兆飞：《中古郡望的成立与崩溃——以太原王氏的谱系塑造为中心》，《厦门大学学报》（哲学社会科学版）2013 年第 5 期，第 36 页。

③ 这一概率的得出略高，原因有二：一是其中一家之中有嫁娶同乡里情况只计入前表，并不重复计入后表。二是娶同乡里者同一家最多 3 人，基本仅 1 人。娶某官爵之女，传主本人娶妇、嫁女、孙女，儿子娶妇等涉及人较前者要多。

④ 碑中提及男性某村人，娶本郡某女，存在同一组织前后称谓不同现象，但并不影响其同乡里真实性的存在，所以称"实指"。

同堂里、里中）7 条，另外还有同乡、邑、县，本州、村各 1 条，而这一乡里确是夫妻二人的现居地，并无女性郡望的附会现象。

  第二，金代男婚女嫁看重姻亲官爵。宋代"大量的证据表明，族亲对个人政治命运的影响通常不及外祖父或岳父的作用"，"即便宰相类似高官支脉长期命运可能更多地依靠其建构的姻亲关系而非族亲关系"①。虽然有实例声称"三女皆适名家"，"女四人皆适士族"，但很多都难以核实，但我们可以很容易地推断，类似宣称墓主男婚女嫁高官显爵，必定会为墓主增添光彩，这无疑透露出金人的价值观念。但金代对于所娶女性父族官爵名望的攀附时间上止于宋辽，比如党怀英夫人石氏，称为"徂徕先生"之后，"徂徕先生"是宋代理学家、泰山学派的创始人，同时也是奉符人，党怀英亦是奉符人，但并未提及更甚至以此同乡的身份来明确夫人的身份；王元德"母氏辽驸马都尉范阳卢侯之女孙"，张世本娶伊氏，伊氏乃"辽世禄名士之家"。但仍以有金一代最多，且官职详细人物明确，这足以体现在历经宋、辽国家变故时代易主之后的金代汉人寄人篱下、更识时务的复杂心理。而唐代墓志辞令中，叙述志主祖先往往长篇大论，强调墓主家族历史悠久门庭显赫，甚至时间段限上溯几个世纪，与金有明显不同，这与中古以来郡望崩溃紧密相关。魏晋以门第取士，"自单寒之家，屏弃不齿，而士大夫始以郡望自矜"。南北朝时期是郡望门阀兴起的基点，《宋书·王弘传》记载南朝人认为"士庶之际，实自天隔"②。东晋以后，严格流品、族姓、门第、郡望成为缔结婚姻的至高标准。不仅如此，两晋南北朝时仕进选举都以婚姻门第为重要条件。③ 唐宋重进士科，"而唐世犹尚氏族"④。"他们对于名望的标榜均立足于将墓主与把持汉唐间政治生活的某一贵族大姓的郡望攀上关系。"⑤ 而五季之乱"谱牒散失"，至宋私谱盛行"朝廷不复而问焉，士既贵显，多寄居它乡，不知有郡望者盖五六百年矣"⑥，也就是说郡望与现居地之间已经形成了分离，而"郡"作为国家正式行政区划自唐代以州代郡之后便已然取消了，郡

---

① ［美］柏文莉：《权力关系：宋代中国的家族、地位与国家》，刘云军译，江苏人民出版社 2015 年版，第 100 页。
② 《宋书》卷 42《王弘传》，中华书局 1974 年版，第 1318 页。
③ ［美］柏文莉：《权力关系：宋代中国的家族、地位与国家》，刘云军译，江苏人民出版社 2015 年版，第 138 页。
④ （清）钱大昕：《十驾斋养新录》卷 12《郡望》，上海书店 1983 年版，第 268 页。
⑤ 姜士彬：《世家大族的没落：唐末宋初的赵郡李氏》，《哈佛亚洲研究》1977 年第 37 卷第 1 期，第 70—102 页。
⑥ （清）钱大昕：《十驾斋养新录》卷 12《郡望》，上海书店 1983 年版，第 268 页。

望作为一种家族姓氏、望族发源地流传下来,"唯民间嫁娶名帖偶一用之"①,这大概是金人男性娶妇常言"本郡"的原因所在。

第三,据唐宋墓志中德行与声望之间关系明显看出,到宋时已经摒弃了唐人贵族出身给人提供道德上的优越感,而是德行赋予以地位或声望,女子的美德已经不再与显赫的祖先有任何关系。② 所以,金代存在所娶女性不再附会父族的现象。韦仪先娶原州王氏,后娶虢州王氏;王辅之娶山阳张氏;李济川娶沂州蒲氏、锦州张氏;董三郎及儿子娶妻,裴店赵氏、西李村文氏、狄庄村卫氏、高村赵氏,等等,身份皆以地名为区分。

## 二 "同乡"中的"同志"

"同乡"中的"同志",所谓"同志"本书解释为同僚、同事。以往研究重视论述家庭或者家族内成员出仕前后彼此之间的荫庇、荐引以及所形成的政治势力与地方网络,习惯性地把仕宦与地方世家大族联系起来,而家族之间尤其政治帮衬使得官海沉浮是决定家族延续的重要因素,这是大势亦是事实,但这种定式思维容易使研究单一化绝对化,本小节试图略举例零散于碑刻当中的政治生活中所见成员关系(经济、教育在其他章节已经单独进行过探讨),从地缘角度展示金代汉族尤其普通家族宗族发展路径的另一面向。

关于"同乡"中的"同志"(表6—7),毛珌与毛瑜实出同系,一支迁至大名占籍,一支居徐州彭城。从其两支仕宦对比可见,大名一支显胜于彭城毛氏,具体分析得知,经济实力、家族背景、家庭结构都是重要因素。彭城毛氏二、三代"家甚贫",二代毛允仅以"户计推择为吏",家弟不仕。三代毛矩生前官最高至从七品,死后赠至从五品下的宣武将军,且家男丁不旺,二侄"兵乱不知所终";大名毛氏二、三代官至正五品,封勋爵,家中子嗣较多且亦为官。仅以此看,家族背景甚为重要。同时王善军谈及燕云汉人世家是遵循由富求贵的路径,可见经济是基础。从记载来看,四代毛端卿时期之后两家确知彼此的存在,但仍无仕途上的互助牵涉,私下有来往也仅以"宗盟之故","通谱谍"。可见"相好善已数十年"并不十分值得信服,理应属于墓志一贯性的夸赞之语。毛氏两支确存在"同志"关系,但并无交集,更无所谓政治势力社会网络。类似史

---

① (清)钱大昕:《十驾养新录》卷12《郡望》,上海书店1983年版,第268页。
② [美]柏文莉:《权力关系:宋代中国的家族、地位与国家》,刘云军译,江苏人民出版社2015年版,第25页。

例证实，只有世家大族才可能存在盘根错节的人际、社会关系，所以研究家族宗族必谈彼此拉帮结派、互相比附，存在偏颇。

表 6—7　　　　　　　　毛珣、毛瑜家族关系统计表

| 编号 | 世系 | 姓名/朝代 | 地名 | 家庭成员关系 | 官职勋爵（其他） | 婚姻状况 |
|---|---|---|---|---|---|---|
| 1 | 一 | 毛珣/宋 | 徐州彭城 | 毛矩祖 | 自宋日雄于财，有"十万毛氏"之号 | |
| | 二 | 毛允 | | 毛矩父 | 以户计推择为吏，一郡以吏能称之 | |
| | 三 | 毛矩 | | 己 | 州掾属保随朝吏员试秋场，中甲首，吏部覃科令史，转贴黄科房长。忠勇校尉、博州防御判官。永丰库使、辽阳县丞，用宰相荐，特授桓州军事判官，崇庆元年，赠宣武将军、同知桓州军州事 | 两娶：先娶靳氏，再娶郑氏 |
| | | 毛缯 | | | 不仕 | |
| | | 毛杰 | | 毛缯子一 | 兵乱不知所终 | |
| | | 毛翼 | | 毛缯子二 | | |
| | 四 | 毛端卿 | | 毛矩子 | 宣武欲荫以官，不就，去学进士。泰和三年进士第。崞县簿，尚书省令史。河南府录事判官，户部句当官。同提举南京路榷货、兼户部员外郎。监察御史，下降外路七品，借郑州司候、再调孟津县丞，官至少中大夫 | 两娶：同郡秦氏，再娶辽阳高氏、西京路转运使曼卿之女 |
| | 五 | 毛思遹 | | | 以荫再任酒官 | 孟氏 |
| | | 女三人 | | | | 婿一元好问 |
| | 六 | 毛从 | | | | |
| | | 毛复 | | | | |
| | | 女一 | | | 尚幼 | |

第六章　金代家庭、家族与乡村社会　263

续表

| 编号 | 世系 | 姓名/朝代 | 地名 | 家庭成员关系 | 官职勋爵（其他） | 婚姻状况 |
|---|---|---|---|---|---|---|
| 2 | 一 | 毛瑜/宋 | | 曾大父 | 成忠郎 | |
| | 二 | 毛询 | | 大父 | 金朝初,洎弟评同登进士第,仕为泗水令,官至朝散大夫 | |
| | 三 | 毛大壮 | | 父 | 广威将军、永年县主簿。内翰东明王公百一,述先德备矣 | |
| | 四 | 毛伯朋 | 临清 | | 以父任系承奉班,超灵宝县主簿,昌平县军资库使。潞州录事,檄监漕事。积官广威将军、勋骑都尉,封荥阳县男,食邑三百户 | 涿郡王氏,泰和名臣大尹翛然之女孙,封荥阳县君 |
| | | 毛敬之 | | 毛伯朋弟 | 广威将军 | |
| | | 不详 | | 毛伯朋妹 | 嫁上谷毕氏,游宦隔阔,无归省之便。君问遗殷重,不以远道为嫌 | |
| | 五 | 毛居谦 | | 毛伯朋子一 | 明威将军、临淮簿 | |
| | | 毛居政 | | 毛伯朋子二 | 忠显校尉、魏县五星镇酒官 | |
| | | 毛居仁 | | 毛伯朋子三 | 修武校尉、通许醋监 | |
| | | 毛喜喜 | | 毛伯朋子四 | 早卒 | |
| | | 不详 | | 毛敬之子一 | | |

续表

| 编号 | 世系 | 姓名/朝代 | 地名 | 家庭成员关系 | 官职勋爵（其他） | 婚姻状况 |
|---|---|---|---|---|---|---|
| 2 | 五 | 女一 | | 毛伯朋女一 | | 长适千户乔惟忠 |
| | | 女二 | | 毛伯朋女二 | | 次适顺天路军民万户张德刚 |
| | 六 | 男孙三人 | | | 渐业进士，涣、澄皆尚幼 | |

注：1. 以上内容出自《遗山集》卷28《潞州录事毛君墓表》，第288页；卷34《毛氏宗支石记》，第355页。

同乡中还有一种情况，虽籍贯为同乡，但并无同族同志关系，依然因为同乡的关系而互相帮助。天兴元年（1232年），蒙军破河南，弋润挈家避于西山，山栅破，公家亦被驱逐，一卒见公稠人中，请于主帅云，此吾乡善士，其纵遣之。帅遣公举家去，是夜所俘皆阬之，里社为空，公家独完。① 二是共事于同一地域，但并不同乡于任职地。② 澄城县"前主簿马丙亨，业已受代而遽告逝，遗孤女六人，皆长成而未聘也，一孙虽甫及成人而未娶，侯（县令艾公）哀其孤贫，皆为择良配而婚之，其嫠倩释重累而还于乡里"③。"门人班忧，亲老子穉，贫不能朝夕，一女已及笄，先生（醇德王先生）为办装具，择士塓之，因以成家赖以婚娶者甚众"④。

金汉族对于祖先的兴趣明显降低，尤其关注子孙后嗣的仕途功名。柏文莉对唐宋墓志辞令做了较为全面的对比发现，唐代墓志对墓主后人的存在与否都是漠不关心，宋代从11世纪初期开始提供诸子与女婿们的名字以及他们的官衔，11世纪中叶所有墓志均提供儿孙、女婿甚至间或孙女婿名字，并且提供官衔，尤其关注科名与仕宦成就，这无疑是唐宋间社会价值观重构的一部分。金代承宋，墓志大量出现子孙后代姓名，如果有仕宦经历一定会有所提及，即便对那些尚未中举的诸子，墓志中往往强调他们努力应举且坚持不懈，并且已经形成家风门风。拿涿州郭氏来说，涿州定兴郭济忠地处燕南之陲，碑后铭曰"氏为汾阳"，"氏为汾阳"的原因很大程度在于其"叔姪弟兄，相继而第"，彻底实现"上荣父母，下庇妻

---

① 《遗山先生文集》卷24《临海弋公阡表》，上海商务印书馆缩印乌程蒋氏密韵楼藏明弘治刊本，第246页。
② 非同乡中的同志之间的互相帮助，此文并不包含在内。
③ （清）张金吾编纂：《金文最》卷77《澄城县令艾公遗爱碑（承安四年）》，中华书局1990年版，下册，第1133页。
④ （清）张金吾编纂：《金文最》卷89《醇德王先生墓表（大定二十五年）》，中华书局1990年版，下册，第1299页。

子"，所以"风动间间，闻者自励"。这无不与其家庭内部良好教育以及不断勤奋努力的家风息息相关。济忠曾、祖不仕且以农为业，父亲却投身科举长于法度但习进士业不中，伯叔、长兄并无放弃之意，并耳濡目染济忠"昼夜诵习，寝食俱废，律令精通"①，随即登第。家庭教育尤其内容上的专掌条宪，方式上的长辈晚辈、平辈之间不怕挫折、勤勉努力精神，在郭氏一门体现的异常明显。金代汉人仍重视科举并不意外，即使可以从父荫仍放弃而选择科举方式入仕，比如李晔昆弟四人，长兄和一弟承父荫。祖不仕，其父官至给事使，《宋史》当中并无此官职记载，但可知其荫当因其父且至少两人，按照长幼次序，李晔是可以承荫的，但其仍然选择科举，且登宣和四年进士第，才会有了其弟顺延承荫的可能。② 但屡败屡举精神可嘉，在石刻当中多有体现。比如乡贡进士董硕卿入春闱数四，每造殿庭，时与命违，终不克禄③；周鼎初取乡试第一，但三赴廷试，终登第。④ 这充分证明，金承宋，更加重视子孙后嗣以及子孙后代的科场功名。

此外，金代仕途同样存在其他彰显身份的途径，比如金末尤其宣宗时期赐非女真人女真大姓甚至国姓，其中就包括汉族军功将领，完颜阿邻本姓郭氏，以功俱赐姓完颜。⑤ 加之类似这类非常时期的非常措施，重建了家族宗族仕宦过程中的复杂面向。

---

① 国家图书馆善本金石组编：《辽金元石刻文献全编》，《郭济忠碑》，北京图书出版社 2003 年版，第 2 册，第 889—890 页。碑记郭济忠其先 "易县河内里人"，大定六年 "黄甫村南置定兴县，拨而隶焉"；《金史·地理志》，第 575 页，载大定六年定兴 "以范阳县黄村置，割涞水、易县近民属之"。
② 国家图书馆善本金石组编：《辽金元石刻文献全编》，《李晔墓志》，北京图书出版社 2003 年版，第 2 册，第 1005 页。
③ 国家图书馆善本金石组编：《辽金元石刻文献全编》，《乡贡进士董君墓志》，北京图书馆出版社 2003 年版，第 2 册，第 917 页。
④ 国家图书馆善本金石组编：《辽金元石刻文献全编》，《阳曲令周君墓表》，北京图书馆出版社 2003 年版，第 2 册，第 926 页。
⑤ 《金史》卷 103《完颜阿邻传》，中华书局 1975 年版，第 2268 页。

# 第七章　金代汉族家庭的民间信仰

金代民间信仰，讨论者鲜少，属于金史研究空白点稍多之领域。真正使用"金代民间信仰"这一概念本身的研究，就几乎不见，相关讨论多以民俗形式呈现。与之形成鲜明对比，官方祭祀、佛道宗教所涉及的国家正统、宗教政策多成为研究主要内容。诚然，金代民间信仰有其自身的特殊性。该章节以金代汉族民间信仰为研究对象，梳理民间信仰中的神灵信奉以及作为神灵信奉主载体的祠庙等相关现象。在此基础上，试图于政治因素、经济特性、地域环境、社会思想、文化宗教各方面关系赋以有机的解释。

金代民间信仰研究存在材料的限制性。一方面，其本身流传下来的材料少，关于民间信仰的更少，且碎化，材料的作者又多为汉族知识分子，描述的多为燕云、中原地区情况，于是我们讨论金代民间信仰时，往往就以汉族、汉族地区为基本材料，这个缺憾在金史研究的各个领域都存在。于是，关于东北、西北等与此地区的差异，汉族、女真的民族差异很难体现。另一方面，金代民间信仰研究的任务，也不仅仅是对整个传统社会民间信仰研究时间断限的一个补充，不是按照它朝分类按部就班的填入金代相关内容，偶有添加删减，体现继承和发展。如此金代民间信仰本身独立的研究意义显然就丧失了。通常情况下，金代民间信仰更应该以信仰本身为核心，比如信仰群体、组织、观念、仪式，突出与北宋燕云旧地、与南宋的异同，这样才有可能实现"为理解传统中国社会提供独特的贡献"。①

---

① 皮庆生：《材料、方法与问题意识——对近年来宋代民间信仰研究的思考》，《江汉论坛》2009年第3期，第74页。

## 第一节　金代汉族家庭民间信仰中的神灵信奉

关于民间信仰，概念体系的认知是研究的逻辑起点，学界多有探讨。① 鉴于民间信仰自身庞杂性特点，首先要做的是从多且杂的资料中清理出条例来，这涉及民间信仰的研究范畴问题，也就是说什么样的算作民间信仰？民间信仰的神谱到底是什么？

传统社会对于神灵的信奉自古有之。"余尝闻人赖神所佑，神依人而行，人不赖神，福从何来，神不依人，主将孰为。"② 有关"民间信仰"的定义众说纷纭，不下20种。有学者给出的观点主要是从民间信仰与宗教之辨析的角度而言的，比如民间信仰不是宗教，而是一种信仰形态。强调民间信仰的自发性和民俗性，否定其宗教的本质属性，乌丙安、贾二强、姜义镇、樱井德太郎等持这一类观点。还有学者认为民间信仰本质上就是宗教。此说强调民间信仰的本质属性，同时充分注意到与其他宗教、民间宗教的区别和联系，李亦园、金泽等持这一观点；民间信仰具有一般宗教的内在特征，但又不同于一般宗教，介于一般宗教和一般信仰形态之间，民间信仰为"准宗教"比较准确。林国平通过总结上述几种观点，又提出了这一观点，他认为民间信仰确实具有一般宗教的内在特征。③ 宗教作为社会意识形态，核心含义是相信在现实世界之外还存在着超自然、超人间的神秘境界和力量，主宰自然和社会，因而对之敬畏和崇拜。从这层意义上而言，民间信仰显然属于宗教的范畴。所以朱海滨在谈及民间信仰与佛道儒之间关系时指出，中国的民间信仰实况是把大乘佛教、道教，甚至是些许的儒教，与大量的灵媒进行很有特征的融合。随着不同的时

---

① 路遥教育部重大项目《民间信仰与中国社会研究》三条建议之一就是，提高、加强课题相关理论的研究。他认为应该与时空相联系，根据具体的历史条件比如时段、环境、问题看待理论界定；叶涛从民俗学角度，对于如何界定民间信仰，他说有一个偷懒的做法，就是正统宗教以外的都可以拿进去，包括民间宗教、秘密教门、老百姓的习俗等等。模糊一点比精确一点要好，因为无法精确；金泽专门从事宗教研究，他认为宗教之间都是有联系的，为了研究的方便，还是应该给予各信仰形态一个区分、隔断，等等。而郑志明探讨民间信仰、民间宗教与新兴宗教时指出，民间信仰实际上是学术界定义下的概念。不仅官方不承认民间信仰是宗教，连民众在认知上也是混沌的。
② （清）张金吾编纂：《金文最》卷71《益都县重修东岳行宫碑》，中华书局1990年版，下册，第1037页。
③ 林国平：《关于中国民间信仰研究的几个问题》，《民俗研究》2007年第1期，第7页。

代、不同的地区、不同的人而有不同的喜好,但其崇拜本质却是一致的。①

还有一些史家谈及民间信仰从"民间"二字出发。叶涛为代表,对民间信仰的界定,认为不必要太精确,模糊一些更有利于研究;② 赵世瑜指出"民间"强调的不是一个群体,而是一个共享的空间;刘黎明也认为,民间信仰不是指群体的信仰,而是在某一个生活空间中的信仰,这个信仰的人有可能是平头百姓,也可能是个政府官员、高级知识分子。③ 近年来,欧美学者已渐渐达成共识,民间信仰并非是单纯的"庶民信仰",在现实生活中,精英阶层(包括皇帝及各级官僚)也享有同样的信仰。也就是说,欧美学者已逐渐摒弃把民间信仰视作庶民信仰的做法,而倾向于把其视为全体中国人的精神信仰。④ 前面史家强调民间信仰与宗教之间的差异,后面这种定义法更倾向于给出了一种研究方法,更趋向于强调宗教、群体与民间信仰之间的"同"而非"异",民间信仰已然全民化,这也是金代民间信仰一个重要特征,它突破了传统的"官方祭祀""国家祭祀""地方祠祀"等强调"群体"的立意,这对于民间信仰的研究很重要,很好地解决了民间信仰研究范畴的问题,也更是它的整体发展趋势。如此一来,对于是由倡议者还是出钱出力者,来决定此祠庙的官方或者民间性质,已然给出了较为合理也符合现实的解释。

研究范畴的明确,有利于对于材料的有效筛选。此小节关于金代民间信仰相关梳理,将岳镇海渎等也包括在内,"但民间信仰虽说不是过去所认为的纯粹下层的现象,但以下层民众为主恐怕没有什么问题"⑤。所以还要具体材料具体分析。首先就是要避免拿来便用,最基本要做到分类使用。⑥ 金代汉族民间信仰的神仙谱系继承前代,并无大的变化,总体以

---

① 朱海滨:《民间信仰——中国最重要的宗教传统》,《江汉论坛》2009 年第 3 期,第 70—71 页。
② 林国平:《关于中国民间信仰研究的几个问题》,《民俗研究》2007 年第 1 期,第 6 页。
③ 皮庆生:《"中国民间信仰:历史学研究的方法与立场"学术研讨会综述》,《世界宗教研究》2008 年第 3 期,第 149、150 页。
④ 朱海滨:《民间信仰——中国最重要的宗教传统》,《江汉论坛》2009 年第 3 期,第 69 页。
⑤ 皮庆生:《材料、方法与问题意识——对近年来宋代民间信仰研究的思考》,《江汉论坛》2009 年第 3 期,第 76 页。
⑥ 皮庆生:《材料、方法与问题意识——对近年来宋代民间信仰研究的思考》,《江汉论坛》2009 年第 3 期,第 74—79 页。

表 7—3 进行归纳，不再赘述，仅就在此基础上民间信仰所体现的全民化倾向做一分析。表 7—3 共搜集金代民间信仰中神灵信奉 90 例，其中 62 例有明确提到崇信神灵时所修庙貌的经济来源，从出资与撰修群体两方面考虑来看，完全出于官方的行为只有 2 例，占 3%。60 例都有百姓参与，其中完全由百姓（包括乡民、道众、乡贡进士，碑庙撰者群体只要不明确言及其为某某官记者一律按照百姓计算）来进行的有 27 例，占 44%。二者结合共同完成的有 33 例，占 53%。

以岳镇海渎为例，作为单独一类进行说明。岳镇海渎是典型国家祀典当中的信奉对象，所遗留下的材料也最多最集中。检索表 7—2，以碑刻史料为中心，关于重修经济来源，共搜集到 19 条，以中岳嵩山和东岳泰山为最多，中岳 5 条占 26%，东岳 10 条占 53%，东镇 2 条占 11%，西岳 1 条占 5%，中镇 1 条占 5%。其中中岳 1 条东岳 1 条，为明确国家诏令行为，占 11%。① 这里定性是否为国家行为并非仅仅依据重修行为是谁倡议，经费由谁所出，而是国家诏令之下，明确经费官帑所出，且撰者也属于奉敕而记。这里的经费官帑所出，并非完全朝廷给予，其内涵是即便有地方官吏、信众共出祀费，但仍属于朝廷统一部署筹资方案；第 2、4、7、11、12、13、15 条共 7 条完全出于地方百姓（包括乡豪、商人、乡里故旧、道士信众、耆老、乡贡进士），且 6 条碑庙记也完全由百姓撰写②，占 37%。这其中中岳祭祀中经费所出与作者，均为地方百姓者占 20%，东岳则占 50%；完全由地方官重修、作记只有第 1 条，占 5%。但这与地方官员作用大小并不成正比，地方官员在此过程中起到的作用绝对不可小觑。金代曾颁布诏令，"岁时之祭，特命有司行之，祠宇之废，亦命有司修之，着为常令"③，意味着有司之职责重大。大定十九年（1179 年）"岱祠告灾，明天子恤神无居，亟为兴复，畴咨可属者。庙堂念以徐公为能，上俞所举，俾之就守是邦"④。大定十八年（1178 年）岳庙灾，"俾治有司不戒之罪。既而叹曰：神其或者以宫庙故敝，欲作新者乎？乃敕庀工度材以闻。明年，以同知河北西路转运使事徐伟就迁□（原文即为方

---

① 表 7—2 第 9 条由于文字漫灭无法取得具体重修经费来源信息，故并不在计算之内。
② 表 7—2 第 15 条，作者为元好问，但文中记载 "癸未之夏，予过昆阳，进士韦仲安道樊之意，欲得吾文"。元好问当时被邀请撰文的身份并非官员，所以也算在其中。第 14 条作者佚名，并不算在其中。
③ （清）张金吾编纂：《金文最》卷 82 《中岳庙碑》，中华书局 1990 年版，第 1197 页。
④ （清）张金吾编纂：《金文最》卷 69 《重修严严亭碑》，中华书局 1990 年版，第 1017 页。

框）□□□领其事，彰德军节度判官王元忠佐之，皆选能也"①。第3、6、8、9、10、17、18条共7②条是由地方官吏与信众（包括地方百姓、道士）共同完成，占37%。中岳占20%，东岳占30%。由于属于完全国家行为的经费来源也包括地方百姓，所以实际上由官私共同出钱重修所占达到47%③，把完全出于地方百姓重修再包括在内，官私合修达到84%。

表7—1　金代汉族所修庙貌经济来源与碑庙记撰者群体统计表

| | 经济来源与撰者群体（例） | 所占比例（%） |
|---|---|---|
| 总计 | 62 | 100 |
| 完全官吏 | 2（7、86） | 3 |
| 完全百姓 | 27（2、4、10、11、12、13、19、21、27、29、33、35、41、43、44、45、47、52、53、56、57、61、64、74、76、77、78） | 44 |
| 官私结合 | 33（1、3、8、9、14、16、20、22、24、28、30、32、36、37、39、38、42、46、49、50、51、54、55、60、63、68、67、71、73、75、81、83、79） | 53 |

综上所述，仅就碑庙记中所见，即便岳镇海渎，也已然成为地方民众信奉祭祀的对象，也就是说金代民众眼中的神谱毫无疑问包括岳镇海渎。这其中很重要的原因在于，岳镇海渎自身有世俗化倾向。今夫东岳"职司人命而生之死之，鉴察人为而祸之福之，故凡戴天履地含齿戴发者，敢不敬乎"。东岳已然不再高高在上，功能上已经转变成执掌人生死的神，而且有求必应。岳镇海渎的信奉祭祀已然走向大众的生活世界了，例如大定十年益都县东岳行宫重修实为阎氏还愿，其"适因城破迹陷，驱虏干戈之下，砧鼎之□，心常战栗，恐不免为他乡之鬼耳"，于是阎氏仰天而祝"□身若得生还，愿修□□大殿"，"彼既遂愿，乃能不负初心，辄为

---

① 《山左金石志》卷19《重修东岳庙碑》大定二十二年，引自《辽金元石刻文献全编》，第1册，第644页。
② 表7—2中第16条，作者李子樗当时身份无法确认，所以不包括其中。
③ 47%并非以上11%加37%，而是官私所一共具有9条然除以总数19得出的。

倡率"。①

表7—2　　　　　　金代岳镇海渎祭祀经济来源统计表

| 序号 | 祭祀对象 | 重修所需来源 | 题署 | 史料出处（卷：页/页） | 备注 |
|---|---|---|---|---|---|
| 1 | 嵩山 | 龙虎李候"施以白金五百□兴弊补完" | （县令）随琳 | 《重修中岳庙碑》，《金文最》，66：963—964 | "命统制孙坚董其役，县令随琳相之。" |
| 2 | 沂山 | 沂山沂河张林"遂率其乡里亲属故旧，共成胜缘，约费钱五十万"。 | 前太学生沂水刘□②记 | 《东镇庙修瓦殿碑》，《金文最》，67：977 | |
| 3 | 泰山 | "医学阎宗……辄为倡率，经营缔构。内罄己资，外求众助，岁龠未更，口兹大殿。""邦人张立者 睹此兴造，欣口就役。力不惮劳，功不计己。朝夕于斯，至终乃已。""知府元帅王君来殿是邦。""乐于为善，谨于奉神。""青社一方，自上而下，崇敬神明，协力兴修。" | 权益都府教授王大任记 | 《辽金元石刻文献全编》（三），《修东岳行宫碑并阴》，28：40 | |
| 4 | 泰山 | "居民张坚、金选等悯庙貌之将废，候农务之隙，鸠工于众。" | "嗣张坚等之志""前进士冯长吉记" | （乾隆）《济源县志》，《孟州济源县故清河店重修庙记》，15：672 | |

---

① （清）张金吾编纂：《金文最》卷71《益都县重修东岳行宫碑》，中华书局1990年版，下册，第1037—1038页。
② 此处应指刘名阙。

续表

| 序号 | 祭祀对象 | 重修所需来源 | 题署 | 史料出处（卷：页/页） | 备注 |
|---|---|---|---|---|---|
| 5 | 嵩山 | "先是，十四年秋九月敕遣中人谕指宰相，诸岳庙久阙修治，宜加增饰，其选使驰传遍诣捡视以闻。明年，使者复命，即以诸应费材用工徒与夫百物之数，具图上之。粤十月壬午，乃有重修之命，且诏有司，凡一夫之役，一物之用，悉从官给，无得烦民。仍宽与之期，戒勿仓卒，涉于不敬，以称所以事神为民祈福之意。维中岳在河南府登封县之境内，尚书省乃以其事下于府，府以是下之县。地官则以其费用属本道转运司，出公帑之钱，合庙前后供施余利，验其数以时给之。冬官则以其夫匠均赋河南及旁近诸郡，发其驼驭役夫之羡卒，阙或不足，则募诸游手之民，随时之高下而优予其直，以付本县令臣张子夏监护役事，又命同知河南尹事臣宋嗣明总治之。" | "中宪大夫、充翰林待制、同知制诰、上骑都尉、江夏县开国子、食邑七百户、赐紫金鱼袋臣黄久约奉敕撰奉政大夫、充翰林修撰、同知制诰、兼国史院编修官、骁骑尉、赐绯鱼袋臣郝史书承直郎、应奉翰林文字、同知制诰、兼国史院编修官、云骑尉、赐绯鱼袋臣党怀英篆额" | 《大金重修中岳庙碑》，《全金石刻文辑较》，252 | "始事于十六年四月丁未，绝手于十八年六月戊子。费钱以贯计之为一万四千九百六十有四，用力以工计之为四万八千三百六十有二。" |
| 6 | 泰山 | "有邑人郭浃等，乃启愿言，化到市民曹成、曹珪□□□已业税地，周围玖亩零。" | □安上 | 《淳化县重修岱岳庙碑》，《金石萃编》（四），引自《石刻史料新编》（四），156：2892 | |
| 7 | 泰山 | 知庙道士吕居仁"冀旦，遂与邑中耆老度其鲜原，揆之以日，鸠良□，□众材。" | 乡贡进士宗有□记 | 《道家金石略》，宗有□：《重修岱庙碑》，1040 | "弟子王抱一以其师营造之勤，求为记述。" |

续表

| 序号 | 祭祀对象 | 重修所需来源 | 题署 | 史料出处（卷：页/页） | 备注 |
|---|---|---|---|---|---|
| 8 | 华山 | 令用香钱为缮修之费。公（郡守）遽辍已俸为之倡导，华阴县令大兴嗣、主簿高瑀，从而和之。兴嗣与瑀秩满，乃诿主簿陈租虞领其事，募民匠，率州兵，经始于承安二年六月 | 杨庭秀 | 《西岳灏灵门碑》，《金文最》，78：1135—1136 | |
| 9 | 中岳 | | "尚书省委差监修、太中大夫、同知河南尹事梁襄修庙接手官忠勇校尉河南府录事宋元立石" | 《八琼室金石补正》金5，《梁襄修中岳庙图碑》，127：900—901 | |
| 10 | 沂山 | | 邑士胥从简 | 《金文最》，《东镇神应记》，28：382 | 益都统军使仆散昭武"命临朐令蒲察昭武前夕省牲" |
| 11 | 岳庙露台 | 董章"世居此邑，募工匠□□□费五百余贯。多众闻之，竞喜为助。中间工日用馈饷，公□□应办。" | 蒲中进士李鉴记里人冯翊、雷亨书丹砌匠河津西王王显石匠孙寺马忠、高头□进并刊 | 《全金石刻文辑校》，《岳庙新修露台记》，446 | |
| 12 | 泰山 | "乃有耆旧萧通辈慨然兴叹，于是鸠工聚财，共捐钱镪，重加修葺，加之一新。所有乡人协力办集，相与来助者，乃邵在、张□全、崔在、徐旺、邵珪、李佺也。" | 河东裴震记。中选翰墨、潍州刘泽书丹并篆额王顺、李实刊张导立石 | （民国）《昌乐县续志·金石志》，《重修三殿庙记》，17：620—621 | "工毕，一日，萧公辈求记于余。余与诸公乡里也，安能辞以不能？" |

续表

| 序号 | 祭祀对象 | 重修所需来源 | 题署 | 史料出处（卷：页/页） | 备注 |
|---|---|---|---|---|---|
| 13 | 泰山 | "承安五年正月望日作乐以落成。……克千户斜□河渠□□军官女……德信武将军□汤阴县鹤壁村圣帝庙地捌亩与元庙管校尉王悠久看守为业……本府天庆观受业同修圣帝庙道士王玄" | 乡贡进士贾天麟撰乡贡进士刘纲书丹乡贡进士秦谷篆额 | 《道家金石略》,贾天麟:《重修东岳圣帝庙记碑》,504 | "时大金大安三年岁次辛未二月辛卯四日丁巳,守庙道士李守道同王玄纪立石安阳故吕训、男吕□刊乡贡进士□友闻书丹乡贡进士史□□篆额" |
| 14 | 泰山 | 道士李德如"慨然有志,劝率邑人豪右,商度置为岱岳观"。 | 失名 | 《金文最》,《重修岱岳庙碑》,81:1180 | |
| 15 | 嵩山 | "实乡豪张佑、孙宁泰、商人党珪为之倡,庙既成。" | 元好问 | 《遗山先生文集》,《叶县中岳庙记》,32:328 | "予过昆阳,进士韦仲安道樊之意,欲得吾文。" |
| 16 | 嵩山 | "以官给所贮白金悉就工役,公又喜割己俸以佐其用,胥吏亦乐出己财以为之助。" | 李子樗 | 《金文最》,《中岳庙碑》,82:1197 | |
| 17 | 霍山 | 惟中书省左右司郎中李侯祯"遂乃发财募工"。 | 刘祁 | 《金文最》,《重修中镇庙碑》,84:1237 | |
| 18 | 泰山 | "委知观道士田信言新之,道士既闻命,于是佣夫召匠,指画经构,伐恶木,薙臭草,基砖柱础,壁石檐云,毕能事于浃旬间。" | 姚建荣 | 《金文最》,《重修严严亭碑》,69:1017 | |

续表

| 序号 | 祭祀对象 | 重修所需来源 | 题署 | 史料出处（卷：页/页） | 备注 |
|---|---|---|---|---|---|
| 19 | 东岳 | "出内帑钱①以贯计者十有六万，黄金以两计者二百四十有六，及民之愿出资以助者几十万千。且运南都之材以足之，复诏其工役勿烦吾民，给以佣直，故皆悦而忘劳矣。" | 制诏翰林侍讲学士杨伯仁记其事 | 《金文最》，《重修东岳庙碑》，73：1068 | |

## 第二节　民间信仰的主载体：祠庙及其相关现象

与祠庙相关的现象：首先是祠庙作为实体建筑的建立，包括设施、布局甚至破坏。"吾尝见夫世俗之所事神者矣，崇祠宇，严像设，刲羊豕，具仪卫，巫觋倡优，杂然而前，拜跪甚劳，迎送甚勤"②。其次是所承载的功能，通过仪式仪轨这种外在形式呈现出来。比如，代祀"持节备物"所携带的"物"，答神所携带的"礼"，包括什么、从哪里来、剩下的如何处理等。民间神祠在金代并无专一机构、官职进行管理，其祠庙的经济来源、日常营生、祀后经营与佛道有很大差异，以下具体梳理。

### 一　祠庙的组织与管理

"敬神者何，不过乎新其殿宇严其庙貌奉其香火而已。"③ 金代民间神灵信奉多承前代，其祠庙中间历经战火，多为重修。

---

① "臣伯仁承乏禁林，职在赞扬圣德，岂敢以鄙陋辞，谨书诏旨之始末与其经费之多寡叙之。"依此来看，重修神祠所作碑庙记中理应有经费来源多寡之记载，且与崇修诏令同等重要。那是否可以从反面思考一下这个问题，大多碑庙记中如果不涉及经费来源或者分配方式的，是否侧面说明朝廷只管重修诏令下达，经费问题则自然而然由地方来自行想办法解决。如果朝廷出资，也仅是一部分，其余的由朝廷规定。
② 《遗山先生文集》卷32《叶县中岳庙记》，上海商务印书馆缩印乌程蒋氏密韵楼藏明弘治刊本，第328页。
③ （清）张金吾编纂：《金文最》卷71《益都县重修东岳行宫碑》，中华书局1990年版，下册，第1037页。

## （一）立（重修）祠（庙）的程序

关于重修的程序，《金史·礼志》和《大金集礼》涉及较少，仅能从碑刻窥知一二。现将过程较为完整的事例列举如下：

1. 凡岳镇海渎名山大川，率命有司崇饰其庙貌，严寅其祀事，岁时亲署祝版，遣驿命守臣侍祠，皆首于岱宗。①

2. 天德五年（1153年）二月一日，都省批剳："随处宣圣庙宇多有损坏，官司不用心提控修完，致有如此。委随路转运司差佐贰官或幕官一员，专一管勾，遇有损坏，即便检修。"②

3. 大定十四年（1174年）五月，济阳县创建先圣庙碑"前后不知几令佐而已，虽间有欲作新庙，恒以品地不能专，辄计其工费闻于府，闻于转运，例以创造，故难之，其事屡寝"③。"难之，其事屡寝"的表现就是，"大定十四年五月经始，二十四年八月落成"，共计十年的时间。

4. 大定十四年（1174年）秋九月，"敕遣中人谕指宰相，诸岳庙久阙修治，宜加增饰，其选使驰传遍诣检视以闻。明年，使者复命，即以诸应费材用工徒与夫百物之数，具图上之。"此次中岳庙重修，"始事于十六年四月丁未，绝手于十八年六月戊子。费钱以贯计之为一万四千九百六十有四，用力以工计之为四万八千三百六十有二"。④

5. 大定二十三年（1183年）冬，"汾阳郭侯预，自尚书郎来治是邦，下车之初，以令从事伏谒祠下……于是命工绘图，亟议改筑，计所当费，约用钱二十余万，即日移文计司。"⑤

6. "先是大定二十九祀，世宗皇帝有旨，凡庙宇载在祀典者，并使修完，自是之后，未始兴造。越明昌七载，有提判陈公巡按之

---

① （清）张金吾编纂：《金文最》卷73《重修东岳庙碑》大定二十二年，中华书局1990年版，下册，第1068页。
② 任文彪点校：《大金集礼》卷36《宣圣庙·杂录》，浙江大学出版社2019年版，第361页。
③ （乾隆）《济阳县志》卷10《艺文志·创建先圣庙记》，成文出版社有限公司1976年版，华北地方第387号，第963页。
④ 王新英编：《全金石刻文辑校》，《大金重修中岳庙碑》，长春吉林文史出版社2012年版，第252页。
⑤ （清）张金吾编纂：《金文最》卷72《涿州重修文宣王庙碑》，中华书局1990年版，下册，第1058—1059页。

滕，搜索稽滞，见斯事之为济，乃命州之主者亟为行之，使州乃以邹令张公专典其事，仍以省钱八十万为重修之费，公奉命后，鸠工聚材。"①

7. 泰和二年（1202 年），"迨主上即位三年……尚虑勋臣烈士而祠宇有称者，乃诏郡国各以状闻。是时，前参政马公节度潞事，披阅图维，躬诣旧址……遂以闻上。符下所在，出外府金泉以给经营之费。方议兴功，移守开封。继而资政大夫李候来镇我邦……命潞邑主簿孟公监董其事。……于是富者输其财，壮者效其力。"②

以上祠庙重修无一例外属于世章时期，且重修分两种情况：新官到任履行义务与奉诏令。金代地方官员到任谒诸庙，这属于地方官职责所在。一方面上报新晋神灵，另一方面检修以往神祠。海陵王天德初年，"定礼仪，凡职官到任谒庙……于是着之甲令"③。所谓职责所在的体现，并非嘉奖，往往是出现问题之后，由他们承担责任；重修祠庙的诏令，比如明昌初，"新主嗣位，崇尚儒术"，"乃诏郡县，有孔子庙，皆举而新之"。④明昌二年（1191 年），"诏诸郡邑文宣王庙、风雨师、社稷神坛隳废者，复之。"⑤ 金廷诏修之后，重修主要经过几个步骤：首先，下达修建诏令，"选使驰传"地方。此处下达诏令内容，并非正式修建开始，而是告知，朝廷欲修建，地方如有需要按照惯例准备上报。其次，地方府县所在官司检修，计算工费，上报。再次，使者复命上呈钱物所需具体数目，等待御批诏令。最后，朝廷下诏修建。这是整个奏报过程，其中朝廷修建诏令的最终下达内容中，关于所需钱物的分配是关键，在当时对实际修建祠庙十分重要，但所见实例鲜少，其中以大定十六年中岳庙修建，描述的最为完整、翔实：

粤十月壬午，乃有重修之命，且诏有司，凡一夫之役，一物之

---

① （清）张金吾编纂：《金文最》卷 73《凫山人祖庙碑》，中华书局 1990 年版，明昌七年，下册，第 1128 页。
② 王新英编：《全金石刻文辑校》，《重修灵泽王庙记》，长春吉林文史出版社 2012 年版，第 437 页。
③ （金）孔元措：《孔氏祖庭广记》附校讹及续补校卷 3，商务印书馆出版社 1936 年版，第 12 页。
④ （光绪）《长子县志》卷 7《金石志·重修宣王庙碑》，成文出版社有限公司 1976 年版，华北地方第 401 号，第 603—604 页。
⑤ 《金史》卷 9《章宗一》，中华书局 1975 年版，第 218 页。

用，悉从官给，无得烦民。仍宽与之期，戒勿仓卒，涉于不敬，以称所以事神为民祈福之意。维中岳在河南府登封县之境内，尚书省乃以其事下于府，府以是下之县。地官则以其费用属本道转运司，出公帑之钱，合庙中前后供施余利，验其数以时给之。冬官则以其夫匠均赋河南及旁近诸郡，发其驸驭役夫之羡卒。阙或不足，则募诸游手之民，随时之高下而优予其直，以付本县令臣张子夏监护役事，又命同知河南尹事臣宋嗣明总治之。①

诏令从中央下达到地方，依次经过尚书省、河南府到登封县。地方官接诏令，检修计算，将所需费用如数上报登封县所属的南京路转运司。中央接到后，下诏令此次重修费用由朝廷"公帑"之钱和中岳庙日常所剩供施香火钱承担，且根据重修进度，以时给之。其中涉及工役，由河南府及附近诸郡承担，强调不用正卒而用羡卒，如若不足，出钱招募闲荡无事的游手之民。"始事于十六年四月丁未，绝手于十八年六月戊子。费钱以贯计之为一万四千九百六十有四，用力以工计之为四万八千三百六十有二。"② 最后庙碑记由黄久约奉敕撰。整个金代所载祀典诸神理应都是如此重修程序。

另：

大定十八年岁在戊戌春，岳庙灾，虽门墙俨若，而堂室荡然。主上闻之，震悼不已，俾治有司不戒之罪。既而叹曰：神其或者以官庙故散，欲作新者乎？乃敕庀工度材以闻。明年，以同知河北西路转运使事徐伟就迁知泰安军，专领其事，彰德军节度判官王元忠佐之，皆选能也。命驰驿以图来上，入受训诫，示之期约，且择尚方良工偕往营之。出内帑钱以贯计者十有六万，黄金以两计者二百四十有六，及民之愿出资以助者几十万千。且运南都之材以足之，复诏其工役勿烦吾民，给以佣直，故皆悦而忘劳矣。③

与以上中岳不同，此次东岳重修为庙寖坏之后由下往上的申报。世宗

---

① 王新英编：《全金石刻文辑校》，《大金重修中岳庙碑》，长春吉林文史出版社2012年版，第252页。
② 王新英编：《全金石刻文辑校》，《大金重修中岳庙碑》，长春吉林文史出版社2012年版，第252页。
③ （清）张金吾编纂：《金文最》卷73《重修东岳庙碑》大定二十二年，中华书局1990年版，下册，第1068页。

认为东岳庙坏,是地方官应该承担的"不戒"之罪,十分重视,出"内帑"之钱进行修缮。关于工役,可以肯定,有一部分是给予佣钱的。修缮完毕,"制诏翰林侍讲学士杨伯仁记其事"。加之庙碑记也是奉敕载,理应同以上中岳庙由上往下的诏令式修建一样,完全是国家行为。但实际执行过程却大相径庭。如泰和二年《重修灵泽王唐李靖庙记》中载,"尚虑勋臣烈士而祠宇有称者,乃诏郡国各以状闻。是时,前参政马公节度潞事,披阅图维,躬诣旧址……遂以闻上。符下所在,出外府金泉以给经营之费。"到此,和前述中岳、东岳并无二样。紧接着庙记载,灵泽王庙因地方官马公"方议兴功,移守开封",无奈搁置,继而资政大夫李候来镇,最后是通过"富者输其财,壮者效其力"而实现的,且庙记由住持道士王可、门人路元暨乡民李茂等索文,进士王弼臣撰。① 差异主要在于重修费用来源不同。中岳庙"公帑"虽无言明内外,但应为外府,东岳为内府,都予以兑现。此次灵泽王庙修建明确由"外府金泉"承担,却并未兑现承诺。金代祠庙重修所需经费审批,过程并不复杂,但多因各种原因中途流产。

1. 上遣使来视……因询以岳祠之弊。公乃□陈数事,又言有一于此,为害尤重。昔者岳祠告修所坏,运司必先视之,(禀于)兖州然后行之,故旷日持久,而不能有成也,且如宣圣庙,日就倾圮,止请缮于运司,尚三年而不报,况夫岳庙,更当禀于兖州乎。稽滞之弊,从可知矣。使者还奏,得可其请,更其旧弊,所谓宣圣庙,听以岳庙余材修之。②

2. 大定二十三年冬,汾阳郭侯预,自尚书郎来治是邦,下车之初,以令从事伏谒祠下……于是命工绘图,亟议改筑,计所当费,约用钱二十余万,即日移文计司,久乃得报,减削三分之二,止得其一,既不足于用,方左筹右度,未有以为计。其僚有显武将军梁效先者,为主仓库官,毅然以身任其责,造黄堂而请曰……会里中一二大姓及子弟之业儒者,各出私财,以佐用度。……侯闻其言而义之,即为割月俸并所得于官者尽付之。……诸费除官给外,独用钱四十余

---

① 王新英编:《全金石刻文辑校》,《重修灵泽王庙记》,长春吉林文史出版社2012年版,第437页。"进士王弼臣撰""一日,住持道士王可、门人路元暨乡民李茂等,索文于仆,将纪其实。仆以才劣恳辞"。

② (清)张金吾编纂:《金文最》卷73《泰安州重修宣圣庙碑》,中华书局1990年版,下册,第1072页。

万，皆出于众人之乐输，非有所畏迫勉强而然者。①

3. 会明昌初，新主嗣位，崇尚儒术……乃诏郡县，有孔子庙，皆举而新之，时言事者，以为赋调不充，宜罢不急之役，议虽从之，然独兹庙之新，其事行焉。县司因得计度工费，上其事于计司，遂可其请。而官为给钱以缮修焉，然岁比不登，前政亦倦于勤，故因循五六年未克就绪。迨乎法水焦公来主县簿，怅然兴念，誓果于行。时仆以官闲居封部，暨广平宋公，因得股肱协力，劝率士子与有力者毕其兴作，因而增大之。赖众心忻然，莫不响从，乃各署名，陈牒于县，仍愿出家赀以佐其费。②

4. 前后不知几令佐而已，虽间有欲作新庙，恒以品地不能专，辄计其工费闻于府，闻于转运，例以创造，故难之，其事屡寝。……因谋诸邑人，得衣冠之族赵氏者，愿献地，杨彪者，画其位置，愿为殿为堂为斋房为庖湢。单父商者王彦，愿为戟櫺门及两庑，进士李仲熊为之倡，魏如翼、范师祖、卢守简、马遵古、张炎、李亦颜数人相左右之，请于有司，既允，而后除地于蓬藋之聚，鸠材庀工。③

5. （县主簿张廷玉）以县之宣圣庙及学舍废之久矣，乃举令文以咨县尹，意以为不急之务，其议遂寝，未几，适以县尹承省召解印去，张君摄县事，乃复申前议，于是县之诸士人与民好事者相劝，愿以家赀出助，而以状闻于君，君以学之故基卑隘……乃攻筑之。④

6. 天会间，太守高遹、同知赵子涤、军判梁枢、与学生胡忠厚等，崇修庙貌。……儒生刘子元等投牒于州，州上其状，既得请，官给其费，所不及者，州士人助成之，可谓不忘本矣。知县史亨吉暨子元董其事，重加完葺。⑤

日常祠庙重修上报，需将所需经费计划报与计司，计司首肯，才能继

---

① （清）张金吾编纂：《金文最》卷72《涿州重修文宣王庙碑》，中华书局1990年版，下册，第1058—1059页。
② （光绪）《长子县志》卷7《金石志·重修宣王庙碑》，成文出版社有限公司1976年版，华北地方第401号，第603—604页。
③ （乾隆）《济阳县志》卷10《艺文志·创建先圣庙记》，成文出版社有限公司1976年版，华北地方第387号，第963页。
④ （清）张金吾编纂：《金文最》卷79《肥乡县创建文宣王庙碑》，中华书局1990年版，下册，第1148页。
⑤ （民国）《蓟县志》卷9《石刻·渔阳重修宣圣庙碑》，成文出版社有限公司1969年版，华北地方第180号，第963页。

续上报，但无法获批实为常态。"尚三年而不报"、"故因循五六年未克就绪"，"例以创造，故难之，其事屡寝"，"意以为不急之务，其议遂寝"。即便审核通过，计司仍有削减经费权力，"约用钱二十余万，即日移文计司，久乃得报，减削三分之二，止得其一"。所以祠庙碑记最后基本都是以"其僚""儒生士子""衣冠之族""民好事者"等"谋诸邑人""左筹右度""各出私财""众人之乐输"而完成。这其中，计司运司等起到关键作用。

重修金代神祠所需财政拨款，各地转运司同中央财政部门都有参与管理。金朝前期沿辽制，各地转运司发挥较大作用，地方管理财赋事宜的职能较大，户部的作用较少，这和辽代理财体系为五京计司为主的状态较为接近①，因此在金代前期，地方神祠的财政拨款多由地方转运司或辽代五京五计司、三路钱帛司②审批。如正隆五年（1160年），"都省批：随处宣圣庙宇，多有损坏，官司不用心提点修完，致有如此。委随路转运司佐贰，或幕官一员，专一管勾，遇有损坏，即便检修。"③委任转运司，说明此时转运司参与管理神祠的重修。到了世宗时期，各路转运司仍然起到较大作用。重修中岳庙发生在大定十六年至十八年，十四年至二十四年，济阳县创建先圣庙碑仍然记载为"辄计其工费闻于府，闻于转运"；又金代工部下设覆实司，实掌"覆实营造材物、工匠价直等事"。④但此几处并未提及此机构，可知金世宗时期，转运司仍然参与地方神祠重修的财政事宜。户部掌握全国财用大权在海陵时期完成⑤，因此在海陵之后，部分神祠的财政需求也同样需要户部审批。大定二十七年（1187年），"礼部准户部工部关，省批三部呈，承省劄奉圣旨，黄河圣后庙、泸沟安平侯庙，仰修盖得好者，教本县官以时祭祀。其祭祀所须之物，官为酌量应副。为此太常寺检讨到差官礼数，蒙批呈讫，奉台旨，仰行下所属，每岁委本县官长，春秋致祭，余并准呈送部"⑥。很显然，金朝被纳入朝廷祭祀的山河神祇祠庙修缮亦经由户部支出费用。泰和八年以后三司成为金代

---

① 郭威：《金代户部研究》，博士学位论文，吉林大学，2015年，第44页。
② 详见康鹏《金代转运司路研究》，中国社会科学院历史所隋唐宋辽金元史研究室编《隋唐辽宋金元史论丛》（第2辑），上海古籍出版社2012年版，第318页。
③ （金）孔元措：《孔氏祖庭广记》附校讹及续补校，商务印书馆出版社1936年版，卷第30页。
④ 《金史》卷55《百官一》，中华书局1975年版，第1237页。
⑤ 郭威：《金代户部研究》，博士学位论文，吉林大学，2015年，第44页。
⑥ 任文彪点校：《大金集礼》卷34《岳镇海渎·杂录》，浙江大学出版社2019年版，第337页。

中央最高财政机构，原有的"户部—转运司"理财体系成了新的"三司—按察转运司"体系，贞祐年间，中央财权又由三司重归户部。① 地方神祠重修所需的财政管理也随着金代中央财政管理机构的变化而产生变化。

（二）道教与民间神祠

《史记·封禅书》言："郡县、远方神祠者，民各自奉祠，不领于天子之祝官"②，意思是国家的祭祀官员并不直接管理各地众多的祠庙，其建设、管理都由民间进行。③ 隋唐时期庙令等专门性职官开始设立，"五岳各置令、又有吴山令，以供其洒扫"④，之后有祝史、斋郎，"五岳、四渎，令各一人，正九品上，掌祭祀。有祝史三人，斋郎各三十人"⑤。北宋时期更明确规定"以本县令兼庙令，尉兼庙丞，专掌祀事"⑥。金代并无唐宋制度性职官设置，但仍有迹可循。《神泉里藏山神庙记》：

> 予大定戊子，来宰是邑之明年，自春徂夏，阴伏阳愆，旱魃为虐……于是同县僚暨邦人，斋戒沐浴，备祀事，洁之以牲，奠之以酒，往迎之。笙镛杂沓，旌旗闪烁，徜徉百舞。

此庙记由"承德郎、同知蔡州防御使事、飞骑尉、赐绯鱼袋智辑"撰文，且属于"改官于蔡，回车载脂"之机，因"亲观藏山胜事"，得其请撰。"武德将军、行太原府盂县尉、骁骑尉孙德康"篆立石，"当里进义校尉邢聚，进义校尉王京，进义校尉张珝，王老张远，承务郎、行太原府盂县主簿、云骑尉、赐绯银鱼袋席良臣，中议大夫、行太原府盂县令、上骑都尉、范阳县开国子、食邑五百户、赐紫金鱼袋燕毅，盂山宋勍刊"，"乡贡进士薛颐贞书丹"。⑦ 以上官员出现，除表明官方对此举的支持，"县尉""县主簿""县令"在题名中的出现，亦有可能印证了北宋以本县令兼庙令，县尉兼庙丞，专掌祀事的旧制。

---

① 郭威：《金代户部研究》，博士学位论文，吉林大学，2015年，第50、56页。
② （汉）司马迁撰：《史记》卷28《封禅书第六》，中华书局1963年版，第1377页。
③ 朱海滨：《民间信仰——中国最重要的宗教传统》，《江汉论坛》2009年第3期，第71页。
④ （唐）魏徵等：《隋书》卷28《百官下》，中华书局1973年版，第784页。
⑤ （宋）欧阳修等撰：《新唐书》卷49《百官四下》，中华书局1975年版，第1321页。
⑥ （元）马端临撰：《文献通考》卷83《郊社考十六·祭五岳四镇四海四渎仪》，中华书局2011年版，第2556页。
⑦ （清）胡聘之撰：《山右石刻丛编》卷20《神泉里藏山神庙记》，山西人民出版社1988年版，第4册，第45页。

又《大金集礼》载：

> 大定十三年，送下陈言文字该，嵩山中岳乞依旧令本处崇福宫道士看守。礼部拟定，委本府于所属拣选有德行名高道士二人看管，仍令登封县簿、尉兼行提控。蒙准呈。续送到陈言文字该，随处岳镇海渎神祠系民间祈福处所，自来多是本处人家占守，及有射粮军指作优轻，数换去处，遇有祈求，邀勒骚扰，深不利便，乞选差清高道士专一看守。契勘岳镇海渎系官为致祭祠庙，合依准中岳庙体例，委所隶州府选有德行名高道士二人看管，仍令本地八官员常切提控。①

此处"本地八官员"显然包括前面提到的登封县簿、尉在内。依旧令，中岳甚至岳镇海渎，悉由德行名高的道士看守，本地官员常切提控。除此之外的题名，还包括"都化缘守庙赵澄，同化缘守庙男赵现"。佛教与道教在中晚唐逐步走向世俗化，且与民间神祠在性质和功能上日益接近，因此它们在国家祀典中的位置开始逐步等同。这种变化从唐代开始，到北宋时期初步完成。佛、道教与民间祠祀在许多方面都有着相互交融的迹象。比如从晚唐五代到北宋时期，一些原来的民间祠祀也逐步被道教所接管。五代以来各地出现的东岳行宫②多由道士住持即为重要的一类情形。③ 金代神祠在没有专职官员经营管理情况之下，也多委托道士住持。捡举几个实例：正隆四年（1159年）渭南县重立泰宁宫碑，宋祥符四年真宗游历云台观，观东有汾阴后土庙一所，命云台观道士武元亨兼以住持。期间武元亨以宫地与西岳庙不利，由元亨告申上司，得以迁徙地利处修建。既成之后，武元亨命弟子真教大师杨宗海住持，后经过大观、宣和，杨宗海又命弟子妙应大师杨继原住持。到金皇统年间，渭城垣乡村父老张成等，复修后土庙小殿一所及廊庑三二间。正隆年间，华州差云台观赐紫道士吴昌周、王继兴前来渭南宁县，复业泰宁宫住持。④ 泰宁宫历经

---

① 任文彪点校：《大金集礼》卷34《岳镇海渎·杂录》，浙江大学出版社2019年版，第337页。
② 李俊民：《重刊庄靖先生遗集》卷8《阳城县重修圣王庙记》，丛书集成三编本，新文丰出版社1997年版，第38册，第169页。"大朝（元）壬寅（1242年）年春，因野火所延，存者亦废。民间往往即行宫而祭之。本县行宫，在郭内东西街北""宣和七年重修庙记云，本路漕司给系省钱"。
③ 雷闻：《论中晚唐佛道教与民间祠祀的合流》，《宗教学研究》2003年第3期，第73页。
④ （光绪）《新续渭南县志》卷10《艺文志·重立泰宁宫碑记》，成文出版社有限公司1969年版，华北地方第238号，第1189—1190页。

两朝，近 150 年间，明确由道士来住持这间后土庙；积仁侯昭佑庙，"道士苏道常住持是庙有年矣，洒扫焚修，初终如一"①；汝州宝丰县炎帝庙"衣王守道者来住持之，朝夕洒扫，极于精洁。有请于朝，敕赐通仙观号"②。

另外，碑记中"道录""知观""知庙道士""管勾庙主""守庙道士"等名称的出现，至少可以理解为，即便不是住持，但道士一定参与其中。

1. 本观前都道录阎子美、知观董茂华、郭茂昭、陈惟福、陈惟素、丘惟凝、崔自渊、崔居实③
2. 道士李居实稍葺治而居之④
3. 知庙道士吕居仁⑤。
4. 蒲中进士李鉴记。里人冯翃、雷亨书丹。管勾庙主吕经。砌匠河津西王王显。石匠孙寺马忠、高头□进并刊⑥
5. 公（太守）屡出言，如有财力之士而能迁建增广者许之，州人张铎□□杨林暨前道正韦道概聚父老而谋曰⑦
6. 承安五年正月望日作乐以落成。……克千户斜□河渠□□军官女……德信武将军□汤阴县鹤壁村圣帝庙地捌亩与元庙管校尉王悠久看守为业……本府天庆观受业同修圣帝庙道士王玄

守庙道士副官李守道诣仆谓曰……于仆恳求为文。

守庙道士李守道同王玄纪立石⑧

---

① （民国）《虞乡县新志》卷 9《金石录下·积仁侯昭佑庙记》，成文出版社有限公司 1968 年版，华北地方第 83 号，第 933 页。
② 国家图书馆善本金石组编：《辽金元石刻文献全编》卷 16《大金汝州宝丰县东宋村新修炎帝庙记》，北京图书馆出版社 2003 年版，第 3 册，第 1081 页。
③ 陈垣编纂：《道家金石略》，《重修华池嘉润侯殿记》，文物出版社 1988 年版，第 1012 页。
④ （宣统）《泾阳县志》卷 2《地理志下·金石·重修泾阳县北极宫记》，成文出版社 1969 年版，华北地方第 236 号，第 184 页。
⑤ 陈垣编纂：《道家金石略》，《重修岱岳金碑》，文物出版社 1988 年版，第 1041 页。
⑥ 王新英编：《全金石刻文辑校》，《岳庙新修露台记》，长春吉林文史出版社 2012 年版，第 446 页。
⑦ 《金石萃编》（四）卷 156《华州城隍神新庙碑》，引自《石刻史料新编》（第四册），新文丰出版公司 1977 年版，第 2887 页。
⑧ 陈垣编纂：《道家金石略》，《重修东岳圣帝庙记碑》，文物出版社 1988 年版，第 504 页。

道士参与其中，包括祠庙修建过程中方方面面的事务。比如大茂山总真洞龙祠欲重修殿宇，修真士杜师"与其道众谋之"①。贞祐有诏，重修岱岳庙，道士绛阳李德如"慨然有志，劝率邑人豪右，商度置为岱岳观"②。贞祐四年（1216 年）冬，"北兵至潼关，华阴当其冲，云台观鞠为灰烬，希夷先生遗像不存，正大三年，道士某始克栋而宇之"③。虽并不是由这一群体独自承担完成，但着实起到领导谋划的作用。元代道士更取得代朝廷出祭岳渎之特权，俨然国家正使。祭祀岳镇海渎使用道士，遂成为元朝定制。王元林言及碧霞元君扩展与道教国家祭祀的关系指出，道教的吸纳是碧霞元君信仰扩展的前提条件，正是在元代经过道教徒的塑造而纳入道教体系。比如塑造高贵出身，利用道教文献将泰山玉女打造成碧霞元君，将碧霞元君与海神天妃结合起来，使两者互相利用。④ 与雷闻所论不同，后者认为佛道二教与民间祠祀有着激烈的冲突，结果是许多民间祠祀被收服在佛道教的神系之中，而前者完全是通过正面"打造"而实现。其实殊途同归，国家祭祀礼仪制度的最终目的并非是打击或者塑造，而是不同社会条件下通过适宜的形式，将其纳入整个国家祭祀体系，为中央集权的加强做铺垫，金代亦是如此，所以神祠由道教参与甚至住持便能够理解了。

由道众接管之后，情况如何？崇庆壬申，礼部准敕出卖观额，灵虚观清虚大师孙景玄"与弟子吕知和等请买到阳城县台村岱岳庙"，将岱岳行庙改为道观，保留"岱岳"二字，并且有自己的著书、观田，同时招抚到临近乡村信众"舍施各家产业屋宇，永远充常住"⑤，发展规模可见一斑。另有"壬辰兵后，有道士李志坚"等创建道观，"曰岱岳者，犹仍旧额，示不忘其本也"。可见，在金人信众自己心中，岱岳与道教信奉并非水火不相容而是两者兼可得，但"殿以'三清'为主，堂以'七真'为次，灵官、法箓之位又次之，三门、方丈之所又次之"。之后作者夸赞

---

① （清）张金吾编纂：《金文最》卷 79《大茂山总真洞修殿碑》，中华书局 1990 年版，下册，第 1155 页。
② （乾隆）《偃师县志》卷 28《金石下·重修岱岳庙碑》，成文出版社有限公司 1976 年版，华北地方第 442 号，第 1564 页。
③ 赵秉文著：《闲闲老人滏水文集》卷 13《希夷先生祠堂记》，中华书局丛书集成初编本 1985 年版，第 68 页。
④ 王元林、孟昭锋：《论碧霞元君信仰扩展与道教、国家祭祀的关系》，《世界宗教研究》2010 年第 1 期，第 109 页。
⑤ 阎凤梧主编，牛贵琥等副主编：《全辽金文》，《阳城县台底村岱岳观记》，山西古籍出版社 2002 年版，下册，第 2607 页。

"桑棘有土，蔬菜有圃，斋、厨、舂、碓之类皆不与焉"①，可见道士接管之后，发展较好。所谓国家祭祀、民间信仰甚至佛道教，已然没有了非此即彼的明确界限。在功能上，民间神祠也成为教书育人的场所，金代也存在观前讲学现象。岳镇海渎历来为巫觋方士重要的活动场所，道教徒热衷于在岳镇海渎等名山大川问道设观。②正隆二年（1157年），河东南路平阳府浮山县重修嘉润侯殿记，由乡贡进士田蔚撰，正"因假道教学于观前，其元维那命仆为记"③。另有泰和八年（1208年），邑坛众皆知女冠卜道坚德行清高"遂请至本邑东岳行庙，构坛治病"④。

佛道儒、民间神灵信奉之间也会出现互相之间的矛盾，主要就是争夺祠庙本身。周公庙"先是有赡庙田十余顷，久之，耕者侵之既，……适有黄冠者，私诣上府，市斯庙以作道观，行且以牓之，……今县令岐阳张侯衮，……悉闻其事，乃叹曰'王之庙日月也，不幸而为冠所毁'"⑤。

民间信仰与正统宗教发展的差距，很大程度上在于其没有组织制度，不具有佛道所具有的核心人物，这是重要因素。但佛教、道教、儒教都是以民间信仰为根基的，后世佛教、道教、儒教的相互接近，可理解为三者向以民间信仰为代表的民间文化靠拢的必然表现。⑥

（三）祠庙与地方社会

祠庙与地方社会关系密切，这首先体现在祠庙与地方行政建置的生成关系上。史有载"盖有是祠，然后有是县，县非徒置也，为祠而置之也，则为县宰者，岂可不敬而奉之哉"⑦。可以看出，此县为祠而设。其次，金代地方官员到任之始，谒庙是即刻要履行的职责之一，理应祭祀诸神。一方面，对地方祀典之上的神灵进行查漏补缺。贾葵"视事既三日，礼

---

① 阎凤梧主编，牛贵琥等副主编：《全辽金文》，《长垣县岱岳观记》，山西古籍出版社2002年版，下册，第3639页。
② 孔维京：《金代岳镇海渎祭祀研究》，硕士学位论文，辽宁师范大学，2018年，第30—36页。
③ 田蔚：《重修华池嘉润侯殿记》，陈垣编纂：《道家金石略》，文物出版社1988年版，第1012页。
④ （清）张金吾编纂：《金文最》卷120《房山东岳庙女冠卜道坚升云幢》，中华书局1990年版，下册，第1617页。
⑤ （民国）《重修岐山县志》卷9《艺文·重修周公庙记》，成文出版社有限公司1976年版，华北地方第531号，第357页。
⑥ 朱海滨：《民间信仰——中国最重要的宗教传统》，《江汉论坛》2009年第3期，第73页。
⑦ （清）张金吾编纂：《金文最》卷82《中岳庙碑》，中华书局1990年版，第1197页。

诸神之祠。越翼日，吏以祝告，言境内之神，岁时致告者有四"①。地方常祀者就有四个，虽不常见但此地设有专门从事祭祀的祝官，由祝官告知吏员，言有一神不明，上报。贾葵听后，予以修改。当然，更重要的是对神祠的修缮。如若本地祠庙庙貌卑陋，"非郡守之责而谁欤"②，显然地方官员会受到惩罚。地方官按例上报之后，朝廷下拨经费往往是象征性的，官员群体本身也无法独自承担，因此他们要作为发起者，召州中耆老商量对策，劝诱百姓。有时过程曲折耗时较长，秩满仍与下一任做好交接，最后完成，同其他政务一样。这是新官上任之时的例行公事。金代虽无庙令等专职祝官管理祠庙，但宋代县令、尉兼任的制度，金代也多有延续借鉴，这体现在即便已经不是刚刚上任的奉命行事，日常如若"坐视荒寂"，便会自觉"颜实有腼"，于是"发财募工"。③ 另一方面，地方官为治理地方，认为祭祀神明是有用的。从隋韩擒虎"以柱国胆略容貌才用威名，执陈主，惧突厥，忠勇之节，刚大之气，焜耀史策，信而有征，则其精神所在。"到后来的"邻居之母，见其来迎疾笃之人"，神灵的神明功能逐渐扩大，成为全才。"凡致于神而为民祈福者，靡所不至"。④ 水旱等天灾是地方官员十分畏惧之事，畏惧的根本是天灾带来的饥荒、瘟疫等民不聊生，更是应对灾害不急，仕途上带来的不利影响。传统社会的先民，应对此等天灾的一个极为重要的手段，就是祈祷。祛灾祈福很多时候是本地官员率领。大定二年（1162年），入夏以来，雨泽愆期，下民皇皇，几不聊生，土人祈祷实频，而青天湛然，列日如焚，骄阳驰骋，旱气转甚。"左右曰：'子为邑长，此有灵神，何不祈祷，而岂忍坐视生民之弊耶？'（史纯）遂率吏民于五月二十日恭祷祠下，焚香奠拜。"⑤ 僧道时常在此地方日常祭仪中，意义大于这些官僚体制内的官员。大定二十四年（1184年），河东北路太原府郡守天池祈雨，"谨遣管内僧某、道士某，躬

---

① （乾隆）《闻喜县志》卷10《艺文·改修董池神庙碑》，成文出版社有限公司1968年版，华北地方第430号，第806页。
② （清）张金吾编纂：《金文最》卷78《西岳灏灵门碑》，中华书局1990年版，下册，第1136页。
③ （清）张金吾编纂：《金文最》卷84《重修中镇庙碑》，中华书局1990年版，下册，第1237页。
④ （清）张金吾编纂：《金文最》卷65《重修孚济王庙碑》，中华书局1990年版，上册，第943—944页。
⑤ （清）张金吾编纂：《金文最》卷68《英济侯感应碑》，中华书局1990年版，下册，第987页。

诣灵湫，奉迎甘泽，某卑职所限，止于道左恭候俟"①。前有僧道，而后称"卑职""止于道左恭候"，这明显将自己置于僧道地位之下。"所限"，则体现出官与神职人员业务上的各有所专，更是强调僧道的专业性以及自身的业务鸿沟和不足，两群体共同守护一方。

祠庙与地方社会的关系，更重要的是体现在经济上。"庙祝、田主争香火之利，累年不决。"② "禁官私占先圣庙者，载于制条，为不刊之典"③ 的同时，实际上提邢司廨舍成为庙学所在地④也常有发生。由于寺观不同于神祠，有专职人员，香火钱其中一部分，需用来维持寺众日常生活。金代由县官兼职祝官，祠庙日常维护便相较寺观简单。祭祀前差使或者雇役打扫，所费不多，所以日常香火钱，诸如岳镇海渎比较大的祠庙，一方面留作修缮费用，另一方面是要例输官的，比如公使库，"西山有晋叔虞祠，旧以施钱输公使库，大节还其庙以给营缮。"⑤ 宋代设有公使库，祠庙出钱给公使库，但金代职官制度并不见公使库的设置记载，而是有"堂食公使酒库"，隶属于尚书省，但金代公使库依然存在，公使钱被滥用实属经常。所以地方与祠庙，经济上应该是互相补充互为利用的。有邹县县令崔景仁，将拘催滕州府钱六千万上交通判，通判卒贰郡政再入于户部。"蒙郡候一见倾盖，乃出示昔日所赋之什。"⑥"什"当解为"十分之一"，理应虚数。两人因为一见如故，便将府库中钱私自拿出，从中可以看出地方政府与祠庙之间的互动。"国朝开创以来，蔡人得神之赐，敬神之威，岁时牲犠，相属于道。……寻常专庙刹者，视之恬然不恤也。"⑦ 以此条记载来看，专庙利之人，群体比较固定且为大众所默认，是否只有田主和地方官府，并不能从中知晓。

神祠与地方大族之间的关系也是十分微妙的。

---

① 《遗山先生文集》卷40《郡守天池祈雨状》，上海商务印书馆缩印乌程蒋氏密韵楼藏明弘治刊本，第412页。
② 《金史》卷83《张浩传》，中华书局1975年版，第1862页。
③ （金）孔元措：《孔氏祖庭广记》附校讹及续补校，商务印书馆出版社1936年版，第29页。
④ （清）张金吾编纂：《金文最》卷77《许州重修宣圣庙碑》，中华书局1990年版，第1129页。
⑤ 《金史》卷97《张大节传》，中华书局1975年版，第2146页。
⑥ 王新英辑校，《全金石刻文辑校》，《敬谒先师邹国公祠》，吉林文史出版社2012年版，第403页。
⑦ （民国）《确山县志》卷23《文征中·创建灵应庙记》，成文出版社有限公司1968年版，华北地方第134号，第525页。

## 第七章　金代汉族家庭的民间信仰

三原县后土庙"祖父梁栋于宋庆历四年重修,父梁再成于绍兴十年翻修。钦遇圣朝,太平日久,梁氏昆仲于大定二十五年、明昌元年、承安五年、泰和元年,四次添改修建,至于完备,一无所缺。克遵先训,止办家财,亦不假乡社一毫之助。难乎其人矣!故世世相承,居处庙之右,出入庙之下,永为庙主。"

"粤有里人梁再兴、梁胜、梁玘昆仲等,尝记远祖创始之日,诚心所感,致有祥云瑞霭垂覆于地。地系己业,即于其地南北取五十步,东西二十五步,不受乡人助缘,独力修成,人称为梁家庙,至今古老犹话其事。"主庙梁再兴、梁玘、侄梁进等同立石。①

三原县后土庙,理所当然地变成了梁氏家庙。

### (四) 灵应至上的倾向

庙宇作为宗教场所,普通信众、修建者更关注的乃是神明的灵应,他们赞成祠庙、塑像的精巧辉煌,更坚信庙貌与神明的灵应紧密相关。② 金代仍坚持"灵应至上",《白龙潭圣水感应记》:

大金承安四年……频年旱荒,今又若此。权州宣武将军完颜公石见以清政……公询诸耆老,云自来岁旱,必以祈祷。公问何处取水,有以郡东武应王庙圣水应者。公即迎水至郡,凡经三七日,雨意益远。一日正衣裳,坐堂上默念之,俄有一人须发皎然……长揖坐侧谓公曰:"岁旱若此,祷非其神。本郡柏崖山有白龙潭者,其龙即守护超化寺舍利宝塔之龙神也,胡不往祷?"公欣然应之曰:"有是哉?"老人曰:"无疑。"公曰:"公何方人?居止何处?"老人曰:"不必问,后自知。"言讫而去。公窃思曰:"此老人倨傲若此,得非诞妄?"询门吏,皆对曰:"无。"公于是大惊,始悟其非常人也。问郡中有超化寺否……召问常闻超化寺有舍利宝塔否……又问柏崖山有白龙潭否……于是具陈前说,举众欢呼,叹未曾有。即罢武应水,命行管城令、怀远将军夹谷同副都纲前诣柏崖山,召近村耆老,备询其事,所说亦同。……整冠炷香,再拜勤祷。……令与众徒步迎水至超化寺,置舍利塔下,礼敬达旦。翼日,同本县官僚、士庶、伎乐、伞

---

① 《金石萃编》(四)卷155《三原县后土庙碑》,引自《石刻史料新编》(第四册),新文丰出版公司1977年版,第2916页。
② 皮庆生:《宋代民间信仰中庙貌问题的初步考察》,《江汉论坛》2012年第8期,第104—111页。

盖并寺众僧,香花幢幡,送至梅山之北,权州供奉官僚人等迎至坛场,且陈呗梵。①

金章宗承安四年(1199年),权州旱灾。地方官完颜氏询问耆老,得知此地自来岁旱,旧例以郡东武应王庙取圣水祈雨来缓解旱情,但此次无果。一日,完颜氏忽经"一人"指点,被告知祷神有误,才致雨意甚远,真神乃本郡柏崖山白龙潭守护超化寺舍利宝塔的龙神。完颜氏似信非信,出现了一系列的疑问:第一,此真神是真实存在吗?介于武应王庙祈祷的不灵验,这属于本能反应的发问。因为既要祈雨,一定就要问清楚,这个灵验的神是否存在?别是道听途说。第二,如果真的那么灵验,我怎么不知道,本郡耆老也为何不知?而你怎么知道?所以,你是谁?住在何处?完颜氏心中存有疑惑,甚至觉得此人"倨傲",怀疑自己莫非是"诞妄"了。于是又询问门吏,询问近村耆老。有超化寺否?超化寺有舍利宝塔否?柏崖山有白龙潭否?得到的都是肯定的答案,解了心中疑惑之后,才罢武应水,迎水超化寺,礼敬达旦,迎至坛场。类似实例还有河中府万泉县稷王庙祈雨,"遍祷诸泉祠庙……未几复旱",后得知"县之西十里有稷王庙,斯可祷"而祷。应验之后,"具牲牷、酒醴、鼓吹,复率官吏父老陈词致谢"。② 遇灾首先来到泉庙祈祷,而并不是稷王庙,未得到灵应才辗转找到稷王。同样还有,文水县骄阳肆虐,甘泽不沾,历祷名祠,弗获灵应。后耶律公祷文水神龙灵验,设像以答神休。百姓欢忻,一辞播美,因建庙貌,用报灵恩。③ 此白龙潭龙神、稷王以及文水龙神,根本不在地方祀典当中,但一经灵验之后,势必纳入地方祭祀中。

庙貌的灵应取向使得其形式往往偏离正统的道德、审美标准,引起宋代官员、士人的不断指责。尤其是在南宋,由于理学思想影响日益扩大,一些受理学影响的士人越来越反对民间信仰中将庙貌与灵应挂钩的做法,主张从政治理念、伦理道德、正统性等方面来考虑神明的庙貌,并力图对民间信仰中庙貌"不正"的现象加以整肃。④ 庙貌的正统性在金代依然非

---

① (清)张金吾编纂:《金文最》卷23《白龙潭圣水感应记》,中华书局1990年版,上册,第315—316页。
② (民国)《万泉县志》卷6《艺文上·稷王庙祈雨感应记》,成文出版社有限公司1976年版,华北地方第422号,第491—492页。
③ (康熙)《文水县志》卷10《艺文志·文水龙堂记》,成文出版社华北地方第433号,1976年版,第557页。
④ 皮庆生:《宋代民间信仰中庙貌问题的初步考察》,《江汉论坛》2012年第8期,第110页。

常重要。

> 唐崔子玉府君祠……皆莫知其所从来。……乃以牒摄虎至,一县以为神而庙事之。……此不为小德小善者言。汉丞相忠武侯之殁,蜀人求为立庙,朝议以礼秩,不听,百姓遂因时节祭之道陌上。言事者或谓可听于成都立之,安乐公不从。习隆、向充拜章言:"巷祭野祀,非所以存德念功,若尽顺人心,则渎而无典;建之京师,又逼宗庙;止可令其近墓为之。所亲以时设祭,故吏欲奉祀者,皆限至庙。断其私祀,以从正礼。"于是始从之,为庙于沔阳。从事观之,汉人于忠武侯,其难之也如是,况其下者乎?且夫郡县之良吏,血食一方,见于今者多矣,然卓茂则止于密,鲁仲康则止于中牟,朱邑则止于桐乡,召父杜母则止于南阳。盖未有由百里之邑达之天下四方如府君之祠之侈者也。高门之荡然、广殿之渠然、衮冕之巍然、侍卫之肃然,虽五帝之尊且雄无以进。使其止于为土木偶焉,斯可矣;或有物焉,则将疾走远引、逃避之不暇,矧敢冯几负扆,以当天下四方臣仆之敬乎?呜呼,祀典之坏久矣!惟祀典坏,而后撤淫祠之政举。丧乱以来,天纲弛而地维绝;人心所存,唯有逃祸徼福者在耳。惟逃祸徼福者在,故凶悍毒诈有时而熄。若曰:"淫祀无福,非其鬼而祭之为谄",尔所敬非吾之所谓敬,尔所惧非吾之所当惧。彼将荡然无所畏忌,血囊仰射,又何难焉?①

金代类似指责性的描述也有,但并不多见。泰和五年伏羲庙碑,石抹輗撰写。碑中言及此遗迹早无碑文壁记,但俗传"伏羲、女娲兄妹为姻",作者极度不满,并举例反证。第一,石抹輗举江南江中孤立之山谓之"孤山",俗转"孤"为"姑"。江侧"澎浪矶"俗转为"彭郎矶",且"彭郎者"乃"小姑"之婿。又举西京龙门山,望之如双阙,谓之"阙塞",山口庙中像持屠刀尖锐、按膝而坐。经询问得知,竟转为"豁口大王庙"。作者在此碑记中举这两例,无非是想说明祠庙缘来之讹甚,更是为伏羲氏"岂有兄妹为姻以乱人伦哉"② 讹传的辩解。在石抹輗看来,这种有违伦理道德的任意附会,即便神灵是灵应的,也是不为所取的。

---

① 《遗山先生文集》卷32《崔府君庙记》,上海商务印书馆缩印乌程蒋氏密韵楼藏明弘治刊本,第330—331页。
② (清)张金吾编纂:《金文最》卷79《伏羲庙碑》,中华书局1990年版,下册,第1153页。

## 二 地方社会中祠庙的经济问题

以庙宇道观为中心的经济研究是一个重要的课题，尤以佛教为多。辽金元寺院经济，学者早已关注。① 实际在传统社会中，除佛教寺院、道教宫观外，还存在着一类数量庞大的宗教建筑——祠庙。国家在地方设立祠庙，是一种推行官方意识形态的举措。考察祠庙的维持状况，为我们理解古代国家对地方社会的控制提供了一个有益的视角。②

（一）经济来源

雷闻将地方祠庙分为三类：国家礼典明文规定且通祀全国者；得到地方官府承认和支持者；没有得到官方批准和认可，且往往被官方禁止者。③ 金世宗规范国家祭祀的神祇体系，包括天、地、祖先、社稷、山川、先贤、先哲等，并将神祇统一纳入国家祭祀礼仪范畴之内，使之成为国家祀典的重要组成部分。④ 金代地方也存在通祀全国者，通祀全国者与地方官府予以认同者，就经济政策而言还是存在差异的。所谓"夫山林川泽……是以大则岳镇海渎，国家祭之。小则邱陵谿谷，郡邑祭之"。通祀全国者以宣圣庙和岳镇海渎最为典型。关于中岳，"圣朝有天下以来，岁时之祭，特命有司行之，祠宇之废，亦命有司修之，着为常令"。⑤ 西岳，世宗嗣位"光昭先功，尊严祀事，屡诏有司，俾加增葺"⑥ 等。凡列入祀典者，庙记中由朝廷出资建庙，举行祀礼，以体现女真入主中原的正统合法性，而地方则绝大多数由地方筹资兴建。

除之前讨论过的岳镇海渎，通祀全国者还有一个重要组成部分，就是关于宣圣的祭祀。皇统二年（1142年），"敕行台：拨钱一万四千余贯，修宣圣殿"；四年（1144年），又命"行省支降钱一万四千五百贯，伐南

---

① 白文固：《辽代的寺院经济初探》，《社会科学》1981年第4期，第54—59页；王德朋：《金代佛教寺院经济生活探析》，《中国农史》2016年第5期，第40—49页；白文固：《元代的寺院经济》，《青海社会科学》1987年第6期，第74—79、88页。
② 马晓林：《地方社会中官方祠庙的经济问题：以元代会稽山南镇庙为中心》，《中国社会经济史研究》2011年第3期，第12页。
③ 雷闻：《唐代地方祠祀的分层与运作——以生祠与城隍神为中心》，《历史研究》2004年第2期，第40—41页。
④ 徐洁：《金代祭礼研究》，博士学位论文，吉林大学，2012年，第30—32页。
⑤ （清）张金吾编纂：《金文最》卷82《中岳庙碑》，中华书局1990年版，下册，第1197页。
⑥ （清）张金吾编纂：《金文最》卷78《西岳灏灵门碑》，中华书局1990年版，下册，第1136页。

京八作可见材,修完本庙,并盖大成殿"①;正隆五年(1160年),都省批:"随处宣圣庙宇,多有损坏,官司不用心提点修完,致有如此。委随路转运司佐贰,或幕官一员,专一管勾,遇有损坏,即便检修"②;明昌元年(1190年),诏修曲阜孔子庙学③;明昌二年(1191年),章宗诏,"诸郡邑文宣王庙、风雨师、社稷神坛隳废者,复之"④;五年(1194年)重修孟子庙碑,"计营造费用之不轻,系国帑泉流而支给,非出于民也"⑤;六年(1195年),"敕有司,以增修曲阜宣圣庙工毕"⑥。从以上字面意义理解,宣圣祭祀通常情况下,所需钱财皆由国家支付。也就是"计所当费""诏并赐之"。但往往朝廷诏令明示,官方出钱兴修重建,但碑文之后仍然会有官僚割俸、士人助之、耆老劝诱、乡豪商人倡之、民众捐献和道众输财的大量描述。比如泰和三年(1203年)万全县重修宣圣庙碑,万全县簿刘从谦,"乃暨邑中进士张琚、丁勖及居民谢天佑等相与谋曰","罄其俸给所余,不问家之有无,一皆出之以佐经费"⑦。实际完成重修所需要的费用并不只朝廷赐予与官吏所出私财,所出费用基本是地方,由地方官来想办法如何筹措经费,而这一群体无论通过何种方式筹集到所需资金,都叫作"无须民力",但其实当中包含自愿捐献的民众和道众钱财,这也可以解释为何每一次重修都会反复出现"无须民力""鸠工

---

① (金)孔元措:《孔氏祖庭广记》附校讹及续补校,商务印书馆出版社 1936 年版,第 29 页。
② (金)孔元措:《孔氏祖庭广记》附校讹及续补校,商务印书馆出版社 1936 年版,第 30 页。
③ 《金史》卷 9《章宗一》,中华书局 1975 年版,第 214 页。
④ 《金史》卷 9《章宗一》,中华书局 1975 年版,第 218 页。《曲阜重修兖国公庙碑》载:"明昌建元之初,以肆眚之恩,颁行于天下,一应故庙隳废者,仰所在官司检料修完。"(《金文最》卷 77《曲阜重修兖国公庙碑》,第 1119 页)两者相印证,明昌二年的诏令应是因为宽赦罪人之恩典而颁行。是年,曲阜重修至圣文宣王庙碑,"有司承诏,度材庀工,计所当费,为钱七万六千四百余千,诏并赐之","踰年而土木基构成,越明年而髹漆彩绘成。……又明年而众功皆毕,罔有遗制焉"。(《金文最》卷 70《曲阜重修至圣文宣王庙碑》,第 1025 页)三年(1192 年),有司奏增修曲阜宣圣庙毕,敕"党怀英撰碑文;朕将亲行释奠之礼,其检讨典故以闻"。(《金史》卷 9《章宗一》,第 224 页)两处记录理应指代同一件事情,修庙碑开始时间相同,撰文都是党怀英,只是结束时间略有三年和五年的差异。三年有司呈奏的修完也可能仅仅指代"土木基构"基本框架完毕,并不影响我们结论的得出。
⑤ (清)张金吾编纂:《金文最》卷 77《曲阜重修兖国公庙碑》,中华书局 1990 年版,下册,第 1119 页。
⑥ 《金史》卷 10《章宗二》,中华书局 1975 年版,第 235 页。
⑦ (民国)《万泉县志》,卷终杂记附万泉县重修宣圣庙碑,《中国方志丛书》,成文出版社有限公司 1976 年版,华北地方第 442 号,第 497 页。

聚财"的描述。也就是说,民众属于自愿捐献,并非"敛民"。

除此之外,得到地方官府承认和支持的祠庙也是如此。大定十五年(1175年)华州城隍神,济安侯在唐时曾"拯天子于至危极难中",金代并不见此等与政治密切相关的神灵信奉事迹描述。但太守完颜公"常悯此祠处于隘□,百姓朔望奠酹,艰于出入,而葺饰不继,榱瓦朽落,貌像黮昏"。于是"屡出言,如有财力之士而能迁建增广者许之,州人张铎□□杨林暨前道正韦道概聚父老而谋"①;正隆二年(1157年)郡之豪姓郭立择匠氏,重修龙神庙②,也都是地方共建。

辽金神祠修建经费来源有朝廷赐予,但绝大多数属于地方捐献。地方包括地方官吏、士人、道众、信众等每一个阶层,这和寺院有很大不同。第一,辽金寺院财产以继承前代占有很大比重,而民间神祠相对而言传承到金代,庙貌已然满目疮痍,就更谈不上前代剩下的财产。这在庙记中多有记载,如明昌五年(1194年)孟子庙"庙貌虽存,殿宇颓废,仰而观之,虚檐罅缺,鸟鼠都至矣,俯而视之,败壁倾摧,风雨难蔽矣"③。泰和六年(1206年)龙神庙,"迩来十有余载,神屋破漏,墙壁颓毁,图形剥落,日为牛羊蹂践秽杂腥臊之地"。④ 泰和末,中岳庙"地本故堤,废圮已久,荆棘瓦砾,蛇鼠所舍"⑤。第二,导致与寺院经济差距的最大原因,在于民间神祠并无管理体制。没有制度性管理,日常经营、日后维护便谈不上。神祠所获利多是当时香火之利和众阶层的捐献。但捐献与捐献也存在差异,辽代有贵族捐献、邑社定期必须捐钱。可神祠并无此等阶层和组织的定性定量捐纳。鉴于佛道功能的多样化,信众只要有所愿就可以去祈求,大到国家昌盛,小到祛病避灾。神祠则功能较为固定,雨神就是主管祈雨,功能的变化也是长时间段才有所细微转变。很多神祠都是能够保一方平安这种笼统的祭祀功能,并非日日月月时时刻刻都要祭祀,只是

---

① 《金石萃编》(四)卷156《华州城隍神新庙碑》,引自《石刻史料新编》(第四册),新文丰出版公司1977年版,第2887页。
② (民国)《沧县志》卷13《金石志·重修会应神庙记》,成文出版社1968年版,华北地方第143号,第1804页。
③ (清)张金吾编纂:《金文最》卷77《曲阜重修兖国公庙碑》,中华书局1990年版,下册,第1119页。
④ (清)张金吾编纂:《金文最》卷80《重修龙神庙碑》,中华书局1990年版,下册,第1161页。
⑤ 《遗山先生文集》卷32《叶县中岳庙记》,上海商务印书馆缩印乌程蒋氏密韵楼藏明弘治刊本,第328页。"庙既成,祁人有以白石为中天像,欲辇而北者,道真请事焉。""实乡豪张佑、孙宁、秦商人党珪为之倡。"

规定的那几天祭拜。百姓祭祀频率自然减少，定时定点，所以并不见专门邑社类似组织出现，也就没有这方面的固定性的支持。第三，正是财产来源的不同，导致财产种类、规模大不相同，这影响祠庙的维持。土地是寺观财产重要组成部分，金代寺院规模不同所拥有的土地规模不等，辽、元通过寺院兼并获得大量土地。土地的大量拥有就导致寺院经济结构发生变化，辽代存在二税户，金代田产自耕、佣耕、二税户耕种，发展到元代，寺院形成高度兼并的农业经济与相对发展的商业经济的结合，甚至官营寺田出现①，而神祠赐予土地并不见国家政策，信众施与也是充一时修建之用，所以从根本上就不存在如何经营管理的问题。

所以，金代神祠经济来源包括朝廷赐予、地方官僚士人、信众以及道众捐献，以信众和道众捐献为主，即时性强。金廷为显示大国强盛，维护其正统，对神祠祭祀、重修给予赐予，具有强烈的象征意义。多数情况下，诏令下达至地方，由地方计算经费上报，过程冗长，最后多以自行筹措资金结束。朝廷出钱或者由众阶层捐献，但是匠役等仍需百姓承担，这称作"不烦民力"，正因为这种界定，庙记当中绝大多数才会出现虽"鸠工聚集"但仍"不烦民力"的记载。因此，金代民间神祠由于没有专门的管理机构、没有固定的经济来源，只是存在即时维持，但并不存在经营问题。

（二）祭祀活动

世、章两朝，参考唐宋旧典，制定、规范了祭祀祭礼，金代祭礼进入繁盛期。《金史·礼志》《大金集礼》对国家祭祀作了详细的描述，其中与经济有关的是"持节备物"当中的"备物"。《元史·祭祀志》直接记为"礼物"，且明确规定：

> 其礼物，则每处岁祀银香合一，重二十五两，五岳组金幡二、钞五百贯，四渎织金幡二、钞二百五十贯，四海、五镇销金幡二、钞二百五十贯，至则守臣奉诏使行礼。

元代祭祀所携带"礼物"是岳镇海渎祠庙的一个重要经济来源②。金代致祭"遣某官备物"并无明确性规定，但从祭礼描述可以略作归纳，

---

① 以上涉及辽金元寺院经济参考以下论文：白文固《辽代的寺院经济初探》，《社会科学》1981年第4期；王德朋《金代佛教寺院经济生活探析》，《中国农史》2016年第5期；白文固《元代的寺院经济》，《青海社会科学》1987年第6期。

② 马晓林：《地方社会中官方祠庙的经济问题：以元代会稽山南镇庙为中心》，《中国社会经济史研究》2011年第3期，第12页。

主要包括册、祝以及香、封香的香盒、币。

册、祝。"有国有家者，莫不立庙立像而崇奉之，或遣使降香，或祝辞诏告，或讲登封之事，或修望秩之仪，所行之礼虽殊，敬神之心一也。"①所谓持节，执符节以为凭证，符节指的就是册祝。周广顺三年（953 年），"礼仪使奏：'郊庙祝文，《礼》例云：古者文字皆书于册，而有长短之差。魏晋郊庙祝文书于册，唐初悉用祝版，惟陵庙用玉册。玄宗亲祭郊庙，用玉为册。德宗朝，博士陆淳议，准礼用祝版，祭已燔之，可其议。贞元六年亲祭，又用竹册。当司准《开元礼》并用祝版。梁朝依礼行之，至明宗郊天，又用竹册。今详酌礼例，祝版为宜。'"②《新唐书·礼乐志》载："祝版……凡大祀、中祀，署版必拜。"③ 金代"祝版，按唐《通典》，委所司至时先奏取署，附使送往。今拟每季前期进请御署，差官送至所在州府"④。

香、香盒。大定六年（1166 年）五月十五日，"奉敕旨，祭五岳进祝版时，仍请御封香一就赍封前去，又今后请香，前期理会，并用木合子，打角。"⑤ 十五年（1175 年）五月，敕长白山依五岳例降香，"亦合内藏库进请御封香合。外五岳为是号祝版进请御署，海镇并不进署。"⑥ 唐忠武王浑瑊祭，"天子遣使者颁尺一诏书，赍御香祝版"⑦。请御香也称降香，"每岁降香，命有司春秋二仲择日致祭。"皇帝亲署祝版时，并请封香，装于木盒子当中，也有金银镀香盒。合，也称函。大定十五（1175 年）年三月，"奏定封册仪物，冠九旒，服九章，玉圭，玉册、函，香、币、册、祝"。⑧ 香在祭祀礼仪中是非常重要的，"乡民祭祀，岁时不辍，恒以月二及十五日，香火祷祈焉"⑨，应验之后答神依然使用，唐忠武王浑瑊祭是用祇遣使人持此名熏，式陈明荐，庶答神休。⑩

---

① （清）张金吾编纂：《金文最》卷 71《益都县重修东岳行宫碑》，中华书局 1990 年版，下册，第 1037 页。
② 《旧五代史》卷 144《礼下》，中华书局 1976 年版，第 1910 页。
③ 《新唐书》卷 12《礼乐二》，中华书局 1975 年版，第 332 页。
④ 任文彪点校：《大金集礼》，卷 34《岳镇海渎·礼仪》，浙江大学出版社 2019 年版，第 329 页。
⑤ 任文彪点校：《大金集礼》，卷 34《岳镇海渎·杂录》，浙江大学出版社 2019 年版，第 334 页。
⑥ 任文彪点校：《大金集礼》，卷 34《岳镇海渎·杂录》，浙江大学出版社 2019 年版，第 343 页。
⑦ 《金石萃编》（四）卷 159《奉敕祭唐忠武王浑瑊记》，引自《石刻史料新编》（第四册），新文丰出版公司 1977 年版，第 2892 页。
⑧ 《金史》卷 35《礼八》，中华书局 1975 年版，第 819 页。
⑨ （清）张金吾编纂：《金文最》卷 79《伏羲庙碑》，中华书局 1990 年版，下册，第 1153 页。
⑩ 《金石萃编》（四）卷 159《奉敕祭唐忠武王浑瑊记》，引自《石刻史料新编》（第四册），新文丰出版公司 1977 年版，第 2892 页。

另外，还有币。大定十五年（1175年），奏定长白山封册仪物，冠九旒，服九章，玉圭、玉册、函、香、币、册、祝。二十一年（1181年），敕封山陵地大房山神为保陵公，冕八旒、服七章、圭、册、香、币，使副持节行礼，并如册长白山之仪。①

应验之后答神之物是地方州府准备的时物。泰和五年芮城县久旱不雨，令尹祷龙神后甘泽大降，于是择吉日，"备椒浆桂醑三牲，以答神应"，如若能加之大雨，"使耕者无石疑于捍格，种者不怀焦烁之患……即集乡人，划除旧舍，建立新宇"，龙神再次显灵后，令尹泽"使巫者启导，大陈羊豕，馨香品列，以答神知"。②至于祭祀剩下的物品如何处置，金代鲜少记载。仅从"奠之余者，留以饮福"③来看，祭祀完毕，所剩下的酒是被当作福气的象征以供饮用的。史书虽无明文规定，但祭毕供神的食物大概都是允许参加祭祀者食用的。除此之外，祭祀活动同时还包括一些乐舞，天德四年（1152年），长子县"涉夏不雨，邑人众议，请泉神水祷雨，遂具乐社"④。乐社应邀为庙会演艺不是无偿的，即使祈祝神祇，也要付"不赀"之费。⑤

表7—3　　　　金代民间信仰中的神灵信奉统计表⑥

| 序号 | 祭祀对象 | 基本情况 | 题署 | 史料出处（卷：页/页） | 备注 |
|---|---|---|---|---|---|
| 1 | 崔珏 | 韩侯"出囊中之金，无烦民力，鸠工聚财。" | 周庭书。刊字人傅允率府男郎君韩右班殿直清化镇商酒都监□□韩相立石 | （道光）《河内县志》、《重修护国显应王庙记》，21：823—824 | 欣戴庆幸之余，祝余书事论实，欲砻石以永其传，□且直书其事耳 |

---

① 《金史》卷35《礼八》，中华书局1975年版，第819页。
② （清）张金吾编纂：《金文最》卷80《重修龙神庙碑》，中华书局1990年版，第1161—1162页。
③ （民国）《确山县志》卷23《文征中·创建灵应庙记》，1976年版，华北地方第451号，第525页。
④ （光绪）《长子县志》卷7《金石志·长子县增修熨斗台神殿碑》，1976年版，华北地方第401号，第597页。
⑤ 薛瑞兆：《金代神庙舞台碑记》，《江苏大学学报》（社会科学版）2016年第3期，第27页。
⑥ 表7—1中已经出现的此表中不重复列举；宣圣庙记、祝文、册文不在所列举范围之内。

续表

| 序号 | 祭祀对象 | 基本情况 | 题署 | 史料出处（卷：页/页） | 备注 |
|---|---|---|---|---|---|
| 2 | 嘉润侯 | "爰有南李村李隐、上董村陈思恭共发虔心，同为纠首，相谓池逼殿阶，故迁神座丈余间，前植香亭，后筑基址，鸠工集材，轮奂缔构，不日而成。""即择是岁中元节凌晨，就殿告成毕，复诣观遍请道众严设香斋，及召协力人户，同为庆会。" | 进士王建中撰 | 《全金石刻文辑较》，《重修嘉润侯殿记》，8 | 仆因是日亦往观焉，预命作记，实叙其事，刊诸翠珉，传不朽矣 |
| 3 | 拓跋神 | "县令程舜卿与邑佐赵铉祈祷，汉其基址荒榛，庙象未立，方劝谕乡民，致力复建。时则节度使耶律金吾下车之初，知此灵迹，锐意兴崇，闻者咸悦。于是，县境百姓欣跃迪从，殚力献工。金币足而用度不匮。" | 登仕郎、秘书省秘书郎、知马邑县事、武骑尉、借绯程舜卿记并书进士宁州何演题额文林郎、太子校书郎、守主簿、兼知县尉赵铉立石。 | 《全金石刻文辑校》，《朔州马邑县重修桑干神庙记》，14 | |
| 4 | 商汤 | "因此荒田复耕，颓垣再筑，不期年而居民安堵，遂并力修完。" | 进士王定国撰一创修暖帐维那头上庄税户张渚男张迪并立石进士张齐古书一部众修庙殿人杨升张在丁元一管献殿大木人张权贾准齐寿丁元一修献殿管柞木结（漫灭不清）人张实张义、贾（漫灭不清）崔志一管墁献殿地面人邵槳贾全甄立一□地修□行廊人狄家林、程度 | （道光）《河内县志》，《北村㓚修汤王庙碑》，21：826—827 | 告成，命仆作纪。仆虽不敏，然喜导圣人之德，意不护已，辄直书其本末 |

第七章　金代汉族家庭的民间信仰　299

续表

| 序号 | 祭祀对象 | 基本情况 | 题署 | 史料出处（卷：页/页） | 备注 |
|---|---|---|---|---|---|
| 5 | 董父 | 董父有养龙之功 | 贾葵 | （乾隆）《闻喜县志》，《改修董池神记碑》，10：806 | |
| 6 | 唐太宗 | | 孙九鼎 | 《金文最》，《重修唐太宗庙记》，65：940—942 | 即召九鼎而命之 |
| 7 | 隋韩擒虎 | 官出俸钱独资 | 刘安礼 | 《金文最》，《重修孚济王庙碑》，65：943： | 命其从事刘安礼书之于石 |
| 8 | 尧 | "公（县宰）遂劝率县民，使量出己财，成兹美事，且旧国旧都，民戴遗泽，未尝敢忘。" | 至友范曩 | （民国）《浮山县志》，《重修帝尧庙记》，40：987 | 命余记其事 |
| 9 | 刘海蟾 | 仆皇统之三年来令斯邑，因募众成堂于观水之滨，不劳民力。 | 皇统八年戊辰岁四月十一日，朝奉大夫、前行新乡县令、改授行解州夏县令、骑都尉、太原县开国男、食邑三百户赐紫金鱼袋王庭直记朝奉大夫、行新乡县令、骑都尉、上谷县开国男、食邑三百户、赐紫金鱼袋成蒙亨立石乡贡进士郑执□书丹乡贡进士谭汉卿篆额吉士荣、马士安刻 | 《全金石刻文辑校》，《海蟾堂移石刻记》①，67 | 财神仙迹 |

---

① "昔天禧中，礼部侍郎王曾较定九域图，……其间古迹载仙家事实者，十常七八。宋图具在，班班可读。……皇统乙丑间，行省符郡县刷录古迹，欲新美本朝九域之图以为天下万世之成宪。""自兹以往，异人嘉士，名卿才大夫与夫法从真宰、王公大人，一或假道至是，寓目于斯，谈笑于斯，吟咏于斯，节风流而骋高尚，真一时之佳事，可以诸道美谈也。"（类似于把各地区名胜古迹在一定时间普查一下。好像不是祭祀祈祷所用。）

续表

| 序号 | 祭祀对象 | 基本情况 | 题署 | 史料出处（卷：页/页） | 备注 |
|---|---|---|---|---|---|
| 10 | 微子 | "好事者易其地而新之，谓箕子被发，此僧也，加之胡服。谓比干，王子也，名为太子，皆置之别座，从而祀之，咸失其真。" | 杨汉卿 | 《金文最》，《重修微子庙碑》，66：961 | 乡人请以旧题刻石庙左 |
| 11 | 神农、黄帝 |  | 朱昺 | 《金文最》，《滕县神农黄帝祠堂碑》，66：：964 | 医祖之来 |
| 12 | 嘉润侯 | "后至岁在癸酉间，乡民李隐独有意焉，于时遂率李革、陈思恭同化集乡众……重行修盖，其功美哉。逮至岁在戊辰三月十有四日，忽值天火焚烧……又前修殿维那李隐，复率郑锡、陈谏、李革，及本观前都道录阎子美、知观董茂华、郭茂昭、陈惟福、陈惟素、丘惟凝、崔自渊、崔居实，共启虔诚，……重复修崇，……。遂纠集乡众，化集所用之物。" | 时岁在丁丑仲春，仆（乡贡进士田尉撰）因假道教学于观前，其元维那命仆为记，非敢尚虚词以襄美，特书其实录以贻后代，传之不朽云尔 | 《全金石刻文辑较》，《重修华池嘉润侯殿记》，93—94 |  |
| 13 | 龙神 | "郡之豪姓郭公立，乃择匠氏，经度材间，蠲日兴工。" | 夏曾撰 | （民国）《沧县志》，《重修会应神庙记》，13：1804 |  |
| 14 | 紫虚元君 | "或一日，与本村神者□一、赵诚、马志、郭京、牛存议其修殿事，诸公忻然而从之。" | 河内布衣韩迪简撰昌黎韩翊书博陵□□等立石刊人李远 | （道光）《河内县志》，《重修紫虚元君殿记》，21：831—832 | 欲求文得纪成绩 |

第七章 金代汉族家庭的民间信仰 301

续表

| 序号 | 祭祀对象 | 基本情况 | 题署 | 史料出处（卷：页/页） | 备注 |
|---|---|---|---|---|---|
| 15 | 二仙 | 晋城县莒山乡司徒村众社民户施门一舍 | | 《全金石刻文辑校》,《二仙庙正隆二年题记》,98 | |
| 16 | 成汤 | "好事者同发（漫灭不清）用宏兹贾。" "是时，檀越喜施，从无难色。" "然则修庙之功，其利不贽矣。维那及庙官等，辛苦历年，铢积寸累，木材工匠，口食之费，无虑数万贯。劳神耗力，其勤亦至矣。" | 京兆前进士李槀谨记河南潘师雄书丹开封钱义方题额学正来昌国等立石齐谕韩观、齐长韩褒、司书宋端弼、直学任俣、学谕曹谊监修使臣唐安监修学、忠显校尉、充京兆府军器库副使、兼知作院、武骑尉李宏监修学、奉信校尉、可充京兆府军器库副使、兼知作院、飞骑尉王景晖提振修学、奉政大夫、专一规措京兆府耀州三白渠公事、骁骑尉王堪 | （光绪）《长子县志》,《潞州长子县重修圣王庙记》, 7：572—580 | |
| 17 | 窦犨 | | 史纯 | 《金文最》,《英济侯感应碑》, 68：986 | |
| 18 | 城隍 | "遂乃致祭于城隍之神。" | | 《全金石刻文辑校》,《重修平山县城碑》,121 | 诸乡老、市民嘱以为记 |
| 19 | 唐帝古寺数泉出于祠下 | "村人李整等，率众命工以为之池。" | | （道光）《河内县志》,《创修泉池之碑》, 21：835 | "求仆为记" |

续表

| 序号 | 祭祀对象 | 基本情况 | 题署 | 史料出处（卷：页/页） | 备注 |
|---|---|---|---|---|---|
| 20 | 真泽二仙 | "凡有感求，应而不拒。" | 中散大夫前南京路兵马都总管判官上骑都尉天水县开国子食邑五百户赐紫金鱼袋赵安时撰 | 《全金石刻文辑校》，《重修真泽二仙庙碑》，139 | |
| 21 | 孙真人 | "万俟善深重建。""郡人万俟景之先人。" | 乃求于里人王先生以为记　里人米孝思谨跋 | 《金文最》，《重建孙真人祠记跋》，48:676—677 | |
| 22 | 神龙 | 大定三年"季春不雨，粪麦将槁。公率官属以牲牢祷于祠下十有二日，雨大降。……旧有庙在潭北，宋季燬于兵，虽再修建，粗有庑廊。公获神之应，遂捐俸鼎新，不取于下。堂庑严整，登献以答灵贶"。 | 刘济 | 《全金石刻文辑校》，《重修范县妙应侯庙记》，168 | |
| 23 | 程婴 | "天德间岁大旱，旬月不雨，邑宰尝往吊之，泊归似有亵慢之意，须臾而雹雨大降。宰复反，已致恭虔，俄雨作，以获沾足。""予大定戊子，来宰是邑之明年，自春徂夏，阴伏阳愆，旱魃为虐，……于是同县僚暨邦人，斋戒沐浴，备祀事，洁之以牲，莫之以酒，往迎之。笙镛杂沓，旌旗闪烁，徜徉百舞。" | 承德郎、同知蔡州防御使事、飞骑尉、赐绯鱼袋智辑撰武德将军、行太原府孟县尉、骁骑尉孙德康篆立石乡贡进士薛颐贞书丹 | 《山右石刻丛编》，《神泉里藏山神庙记》，20:45 | 当里进义校尉邢聚进义校尉王京进义校尉张珝王老张远承务郎、行太原府孟县主簿、云骑尉、赐绯银鱼袋席良臣中议大夫、行太原府孟县令、上骑都尉、范阳县开国子、食邑五百户、赐紫金鱼袋燕毅都化缘守庙赵澄同化缘守庙男赵现孟山宋勍刊 |

第七章 金代汉族家庭的民间信仰 303

续表

| 序号 | 祭祀对象 | 基本情况 | 题署 | 史料出处（卷：页/页） | 备注 |
|---|---|---|---|---|---|
| 24 | 范丹 | "大定十二年莱芜令高永孚既新丹祠。" | 范拱 | 《金文最》，《贞节先生范丹祠记》，23：313 | |
| 25 | 先轸 | | 少中大夫、行辽州刺史、兼知军事赵扬撰忠显校尉、辽州军资库都监耶律质书从仕郎、充辽州军事判官郑元篆额武德将军、同知辽州军州事萧思宽立石 | 《山右石刻丛编》，《先轸庙碑》，20：26 | 余叨守是郡，年七十有二，将脱簪还共山之阳，徘徊祠下，感慨不能已，遂援笔述其行事，以为之记 |
| 26 | 太微观、岱岳庙 | "邑宰秘兰□□邑簿晋武□□□□□□□官耆老等于是月初七日太微观焚香祈祷，□□润泽于龙亭恭请圣水，方行天气然沈云四垂。时宣威与众□□□□□道市民诸直祉火道水前行，其雨大□□官民莫不忻然。" | | 《全金石刻文辑校》，《祈雨感应记》，194 | |
| 27 | 石守道/孙明复 | | 党怀英 | 《金文最》，《鲁两先生祠碑》，70：1030 | |
| 28 | 城隍神/济安侯 | "大定甲午，太守完颜公□昼锦是邦，每布政之暇，常悯此祠处于隘，百姓朔望莫酹，艰于出入。……公屡出言，如有财力之士而能迁建增广者，许之。州人张铎、□□、杨林，暨前道正韦道樴，聚父老而谋曰：'吾乡虽屡遭兵革，残毁之甚，□而不能被弑逆之名者，赖此神之力也，盍迁其庙于外，以便祀享？'众允其请。" | 乡贡进士张建谨记乡贡进士蔚□篆额并书大定二十四年十月初一日里人张瑀立石刊石王□ | 《华州城隍神新庙碑》，《金石萃编》（四），引自《石刻史料新编》（四），156：2887 | 求文于仆，以纪神之英烈，且俾后世乱臣贼子闻之有所戒俱焉 |

续表

| 序号 | 祭祀对象 | 基本情况 | 题署 | 史料出处（卷：页/页） | 备注 |
|---|---|---|---|---|---|
| 29 | 伏羲氏 | 唐之前"官为建祠"现在是民修 | 赵大钧 | 《金文最》，《滕县染山重修伏羲庙碑》，74：1088—1089 | 嘱大钧为记 |
| 30 | 浮山灵应祠 | "公（马伯鹰）思所以答神之赐，于是命匠凿西北崖，以崇广其殿，而仙蜕出焉。" | 大定丙午夏四月，兰泉老人张建谨跋邑人屈祺、屈禧立石 | 《全金石刻文辑校》，《仙蜕岩碑跋》，289 | |
| 31 | 乐山神 | "主吏以公帑告竭，例取乐神香火之奉以资不给。公（王寂）笑曰：'此神之所有，吾何与焉。'乃尽出其余。" | 张文中文中时为从吏 | （民国）《确山县志》，《创建灵应庙记》，23：525 | |
| 32 | 应润庙 | "大定二十年，县令兰嗣吉亦祈雨即应，创构喜雨亭于县署" | 郭明济 | 《金文最》，《重建超山应润庙记》，24：351 | |
| 33 | 炳灵王 | "村老徐成、郑彦者，慨然主之，约费数十万金。……而神像尚且未备，故徐成之子桐、郑彦之子昙，克承父志，以毕其功。" | 济州进士兖州学正唐处仁 | 《金文最》，《重修炳灵王庙碑》，76：1106 | |
| 34 | 女娲 | "本县乃委县尉乌古论信武并府委赵城县丞完颜忠显前后取勘，始末皆因是。" | "女娲庙铭陇西郡长宁野人牛木述""信武将军、行汾西县尉委取勘官乌古论札乃忠显校尉、赵城县丞、府委取勘官完颜宗杰"县丞县尉（女真人） | 《全金石刻文辑校》，《女娲庙铭》，327—328 | |

续表

| 序号 | 祭祀对象 | 基本情况 | 题署 | 史料出处（卷：页/页） | 备注 |
|---|---|---|---|---|---|
| 35 | 精卫、神农 | "众推华国□□越街坊信心者，复有三十人为首领，助成缘事，各舍□财，纳瓦木。" | 华国欲刻石纪其岁月，紫云居士遂作赞曰<br>上党秦德刊 | （光绪）《长子县志》，《熨斗台神殿碑》，7：599 | |
| 36 | 尧 | "居人张伯厚等，易其榱栋之朽折者而新之，治其垣壁之毁缺者而复之。" | 前应奉翰林文字同知制诰赵秉文撰并书题额 | （民国）《安阳县志》，《彰德府安阳县乞伏村重修唐帝庙记》，7：933 | 庙成，谒文于仆 |
| 37 | 伏羲 | 邹令张公"专典其事"<br>"省钱八十万为重修之费"<br>鸠工聚材己俸 | 田肇 | 《金文最》，《兔山人祖庙碑》，77：1127 | |
| 38 | 魏徵 | "县令艾侯悯其荒废，乃别卜地建庙。……输己俸以迁焉，于是公之孙与阖境士民赞助而成之，不劳民，不费财。" | 孙镇 | 《金文最》，《澄城县重修唐相郑国文贞魏公庙碑》，77：1131—1132 | |

续表

| 序号 | 祭祀对象 | 基本情况 | 题署 | 史料出处（卷：页/页） | 备注 |
|---|---|---|---|---|---|
| 39 | 刘备 | "承安二年夏四月，里民始议增葺。于是富者以资，巧者以艺，少者走以服其劳，老者坐以董其功。" | 儒林郎、前郑州防御判官、提举学校常平仓事、武骑尉、赐绯鱼袋王庭筠撰、书、篆既成，具兴废岁月，乞文于庭筠，将以刻诸石登仕郎、范阳县主簿、兼管勾常平仓事刘大有忠武校尉、范阳县令、兼管勾常平仓事、武骑尉张绎昭武大将军、行涿州刺史、兼知军事提点山陵、提举常平仓事、上轻车都尉、彭城郡开国公、食邑七百户蒲察克温立石 | 《全金石刻文辑校》，《蜀先主庙碑》，408—409 | |
| 40 | 白龙 | "令与众徒步迎水至超化寺，置舍利塔下，礼敬达旦。翼日，同本县官僚士庶，伎乐伞盖并寺众僧，香花幢幡，送至梅山之北，权州供奉官僚人等迎至坛场，且陈呗梵。" | 诸公谓予，当纪其事示将来 | 《金文最》，《白龙潭圣水感应记》，23：315—316 | 唐末五代，始有是庙 |
| 41 | 比干 | "今皇上嗣位，四方久安，特诏封植其处，命守臣以时致祭。" | 范构 | 《金文最》，《重修殷太师庙碑》，78：1146， | （进士）孟铸"出私钱十万完缉" |

第七章　金代汉族家庭的民间信仰　307

续表

| 序号 | 祭祀对象 | 基本情况 | 题署 | 史料出处（卷：页/页） | 备注 |
|---|---|---|---|---|---|
| 42 | 灵泽王 | "符下所在，出外府金泉以给经营之费。……命潞邑主簿孟公监董其事。……于是富者输其财，壮者效其力。" | "进士王弼臣撰" | 《全金石刻文辑校》，《重修灵泽王庙记》，436 | "住持道士王可、门人路元□暨乡民李茂等，索文于仆。" |
| 43 | 显圣王 | "及明昌壬子岁……前许福躬发诚恳，前诣祈水。" | "双溪遗老韩士倩撰并篆额石门士乐懋书丹""刘村信士许福、仗里社苏軏以为先容，来诣昌黎先生"许福立石本邑人赵敦刊 | 《全金石刻文辑校》，《复建显圣王灵应碑》，437 | |
| 44 | 总真洞龙祠 | "有杜师者，修真士也……欲重修殿宇，与其道众谋之，计财无所出，乡豪李敬等，皆轻财好义，即赞成之，于是富者施财，贫者助力……" | 友人岳安常 | 《金文最》，《大茂山总真洞修殿碑》，79：1155 | 祈雨 |
| 45 | 后土 | "每当季春中休前二日，张乐祀神，远近之人，不期而会。居街坊者，倾市而来；处田里者，舍农而至。……不知是报神休而专奉香火，是纵已欲而徒为佚游。" | 王希哲主庙梁再兴、梁玘、侄梁进等同立石 | 《三原县后土庙碑》，《金石萃编》（四），引自《石刻史料新编》（四），155：2916 | "梁氏昆仲于大定二十五年、明昌元年、承安五年、泰和元年，四次添改修建，至于完备，一无所缺。" |

续表

| 序号 | 祭祀对象 | 基本情况 | 题署 | 史料出处（卷：页/页） | 备注 |
|---|---|---|---|---|---|
| 46 | 卜予怜 | 前代百姓修建，后代子孙重修 | 将仕郎、充会州军事判官、兼提举常平仓事张浚撰乡贡进士孙世京书丹、篆额 | 《八琼室金石补正》，《重建卜式庙记》，127：901 | |
| 47 | 玉皇大帝 | "维大金泰和五年岁次乙丑六月丁亥朔望前有二日，特建立昊天玉皇大帝圣像毕" | 匠人石佺贾忠刊知观王仁佑忝书 | 《全金石刻文辑校》，《玉皇象座上题记》，458 | "真定府行唐县南阳观（缺）（人名不录）" |
| 48 | 伏羲氏 | "乡民祭祀，岁时不辍，恒以月二及十五日，香火祷祈焉。" | 石抹軏 | 《金文最》，《伏羲庙碑》，79：1153 | "軏监守荥水磁窑" |
| 49 | 龙泉 | "乃择吉日，备椒浆桂醑三牲，以答神应。" | 郑泽 | 《金文最》，《重修龙神庙碑》，80：1161 | 官倡民修 |
| 50 | 孙思邈 | 于时岁旱，民心忧惶，李天佑乃焚香祈请，祷雨三日，果获感应。遂纠率居民，特起诚心，各舍己资，命工铸造，成其石真像，置于洞中 | 天佑撰 | 《全金石刻文辑校》，《孙真人碑》，470 | 维那李天佑、王世真、李昉书丹乐村石匠秦□□ |

第七章 金代汉族家庭的民间信仰　309

续表

| 序号 | 祭祀对象 | 基本情况 | 题署 | 史料出处（卷：页/页） | 备注 |
|---|---|---|---|---|---|
| 51 | 台骀 | "明昌五年，州得汾阳人任从仕为判官……因悼彼俗颛蒙渎神之祀，乃追讨图志，以《春秋传》考证之，核厥事迹，知其昭然不诬为神之墓、为神之庙矣。乃与儒士史世雄、宋铁取旧《图经》，参校编次，增补其阙，具载兹事以示乡人。……于是每岁仲夏竭诚修祀，具牢醴牲气奠于堂上，作乐舞戏妓拜于堂下。是日阖邦远近，往观者如市，大为聚乐，以极岁中一方之游观也。" | 泰和八年九月二十二日立乡贡进士、充本州岛儒学正宋铁校勘武德将军、宁化州军资、兼理军器库监、骁骑尉刘仲宽书丹□□……承信校尉、宁化州军辖权主簿、兼巡捕事、云骑尉马紫玉武略将军、宁化县尉权县事、兼管勾常平仓事、飞骑尉高昆玉怀远大将军、行宁化县令、兼管勾常平仓事、轻车都尉、开国伯、食邑七百户移剌长寿昭信校尉、宁化州军事判官、兼提举常平仓事、云骑尉张泽儒林郎、同知宁化州军州事、兼提举常平仓事、云骑尉、赐绯鱼袋张守愚奉直大夫、宁化州刺史、兼知军事、提举常平仓事、上骑都尉、京兆县开国子、食邑五百户、赐紫金鱼袋田仲礼 | 《全金石刻文辑校》，《汾川昌宁公家庙记》，475 | 初，民欲刻石久矣，请于士大夫，屡不果。今又告之州帅田侯，田侯恤民之勤而乃谦而不有，下逮庸耄，义弗免焉。大梁水张守愚谨记 |

续表

| 序号 | 祭祀对象 | 基本情况 | 题署 | 史料出处（卷:页/页） | 备注 |
|---|---|---|---|---|---|
| 52 | 赵武灵王 | "有本县长丰乡白寺寨居民赵弁，顿发诚意，谋诸是邑镇店乡村善士，同心各捐白金青蚨。" | 佚名 | 《金文最》，《重修赵王庙碑》，80:1164 | |
| 53 | 舜 | "以其年深，庙貌圣像废坏，本村夏聚等乡中纠率村众，因其弊而更新之，庶尽乡人钦崇之意。嘱予作为以纪其事。" | 陈恕撰 | 《全金石刻文辑校》，《重修舜帝庙碑》，482 | |
| 54 | 公主圣母 | "宣和用兵之际，祀事不举，祠宇浸坏。及抚定以来，乡人收合余烬，营葺故基，然数次之工未完，藻绘之事犹阙。奈人情乐于循常，而难于改作。""是时，县僚率父老奉牲牢诣神祠而祷焉。""于是介休县主簿安公诣曲买谷望祷神宇，主簿耿公诣尖阳山敬谒祠下，驱率丁男，将宣厥力，尚惧蝗炽，人力不支。无几，人民愿输以财，一新斯庙。" | 介休县主簿、兼管勾常平仓事安英撰武义将军、行汾州灵石尉、兼管勾常平仓事湛知攀乃承信郎、行汾州灵石主簿、兼管勾常平仓事蒲察一里信武将军、行汾州灵石县令、兼管勾常平仓事蒙古德温 | （民国）《灵石县志》，《重修公主圣母庙碑记》，10:705—707 | 仆叨佐县令，闻其实而固异之，今承乡人之所请，虽辞不能，遂为之记焉 |

第七章 金代汉族家庭的民间信仰　311

续表

| 序号 | 祭祀对象 | 基本情况 | 题署 | 史料出处（卷：页/页） | 备注 |
|---|---|---|---|---|---|
| 55 | 黑水山神 | 寨使付、石二公，创立庙貌，岁时祭之 | 乡贡进士李希白记乡老北冈石璋、东荒台遇、罗莒付记、安阳蔺鉴刻石进义校尉、行部令史廷玉书丹元帅便宜招抚使委差山北把隘万户李兴同监修元帅便宜招抚使委差山北把隘副统军靳用监修元帅便宜招抚使委差提空柳泉等寨石泽同修并立石元帅便宜招抚使委差提空柳泉等寨使傅宜创修并立石 | （民国）《林县志》，《创建黑水山神庙记》，14：1027 | |
| 56 | 周公 | | 游淑 | 《金文最》，《重修文宪王庙碑》，81：1188 | |
| 57 | 扁鹊 | 有村人好事者冯□等，追其故迹，率民众之大小，复建正殿三间……移时至于贞佑乙亥，有天坛大德师魏玄一行道化是邑，见其华丽，可宫可观，诱善张清信、乡老张守益以道成诚，同诣易州行部院，远给国家之调度，请书额为神应观。……在观者道众不为不多，然无有敢葺者。一日，张守益与初知住持道士郭冲和议及此，鼓舌同词，面计工什，可用贯直，其数近千 | 化缘道士阎见住持知观道士郭监修元住持道士曹守正进义、校尉劝农乡老张守益乡贡进士和钧乡贡进士杨思诚篆额并书鲁阳、李福、杨斌 | 《全金石刻文辑校》，《重修神应观记碑》，544 | |

续表

| 序号 | 祭祀对象 | 基本情况 | 题署 | 史料出处（卷：页/页） | 备注 |
|---|---|---|---|---|---|
| 58 | 吕洞宾 | | 前进士虞田袁从义撰翰林应奉同知制诰征事郎监察御史段辅书从事郎国子监丞陈观篆额 | 《道家金石略》，《有唐纯阳吕真人祠堂记》，448 | 大纯阳万寿宫提点段道祥（14人）等立石 |
| 59 | 郭子仪 | | 昭武大将军、行芝田县令、兼管□常平仓移刺文林郎、守虢州军判、天党赵琢撰乡贡进士天党张琢书丹中京金昌府芝田县漫流村彭顺同男彭泽自立石赞成人乡老傅政嵩阴石匠张善刊 | （民国）《巩县志》，《唐汾阳王庙记》，18：1580 | 生而聪明正直，殁而为神 |
| 60 | 神农 | 王和"遽发诚恳，慨然以兴葺为己任，众皆悦而从之。曰王政连玉者，又从而辅翼。于是庀徒揆日，鸠工聚材，……迨贞佑之三祀，□衣王守道者来住持之，朝夕洒扫，极于精洁。有请于朝，敕赐通仙观号。" | 朝列大夫、南京丰衍东库使澍泽王道衡撰大中大夫、前同知浚州防御使事潘希孟篆额奉直大夫、守陇州汧阳县令直定王之奇书丹王庭琇立石 | 《辽金元石刻文献全编》（三），《大金汝州宝丰县东宋村新修炎帝庙记》，16：1080 | |
| 61 | 陈抟 | "正大三年，道士某始克栋而宇之。" | 赵秉文 | 《闲闲老人滏水文集》，《希夷先生祠堂记》，13：68 | |
| 62 | 济渎显佑清源王 | 祈雨 | | 《全金石刻文辑校》，《重修济渎庙记》，564 | |

第七章　金代汉族家庭的民间信仰　313

续表

| 序号 | 祭祀对象 | 基本情况 | 题署 | 史料出处（卷：页/页） | 备注 |
|---|---|---|---|---|---|
| 63 | 玄武 | "正大癸酉，前元帅完颜公始因故基，扫除瓦砾，殿而像之，遂即高爽。然府迁于防秋，东西麋定，人心摇摇，神亦胡然而宁。戊子秋，元帅夹谷公奉命来镇是邦。……乃复加增饰，焕然一新。" | 中顺大夫、遥授定国军节度副使、河南路行元帅府经历官、上骑都尉、赞皇县开国子、食邑五百户、赐紫金鱼袋李献能撰等河中吴安仁刊 | 《全金石刻文辑校》，《重修元武殿碑》，565 | 顾玄武庙未有记，命献能载其事 |
| 64 | 龙祠 | 赤旱近百日……有以此泉为言者，予率父老诣焉，币祝甫登……明年，里之民作新庙于泉之西南，且以纪其事为请。 | 元好问 | 《遗山先生文集》，《长庆泉新庙记》，32：329 | 祈雨 |
| 65 | 浑瑊 | "天子遣使者颁尺一诏书，赍御香祝版，太常定仪式，以祀社稷礼，遣守臣武节大夫合门宣赞舍人权知丹州军事兼管内安抚司公事兼劝农事刘议敕祭祠下。" | 奉议郎权丹州军事推官臣王蔚谨记 | 《奉敕祭唐忠武王浑瑊记》，《金石萃编》（四），引自《石刻史料新编》（四），159：2892 | |
| 66 | | "惶恐百拜献状天池龙君殿下。" | 元好问 | 《遗山先生文集》，《郡守天池祈雨状》，40：412 | |
| 67 | 积仁侯 | 冯翊高公来宰是邑，拉簿尉杨公同谒是庙，特赐庙额侯爵。道士苏道常住持是庙有年矣，请以一人录其事，将刻之石 | 麻秉彝 | （民国）《虞乡县新志》，《积仁侯昭佑庙碑》，9：933—934 | |

续表

| 序号 | 祭祀对象 | 基本情况 | 题署 | 史料出处（卷：页/页） | 备注 |
|---|---|---|---|---|---|
| 68 | 文水神龙 | "是以朝廷命耶律公宰之。岂意骄阳肆虐，甘泽不沾，历祷名祠，弗获灵应。……设像以答神休。于是百姓欢忻，一辞播美，因建庙貌，用报灵恩。" | 醋务都监石为楷撰 | （康熙）《文水县志》《文水龙堂记》，10：557—558 | |
| 69 | 杨戬 | 蝗灾水灾 | 年乡贡进士吕仲孚撰 | （民国）《南宫县志》，《昭慧灵显真人庙记》，23：766 | |
| 70 | 后土 | 至正隆年间，华州差云台观赐紫道士吴昌周、王继兴前来渭南宁县，复业泰宁宫住持 | 乔逢辰 | （光绪）《新续渭南县志·艺文志》，《重立泰宁宫碑》，10：1189 | 王继兴嘱予为记 |
| 71 | 北辰 | "道士李居实稍葺治而居之" | 从仕郎试京兆府泾阳县令武骑尉借绯鱼袋 | 《金文最》，《京兆府泾阳县重修北极宫碑》，76：1102 | |
| 72 | 扁鹊 | "扁鹊随俗为变，过咸阳，为无辜医，邯郸为带下医，洛阳为耳目痹医。" | 元好问 | 《遗山先生文集》，《扁鹊庙记》，32：328 | 庙再以元丰八年成……乡豪张乙居其旁，葺而新之，土木有加焉 |
| 73 | 崔子玉/崔瑗 | "东平（山东西路东平府）副元帅赵侯以其父之志为完复之，其成也，侯命予以岁月记，故为书之。" | 元好问 | 《遗山先生文集》，《崔府君庙记》，32：330 | |

续表

| 序号 | 祭祀对象 | 基本情况 | 题署 | 史料出处（卷：页/页） | 备注 |
|---|---|---|---|---|---|
| 74 | 冲惠冲淑 | "道士李处静德方纳粟于官，敕赐二仙庙作悟真观。"……于是市庙东之隙地为三清殿，为道院，……外力所施田，以资工役 | 李俊民 | 《重刊庄靖先生遗集》，《重修悟真观记》，8：167 | 此重修之意也，德方请以其事书之于石 |
| 75 | 女娲 | "逮大朝庚子，本郡次官赵唐以其男山儿幼亡，不能忘情，因谒是庙，慨然有兴废之心，遂命耆老张珏辈庀工计费，又令总领景用与提控许坚督其役。"……自是公得男女三人，又从而起敬焉 | 李俊民 辛丑岁三月十八日，会郡人而落之，索予纪其事。① | 《重刊庄靖先生遗集》，《重修浮山女娲庙记》，8：168 | 究其源，莫知所从来。或曰女娲庙，并无所据 |
| 76 | 商汤析城山神 | 大朝壬寅年"邑人王元、武全、王升、张义、王汉等，……，相与鸠工。" | 李俊民 "仆重过是邑，王元等托友人燕子和求识其始末，故书以示之。" | 《重刊庄靖先生遗集》，《阳城县重修圣王庙记》，8：169 | 宣和七年重修庙记云，本路漕司给系省钱 |
| 77 | 伏羲、神农、黄帝 | "太原医师赵国器谓吾业当有所本也，即其家起大屋，立三圣人像事之，以历代名医岐伯而下几十人，侑其坐。" | 元好问 | 《遗山先生文集》，《三皇堂记》，32：330 | 介于太谷李进之请予为记 |
| 78 | 先轸 | "余叨守是郡，年七十有三，将脱簪而还其山之阳，徘徊祠下，感慨不能已，遂援笔述其行事，以为之记。" | 赵扬 | 《金文最》，《晋先轸庙碑》，71：1044 | |

① "辛丑年三月十五日记"前后矛盾。

续表

| 序号 | 祭祀对象 | 基本情况 | 题署 | 史料出处（卷：页/页） | 备注 |
|---|---|---|---|---|---|
| 79 | 昭济神 | "南北路驿使宝坻高侯天辅，悯外门之颓毁也，力为新之。" | 元好问 | 《遗山先生文集》，《惠远庙新建外门记》，33：336 | 请予记之 |
| 80 | 河亶甲 | "同年张敏修忠杰、道司仓寇邦宁国安、里人赵松寿之，踵门而告曰，商王之庙，吾乡之祖也，不可无记。" | 乐着 | 《金文最》，《商王河亶甲庙碑》，83：1212 | |
| 81 | 关羽 | "本朝承平日久，制作礼文，咸秩祀典。虑公之庙岁久将敝，特降明命而完新之，邦人随富窭争献财力而助成之，父老请余文以记。" | 田特秀 | 《金文最》，《重建显烈庙碑》，83：1212 | 父老请余文以记 |
| 82 | 城隍 | "谨以香酒茶果之奠，致祭于城隍之神。" | | 《拙轩集》，《祭城隍文》，6：7 | |
| 83 | 康泽王 | 江陵黄公"审民心欲成龙子祀而修之，创献殿，设斋厅，置风师、雷师、山灵、河伯之殿……前凿养鱼池，长廊周步，几二百间，至于厨库，靡不周备……后设龙母殿，以事韩媪。" | 毛麾撰 王仲庭书 | 《金文最》，《康泽王庙碑》，77：1126 | |
| 84 | 龙津桥桥神 | | | 《金文最》，《合祭天地奏告龙津桥桥神文》，62：889 | |

续表

| 序号 | 祭祀对象 | 基本情况 | 题署 | 史料出处（卷：页/页） | 备注 |
|---|---|---|---|---|---|
| 85 | 公孙杵臼 | "与州南程婴祠乃九原古双祠也。" | | 《全金石刻文辑校》,《公孙厚士祠记》,617 | |
| 86 | 龙祠 | 离良乡三十里,过卢沟河,水极湍激。[燕人]每候水浅,深置小桥以渡,岁以为常。近年都水监辄于此河两岸造浮桥,建龙祠宫,仿佛如黎阳三山制度 | | 《大金国志校证》,《许奉使行程录》,40：560 | |
| 87 | 叔虞 | 西山有晋叔虞祠,旧以施钱输公使库,大节还其庙以给营缮 | | 《金史》,《张大节传》,97：2146 | |
| 88 | 灵应王 | （贞元元年）十月丁巳,猎于良乡。封料石冈神为灵应王。初,海陵尝过此祠,持杯珓祷曰："使吾有天命,当得吉卜。"投之,吉。又祷曰："果如所卜,他日当有报,否则毁尔祠宇。"投之,又吉,故封之 | | 《金史》,《海陵》,5：101 | |
| 89 | 横岭之神 | 若此好官,异日祠之,当作我横岭之神 | | 《金史》,《杨达夫传》,124：2700 | |
| 90 | 后稷 | "县之西十里有稷王庙,斯可祷矣。" | | 《全金石刻文辑校》,《河中府万泉县稷王庙祈雨感应碑》,528 | 九月,具牲牷、酒体、鼓吹,复率官吏父老陈词致谢 |

# 结　　语

　　女真肇建国家，为实现社会的顺利转型和维持国家机器的正常运转，需要进行征收赋税徭役、签军征兵等等一系列活动，为应对如此局面，汉族群体该如何组织？以何种形式应对？先民的历史经验告诉他们，聚族而居一直是一种有效的组织形式。同时，汉族作为中原王朝的主体民族，鉴于人口和文化优势，这一群体往往在国家内拥有天然的各方优势，也对国家具备强烈的心理认同和归属感。金代汉族生活在少数民族中，人口、文化优势更加明显，但尽管如此，与女真相比，地位绝对不可同日而语，入仕是他们提高地位有效的唯一途径，也成为他们追逐名利的敲门砖。成功仕宦更甚至功成名就便更能够通过门当户对的姻缘结合，达到权利关系网的再次形成和扩大，所以，金代汉族百姓强调家族宗族、姻亲的作用。理所当然，金代汉族百姓对于血缘的认同往往要大于国家认同。从这一角度而言，对于金代汉族家庭的研究血缘作用不容忽视，同样这也是研究家族宗族史容易出现偏颇的症结所在，所以除以上七个方面对于金代汉族家庭形态的研究，对于这一特殊群体的探讨要注意几个原则：

　　一、金代汉族家庭形态的研究要正视血缘，不沉迷于地方主义、宗族主义

　　血缘作为家庭存在的纽带，历朝历代必然强调其"宗"的法权关系和历史归属感，但凡研究家庭形态必与地方主义、宗族主义相关联的研究方法则并不可取，要正视而切忌沉迷。金代汉族家庭重视血缘姻亲的心理建设依然很强，但历史以及现实诸因素决定了如若想要实现很难。所谓盘根错节的地方社会势力关系网，只有地方豪族富户抑或中央高官家族才有可能成形，地方权要如若只是任职基层而无半点其它田园财产营生事业，是根本不可能实现的。失去统治阶层身份的金代汉族更多的就是一介官吏甚至百姓，所以言及家庭必及于世家大族，习惯性地把仕宦与亲连亲、利益、比附联系起来，不符合金代汉族实情。另一方面，汉族家庭在金代形成了一个庞大的阶层，于异族统治下繁衍生息，婚姻作为家庭存在的另一

个纽带，在同一地域更多的是以名望官爵作为标准，以实现阶层的飞跃，而并非娶同乡里女性以达到量的积累。同族虽"阡陌连接"但"散居诸村"，同一乡里，往往更是异姓占据多数。"同乡里"的地缘意识并不强，与地方主义关系紧密的同乡，在金代并不受特别提及与重视，所以地方势力形成并非易事。古代社会普遍重视"同年""同宗""同乡"，这并非于同一历史时期共同出现，而只是由每一个历史发展阶段特点决定某一种基本社会关系更凸显而已，而金代的"同乡"不突出。

因此，在研究金代汉族家庭过程当中，要正确看待血缘、地缘，避免造成研究结论的偏颇。我们对于基于血缘的宗族意识、地缘的地方主义的评价，既不能主观拔高也不能有意降低，而应该多面相考虑，具体情况具体分析。

二、家庭形态的讨论，要放在"礼"与"法"的范畴之内

汉族家庭形态的解读，尤其要从儒家伦理道德方面入手，家庭成员之间的地位关系、经济收支情况、所受教育情况是家庭研究必不可少的内容，这其中所体现的阶级差异、长幼秩序、男女之别则是"礼"的根本所在，比如婚姻，辽人"同姓可结交，异姓可结婚"；金人不止一次下诏"同姓为婚者，杖而离之"，"定居祖父母丧婚娶听离法"。如此因礼而衍生的家庭之法很多，再比如孝为先，"孝于父母，友于兄弟"是亘古不变之理，儒家讲求百事孝为先，金代将孝以各种不同表现形式纳入律令当中。史有泰和六年（1206年）："祖父母、父母无人侍养，而子孙远游至经岁者，甚伤风化，虽旧有徒二年之罪，似涉太轻。其考前律，再议以闻。"① 反之亦然，金代对于长辈没有对晚辈尽到应尽责任义务之人也施行严厉惩罚，正大五年（1228年），亲卫军王咬儿酗酒杀其孙，大理寺以徒刑，特命斩之。② 所以我们必须把这一问题的讨论，置于古代礼法社会之下才不会显得格格不入并更加符合当时的历史实况。

三、民族融合是历史发展的大趋势

金代汉族尤其士人最初难免受到"华夷之辨"观念影响，秉持"岂有礼义之人而臣于异姓乎"的观点，但政治层面的反映更为强烈，下移到基层组织单位家庭的日常细事，汉族与女真族之间的民族融合才是这一时期的突出特点。所以于单纯金代汉族家庭的研究中，汉族对女真的抵抗心态并不常见。这其中女真在内地实现与汉族之间的杂居通婚

---

① 《金史》卷12《章宗四》，中华书局1975年版，第274页。
② 《金史》卷17《哀宗上》，中华书局1975年版，第379页。

是重中之重，在汉族家庭当中，多有娶异族女性现象。而家庭属于较为封闭的环境，更容易形成趋同性的生活行为和思想意识，所以于金代汉族家庭的教育而言，往往内容较多，形式较多，这其中不乏汉族对女真骑射内容的学习以及汉族男性侠肝义胆性格的养成。而在儒家文化认同大背景之下的女真族更是汉化较深，尤其宗室阶层具有很高的汉文化造诣和文化成就。

四、具体情况具体分析，不可一概而论

杜正胜、徐扬杰以朝代发展呈现的特点为标准，对中国家庭结构、中国家族史进行过明确的划分，金代之所以不是划分界点，也就说明特点不够突出典型，而是包含于宋以降的家族历史时期之中，这说明于整个中国古代社会家庭的发展而言，尤其唐宋变革之后，其与传统的中原宋王朝家族宗族特点更为近似，但也诚然有其自身的时代发展特点。这一范畴的界定意义旨在在研究金代家庭形态过程中，与前朝做一区分而并非将金代与宋代等同。很显然，两朝家庭形态并不相同，要具体分析、不能一概而论。比如金代义居世系定为三代，这既不同于汉、唐同居的范围，更是小于宋代。宋代义居已经由最初的实惠救助演变为对于义居荣誉的博取，而金代汉族家庭则依然以彼此之间的救助扶持为同居的最大功能，等等。再比如，男女地位关系在家庭形态的研究过程中，应该具体问题具体分析，纠正以往一概而论的传统社会夫妻关系男尊女卑的传统观点，辽代夫妻齐体才是生活的常态，等等。

五、金代汉族为女真社会创造的政治、经济、文化财富巨大

女真国家肇兴，社会转型时期，金代汉族阶层无论从政治制度建设、经济恢复发展还是文化法律制度创立方面，都立下了汗马功劳。进言之，政治制度的建立更多的属于士人集团所为，经济的恢复和文化法律的创立，基层社会也起到关键的作用。汉族在女真经济恢复当中的作用主要依靠先进的生产力生产工具发展水平，以至于杂居一处，土地实际经营权与所属权分离前提下，劳动者的素质已经不是影响经济发展的因素，这恰巧说明了汉族群体对于金氏尤其金初经济恢复发展所做出的巨大贡献。金代文化、法律制度的建设更是经历了一个漫长的形成过程，汉族士人群体文化成就非女真所能及已是共识，女真受汉文化熏染和对汉文化认同的逐渐形成，汉族群体作用巨大，而习俗逐渐演变成的习惯法显然是广义的"法"之一种，家庭习惯法的形成对于金代法制的建设有基础作用，这些人与人之间、人与社会之间责任义务关系的梳理，无疑是法律所维护社会秩序和结构的支柱，都必须在家庭这一单位当中慢慢理顺和夯实。

总之，汉族家庭形态的形成有历史遗留和社会环境等多方面的背景，金代多民族社会发展离不开汉族家庭，而汉族家庭的方方面面又影响着国家政策、社会风化以及女真族的发展。对于研究过程中必然涉及的问题要合理、客观进行评价，具体问题具体分析。

# 参考文献

## 历史文献

北京图书馆金石组北京图书馆藏：《中国历代石刻拓本汇编》，中州古籍出版社1989年版。
陈高华：《元典章》，天津古籍出版社2011年版。
陈述辑校：《全辽文》，中华书局1982年版。
陈相伟：《金碑汇释》，吉林文史出版社1989年版。
陈垣编纂：《道家金石略》，文物出版社1988年版。
崔文印：《靖康稗史笺证》，中华书局2010年版。
(道光)《河内县志》，《中国方志丛书》475。
董克昌：《大金诏令释注》，黑龙江人民出版社1993年版。
窦仪等：《宋刑统》，中华书局1984年版。
傅朗云编注：《金史辑佚》，吉林文史出版社1990年版。
顾奎光选辑：《金诗选》，清乾隆十六年（1751年）刻本。
顾炎武：《黄汝成集释·日知录集释》，上海古籍出版社1985年版。
(光绪)《长子县志》，《中国方志丛书》401。
(光绪)《定兴县志》，《中国方志丛书》200。
(光绪)《蔚州志》，《中国方志丛书》029。
国家图书馆善本金石组编：《辽金元石刻文献全编》，北京图书馆出版社2003年版。
杭世骏：《金史补》，东方文化研究所藏清抄本。
洪皓撰：《鄱阳集》，台湾商务印书馆影印文渊阁四库全书本1986年版。
洪皓撰：《鄱阳集》，台湾商务印书馆影印文渊阁四库全书本1986年版。
胡聘之撰：《山右石刻丛编》，山西人民出版社1988年版。
黄时鉴点校：《通制条格》，浙江古籍出版社1986年版。
黄以周：《续资治通鉴长编拾补》，浙江书局光绪七年版。

（嘉庆）《安阳县志》，《中国方志丛书》108。
（康熙）《文水县志》，《中国方志丛书》433。
孔元措：《〈孔氏祖庭广记〉附校讹及续补校》，商务印书馆出版社1936年版。
乐史：《太平寰宇记》，中华书局2007年版。
李焘：《续资治通鉴长编》，中华书局1993年版。
李俊明编纂：《庄靖集》，山西古籍出版社2006年版。
李隆基：《十三经注疏·孝经注疏》，北京大学出版社1999年版。
李心传：《建炎以来系年要录》，上海古籍出版社1992年版。
李心传撰，徐规点校：《建炎以来朝野杂记》，中华书局2000年版。
刘祁：《归潜志》，中华书局1987年版。
刘昫：《旧唐书》，中华书局1975年版。
刘因：《静修先生文集》，中华书局1985年版。
楼钥：《北行日录》，台湾商务印书馆影印文渊阁四库全书本1986年版。
陆增祥：《八琼室金石补证》，文物出版社1985年版。
马端临撰：《文献通考》，中华书局2011年版。
（民国）《柏乡县志》，《中国方志丛书》525。
（民国）《沧县志》，《中国方志丛书》143。
（民国）《沧县志》，《中国方志丛书》143 。
（民国）《昌乐县续志》，《中国方志丛书》066。
（民国）《定县志》，《中国方志丛书》204。
（民国）《浮山县志》，《中国方志丛书》416。
（民国）《巩县志》，《中国方志丛书》116。
（民国）《蓟县志》，《中国方志丛书》180。
（民国）《林县志》，《中国方志丛书》110。
（民国）《灵石县志》，《中国方志丛书》87。
（民国）《孟县志》，《中国方志丛书》445。
（民国）《南宫县志》，《中国方志丛书》519。
（民国）《确山县志》，《中国方志丛书》451。
（民国）《万泉县志》，《中国方志丛书》422。
（民国）《莘县志》，《中国方志丛书》355。
（民国）《修武县志》，《中国方志丛书》487。
（民国）《虞乡县志》，《中国方志丛书》83。
（民国）《重修岐山县志》，《中国方志丛书》531。

《名公书判清明集》，中华书局 1987 年版。
倪灿，黄虞稷等：《辽金元艺文志》，商务印书馆 1958 年版。
欧阳修等：《新唐书》，中华书局 1975 年版。
钱大昕：《十驾斋养新录》，上海书店 1983 年版。
（乾隆）《济阳县志》，《中国方志丛书》387。
（乾隆）《济源县志》，《中国方志丛书》492。
（乾隆）《平原县志》，《中国方志丛书》367。
（乾隆）《闻喜县志》，《中国方志丛书》430。
（乾隆）《偃师县志》，《中国方志丛书》442。
任文彪点校：《大金集礼》，浙江大学出版社 2019 年版。
沈约：《宋书》，中华书局 1974 年版。
施国祁：《金史详校》，中华书局 1991 年版。
司马迁：《史记》，中华书局 2007 年版。
宋洪皓：《松漠纪闻》，照旷阁本。
宋濂：《元史》，中华书局 1976 年版。
苏舆：《春秋繁露义证》，中华书局 1992 年版。
（同治）《稷山县志》，《中国方志丛书》424。
脱脱：《金史》，中华书局 1975 年版。
脱脱：《辽史》，中华书局 2017 年版。
脱脱：《宋史》，中华书局 1977 年版。
王鹗撰：《汝南遗事》，中华书局丛书集成初编本 1985 年版。
王若虚著，胡传志等校注：《滹南遗老集校注》，辽海出版社 2005 年版。
王庭筠：《黄华集》，辽沈书社辽海丛书本 1985 年版。
王新英：《金代石刻辑校》，吉林人民出版社 2009 年版。
王新英：《全金石刻文辑校》，吉林文史出版社 2012 年版。
王恽撰：《秋涧先生大全文集》，四部丛刊初编本。
魏徵等：《隋书》，中华书局 1973 年版。
文惟简：《虏廷事实》，北京市中国书店据涵芬楼说郛影印 1986 年版。
向南等：《辽代石刻文续编》，辽宁人民出版社 2010 年版。
向南：《辽代石刻文编》，河北教育出版社 1995 年版。
新文丰出版公司：《石刻史料新编》，台北：新文丰出版公司 1977 年版。
徐梦莘：《三朝北盟会编》，上海古籍出版社 1987 年版。
徐松：《宋会要辑稿》，中华书局 1957 年版。
（宣统）《泾阳县志》，《中国方志丛书》236。

(宣统)《郿县志》,《中国方志丛书》253。
阎凤梧等:《全辽金诗》,山西古籍出版社2002年版。
阎凤梧:《全辽金文》,山西古籍出版社1999年版。
姚燧:《牧庵集》,商务印书馆丛书集成初编本1936年版。
耶律楚材著,谢方点校:《湛然居士文集》,中华书局1986年版。
佚名编,金少英校补,李庆善整理:《大金吊伐录校补》,中华书局2001年版。
佚名:《大金吊伐录》,中华书局2001年版。
宇文懋昭:《大金国志校证》,中华书局1986年版。
元好问:《遗山先生文集》,上海商务印书馆缩印乌程蒋氏密韵楼藏明弘治刊本。
元好问:《元好问全集》,山西人民出版社1990年版。
元好问:《中州集》,中华书局1959年版。
曾枣庄等:《全宋文》,上海辞书出版社、安徽教育出版社2006年版。
张金吾:《金文最》,中华书局1990年版。
张师颜:《南迁录》,中华书局1985年版。
赵秉文:《闲闲老人滏水文集》,中华书局丛书集成初编本1985年版。
赵翼:《廿二史劄记校证》(订补本),中华书局1984年版。
庄绰:《鸡肋编》,中华书局1983年版。
庄仲方辑:《金文雅》,江苏书局重刊本1891年版。

## 研究专著

白纲:《中国农民问题研究》,人民出版社1993年版。
白钢:《中国政治制度通史》,人民出版社1996年版。
毕诚:《中国古代家庭教育》,商务印书馆1997年版。
常建华:《宗族志》,上海人民出版社1998年版。
陈高华等:《中国风俗通史·辽金西夏卷》,上海文艺出版社2001年版。
程方平:《辽金元教育史》,重庆出版社1993年版。
程妮娜:《金代政治制度研究》,吉林大学出版社1999年版。
邓广铭:《邓广铭治史丛稿》,北京大学出版社1997年版。
费孝通:《江村经济》,上海人民出版社2006年版。
费孝通:《生育制度》,商务印书馆1999年版。
费孝通:《乡土中国》,生活·读书·新知三联书店1986年版。
费正清等:《剑桥中国辽西夏金元史》,伦敦:剑桥大学出版社1994

年版。

冯尔康：《18世纪以来中国家族的现代转向》，上海人民出版社2005年版。

冯尔康：《中国古代的宗族与祠堂》，商务印书馆国际有限公司1996年版。

冯尔康：《中国社会史概论》，高等教育出版社2004年版。

冯尔康：《中国宗族社会》，浙江人民出版社1994年版。

傅海波等编：《剑桥中国辽西夏金元史（907—1368年）》，史卫民等译，陈高华等审稿，中国社会科学出版社1998年版。

高达观编：《中国家族社会之演变》，上海书店（据正中书局1946年版影印）。

葛剑雄：《中国人口发展史》，福建人民出版社1991年版。

葛剑雄：《中国人口史》，复旦大学出版社2002年版。

顾明远：《教育大辞典》，上海教育出版社1990年版。

顾鸣塘：《中国历代婚姻与家庭》，中共中央党校出版社1991年版。

顾树森：《中国历代教育制度》，江苏教育出版社1981年版。

广东、广西、湖南、河南辞源修订组，商务印书馆编辑部编：《辞源》，商务印书馆1980年版。

韩茂莉：《辽金农业地理》，社会科学文献出版社1999年版。

韩世明：《明代女真家庭形态研究》，中国社会科学出版社2006年版。

韩钟文：《中国儒学史·宋元卷》，广东教育出版社1998年版。

何天明：《辽代政权机构史稿》，内蒙古大学出版社2004年版。

黄惠贤：《中国俸禄制度史》，武汉大学出版社2005年版。

黄宽重等：《家族与社会》，中国大百科全书出版社2005年版。

金毓黻：《东北通史》，五十年代出版社1941年版。

瞿同祖：《中国法律与中国社会》，中华书局2003年版。

康学伟：《先秦孝道研究》，吉林人民出版社2000年版。

兰婷：《金代教育研究》，吉林大学出版社2010年版。

李发良：《法门寺志》，陕西人民出版社2000年版。

李桂枝：《辽金简史》，福建人民出版社2001年版。

李衡眉：《昭穆制度研究》，齐鲁书社1996年版。

李卿：《秦汉魏晋南北朝时期家族、宗族关系研究》，上海人民出版社2005年版。

李锡厚等：《辽西夏金史研究》，福建人民出版社2005年版。

李玉君：《金代宗室研究》，科学出版社 2016 年版。
梁方仲：《中国历代户口、田地、田赋统计》，上海人民出版社 1980 年版。
刘浦江：《辽金史论》，辽宁大学出版社 1999 年版。
刘浦江：《松漠之间——辽金契丹女真史研究》，中华书局 2008 年版。
刘士圣：《中国古代妇女史》，青岛出版社 1991 年版。
刘增贵：《汉代婚姻制度》，台北华世出版社 1980 年版。
吕思勉：《中国制度史》，上海教育出版社 1985 年版。
麻国庆：《家与中国社会结构》，文物出版社 1999 年版。
《马克思恩格斯选集》，人民出版社 1972 年版。
马新：《两汉乡村社会史》，齐鲁书社 1997 年版。
马镛：《中国家庭教育史》，湖南教育出版社 1997 年版。
梅宁华：《北京辽金史迹图志》，北京燕山出版社 2004 年版。
［美］柏文莉著：《权力关系：宋代中国的家族、地位与国家》，刘云军译，江苏人民出版社 2015 年版。
蒙思明：《元代社会阶级制度》，上海人民出版社 2006 年版。
潘允康：《家庭社会学》，中国审计出版社 2002 年版。
钱杭：《中国宗族制度新探》，中华书局（香港）有限公司 1994 年版。
乔卫平：《中国教育制度通史（第三卷宋辽金元）》，山东教育出版社 2000 年版。
邱靖嘉：《金史》纂修考，中华书局 2017 年版。
任崇岳：《中国社会通史·宋元卷》，山西教育出版社 1993 年版。
［日］井上徹著：《中国的宗族与国家礼制：从宗法主义角度所作的分析》，钱杭译，上海书店出版社 2008 年版。
［日］外山军治：《金朝史研究》，李冬源译，黑龙江朝鲜民族出版社 1988 年版。
荣丽华：《1949—1989 四十年出土墓志目录》，中华书局 1993 年版。
三上次男：《金代女真研究》，黑龙江人民出版社 1984 年版。
史凤仪：《中国古代婚姻与家庭》，湖北人民出版社 1987 年版。
史尚宽：《亲属法论》，中国政法大学出版社 2000 年版。
宋德金：《金史》，人民出版社 2006 年版。
宋德金：《中国风俗通史辽金西夏卷》，上海文艺出版社 2001 年版。
宋立恒：《金代社会等级结构研究》，中央民族大学，2005 年。
孙进己：《东北民族史研究》，中州古籍出版社 1994 年版。

孙俊：《唐代的门荫制度》，辽宁师范大学出版社 2015 年版。
陶晋生：《女真史论》，台北：食货出版社 1985 年版。
陶希圣：《婚姻与家族》，商务印书馆 1934 年版。
王德朋：《金代汉族士人研究》，中国社会科学出版社 2006 年版。
王可宾：《女真国俗》，吉林大学出版社 1988 年版。
王庆生：《金代文学家年谱》，凤凰出版社 2005 年版。
王新英：《金代石刻辑校》，吉林人民出版社 2009 年版。
王玉波：《历史上的家长制》，人民出版社 1984 年版。
王玉波：《中国古代的家》，商务印书馆国际有限公司 1995 年版。
王曾瑜：《金朝军制》，河北大学出版社 1996 年版。
巫昌祯：《家庭社会学纲要》，中国政法大学出版社 1986 年版。
吴松弟：《中国人口史（第三卷辽宋金元时期）》，复旦大学出版社 2000 年版。
吴松弟：《中国移民史》，福建人民出版社 1997 年版。
武玉环：《辽制研究》，吉林大学出版社 2001 年版。
邢铁：《宋代家庭研究》，上海人民出版社 2005 年版。
邢铁：《中国家庭史·宋辽金元时期》，广东人民出版社 2007 年版。
徐少锦等：《中国家训史》，陕西人民出版社 2003 年版。
徐扬杰：《中国家族制度史》，人民出版社 1992 年版。
薛瑞兆：《金代科举》，中国社会科学出版社 2004 年版。
阎爱民：《汉晋家族研究》，上海人民出版社 2004 年版。
杨际平等：《五—十世纪敦煌的家庭与家族关系》，岳麓书社 1997 年版。
杨茂盛：《中国北疆古代民族政权形成研究》，黑龙江教育出版社 2004 年版。
杨子慧：《中国历代人口统计资料研究》，改革出版社 1995 年版。
叶潜昭：《金律之研究》，台湾商务印书馆 1972 年版。
尹德新等：《历代教育笔记资料》，中国劳动出版社 1991 年版。
岳庆平：《中国的家与国》，大象出版社 1997 年版。
曾代伟：《金律研究》，台北：五南图书出版有限公司 1995 年版。
张博泉等：《金史论稿》，吉林文史出版社 1986 年版。
张博泉：《金代经济史略》，辽宁人民出版社 1981 年版。
张国刚：《唐代家庭与社会》，中华书局 2014 年版。
张国刚：《中国家庭史》，广东人民出版社 2007 年版。
张国庆：《辽代社会史研究》，中国社会科学出版社 2006 年版。

张鹤泉:《中国古代的"家"与国家》,吉林文史出版社1993年版。
张鸣岐:《辽金元教育论著选》,人民教育出版社1991年版。
张仁玺:《秦汉家庭研究》,中国社会出版社2002年版。
赵琦:《金元之际的儒士与汉文化》,人民出版社2004年版。
赵永春辑注:《奉使辽金行程录》(增订本),商务印书馆2017年版。
赵浴沛:《两汉家庭内部关系及相关问题研究》,湖北人民出版社2006年版。
赵浴沛:《两汉家庭内部关系及相关问题研究》,湖北人民出版社2006年版。
郑学檬:《中国赋役制度史》,厦门大学出版社1994年版。
《中国大百科全书》,中国大百科全书出版社1985年版。
《中国方志丛书》,成文出版社有限公司1966—1985年版。
朱凤瀚:《商周家族形态研究》,天津古籍出版社2004年版。
朱瑞熙:《辽宋西夏金社会生活史》,中国社会科学出版社1998年版。

## 期刊

安贵臣等:《金代忠孝意识评析》,《中央民族大学学报》1997年第2期。
白文固:《辽代的寺院经济初探》,《社会科学》1981年第4期。
白文固:《元代的寺院经济》,《青海社会科学》1987年第12期。
北京市文物管理处:《北京市通县金代墓葬发掘简报》,《文物》1977年第11期。
长治市博物馆朱晓芳等:《山西长子县小关村金代纪年壁画墓》,《文物》2008年第10期。
常建华:《二十世纪的中国宗族史研究》,《历史研究》1999年第5期。
陈大为:《辽宁朝阳金代壁画墓》,《考古》1962年第4期。
陈鹏等:《辽代契丹家庭浅论——以汉文石刻资料为中心》,《黑龙江民族丛刊》2016年第4期。
陈述:《汉儿汉子说》,《社会科学战线(辽金契丹女真史)》1986年第1期。
陈述:《围绕寺庙的邑,会,社——我国历史上一种民间组织》,《北方文物》1985年第1期。
崔广彬:《金代佛教发展述略》,《黑河学刊》1996年第5期。
大同市博物馆:《山西大同市金代徐龟墓》,《考古》2004年第9期。
戴建国:《宋代家族政策初探》,《大陆杂志》1999年第99卷第4期。

都兴智：《金代女真人与佛教》，《北方文物》1997年第3期。
冯大北：《金代官卖寺观名额考》，《史学月刊》2009年第10期。
高美：《金代唐括安礼家族考释》，《佳木斯大学社会科学学报》2019年第1期。
高若阑：《试论张籍诗中的妇女形象》，《大陆杂志》1995年95.2：二七（75）。
高树林：《金代户口问题初探》，《中国史研究》1986年第2期。
耿纪朋：《金元全真道神仙体系中"六御"身份考》，《全真道研究》2018年。
顾伟康：《论中国民俗佛教》，《上海社会科学院学术季刊》1993年第3期。
郭旃：《全真道的兴起及其与金王朝的关系》，《世界宗教研究》1983年第3期。
韩世明：《辽金时女真家庭形态研究》，《史学集刊》1993年第2期。
河北省文化局、文物工作队：《河北井陉县柿庄宋墓发掘报告》，《考古学报》1962年第2期。
河北省文物研究所等：《河北三河县辽金元时代墓葬出土遗物》，《考古》1993年第12期。
黄嫣梨：《中国传统社会的法律与妇女地位》，《北京大学学报》（哲学社会科学版）1997年第3期。
贾成惠：《河北内丘胡里村金代壁画墓》，《文物春秋》2002年第4期。
贾淑荣：《金代女真人的贞节观》，《内蒙古民族大学学报》（社会科学版）2009年第5期。
贾淑荣：《女真人婚姻习俗的历史演变》，《内蒙古社会科学汉文版》2017年第6期。
兰婷：《金代私学教育》，《史学集刊》2010年第3期。
雷闻：《论中晚唐佛道教与民间祠祀的合流》，《宗教学研究》2003年第3期。
雷闻：《唐代地方祠祀的分层与运作——以生祠与城隍庙为中心》，《历史研究》2004年第2期。
李浩楠：《〈东垣老人传〉考释》，《北方文物》2012年第3期。
李浩楠：《山西屯留宋村金代壁画墓题记考释》，《北方文物》2010年第3期。
李逸友：《呼和浩特市万部华严经塔的金代碑铭》，《考古》1979年第

4 期。

李玉君：《儒学与北方民族政权的治国理念》，《光明日报》2015 年 12 月 26 日第 11 版。

林国平：《关于中国民间信仰研究的几个问题》，《民俗研究》2007 年第 1 期。

刘达科：《佛禅与辽金文人》，《江苏大学学报》（社会科学版）2009 年第 6 期。

刘景文：《从考古资料看金代农业的迅速发展》，《农业考古》1983 年第 2 期。

刘浦江：《金代户籍制度刍论》，《民族研究》1995 年第 3 期。

刘浦江：《金代户口研究》，《中国史研究》1994 年第 2 期。

刘浦江：《金代猛安谋克人口状况研究》，《民族研究》1994 年第 2 期。

刘浦江：《辽金的佛教政策及其社会影响》，《佛学研究》1996 年第 3 期。

刘晓飞：《金代汉族同居共财大家庭——以碑铭墓志为中心的考察》，《兰台世界》2015 年第 36 期。

刘晓飞：《以石刻为中心看辽代女性教化问题》，《辽宁师范大学学报》2019 年第 6 期。

刘智博：《女真人原始宗教信仰在征伐战争中的作用》，《边疆经济与文化》2018 年第 4 期。

柳立言：《从法律纠纷看宋代的父权家长制——父母舅姑与子女媳婿相争》，《"中央研究院"历史语言研究所集刊》1998（六十九本第三分）。

鲁西奇：《辽金时期北方地区的乡里制度及其演变》，《文史》2019 年第 4 期。

洛阳市第二文物工作队：《宜阳发现一座金代纪年壁画墓》，《中原文物》2008 年第 4 期。

马小红：《中华法系中"礼""律"关系之辨证——质疑中国法律史研究中的某些"定论"》，《法学研究》2014 年第 1 期。

马晓林：《地方社会中官方祠庙的经济问题：以元代会稽山南镇庙为中心》，《中国社会经济史研究》2011 年第 3 期。

孟古托力：《辽代契丹族"女教之道"的提倡者一记女"苏武式"人物萧意辛》，《黑龙江民族丛刊》1991 年第 1 期。

裴兴荣：《论金代进士的婚恋观——科举制度下金代文人的社会心态（三）》，《北方文物》2017 年第 4 期。

皮庆生：《材料、方法与问题意识——对近年来宋代民间信仰研究的思考》，《江汉论坛》2009年第3期。

皮庆生：《宋代民间信仰中庙貌问题的初步考察》，《江汉论坛》2012年第8期。

皮庆生：《"中国民间信仰：历史学研究的方法与立场"学术研讨会综述》，《世界宗教研究》2008年第3期。

平凉地区博物馆：《甘肃静宁发现金代墓葬》，《考古》1985年第9期。

山西省考古所等，朱晓芳等：《山西屯留宋村金代壁画墓》，《文物》2008年第8期。

山西省文管会侯马工作站：《侯马金代董氏墓介绍》，《文物》1959年第1期。

商彤流等，山西省考古研究所等：《山西平定宋、金壁画墓简报》，《文物》1996年第5期。

邵方：《西夏家庭研究》，《西北民族研究》2001年第4期。

申云艳等：《金代墓室壁画分区与内容分类试探》，《山东大学学报》（哲社版）1998年第2期。

宋德金：《金代宗教简述》，《社会科学战线》1986年第1期。

宋德金：《辽金人的忠孝观》，《史学集刊》2004年第4期。

宋立恒：《论金代对僧侣阶层的压制政策》，《满族研究》2009年第4期。

孙久龙等：《金朝礼部宗教管理方式刍议》，《史学集刊》2019年第2期。

孙文政：《金上京路姓氏、婚姻家庭及人口》，《理论观察》2019年第4期。

陶晋生：《金代的政治结构》，《历史语言所集刊》1969年（第41本，第四分）。

陶玉坤：《辽朝家族史研究》，《史学史研究》2007年第4期。

《完颜希尹的家学》，《东北地方史研究》1990年第2期。

王崇时：《论金代女真族文化教育的发展》，《延边大学学报》（社会科学版）1995年第2期。

王德朋：《金代道教述论》，《中华文化论坛》2004年第3期。

王德朋：《金代佛教寺院经济生活探析》，《中国农史》2016年第5期。

王德朋：《论金代女真人的民族传统教育》，《辽宁大学学报》（哲学社会科学版）2010年第3期。

王德朋：《20世纪50年代以来辽代佛教研究评述》，《史学月刊》2019年第8期。

王佳：《辽金时期东北地区的佛教信仰和舍利崇拜》，《地域文化研究》2019年第5期。

王善军、郝振宇：《辽西夏金宗族研究综述》，《宋史研究论丛》2018年第1期。

王姝：《金代家庭中夫妻间法律关系考论》，《黑龙江民族丛刊》2014年第1期。

王姝：《金代女真婚姻礼俗探源》，《东北史地》2016年第4期。

王勇刚：《陕西甘泉金代壁画墓》，《文物》2009年第7期。

王育民：《金代户口问题析疑》，《中国史研究》1990年第4期。

王元林等：《论碧霞元君信仰扩展与道教、国家祭祀的关系》，《世界宗教研究》2010年第1期。

魏崇武：《金末元初杨弘道散文片论》，《励耘学刊》2007年第2期。

吴光正：《金代全真教》，《文史知识》2007年第2期。

武玉环：《金代自然灾害的时空分布特征与基本规律》，《史学月刊》2010年第8期。

武玉环：《论金代女真的宗教信仰与宗教政策》，《史学集刊》1992年第2期。

邢铁：《二十世纪国内中国家庭史研究述评》，《中国史研究动态》2003年第4期。

徐松巍：《80年代以来金史研究若干思考》，《学术月刊》1994年第2期。

薛瑞兆：《金代神庙舞台碑记》，《江苏大学学报》（社会科学版）2016年第3期。

杨晶：《辽代汉人墓葬概述》，《文物春秋》1995年第2期。

杨茂盛：《试论生女真人的宗族文化》（上），《北方文物》2001年第1期。

杨茂盛等：《试论生女真人的宗族文化》（下），《北方文物》2001年第2期。

杨茂盛：《试论中国古代的宗族部族及其国家的形成》，《北方文物》1997年第3期。

杨忠谦：《金代文学家族的空间流动与文学交流》，《北方论丛》2012年第1期。

游彪：《建构和谐：宋儒理想状态下的家庭邻里关系》，《上海大学学报》2008年第1期。

袁祖亮：《西汉至明清家庭人口数量规模研究》，《中州学刊》1991年第

2 期。

张博泉等：《金代的人口与户籍》，《学习与探索》1989 年第 2 期。

张博泉：《金代教育史论》，《史学集刊》1989 年第 1 期。

张博泉：《论金代文化发展的特点》，《社会科学战线》1986 年第 1 期。

张博泉：《试论金世宗的治世思想及其得失》，《北方文物》1983 年第 3 期。

张德光：《山西绛县魏家堡古墓清理简报》，《考古通讯》1955 年第 4 期。

张国庆：《辽代契丹人家庭考论》，《社会科学辑刊》1991 年第 2 期。

张晶：《论金代教育的儒学化倾向及其文化功能》，《教育研究》1994 年第 3 期。

张连生：《东晋南朝时期家庭教育述论》，《南京晓庄学院学报》2005 年第 1 期。

张鹏：《金代女真功臣墓葬艺术研究——以乌古论窝论家族墓葬为中心》，《美术研究》2018 年第 5 期。

张其凡等：《金代"南人"胡化考略》，《史学集刊》2009 年第 4 期。

张荣铮：《金代道教试论》，《天津师范大学学报》1983 年第 1 期。

张新艳：《金统治下汉人的历史来源——金统治下汉人研究之一》，《黑龙江民族丛刊》1998 年第 1 期。

张新艳：《金统治下汉人的人口数量与身份地位——金统治下汉人研究之二》，《黑龙江民族丛刊》1998 年第 2 期。

张中政：《汉儿，签军及金的民族等级》，《社会科学辑刊》1983 年第 3 期。

赵东辉：《女真族的家长制家庭公社》，《黑龙江文物丛刊》1983 年第 1 期。

赵俊杰等：《金朝女真民族教育研究》，《河北师范大学学报》（教育科学版）2010 年第 1 期。

赵永春、赵丽：《金朝婚礼文化与尊老孝亲观念》，《地域文化研究》2018 年第 5 期。

朱海滨：《民间信仰——中国最重要的宗教传统》，《江汉论坛》2009 年第 3 期。

## 专著中析出的文献

李弘祺：《宋代教育与科举的几个问题》，《宋代教育散论》，台北：东升出版事业 1980 年版，第 35—73 页。

李润强：《唐代依养外亲家庭形态考察》，张国刚《家庭史研究的新视野》，生活·读书·新知三联书店 2004 年版，第 71 页。
袁国藩：《金元之际江北人民生活》，《辽金元史研究论集》，台北：大陆杂志社 1965 年版，第 23—31 页。
郑肩：《石宗璧墓志铭》，王新英、金代石刻辑校，吉林人民出版社 2009 年版，第 172—172 页。

## 论文集

山西省考古学会：《山西省考古学会论文集》，山西人民出版社 1994 年版。

## 学位论文

陈德洋：《金代中原乡村社会控制研究》，博士学位论文，吉林大学，2010 年。
陈昭扬：《征服王朝下的士人——金代汉族士人的政治，社会，文化论析》，博士学位论文，清华大学历史研究所，2007 年。
董琳：《宋代大家庭内部人际关系研究——立足心态的探析》，硕士学位论文，河北师范大学，2008 年。
范喜茹：《两汉家庭教育研究》，硕士学位论文，河北大学，2006 年。
高美：《金代唐括氏家族的婚姻与仕宦探析》，硕士学位论文，辽宁师范大学，2019 年。
葛洪源：《金朝女真文化研究》，博士学位论文，山东大学，2002 年。
郭威：《金代户部研究》，博士学位论文，吉林大学，2015 年。
黄可嘉：《金代婚姻法制研究》，硕士学位论文，黑龙江大学，2017 年。
孔维京：《金代岳镇海渎祭祀研究》，硕士学位论文，辽宁师范大学，2018 年。
李贵录：《三槐王氏家族研究——以北宋为中心》，博士学位论文，暨南大学，2003 年。
倪彬：《唐宋时期家庭结构变迁》，硕士学位论文，河北师范大学，2008 年。
牛杰：《宋代民众法律观念研究》，硕士学位论文，河北大学，2004 年。
任立轻：《宋代河内向氏家族研究》，硕士学位论文，河北大学，2006 年。
邵正坤：《北朝家庭形态研究》，博士学位论文，吉林大学，2006 年。
宋东侠：《宋代妇女的社会地位》，河北大学，1989 年。

孙叶丹：《论宋代家法族规的渊源与社会功能》，硕士学位论文，河北大学，2007年。
汤艳杰：《金代墓葬文化差异研究》，硕士学位论文，河北大学，2019年。
王翠：《唐宋时期女性与本家的经济关系》，硕士学位论文，河北师范大学，2008年。
王德朋：《金代汉族士人研究》，博士学位论文，山东大学，2004年。
王静：《中国古代道德法律化研究》，博士学位论文，河北大学，2008年。
王善军：《宋代宗族制度研究》，硕士学位论文，河北大学，1990年。
王善军：《辽代世家大族研究》，博士学位论文，河北大学，2001年。
王姝：《金代女性研究》，博士学位论文，吉林大学，2014年。
王一君：《临汾地区金元时期佛教研究》，硕士学位论文，山西师范大学，2018年。
王永永：《金元时期山西道派研究》，硕士学位论文，山西师范大学，2018年。
徐洁：《金代祭礼研究》，博士学位论文，吉林大学，2012年。
于桐：《辽金时期鲁谷吕氏家族研究》，硕士学位论文，吉林大学，2019年。
张瑾：《北宋吕氏官僚家族问题研究》，硕士学位论文，西北大学，2001年。
张黎黎：《渤海宗教信仰研究》，博士学位论文，东北师范大学，2017年。
张颜艳：《金代家训研究》，硕士学位论文，西北大学，2017年。
郑伟佳：《唐末五代入辽汉人群体研究》，硕士学位论文，河北大学，2009年。
周文佳：《从家训看唐宋时期士大夫家庭的治家方式》，硕士学位论文，河北师范大学，2008年。
周永川：《巫术与金代皇权关系研究》，硕士学位论文，河北大学，2018年。
祝贺：《金代宗教管理研究》，博士学位论文，吉林大学，2019年。